W. Herzog, D. Munz, H. Kächele

Analytische Psychotherapie
bei Eßstörungen

Analytische Psychotherapie bei Eßstörungen

Therapieführer

Herausgeber

Wolfgang Herzog, Heidelberg
Dietrich Munz, Stuttgart
Horst Kächele, Ulm

Geleitwort von Helga Solinger

Ministerin für Arbeit, Gesundheit und Soziales – Baden-Württemberg

Unter Mitarbeit von

G. Bergmann, Heidelberg
Ch. Böhme-Bloem, Kiel
A. Carl, Freiburg
A. Catina, Stuttgart
D. Czogalik, Stuttgart
D. Denecke, Wilhelmsdorf
H.-C. Deter, Berlin
K. Engel, Dortmund
H. Feiereis, Lübeck
W. Haßfeld, Wilhelmsdorf
St. Herpertz, Essen
Th. Herzog, Freiburg
D. Huber, München
G. E. Jacoby, Bad Oeynhausen

B. Johann, Essen
W. Köpp, Berlin
F. Kröger, Aachen
C. Krüger, München
G. Loos, Hamburg
E. Petzold, Aachen
B. Probst-Wiemuth, Bad Pyrmont
A. Sandholz, Freiburg
R. Schors, München
W. Senf, Essen
V. Sudau, Lübeck
J. von Wietersheim, Lübeck
E. Wilke, Malente-Grevesmühlen

Mit 20 Abbildungen und 20 Tabellen

 **Schattauer** Stuttgart New York

Priv.-Doz. Dr. Wolfgang Herzog
Medizinische Universitätsklinik
Abteilung Innere Medizin
Schwerpunkt Psychosomatik
Bergheimer Str. 58
69115 Heidelberg

Dr. Dietrich Munz
Psychotherapeutische Klinik
Christian-Belser-Str. 79
70597 Stuttgart

Prof. Dr. Horst Kächele
Forschungsstelle für Psychotherapie
Christian-Belser-Str. 79a
70597 Stuttgart

Die Deutsche Bibliothek – CIP-Einheitsaufnahme

Analytische Psychotherapie bei Eßstörungen : Therapieführer ;
mit 20 Tabellen / Hrsg. Wolfgang Herzog ... Geleitw. von
Helga Solinger. Unter Mitarb. von G. Bergmann ... – Stuttgart ;
New York : Schattauer, 1996
   ISBN 3-7945-1663-X
NE: Herzog, Wolfgang [Hrsg.]; Bergmann, Günther

© 1996 by F. K. Schattauer Verlagsgesellschaft mbH, Lenzhalde 3, D-70192 Stuttgart, Germany
Printed in Germany

Umschlagabbildung: © The Munch Museum/The Munch-Ellingsen Group/VG Bild-Kunst, Bonn 1995
Umschlaggestaltung: Bernd Burkart
Satz, Druck und Einband: Allgäuer Zeitungsverlag GmbH, Kotterner Straße 64, 87435 Kempten, Germany
Gedruckt auf chlor- und säurefrei gebleichtem Papier.

ISBN 3-7945-1663-X

Geleitwort

Die Erkenntnis, daß Anorexie und Bulimie zu den häufigsten psychosomatischen Erkrankungen von Jugendlichen und jungen Erwachsenen gehören und etwa 90% der unter Eßstörung Leidenden Frauen sind, macht nachdenklich. Der Zusammenhang zwischen Krankheitssymptomen und gesellschaftlichen Normen drängt sich geradezu auf. In Zeiten des Mangels wurden diese Krankheitsbilder sehr selten beobachtet. Sie sind offensichtlich Signale einer Überflußgesellschaft, wenn es auch sicherlich zu kurz gegriffen wäre, die gesellschaftlichen Normen alleine für das Entstehen von Eßstörungen verantwortlich zu machen. Die Vorstellungen zur Genese und zur Behandlung von Eßstörungen gehen bei den Fachleuten weit auseinander.

Der chronische Verlauf der Erkrankungen birgt die Gefahr schwerer medizinischer Komplikationen in sich, die in vielen Fällen eine stationäre Behandlung erforderlich machen. Eine kritische Reflexion und Diskussion der Therapie dieser Erkarankungen ist notwendig, wobei neben den klinischen und wissenschaftlichen auch die sozial- und gesundheitspolitischen sowie ökonomischen Aspekte zu berücksichtigen sind.

Dieser Aufgabe hat sich das vorliegende Buch gestellt. Neben umfassenden Informationen zur psychotherapeutischen Behandlung gibt es Ärzten und Beratern Hilfestellungen bei der Entscheidung für eine gezielte Therapieempfehlung. Als »Therapieführer« informiert es detailliert über verschiedene Institutionen, die Patientinnen mit Eßstörungen behandeln. Dadurch bietet dieses Buch eine Chance, daß die weiblichen wie auch die zunehmende Zahl männlicher Patienten frühzeitig eine sachgerechte Behandlung erfahren. Ich wünsche diesem Buch eine weite Verbreitung.

Helga Solinger
Ministerin für Arbeit,
Gesundheit und Soziales
Baden-Württemberg

Vorwort

Mit dem vorliegenden Buch wenden sich die Herausgeber im Auftrag der »Multi-zentrischen Studie zur psychodynamischen Therapie von Eßstörungen« an Psycho-therapeuten, Psychologen und Mitarbeiter von Beratungsstellen und sozialen Diensten, Kinderärzte, Internisten, Gynäkologen und andere Fachkollegen, die im Umgang mit eßgestörten Patientinnen immer wieder mit Problemen konfrontiert werden. Beide Erkran-kungen, Anorexie und Bulimie gehören zu den häufigsten psychosomatischen Erkran-kungen. Sie können schon bei jungen Frauen chronifizieren und bergen die Gefahr von Komplikationen bis hin zu tödlichen Verläufen. Deshalb stellt sich in vielen Fällen die Frage, ob eine stationäre Psychotherapie angezeigt ist. Mit diesem Buch bieten wir eine Entscheidungshilfe, welche Patientinnen stationärer Psychotherapie bedürfen und informie-ren, wo diese angeboten wird.

Entstanden ist das Buch aus einem Forschungsprojekt, welches auf Initiative der Forschungsstelle für Psychotherapie (Leiter: Prof. H. Kächele) viele Kliniken beteiligt, die auf psychodynamischer Grundlage Patientinnen mit Eßstörungen behandeln. Dieser Brückenschlag zwischen Forschung und klinischem Alltag in der stationären Psycho-therapie erforderte Kreativität und Offenheit für das Gespräch, die Zusammenarbeit und das gegenseitige Verständnis beider Seiten. Einerseits war für das Forschungsprojekt viel Vorarbeit erforderlich, um die wissenschaftliche Fragestellung und die Durchführung einer Studie über Prognose und Aufwand der Behandlung von Eßgestörten zu spezifizieren und um den heutigen wissenschaftlichen Standards zu genügen. Andererseits bestand die Gefahr, daß dieser Prozeß für die Kliniker ermüdend wird und das Interesse schwinden könnte. Deshalb nahm bei den Planungsforen »Multizentrische Studie für Eßstörungen« ne-ben der Diskussion der wissenschaftlichen Probleme der klinische Austausch einen breiten Raum ein.

Bei der Darstellung der Konzepte und Arbeitsmethoden der verschiedenen Kliniken und den Falldarstellungen wurde die Vielfalt und Differenziertheit der stationären psychothera-peutischen Behandlungen sowie deren unterschiedliche Integration in den verschiedenen Kliniken deutlich. Selbst Kollegen, die in diesem Bereich sehr engagiert tätig sind, kennen nur Ausschnitte aus dieser Vielfalt. So entstand die Idee, im Rahmen eines Buches neben einer kompakten Einführung in die Krankheitsbilder der Anorexie und Bulimie die statio-näre Psychotherapie von Eßstörungen und deren verschiedene Elemente darzustellen. Hier werden die Grundprinzipien der Behandlung und deren Wirkungsweise in zahlreichen Fallbeispielen illustriert.

Im zweiten umfangreichen Teil dieses Buches werden die Kliniken, die mit psychody-namischem Konzept eßgestörte Patientinnen behandeln, vorgestellt und deren Charakteristika systematisch dokumentiert. Dieser Therapieführer bietet in einzigartiger Weise einen Überblick über Art und Angebot der Therapie eßgestörter Patientinnen in den verschiedenen Kliniken.

Wir wollen allen Kolleginnen und Kollegen der »Multizentrischen Studie« für ihr Vertrauen und den Auftrag danken, dieses Buch herauszugeben. Auch allen Mitautoren, die zu diesem Buch einen Beitrag geleistet haben, möchten wir hierfür an dieser Stelle danken. Herrn Dr. Th. Herzog sei gedankt für die tatkräftige und sachkundige Unterstützung bei der inhaltlichen Diskussion und Überarbeitung der einzelnen Beiträge.

Die Breuninger Stiftung möchten wir für ihre Unterstützung, die für das Zustandekommen dieses Buches sehr wichtig war, dankend erwähnen.

Wir möchten uns bei Herrn Dr. W. Bertram und dem Schattauer Verlag für die anregenden Diskussionen und die angenehme Zusammenarbeit bedanken.

Ein herzlicher Dank gebührt Frau B. Faulhaber, die stets präsent im Hintergrund die umfangreichen Schreibarbeiten erledigte und mit viel Geduld und Übersicht, großer Sorgfalt und viel Engagement den Therapieführer gestaltete.

Stuttgart, Herbst 1995

Wolfgang Herzog
Dietrich Munz
Horst Kächele

Autorenverzeichnis

Priv. Doz. Dr. Günther Bergmann

Medizinische Universitätsklinik
Abteilung Innere Medizin
Schwerpunkt Psychosomatik
Bergheimer Str. 58
69115 Heidelberg

Dr. Christel Böhme-Bloem

Universitätsklinikum
Abteilung Psychotherapie/Psychosomatik
Niemannsweg 147
24105 Kiel

Anemone Carl

Wilhelmstr. 10
79098 Freiburg

Dr. Ana Catina

Forschungsstelle für Psychotherapie
Christian-Belser-Str. 79a
70597 Stuttgart

Priv. Doz. Dietmar Czogalik

Forschungsstelle für Psychotherapie
Christian-Belser-Str. 79a
70597 Stuttgart

D. Denecke

Fachkrankenhaus Höchsten
Riedhauser Str. 57-93
88271 Wilhelmsdorf

Prof. Dr. Hans-Christian Deter

Universitätsklinikum Benjamin Franklin
Abteilung Psychosomatik/Psychotherapie
Hindenburgdamm 30
12200 Berlin

Prof. Dr. Dr. Klaus Engel

Westfälische Klinik für Psychiatrie
Abteilung Psychosomatische Medizin
und Psychotherapie
Marsbruchstr. 179
44287 Dortmund

Prof. Dr. Hubert Feiereis

Medizinische Universität Lübeck
Klinik für Psychosomatik und
Psychotherapie
Ratzeburger Allee 160
23562 Lübeck

Dr. Wilfried Haßfeld

Fachkrankenhaus Höchsten
Riedhauser Str. 57-93
88271 Wilhelmsdorf

Dr. Stephan Herpertz

Universitätsklinikum
Klinik für Psychotherapie und
Psychosomatik
Virchowstr. 174
45030 Essen

Dr. Thomas Herzog

Psychiatrische Universitätsklinik
Abteilung für Psychotherapie
und Psychosomatische Medizin
Hauptstr. 8
79104 Freiburg

Priv. Doz. Dr. Wolfgang Herzog

Medizinische Universitätsklinik
Abteilung Innere Medizin
Schwerpunkt Psychosomatik
Bergheimer Str. 58
69115 Heidelberg

Dr. Dr. Dorothea Huber

Institut und Poliklinik für
Psychosomatische Medizin
der TU München
Langerstr. 3
81675 München

Dr. Georg E. Jacoby

Klinik am Korso
Ostkorso 4
32545 Bad Oeynhausen

Dr. Bernd Johann

Universitätsklinikum
Klinik für Psychotherapie und
Psychosomatik
Virchowstr. 174
45030 Essen

Prof. Dr. Horst Kächele

Forschungsstelle für Psychotherapie
Christian-Belser-Str. 79a
70597 Stuttgart

Dr. Werner Köpp

Universitätsklinikum Benjamin Franklin
Abteilung Psychosomatik/Psychotherapie
Hindenburgdamm 30
12200 Berlin

Priv. Doz. Dr. Friedebert Kröger

RWTH Aachen
Klinik für Psychosomatische Medizin
und Psychotherapie
Pauwelsstr. 30
52074 Aachen

Dr. Claus Krüger

Institut und Poliklinik für
Psychosomatische Medizin
der TU München
Langerst. 3
81675 München

Gertrud Loos

Weetenkamp 9
22609 Hamburg

Dr. Dietrich Munz

Psychotherapeutische Klinik
Christian-Belser-Str. 79a
70597 Stuttgart

Prof. Dr. Ernst Petzold

RWTH Aachen
Klinik für Psychosomatische Medizin
und Psychotherapie
Pauwelsstr. 30
52074 Aachen

Dr. Beate Probst-Wiemuth

Vogelreichsweg 47
31812 Bad Pyrmont

Angelika Sandholz

Psychiatrische Universitätsklinik
Abteilung für Psychotherapie
und Psychosomatische Medizin
Hauptstr. 8
79104 Freiburg

Dr. Rainer Schors

Städtisches Krankenhaus
München-Harlaching
Abteilung für Psychosomatische Medizin
und Psychotherapie
Sanatoriumsplatz 2
81545 München

Prof. Dr. Wolfgang Senf

Universitätsklinikum
Klinik für Psychotherapie und
Psychosomatik
Virchowstr. 174
45030 Essen

Vera Sudau

Medizinische Universität Lübeck
Klinik für Psychosomatik und
Psychotherapie
Ratzeburger Allee 160
23562 Lübeck

Dr. Jörn von Wietersheim

Medizinische Universität Lübeck
Klinik für Psychosomatik und
Psychotherapie
Ratzeburger Allee 160
23562 Lübeck

Dr. Eberhard Wilke

Curtius Klinik
Neue Kampstr. 2
23714 Malente-Grevesmühlen

Inhaltsverzeichnis

Einleitung:

Stationäre analytische Behandlungsprogramme bei Eßstörungen

H. Kächele, D. Munz und W. Herzog

Analytische und verhaltensorientierte Psychotherapie sind in Deutschland als Krankenbehandlung etabliert. Die Krankenkassen übernehmen die Behandlungskosten, psychotherapeutische Einrichtungen sind Teil des öffentlichen Gesundheitssystems, Fachabteilungen an den Universitäten belegen die wissenschaftliche Stellung dieser Disziplinen. Nicht zuletzt ist die Erfahrung vieler Patienten und Ärzte, daß es nach wie vor schwierig ist, einen freien Psychotherapieplatz zu finden, ein Beleg dafür, daß Psychotherapie in ihrer ambulanten und stationären Form eine akzeptierte Komponente des medizinischen Versorgungssystems ist.

Anorexie und Bulimie gehören zu den häufigsten psychosomatischen Erkrankungen. Ihre Diagnostik und Therapie konfrontieren Ärzte und Psychologen, Krankenpflegepersonal und soziale Dienste mit erheblichen Problemen. Beide Erkrankungen können chronifizieren und bergen in sich die Gefahr von Komplikationen - bis hin zu tödlichen Verläufen.

Der vorliegende Band bietet erstens eine kompakte Einführung in die Krankheitsbilder der Anorexie und Bulimie und legt zudem die Grundprinzipien der Behandlung dar, deren Wirkungsweise in zahlreichen Fallbeispielen illustriert wird.

Zweitens informiert der umfangreiche »Therapieführer« über Institutionen, die anorektische und bulimische Patienten behandeln. Damit werden erstmals systematisch Charakteristika von Behandlungsprogrammen dokumentiert. Dies bietet den Lesern eine Entscheidungsgrundlage für gezielte Therapieempfehlungen.

Das Vorhaben, für diese beiden Formen der Eßstörungen in die therapeutische Vielfalt der stationären analytischen Psychotherapie einzuführen, entstand aus einem ungewöhnlichen Kontext heraus. Die Forschungsstelle für Psychotherapie in Stuttgart, eine Einrichtung des Psychotherapeutischen Zentrums, Stuttgart (gefördert vom Ministerium für Wissenschaft und Forschung des Landes Baden-Württemberg), begann 1988 mit der Planung einer Studie zur Wirksamkeit des Behandlungsprogrammes für Eßstörungen an der Stuttgarter Psychotherapeutischen Klinik. Aus diesem Vorhaben entwickelte sich durch eine Anregung des Gutachtergremiums des vom Bundesministerium für Forschung und Technologie (BMFT) durchgeführten Förderprogramms »Therapie und Rückfallprophylaxe psychischer Störungen im Erwachsenenalter« eine umfangreiche, multizentrische, evaluative Studie, an der sich inzwischen ca. 60 Kliniken in Deutschland beteiligen (s. Therapieführer).

Mit dieser Studie zur »Psychodynamischen Therapie von Eßstörungen« greifen wir eine gesundheitsökonomisch relevante Fragestellung auf. Die Studie hat das Ziel, den therapeutischen Aufwand, der bei der »routinemäßigen« Behandlung von eßgestörten Patienten entsteht, zu erfassen und seine Beziehung zum Therapieerfolg zu untersuchen. Die Absicht, psychotherapeutische Alltagspraxis im stationären Setting zu untersuchen, begrenzt die Möglichkeiten der Standardisierung und bestimmt den Charakter der Studie. Es ist eine naturalistische Evaluationsstudie. Um die Vielzahl potentieller Einflußfaktoren für Therapieaufwand und Therapieerfolg berücksichtigen zu können, basiert diese Studie auf einer (für unser Fachgebiet) sehr umfangreichen Stichprobe. Die daraus ableitbaren Aussagen sind für klinische Entscheidungen wie Indikation und Prognose relevant.

Die Untersuchung der klinischen Praxis ist nur unter Einbeziehung der in der Praxis arbeitenden Personen möglich. In den mehr als 2 Jahren der Vorbereitung der Studie ist es gelungen, Praktiker und Forscher zusammenzubringen und Fragen zu finden, die beide Gruppen gleichermaßen interessieren. In dieser Vorbereitungsphase haben wir eine Einrichtung schaffen können, die wir »Planungsforum« nennen. Im Rahmen von viertel- bis halbjährlichen Treffen haben Vertreter aller 40 beteiligten Institutionen sowohl ihre klinischen Erfahrungen ausgetauscht als auch eine wissenschaftliche Infrastruktur entwickelt, die einen Abgleich der unterschiedlichen Interessen, Sichtweisen und Fähigkeiten ermöglicht hat. Auf den Ergebnissen dieser Planungsforen beruht dieser Therapieführer. Wir haben die Erfahrung gemacht, daß sich dieser informelle Austausch zwischen Klinikern aus den verschiedenen Einrichtungen als sehr hilfreich für die jeweils eigene Orientierung erwiesen hat. Ohne daß es von Anfang an geplant war, entsprechen diese Treffen schon heute dem, was als Qualitätszirkel eingeführt werden soll (Kordy 1992).

Es dürfte inzwischen unbestritten sein, daß es nicht nur die juristische Pflicht jedes Therapeuten, sondern auch Teil ihres oder seines Selbstverständnisses sein muß, das therapeutische Handeln gut zu begründen; Patienten, Angehörige, Krankenkassen und Öffentlichkeit haben das Recht und die Pflicht, Fragen nach der Wirksamkeit der angebotenen und praktizierten therapeutischen Maßnahmen zu stellen. Die Methodik dieser Rechtfertigung hängt von den Adressaten und den jeweils angestrebten Zielen ab; im klinischen Alltag, für den einzelnen Fall kann wenig schon genug sein, für die politische Entscheidung über die Einführung neuer Versorgungsstrukturen kann die Evaluierung aber nicht umfassend genug sein. Dabei handelt es sich nicht nur um eine Frage der Quantität, sondern wir müssen uns zunächst den qualitativen Aspekt der Frage vornehmen.

Die Frage: »**wie** man evaluiert« kann nicht von der Frage losgelöst betrachtet werden: »**für wen** man evaluiert«. Die im Wort Evaluation unübersehbar enthaltene Wertperspektive ist tatsächlich zu berücksichtigen, wenn man vernünftig über Evaluation reden will. Der Patient, seine Familie, Peer group, Arbeitskollegen, oder Freunde haben je ihre eigenen Präferenzen für das, was sie als zufriedenstellenden Ausgang einer Psychotherapie betrachten würden. Gleiches gilt für den Therapeuten, das Krankenhaus, den Arbeitgeber, die Krankenversicherung, das soziale Sicherungssystem und den Gesundheitsminister - sie alle haben andere, eigene, legitime Interessen an dem Vorgang der Psychotherapie, seinen Erfolgen und Mißerfolgen.

Auch wenn wir geneigt sind, dem Patienten das Vorrecht zuzuerkennen, seine Evaluationsperspektive als die wichtigste zu betrachten, sollten wir die anderen Interessen nicht übersehen. Der Gegensatz zwischen der individuellen Perspektive und der Bewertung durch die soziale Umwelt ist nur teilweise aufhebbar. Von diesen Überlegungen her muß man mit der Frage: »wie soll man evaluieren« sehr offen umgehen. Evaluation ist nicht zwingend gleichbedeutend mit quantitativer Auswertung, wohl aber könnte sich der quantitative Gesichtspunkt langfristig als fruchtbar erweisen. Dieser Therapieführer ist eine Form der Evaluation, mit der wir die Vorgänge in den Kliniken für niedergelassene Ärzte und Patienten transparent machen wollen. Die Beschreibungen der verschiedenen Komponenten des komplexen therapeutischen Vorgehens in den Kliniken soll das Vorwissen und damit die Entscheidungsfähigkeit unserer Leser für die eine oder die andere Klinik vergrößern. Gleichzeitig soll der Leser die Gewißheit haben, daß im Rahmen der Multizentrischen Studie eine sehr stringente Form der Evaluation stattfindet. Denn diese Multizentrische Studie zieht auch die Konsequenzen aus der vielfachen Kritik an den exemplarischen Wirksamkeitsüberprüfungen von Psychotherapie an den (vorwiegend) universitären Institutionen. Bei aller Hochachtung vor sorgfältig durchgeführten kontrollierten Studien mit randomisierter Zuweisung der Patienten zu den Behandlungsgruppen (s. Grawe et al. 1994), bleibt doch für den Praktiker die Frage unbeantwortet, inwieweit diese experimentellen Ergebnisse für die praktische ambulante und stationäre Psychotherapie von Bedeutung sind. Das Herzstück unseres Forschungsverbundes ist die Überzeugung, daß nur durch eine Untersuchung der Praxis selbst praxisrelevante Ergebnisse zu haben sind.

Vielleicht durch wissenschaftliche Aktivitäten gefördert, möglicherweise auch nur in deren Schutz, hat sich die psychotherapeutische Versorgung weiter ausgedehnt. Stimuliert und herausgefordert durch die klinische Alltagspraxis haben Psychotherapeuten die Grenzen der Behandlungsmöglichkeiten erweitert und dabei die gewohnten Formen der Behandlung modifiziert. Gleichzeitig wuchs allgemein in der Gesellschaft die Akzeptanz von Psychotherapie, insbesondere bei potentiellen Patienten und Behandlern. Nicht zuletzt diese Entwicklung lenkt die Aufmerksamkeit auf neue Fragen. So rückten am Anfang der achtziger Jahre Fragestellungen in den Mittelpunkt des Interesses, die sich auf das System der psychotherapeutischen Versorgung beziehen. Dies ist typisch für eine etablierte Behandlung. Insofern kommen nun - auch als Folge der überreichlich eingebrachten Ernte der kompetitiven, vergleichenden Therapiestudien - für die Psychotherapieforschung neuartige Studien hinzu, die nach einer psychopharmakologischen Nomenklatur der »Phase-IV-Forschung« bzw. »Arzneimittelforschung nach der Zulassung« zuzurechnen sind.

»Alle wissenschaftlichen Bemühungen, die darauf abzielen, die Kenntnis über ein bestimmtes Therapieverfahren unter den Bedingungen der Routineanwendung zu vermehren, können unter die Phase IV eingeordnet werden« (Linden 1987, S. 22f.). 4 Schwerpunkte sind für die Phase-IV-Forschung charakteristisch:

1. **Untersuchung der Durchführbarkeit eines Behandlungsverfahrens**
   Ein Therapieverfahren mag unter in bestimmter Weise optimierten »Labor«-Bedingungen durchaus sehr effektiv sein; wenn es sich aber unter Routinebedingungen nicht durchführen läßt, ist es letztlich für den eigentlichen Zweck, nämlich die Behandlung kranker Menschen, nicht brauchbar. So gehört es zu den wichtigen Zielen der Phase-IV-Forschung, die Bedingungen für einen erfolgreichen Einsatz eines Behandlungsverfahrens sowohl auf Patientenseite (Art und Ausprägung der Symptomatik, Persönlichkeits- und soziale Umgebungsfaktoren, Compliance-Faktoren etc.) als auch auf Behandlerseite (Behandlungskapazitäten, Aufnahme- und Behandlungsmodi, Ausstattung, Ausbildung der Therapeuten etc.) differenziert zu untersuchen.

2. **Untersuchung der Therapiedurchführung.** Ausdrücklich nennt Linden (1987, S. 24) hier Untersuchungen zur Dosierung unter Routinebedingungen als wichtige Aufgabe der Phase-IV-Forschung.

3. **Untersuchung der Wirkungen und Nebenwirkungen.** Die experimentelle Überprüfung der Wirksamkeit einer Behandlung findet unter bestimmten kontrollierten Randbedingungen statt. So werden beispielsweise in der Regel Risikopatienten ausgeschlossen, oder Langzeitwirkungen können wegen der begrenzten Beobachtungszeit nicht erfaßt werden. Die Untersuchung des Einflusses solcher Aspekte »bedeutet letztlich die Sicherung, die Eingrenzung, aber auch die Ausweitung vorgegebener Therapieindikationen« (Linden 1987, S. 24).

4. **Versorgungsepidemiologie.** Hier geht es um die Frage, von welchen Bedingungen es abhängt, welche Art von Therapie Patienten angeboten und/oder von ihnen angenommen wird.

Der Schwerpunkt solcher Studien liegt in der Untersuchung des tatsächlichen therapeutischen Tuns in der alltäglichen klinischen Praxis (Kächele u. Kordy 1992, 1994a u. 1994b).

Diese Dynamik ist vorteilhaft für die Entwicklung des Feldes und sollte nicht durch methodologische Vorschriften oder ideologische Voreingenommenheit blockiert werden: Das Feld der Psychotherapieforschung wird durch eine gesunde Spannung zwischen entdeckungsorientierter und bestätigungsuchender Forschungsmethodologie bestimmt. Nur so wird zukünftige Forschung präzisere Antworten auf die Frage liefern können, was Psychotherapie für bestimmte Patienten zu welchen Kosten und in welchem Zeitraum leisten kann.

I. Allgemeine Aspekte der Psychotherapie der Anorexie und Bulimie

Diagnostische Kriterien und psychodynamische Charakteristika

C. Böhme-Bloem

Einführung

Bei dem Versuch, Unterschiede und Gemeinsamkeiten von Anorexia nervosa und Bulimia nervosa herauszustellen, fällt auf, daß bulimisches Verhalten bei der Anorexie vorkommen kann. Ebenso gibt es anorektisches Verhalten bei der Bulimie. Die beiden Krankheitsbilder überschneiden sich also vielfach symptomatisch. Dies ist der Grund dafür, daß es von einer ganzen Reihe von Autoren (Bruch 1973; Meermann u. Vandereyken 1987) abgelehnt wird, von eigenen Krankheitseinheiten auszugehen. Dennoch werden - im Konsens mit der Mehrzahl der Forscher - seit dem 3. diagnostischen Manual seelischer Erkrankungen von 1980 die beiden Krankheiten definitorisch als getrennte Einheiten gesehen. In der Fortentwicklung werden sie im DSM-III-R folgendermaßen definiert (so haben sie auch in leichter Abwandlung in den »Basisbogen« der Multizentrischen Studie Eingang gefunden):

Anorexia nervosa (307.10)

Diagnostische Kriterien nach DSM-III-R (APA, 1987):

A) Das Körpergewicht wird absichtlich nicht über dem der Körpergröße oder dem Alter entsprechenden Minimum gehalten, d.h., es kommt zu einem Gewichtsverlust auf ein Gewicht von 15% oder mehr unter dem Richtwert. Während der Wachstumsperiode Ausbleiben der zu erwartenden Gewichtszunahme, mit der Folge eines Gewichts von 15% oder mehr unter dem erwarteten Gewicht.

B) Starke Angst vor Gewichtszunahme oder Angst vor dem Dickwerden, obgleich Untergewicht besteht.

C) Störung der eigenen Körperwahrnehmung hinsichtlich Gewicht, Größe oder Form, d.h., die betroffene Person berichtet sogar im kachektischen Zustand, sich »zu dick zu fühlen«, oder ist überzeugt, daß ein Teil des Körpers »zu dick« sei, obgleich ein offensichtliches Untergewicht besteht.

D) Bei Frauen Aussetzen von mindestens drei aufeinanderfolgenden Menstruationszyklen, deren Auftreten sonst zu erwarten gewesen wäre (primäre oder sekundäre Amenorrhoe). (Bei Frauen liegt eine Amenorrhoe dann vor, wenn die Menstruation nur bei Hormongabe, z.B. Östrogenen, eintritt.)

Bulimia nervosa (307.51)

Diagnostische Kriterien nach DSM-III-R:

A) Wiederholte Episoden von Freßanfällen (schnelle Aufnahme einer großen Nahrungsmenge innerhalb einer bestimmten Zeitspanne).

B) Das Gefühl, das Eßverhalten während der Freßanfälle nicht unter Kontrolle halten zu können.

C) Um einer Gewichtszunahme entgegenzusteuern, greift der Betroffene regelmäßig zu Maßnahmen, um eine Gewichtszunahme zu verhindern, wie selbstinduziertes Erbrechen, Gebrauch von Laxanzien oder Diuretika, strenge Diäten oder Fastenkuren oder übermäßige körperliche Betätigung.

D) Durchschnittlich mindestens zwei Freßanfälle pro Woche über einen Mindestzeitraum von drei Monaten.

E) Andauernde, übertriebene Beschäftigung mit Figur und Gewicht.

Zahlreiche klinische Zentren, besonders im deutschsprachigen Raum, richten sich nach den diagnostischen Leitlinien des ICD-10 der WHO (Dilling et al. 1991), der bei der Anorexie (F 50.0) auf den Quetelets-Index (Körpergewicht in kg durch Körpergröße in Meter zum Quadrat) verweist, der 17,5 oder weniger betragen muß.

Solche beschreibenden Definitionen drücken stets wenig von der Dynamik sowie von der Art und Weise der Krankheitsentstehung aus, weil sie das fertig ausgebildete Krankheitsbild erfassen; so wird in der Gegenüberstellung der beiden Krankheitsbilder zwar deutlich, daß bei beiden Eß- und Gewichtsprobleme im Mittelpunkt stehen, es bleibt jedoch unberücksichtigt, daß es einen zentralen dynamischen **Unterschied** gibt:

Bei der Magersucht, so der zutreffendere Name, dreht es sich auf der Verhaltensebene um ein schonungsloses Streben nach immer stärkerer Magerkeit. Demgegenüber sucht die Bulimie eine Orientierung am gängigen Schlankheitsideal oder setzt sich eine subjektive Gewichtsmarke, die sie nicht überschreiten will, ausgeprägte Magerkeit wird nicht angestrebt, vielmehr kann von einer Phobie, dick zu werden, gesprochen werden. Sowohl die Magersucht als auch die Bulimie treten in 95 % der Fälle bei Mädchen und Frauen auf, so daß hier vereinfachend von Patientinnen gesprochen wird. Die **Prävalenzrate** der Anorexie liegt zwischen 1 und 2% bei Mädchen in der Adoleszenz, die der Bulimie bei 2 bis 4 % bei Frauen zwischen 20 und 35 Jahren (Fichter 1984). Die Bulimie tritt also später auf als die Anorexie und ist etwa doppelt so häufig, wobei sie auch eine Fortentwicklung einer vorherigen Anorexie darstellen kann.

Die Anorexie fällt wegen des Leitsymptoms der Magerkeit stark ins Auge, die Bulimie existiert oft jahrelang in aller Heimlichkeit, so daß sie auch »die heimliche Schwester der Anorexie« genannt wurde.

Ein angemessenes Wissen um die Anorexie ist unter Laien stärker verbreitet als eines über die Bulimie, die immer noch leicht als merkwürdige oder gar »verrückte« Erscheinung voyeuristisch verfolgte Sensationsthemen abgibt (Huon et al. 1988).

Dies liegt nicht nur daran, daß die Anorexie als Krankheitsbild sowohl in der Medizin als auch in der Laienwelt länger bekannt ist. Medizinische Fallberichte reichen bis ins 17. Jahrhundert (Morton 1689) zurück; im 19. Jahrhundert gaben Laségue in Paris (1873) und Gull in London (1874) (zitiert nach Selvini Palazzoli 1982) eine auch heute noch gültige Beschreibung und Interpretation der »Anorexia nervosa«, wie Gull sie bereits nannte. - Auch die unterschiedliche Psychodynamik beider Krankheitsbilder spielt eine Rolle: Über Askese ist leichter zu verhandeln, sowohl staunend-distanziert als auch kognitiv-informativ, als über Triebdurchbrüche, die auf Heimlichkeit drängen und neben der Sensation zur moralischen Wertung reizen, nicht jedoch zu Information und wertfreier Rezeption.

Die Anorexia nervosa wird in der medizinischen Literatur dieses Jahrhunderts seit etwa 1930 im Zusammenhang mit vermuteten psychodynamischen Grundlagen beschrieben, vorher wurde sie seit einer Beschreibung durch den Pathologen Simmonds 1914 (»Simmonds-Kachexie«) als eine Erkrankung des Hypophysenvorderlappens von zahlreichen, vor allem deutschen, Forschern als Endokrinopathologie angesehen.

Die Bulimie, wenngleich seit dem Altertum in Einzelfällen bekannt, ist erst über die Festlegung im DSM-III 1980 zur klinischen Entität geworden.

Die **soziokulturellen Bedingungen**, die zu dem neuen Eßstörungsphänomen Bulimie geführt haben, sind vielgestaltig. Denkbar ist unter anderem, daß die breite Information über Anorexie die Besonderheit der Askese inflationiert hat und die Patientinnen mit anorexieähnlicher, prämorbider Persönlichkeitsstruktur sich in ein neues Feld hinein entwickelten. Hilde Bruch hat schon in ihrem Buch »Der goldene Käfig« einen Krankheitswandel (1980, amerik. Ausg. 1978) kommen sehen. Sie meinte allerdings, die Anorexie werde sich bei Zunahme an Aufklärung erschöpfen.

»Vier Jahrzehnte Eßstörungen« (Bruch 1985) überblickend hatte sie allerdings für die Bulimie nur ein paar moralisierende Sätze übrig. Ein wesentlicher Zug der Bulimiepatientinnen sei ein Defizit im Verantwortungsbewußtsein. Die Bulimikerinnen beklagten sich als hilflose Opfer ihrer Impulse und wollten sogar »Essen ohne Geld« haben, ihrer Kleptomanie hilflos ausgeliefert.

Die beiden Krankheitsbilder sollen nun nacheinander zunächst unter dem Gesichtspunkt der diagnostischen Kriterien auf der Verhaltensebene, dann in der Frage nach ihrer äußeren und inneren Entstehung und schließlich unter dem Aspekt der Aufrechterhaltung betrachtet werden. Betrachtungen zu den zahlreichen Körpersymptomen kommen nur am Rande dazu (vgl. hierzu Kap. Medizinische Probleme bei der Indikation und Behandlung, S. 43ff.)

Anorexia nervosa

Diagnostische Kriterien

Führendes Verhaltensmerkmal und zugleich eigentlich zutreffendere Diagnose als die »nervöse Appetitlosigkeit« ist die Mager**sucht**.

Die Patientin strebt meist offen, gelegentlich geschickt kaschiert, nach immer stärkerem Dünnsein, wobei sie meist ständig ans Essen denkt. Sie fastet gänzlich (passiv-restriktiver Typ nach Halmi 1983) oder wählt geschickt nur kalorienarmes Essen aus, das sie dann wieder selbstinduziert erbricht oder durch Laxanzien, gelegentlich auch durch Diuretika-abusus wieder beseitigt (aktiver Typ nach Halmi 1983). Freßanfälle, Horten von Nahrungs-mitteln und Essensdiebstähle werden häufig beobachtet.

Die Magersucht führt zu ausgeprägter Magerkeit bis hin zur **Kachexie**. In den meisten Fällen tritt entweder schon vor der Abmagerung oder in ihrem Gefolge eine sekundäre **Amenorrhoe** auf, die damit teilweise eine Körperreaktion auf den Gewichtsverlust ist oder die emotionale Notlage von vornherein anzeigt.

Eine ausgeprägte **Überaktivität**, primär motorisch, aber auch auf dem Gebiet intellek-tueller Leistungen, steht in erstaunlichem Kontrast zur Auszehrung der Patientin. Sie ist ständig in Aktion, versucht Schule, Studium oder Beruf perfekt gerecht zu werden oder un-terzieht sich einem harten sportlichen Trainingsprogramm. Selbst in psychotherapeutischen Sitzungen sind manche Patientinnen ständig in Aktion, machen isometrische Muskel-übungen oder Gelenkigkeitsdehnungsexperimente, wie wir an einer Ballettschülerin beo-bachten konnten.

Die **Verleugnung** der krankhaften Abmagerung fällt im Erstkontakt mit der Patientin auf. Sie findet sich, es sei denn, ein Schwächeanfall führte sie in die Sprechstunde, nicht krank und ausgezehrt, sondern drahtig und aktiv, und betont besonders der Familie gegen-über, daß sie nichts zu essen brauche. Ja, sie ist sogar überzeugt, immer noch »zu fett« zu sein, einen dicken Bauch, ein breites Gesicht oder zu fette Oberschenkel zu haben.

Diese Störung wird oft als »Körperschemastörung« in der Literatur behandelt, obwohl das Körperschema per definitionem etwas anderes ist, nämlich das in der Entwicklung all-mählich sich ausbildende, hauptsächlich neurophysiologisch begründete Gewahrsein der Zuordnung der einzelnen Körperteile zum Ganzen. (Der von Oliver Sacks 1989 beschrie-bene Mann, dessen Bein »fortging«, hat eine Körperschemastörung.)

Bei der Anorexiepatientin ist es eine **Störung des Körperbildes** (Body-Image). Eine große Zahl von experimentellen Untersuchungen hat sich mit diesem Phänomen beschäftigt, nachdem Hilde Bruch beobachtete, daß die Breiteneinschätzung des eigenen Körpers bei der Anorektikerin gestört ist und daß sie zu einer Überschätzung der Körperbreite neigt. Dieses Phänomen soll sich sogar nach kohlenhydratreichen Mahlzeiten verstärken und nach einer Normalisierung des Gewichtes wieder normalisieren.

Neben der recht verwirrenden Methodendiskussion, die durchaus so widersprüchlich ist, daß einige Autoren (Slade 1985; Hsu 1982) empfehlen, das Phänomen der Breitenüberschätzung als ein Diagnosekriterium aufzugeben, sollte bedacht werden, ob hier nicht ein - wenn auch sehr wichtiges - subjektives Phänomen einer scheinbaren Objektivierung unterworfen wurde. Die Magersüchtige ist voller Angst, zu dick zu sein oder zu werden. Sie muß dies soweit wie möglich verleugnen, vor allem auch vor Untersuchern, die sie um Breiteneinschätzung bitten. Was liegt näher als sich gemäß dem inneren Körperbild als zu breit einzuschätzen?! (vgl. auch Willenberg 1989)

Das DSM-III-Kriterium »Störung der eigenen Körperwahrnehmung« ist somit wohl dasjenige, welches am stärksten mit dem inneren Bild der Patientin von ihr selbst zu tun hat. Die Körperkontur kann nicht weit genug vom normalen Maß entfernt sein. Je konkaver der Bauch, desto besser, je weiter die Lücke zwischen den nicht schließenden Oberschenkeln, desto angenehmer, obwohl dies nicht dem Schönheitsideal der Patientin entspricht, sondern dem Bedürfnis, die Kontrolle über den eigenen Körper abzusichern. Zur Körperwahrnehmungsstörung gehört auch das Verleugnen bzw. die Fehlinterpretation von Hunger und Durst, ein Phänomen, das in der Therapie besondere Beachtung finden muß.

Die beschriebenen Verhaltensstörungen haben oft seelische Folgesymptome: Die **Isolation**, der **soziale Rückzug** nehmen in der ausschließlichen Beschäftigung mit Askese oder dem »guten«, nicht dickmachenden Essen ständig zu. Die Patientin isoliert sich auch innerhalb der Familie, wirkt arrogant und unduldsam, nicht selten treten **Zwangssymptome** auf, Waschrituale oder besondere Rituale bei der Vorbereitung kleinster Mahlzeiten oder beim Absolvieren des sportlichen Trainingsprogramms. Häufig ist eine **depressive Verstimmung** beim längeren Verlauf der Magersucht, in deren Zentrum ein Gefühl der tiefen Einsamkeit steht und über die unter Umständen der erste therapeutische Zugang zu einer Patientin erreicht werden kann.

Psychodynamische Aspekte

Die Lebensphase, in der sich die Anorexia nervosa entwickelt, ist die frühe und mittlere Adoleszenz, die Zeit der Pubertät und danach. In diesem Lebensabschnitt geht es um **tatsächliche oder phantasierte Trennungen** von den Eltern bzw. den primären Beziehungspartnern. Dies kann durch einen Schulwechsel, einen Auslandsaufenthalt, Wegzug älterer Geschwister, Tod von Großeltern, ja sogar, wie in einem unserer Fälle, durch den Tod des Hundes äußerlich angestoßen werden. Allgemein steht nach der

Schutzphase der Latenzzeit erneut die Auseinandersetzung mit den Triebimpulsen und vor allem dem Identitätsthema an, es geht nun erneut und endgültig um die eigene **Geschlechtsidentität** in der Begegnung mit dem anderen Geschlecht. Hierauf ist die spätere Magersuchtspatientin wenig vorbereitet. Die idealtypische Entwicklung bis zur Krankheitsentstehung läßt sich am besten aus dem Blickwinkel der Familienstruktur und Individualentwicklung aufschlüsseln.

Die Familie, systemisch betrachtet, läßt eine enge Vermaschung der Familienmitglieder untereinander erkennen; die Autonomie des einzelnen wird erheblich eingeschränkt, was zu einer starken Abhängigkeit der Mitglieder voneinander führt (Bruch 1973 u. 1980; Minuchin et al. 1981; Selvini Palazzoli 1982).

In der typischen Magersuchtsfamilie bestehen **charakteristische Rollenverteilungen**: die Mutter ist diejenige, die die Fäden in der Hand hat, dabei sich und die Familie einem triebfeindlichen Leistungsideal verpflichtend. Die Väter, so sagt Selvini Palazzoli, sind oft »emotional nicht vorhanden«, werden von den Müttern dominiert. Die große wechselseitige Abhängigkeit führt dazu, daß es zu einem überbehütenden, »einverleibenden« Umgang der einzelnen Familienmitglieder untereinander kommt. Die persönlichen Grenzen eines jeden einzelnen, insbesondere der später magersüchtigen Tochter, werden nicht respektiert; die Fürsorge wird »auf Biegen und Brechen« durchgesetzt. Häufig haben sich fest etablierte Rituale ausgebildet, die ums Essen kreisen. Die gute Mütterlichkeit, die darin aufscheinen soll, ist von latenter Aggressivität geprägt, die sich stärker gegen eine Tochter richtet als gegen einen Sohn.

Die Tochter erlebt sich in diesem von **Kontrolle** bestimmten Interaktionssystem fest eingebunden, ohne eigene Verselbständigungsmöglichkeit. Einerseits nährt dies die Sehnsucht nach Aufrechterhaltung inniger Verbundenheit, ja Verschmelzung im Sinne einer symbiotischen Beziehung, andererseits ist für eine Adoleszente die Trennungsthematik wie gesagt durch verschiedene Lebensereignisse präsent. Sie muß sich gegen das mütterliche Kontrollsystem wehren. Häufig reichten die Kontrollen ja soweit, daß die Mutter die Körpersignale der Tochter zu interpretieren pflegte - z. B. seit frühester Kindheit immer wußte, wann die Tochter hungrig, wann sie satt war. Hierin liegt eine wesentliche Wurzel des psychopathologischen Phänomens der Unklarheit über Hunger und Sättigung, ein zentraler Anteil der Körperwahrnehmungsstörung. Die Tochter wehrt sich nun dadurch, daß sie das Objekt, die Mutter der Kindheit, einverleibt und die verinnerlichte Mutter bekämpft, nachdem sie sich gegen die Übermacht der realen äußeren Mutter nicht zur Wehr setzen kann. Indem sie versucht, den Körper selbst zu kontrollieren, hat sie unbewußt die perfekte Verschränkung zwischen Symbiose und Autonomie erreicht. Sie braucht nur noch sicherzustellen, daß der »gierige« Körper nicht von sich aus Fürsorge und Nahrung einfordert. Sie tut dies durch Verleugnung, die in einigen Fällen auf der vorbewußten Ebene gelingt - das sind die Magersüchtigen, die mit innerer Überzeugung sagen »Ich brauche nicht zu essen«. Auf der bewußten Ebene sind das die weitaus zahlreicheren Patientinnen, die sich ständig mit Essen beschäftigen, ohne selbst zu essen, oder die das Aufgenommene wieder beseitigen. Durch diesen innerseelischen Schachzug erreicht die Patientin auch, sich nicht mit der Mutter als Frau identifizieren zu können. Sie bremst vielmehr ihre Sexualentwicklung bzw. macht sie rückgängig, indem sie die weiblichen Rundungen verschwinden läßt und die Amenorrhoe entwickelt. Dies ist logische Folge der archaischen Abwehroperation im Bereich der Objektbeziehungen: die Mutter ist inkorporiert, stand sie doch aufgrund ihrer bisherigen defizitären Mütterlichkeit zur Identifikation nicht zur Verfügung. Die von Thomä (1961) vertretene Hypothese, daß die Patientin in der Pubertät ihre weibliche Rolle (sexuell und sozial) nicht akzeptieren wolle, trifft insofern zu, muß aber in ihrer objektbeziehungstheoretischen Ergänzung gesehen werden.

Auch die triebtheoretisch begründete psychodynamische Hypothese (Meyer 1970), daß die Magersüchtige die weibliche Form der Sexualität, die ja mit inkorporierenden Vorgängen (Aufnahme von Glied und Samen) einhergeht, ablehne und in Gestalt der in den oralen Bereich verschobenen Verweigerung und Kontrolle bekämpfe, paßt in die Abwehroperationen, die in der Adoleszenz notwendig werden. Allerdings ist die triebdynamische Reifung der meisten Anorektikerinnen kaum wirklich auf die genital-sexuelle Ebene vorgedrungen; sie sind oral fixiert geblieben bzw. durch das autonomiefeindliche Familienklima gehalten worden, so daß man selten eine Regression auf die orale Triebebene, vielmehr häufiger eine Fixierung annehmen muß.

Aufrechterhaltende Faktoren

Diejenigen Verhaltensweisen und psychodynamischen Faktoren, die nicht nur primär zur Konfliktlösung bei der Krankheitsentstehung taugen (der »primäre Krankheitsgewinn«), sondern die darüber hinaus wesentlich dazu beitragen, daß die Patientin ihr selbstzerstörerisches Werk nicht aufgeben kann, sollten vor allem auch im Hinblick darauf gesehen werden, daß sie die Therapie erschweren.

Die aufrechterhaltenden Faktoren lassen sich in »innere«, in der Patientin liegende, und »äußere«, in der sozialen Umwelt liegende Faktoren einteilen. Sie decken sich teilweise mit den Vorstellungen, die gemeinhin als sekundärer Krankheitsgewinn bezeichnet werden, teilweise gehören sie auch zur inneren Dynamik des Krankheitsbildes.

Wenn die Patientin den für sie bedeutsamen **Gewinn an Autonomie** entdeckt hat, der ihr durch das Hungern und Erbrechen, durch die Körperkontrolle zuwächst, dann hat sie, vielleicht zum ersten Mal in ihrem Leben, das Gefühl der Effizienz (Thomä 1961 u. Bruch 1973), das sich in ein gewaltiges narzißtisches Hochgefühl steigern kann. Die ehemals freundliche, oft überangepaßte Patientin wird überkritisch und arrogant, sie isoliert sich von der Altersgruppe und der Familie und wird auch für den Therapeuten schwer erreichbar. Je dünner sie wird, um so sicherer könnte sie sich ihrer Körperkontrolle sein. Um so unsicherer wird sie aber, ob ihre große Anstrengung erhalten bleibt oder ob der Organismus sich im »Hungerkrawall« einfordert, was sie ihm vorenthält. Es kommt zu einem **Teufelskreis** zwischen der Angst, doch nicht genügend kontrollieren zu können, und dem steigenden realen Hunger. Daher muß die Patientin weiterhungern, um ihr infantiles Größenselbst zu retten, auch wenn sie bereits sehr abgemagert ist. Die Wirkung der körpereigenen Endorphine unterstützt durch den euphorisierenden Effekt die Ausbildung des Zirkels. Der Teufelskreis etabliert sich ähnlich auch in den sozialen Beziehungen. Selbstkontrolle und Askese erzeugen ein Gefühl der Überlegenheit über die anderen, die sich »im Morast der fleischlichen Begierden suhlen«, und führen zu immer stärkerer Isolation. Nur darin glaubt die Patientin effizient zu sein; würde sie wie die anderen essen, käme dies einer totalen Niederlage gleich.

Die **Isolation** läuft den starken inneren, nur teilweise bewußten Wünschen nach Versorgung und Zusammengehörigkeit entgegen. Dabei erlebt die Patientin Zuwendung in der üblichen Familienkonstellation hauptsächlich über das Thema Essen: wenn sie zum Essen gebeten, ermahnt oder gedrängt wird, wenn die Mutter den Kühlschrank mit ihren früheren Lieblingsspeisen füllt.

Schnell etabliert sich eine **Beziehungsfalle**, aus der Patientin und Bezugspersonen schwer herausfinden: die Zuwendung kommt übers Essen, die Patientin muß mit dem Nichtessen immer weitermachen, um die Aufmerksamkeit zu sichern. Wie Kafkas Hungerkünstler sitzt sie im Käfig, voller Sehnsucht nach Zuwendung, doch eingesperrt in die selbstgefertigten Kontrollmaßnahmen. - »Viel lieber waren ihm (dem Hungerkünstler) die Wächter, welche sich eng zum Gitter setzten, mit der trüben Nachtbeleuchtung des Saales sich nicht begnügten, sondern ihn mit den elektrischen Taschenlampen bestrahlten, die ihnen der Impresario zur Verfügung stellte.« »...und noch niemals, nach keiner Hungerperiode - dieses Zeugnis mußte man ihm ausstellen - hatte er freiwillig den Käfig verlassen« (Kafka 1924).

Bulimia nervosa

Diagnostische Kriterien

Der Begriff Bulimie (von bous = Stier, Ochse und limos = Hunger, Heißhunger), also der Stierhunger oder der Hunger auf einen Ochsen, kennzeichnet nur die eine Seite des Symptomgeschehens. Die Nahrungsaufnahme im Freßanfall leitet über zu ebenso zwingend durchgeführten Kontrollmaßnahmen, die das aufgenommene Essen entweder direkt beseitigen, durch Erbrechen oder Laxanzieneinnahme, oder aber durch nachfolgendes Hungern und andere Maßnahmen zur Gewichtskontrolle wie exzessives sportliches Training.

Der Triebdurchbruch mit Kontrollverlust muß in einer strengen Reinigungsaktion rückgängig gemacht werden. Das Verhalten der Patientin ist stark geprägt von den gegensätzlichen Strebungen nach oraler Befriedigung und gereinigter Leere, Inkorporation und Exkorporation, ein im Kern ambivalentes Verhalten.

Die Bulimiepatientin möchte die Gier unter allen Umständen verbergen, ihre **Angst vor der Gewichtszunahme** als äußeres Zeichen ihres unkontrollierten Essens führt zur Ausrichtung an einem Gewicht, das um das Normalgewicht herum schwankt. Sicherer fühlt sich die Patientin im leicht untergewichtigen Bereich, extreme Schlankheit wird nicht angestrebt.

Zahlreiche körperliche Folgen (s. Kap. Medizinische Probleme bei der Indikation und Behandlung, S. 43ff.) sind bei der Tendenz zur Heimlichkeit manchmal für die Diagnostik nützlich: so entwickeln viele Bulimikerinnen ebenfalls eine **sekundäre Amenorrhoe**, die hier stärker noch als bei der Magersucht Ausdruck der inneren Not der Patientin ist. Sie handelt im Körpergeschehen etwas aus, das sie auf der seelischen Ebene nicht in symbolisierter Form ausdrücken kann (Plassmann 1993).

Entmineralisierte, durch die Magensäure **zerstörte Zähne**, Hamsterbäckchenartig **geschwollene Ohrspeicheldrüsen** und verhornte Areale auf dem Fingerrücken des »Brechfingers« führen aufmerksame Beobachter gelegentlich auf die Spur der Bulimie (Feiereis 1989). Auch das Vorliegen von sozialer Auffälligkeit, gehäuften Ladendiebstählen und Schulden, eventuell verbunden mit Zeichen von Selbstverletzung, ist manchmal ein diagnostischer Hinweis, wenn das bulimische Verhalten aufgrund des heftigen Schamaffektes geheim bleiben muß.

Da bei der Bulimie stärker als bei der Anorexie Verhalten und Handlungsmotive, Anamnese und Krankheitsdynamik in sehr konkreter Weise ineinandergreifen, kann mit der Schilderung des Geschehens zugleich die Psychodynamik beschrieben werden.

Psychodynamische Aspekte

Wenn eine Bulimiepatientin die Schamschranke überwindet und sich mit einem Behandlungswunsch vorstellt, ist sie in der Regel therapiemotivierter als eine Anorexiepatientin. Sie ist meist auch bereit, die Schritte ihres Verhaltens und ihrer Gefühlszustände genau zu betrachten, wenn sie einmal sieht, daß der Untersucher nicht nur an Eßmenge, Brechtechnik und Gewichtskontrolle interessiert ist.

Die zentrale Befindlichkeit vor dem Freßanfall läßt sich generalisierend als ein **Gefühl von Leere und Alleinsein** fassen - Gefühle, die in Verlassenheitsangst einmünden. Diese Leere kann rationalisierend als Langeweile oder Enttäuschung wahrgenommen werden. Die Patientin hat dauernd Appetit und **denkt meist ans Essen**. Solange der Appetit über das Gefühl der Verlassenheit dominiert, kann die Patientin sich vorstellen, daß etwas Gutes sie erwartet. Vielleicht bietet dieser so beschriebene Zustand eine Erklärung für das Gelingen der Spaltung in die relativ gut funktionierende Person im Verlauf des Tages und in die Person, die in aller Heimlichkeit der Gier ausgeliefert ist: im Freßanfall, wenn der Hunger kommt, wenn »die Bestie aufwacht«, wenn »der Schalter umgeschaltet wird«.

Irgendwann in der Zeit zwischen Appetit und Hunger wird eingekauft und manchmal gekocht.

Der **Beginn des Essens** wird entgegen anderslautenden Berichten bei unseren Patienten meist als **lustvoll** empfunden. Das Schmecken, Riechen, Hineinsaugen ist das Wesentliche. Manche Patientinnen können die Speisen mit Blicken förmlich liebkosen.

Riechen, Schmecken und ein wenig später das Schauen sind die frühesten Liebeserfahrungen des Menschen neben dem Hautkontakt an der Mutterbrust. Der Hauptmodus in diesem Teil des bulimischen Verhaltens ist das Hineinnehmen und Einsaugen. Weiche und halbflüssige Speisen werden vielfach bevorzugt; möglicherweise ist deshalb in der angloamerikanischen Literatur der Ausdruck »binge« (Saufgelage, Bierreise) in »binge-eating« zum Terminus geworden.

Beim Einsaugen verschmilzt der Säugling mit dem Milchstrom, löst sich förmlich in Milch auf. Die Nähe des bulimischen Auftaktes zu diesem erotischen, oral-sexuellen Erleben ist deutlich. Das Schmecken und Riechen geht über in das Lecken und Schmatzen der oralen Befriedigung, das häufig anzutreffende Schmieren verweist in den analen Bereich, während das Stopfen unbewußte Kohabitations- und Schwangerschaftsphantasien assoziieren läßt (Schwartz 1988).

Sobald sich der Leib etwas vorzuwölben beginnt und der Magendruck steigt, steigen **Unbehagen und Angst** auf. In ängstlich irritierter Stimmung geht die Patientin zum Angriff über. Die Wut wächst, das Essen wird zum Hinunterschlingen. Manche Frauen schlagen sich auf den Bauch, verschlingen kaum zerkaute Riesenbrocken, als müsse die **Aggression** nach außen und innen in der Waage gehalten werden. Der volle Leib wird gehaßt. Nun ist das Essen ohne jeglichen Genuß, es muß zerstört werden, und zugleich muß das getroffen werden, was schon drinnen ist. In dieser Phase geht die Kontrolle über das Essen vollkommen verloren.

Wenn es sich im Beginn um die unbewußte Vorstellung gehandelt hat, ein Säugling werde vom guten mütterlichen Objekt versorgt, so muß im Weiteressen sowohl dieser Säugling erstickt als auch die Mutter zerstört werden. Der Mund wird zu einem »einschlürfenden, verschlingenden Loch, an dessen Grund der Untergang droht«. Mit sadistischer Brachialgewalt wird der Rest oder auch völlig Ungenießbares hinuntergestopft.

Die **Leibesfülle** ist der Drehpunkt von der illusionären Verschmelzung zum wütenden Angriff. Der Leib ist hoch ambivalent besetzt: flach und leer ist er wohlgelitten, bei der geringsten Vorwölbung aber Ziel heftigster Attacken.

Das **spontane** oder **induzierte Erbrechen** wird als »Explodieren« geschildert und meist als Befreiung erlebt. In einem sadistischen Angriff auf den Magen wird durch das Trinken von Flüssigkeit und erneutes Erbrechen alles bis auf den letzten Tropfen entfernt. War die Patientin kurz vor dem Erbrechen ein Opfer ihrer Angst und Wut, mit dem panischen Gewahrsein des Kontrollverlustes, so gewinnt sie mit dem Erbrechen Zug um Zug die Kontrolle zurück. Meist tritt nach dem Erbrechen eine kurze Entspannungsphase ein. Oder aber Scham und Reue überwiegen, verzweiflungsvoller Rückzug in Alkohol oder Schlaf folgen, oder eine neue Leere mündet wieder in den bulimischen Kreislauf ein. Die Abfolge von Verlangen, Befriedigung, Spannung, Kontrollverlust, Haß und Wut und die Rückgewinnung der Kontrolle im Erbrechen stellen den Gefühlskreislauf in der Dynamik des bulimischen Verhaltens dar. Auslösend für das Auftreten einer Bulimie ist in der Regel ein **Objektverlust** im weitesten Sinne. Bei den Patienten mit vorangehender Anorexie (1/3 der Patienten von Feiereis 1989) liegt die Trennungsproblematik schon zum Zeitpunkt der auslösenden Faktoren der Anorexie vor.

Wiewohl die Entstehung beider Krankheitsbilder **multifaktoriell** zu sehen ist, lassen sich doch beim Studium von Patientenbiographien typische Entwicklungskonstellationen finden, die sich zu einer hypothetischen Pathogenese verbinden lassen (Böhme-Bloem u. Schulte 1987). Das psychostrukturelle Entwicklungsniveau der Patientinnen ist breit gefächert. Neben Bulimikerinnen, die auf unreifem, »frühgestörtem« Strukturniveau operieren, finden sich reife, neurotische Patientinnen und alle Abstufungen dazwischen.

In der Entwicklungsgeschichte ist allen Bulimiepatientinnen die **orale Fixierung** gemeinsam, das Verhaftetbleiben in der Objektbeziehung des ersten Lebensjahres. Das Essen als das wichtigste Kommunikationsmedium der ersten Lebenszeit wird als solches weiterbenutzt. Dies wird von Müttern gefördert, die die oralen Wünsche der Töchter abwehren müssen, weil sie selbst ihren oralen Wünschen gegenüber ambivalent sind und die bedürftigen Töchter ambivalent erleben. Die Entwicklungsgeschichte, die zu einer Bulimie auf neurotischem Niveau führt, ist weiter dadurch gekennzeichnet, daß die spätere Patientin durch die mütterliche Ambivalenz in starker Abhängigkeit gehalten wird, daß die Tochter wegen eines ungenügenden Selbstgefühls in dieser Konstellation den Körper phallisch besetzt und mit diesem Körpergefühl in ödipaler Fixierung in die Adoleszenz eintritt. Im Rahmen eines Partnerkonfliktes werden die alte »Muttersucht« und die phallische Überbesetzung des Körpers aktualisiert, und das Symptom formt sich aus als Kompromiß, bei dem orale Schwängerung und Kastration im Essen und Erbrechen agiert werden (Schwartz 1988).

Die Geschichte der später frühgestörten Bulimiepatientin läuft über einen deutlichen **Selbstdefekt**, der durch tatsächliches oder inneres Verlassenwerden von der Mutter entsteht. Die Tochter wendet sich dann auf der Suche nach einem Ersatz an den Vater, bei dem sie oft nur über die Leistung Anschluß findet. Dies ergibt eine von uns als pseudoödipale Stabilisierung bezeichnete Notlösung, die den Symptomausbruch bis in die Adoleszenz verhindert. Ein **Objektverlust** (Tod eines Elternteils, Zerbrechen einer Partnerbeziehung) konfrontiert mit dem Selbstdefekt, nun wird der Körper zum Ersatzobjekt. Im Symptom wird das mütterliche Objekt zur Verschmelzung mit dem defekten Selbst gebracht und anschließend - zur Rettung des Selbsts, das sich in der Verschmelzung aufzulösen droht - wieder zerstört. Das Symptom wird bei dem bestehenden Selbstdefekt zur Abwehr einer drohenden Depression benötigt.

Allen Bulimiepatientinnen gemeinsam ist die **Körperbildstörung**, die sich in der ganz besonderen Besetzung des Körpers, zuallererst des Bauchumfangs, und in der übermäßigen Beschäftigung mit der Figur und dem Gewicht ausdrückt - im Sinne einer fortwährenden Kontrolle aus Angst, etwas könnte die Gier verraten. Der eigene Körper ist aufgrund der unterschiedlichen Defizite im Selbsterleben etwas Defektes oder vom Defizitären Bedrohtes. Durch dem Wunsch, dem Schlankheitsideal zu entsprechen, soll der manifeste oder drohende Mangel verdeckt werden.

Aufrechterhaltende Faktoren

Diejenigen Faktoren, die es der Bulimiepatientin schwer machen, von einer Therapie zu profitieren, weil sie fortbestehen und weiterwirken, hängen mit Problemen der Geschlechtszugehörigkeit und mit der soziokulturellen Position der Frau zusammen. Daher vorweg einige Gedanken zur Frage des starken Überwiegens des weiblichen Geschlechts bei der Ausbildung von Eßstörungen:

Die **Gefühlswelt zwischen Mutter und Tochter** scheint spannungsreicher zu sein als die zwischen Mutter und Sohn. Das hängt damit zusammen, daß eine Mutter von einer Tochter im regredierten postpartalen Zustand stärker angeregt wird, sich mit dem bedürftigen Baby zu identifizieren. Zugleich muß sie die eigene orale Bedürftigkeit auch abwehren, was umso notwendiger wird, je hungriger sie das Kind erlebt. Möglicherweise tragen angeborene Geschlechtsunterschiede dazu bei, diesen Zirkel zu verstärken. Lichtenberg (1991) referiert eine Untersuchung von Korner, daß weibliche Neugeborene taktil leichter ansprechbar seien als männliche, daß sie also eine größere Empfänglichkeit für Geschmacksreize hätten und mit Mund und Zunge beim Füttern aktiver seien als ihre männlichen Altersgenossen.

Damit könnte sich eine Mutter, die ihrer eigenen Bedürftigkeit ambivalent oder ablehnend gegenübersteht, eher zur Abwehr der kindlichen Oralität veranlaßt sehen. - Tatsächlich findet sich die Schilderung eines gierigen Säuglings immer wieder in Lebensgeschichten bulimischer Patienten.

Andere Hinweise, daß mit ihrer Geschlechtsrolle nicht einverstandene Mütter zu solchem interpersonellen Abwehrverhalten greifen, sind Untersuchungen, von denen Olivier (1987) berichtet. Demnach werden weibliche Säuglinge durchschnittlich etwa 2 Monate früher abgestillt als männliche, und dementsprechend müssen Mädchen oft um 2 Monate eher sauber werden als kleine Jungen.

Diese unterschiedlichen Ausgangspositionen in der Individualentwicklung könnten neben anderem dazu beitragen, daß Eßstörungen vom weiblichen Geschlecht als Symptom gewählt werden, während Männer zu anderen Symptomen greifen.

Sicher hängt die Auswirkung dieser Entwicklungsfaktoren auf das weibliche Rollenverständnis in der Gesellschaft und die Bedeutung des Körpers in der Wertvorstellung besonders mit dem **Einfluß der Medien** zusammen.

Die von ihnen gepriesene »neue Frau« ist in Sachen Mode überschlank und untergewichtig, im Berufsfeld intellektuell kritisch, emanzipiert, dazu sportlich und leistungsfähig. Auf die hausfraulichen Qualitäten bezogen ist sie versorgend und mütterlich, mit gutem Appetit und appetitlichen Verführungskünsten ausgestattet, neben denen Diätratschläge nicht fehlen. Eine Adoleszente mit einem unsicheren Selbstgefühl wird angesichts dieses aus mehreren sehr gegensätzlichen Facetten zusammengesetzten Idealbildes versuchen, alles in sich zu vereinen und so unter andauernde innere Spannung geraten. Eine Bulimiepatientin wird durch dieses Idealbild immer wieder ins Spannungsfeld ihrer Ambivalenz gezogen.

Der Fernsehspot, in dem sich eine junge Frau mit den Worten »Ich will so bleiben, wie ich bin« mit zufriedenem Lachen in einer Schaufensterscheibe spiegelt und dabei Reklame läuft für fettarme Nahrungsmittel mit dem beziehungsreichen Namen »Du darfst«, ist eine Herausforderung für die Bulimiepatientin und zugleich Sinnbild des zunehmend narzißtisch geprägten **Zeitgeistes**. Hier ist das Individuum mehr und mehr auf sich selbst zurückgeworfen; Befriedigungen werden immer stärker nur aus dem Selbstbild, immer weniger aus einem Beziehungsgefüge gewonnen, eine Konstellation, die für die Bulimiepatientin zentrale Lebensschwierigkeit ist. Die bulimische Symptomatik bietet sich da als »Patentlösung« an.

Stationäre psychodynamische Therapie

W. Senf, St. Herpertz und B. Johann

Rückblick

In den vergangenen Jahrzehnten kamen zur Psychotherapie insbesondere der Anorexia nervosa unterschiedliche Therapiemethoden aus den verschiedenen Therapieschulen zur Anwendung. Ganz am Anfang standen **psychoanalytische** Behandlungen (Bruch 1976) in z.T. weitgehender Abstinenz der körperlichen Situation gegenüber. Nur der innerpsychische Konflikt sollte ins Auge gefaßt werden, und der therapeutische Zugang hatte über die Deutung zu erfolgen (Willenberg 1987). Manche Behandlungen führten zu einem guten Ergebnis, andere nicht (Deter et al. 1989; Engel u. Meyer 1991). Therapeutische Euphorie verbreitete sich Anfang der 80er Jahre aus den neu eröffneten Kliniken für **Verhaltenstherapie** (Matussek 1959), wobei die damaligen verhaltenstherapeutischen Behandlungsversuche bei Psychoanalytikern große Skepsis und Ablehnung auslösten: konnte man mit einem strengen Regime, das sich unter Auslassung der innerpsychischen Konfliktdynamik auf das Eßverhalten bezog, der Magersucht oder Bulimie Herr werden? Auch hier zeigten manche Patient(inn)en gute Ergebnisse, andere wieder nicht. Mitte der 80er Jahre meldeten sich dann Familientherapeuten mit eindrucksvollen Erfolgsmeldungen bei **familientherapeutischer** Behandlung zu Wort.

Auch diese Euphorie ist - man möchte sagen leider - bald der nüchternen Realität gewichen, daß keine der verschiedenen psychotherapeutischen Methoden dauerhaften Erfolg bei der Behandlung einer ausgeprägten Eßstörung garantiert.

Multifaktorielles Krankheitsgeschehen - multimethodaler Therapieansatz

Mittlerweile dürfte sich als Konsens auch innerhalb der einzelnen psychotherapeutischen Schulen und Richtungen ergeben haben, daß es sich bei der Genese der Anorexia nervosa wie auch der Bulimia nervosa um **multifaktorielle** Krankheitsgeschehen handelt, bei welchen innerseelisch-psychodynamische, psychosoziale, soziokulturelle und biologische Faktoren ineinandergreifen und sich gegenseitig verstärken. Psychosomatische wie auch somato-psychische Zusammenhänge müssen auf ganz verschiedenen Ebenen berücksichtigt werden (Halmi et al. 1991).

Zwar handelt es sich bei diesen Eßstörungen um ausschließlich psychogen bedingte Krankheitsgeschehen, wobei die so absonderlich wirkenden Erlebens- und Verhaltensweisen erst sekundär zu den desolaten körperlichen Zuständen führen, die zum klinischen Eingreifen zwingen. Die Erlebens- und Verhaltensweisen eßgestörter Patient(inn)en sind **Folge spezifischer psychodynamischer Charakteristika**, so etwa im Verhältnis dieser Patient(inn)en zur Nahrung, im Verhältnis zu sich selbst, in der narzißtischen Regulation und in der Art ihrer Objektbeziehungen (vgl. Kap. Diagnostische Kriterien und psychodynamische Charakteristika, S. 7ff.). Andererseits sind eine nicht unerhebliche Zahl der psychischen Erscheinungen **Folge von Unterernährung und Untergewicht.** Jüngere Forschungsergebnisse weisen auf die Bedeutung von starvationsbedingten neuroendokrinologischen Vorgängen und Transmitterfunktionen und deren Auswirkungen auf mentale und emotionale Prozesse (Carper et al. 1977; Deter et al. 1989; Engel u. Meyer 1991; Feiereis 1989; Fichter 1992) hin.

Entsprechend kann diesen Krankheitsbildern nur mit einem **multimethodalen Therapieansatz** begegnet werden. Eckpfeiler dabei sind idealtypischerweise: einerseits die Bearbeitung des innerseelisch-psychodynamischen Konfliktgeschehens und des familiären und psychosozialen Umfeldes sowie andererseits die Rückkehr zu normalen Eßgewohnheiten und Verhaltensweisen, was bei der Anorexia nervosa eine Gewichtszunahme impliziert. Eine ausschließliche Fokussierung auf die psychische Problematik unter Vernachlässigung der Gewichtszunahme und ernährungsrelevanter Kriterien wäre ebenso verfehlt wie die einseitige Betonung letzterer Aspekte. Die Behandlung der Psychopathologie unter psychodynamischen Gesichtspunkten ergibt nur in der Verbindung mit symptomorientierten Therapiestrategien (Veränderung des Eßverhaltens) ein sinnvolles, komplementäres Ganzes. Die erfolgreiche Bearbeitung eines psychopathologisch relevanten Konfliktgeschehens stellt die Bedingung für Veränderungen im Eßverhalten dar. Umgekehrt erleichtern eine Gewichtszunahme und die Stabilisierung des körperlichen Zustands bei anorektischen Patient(inn)en sowie die Minderung des bulimischen Symptomverhaltens bei bulimischen Patient(inn)en deren Heranführung an ein psychodynamisches Verständnis der Erkrankung und die psychotherapeutische Bearbeitung der Psychopathologie.

Diese Gesichtspunkte lassen **mehrdimensionalen Behandlungsplänen** bei der Therapie der Eßstörungen den Vorzug geben, welche psychoanalytisch-psychodynamische, familiendynamische, verhaltenstherapeutische, symptomzentrierte und ernährungsrelevante Elemente beinhalten und unter operationalen Gesichtspunkten aufeinander abstimmen.

Heute wissen wir, daß weder eine somatische Therapie noch irgendein psychotherapeutisches Verfahren für sich alleine ausreichend wirksam ist. Jeder therapeutische Ansatz leistet zwar seinen unverzichtbaren Beitrag zur Behandlung der Eßstörungen, er kann jedoch immer nur einen Teilaspekt abdecken (vgl. Kap. II.).

Entsprechend wurden in den letzten Jahren zunehmend Versuche unternommen, auf interindividuelle Unterschiede und intraindividuelle Veränderungen im Therapieprozeß durch Integration und Kombination verschiedener Therapiestrategien adaptiv zu reagieren (Karren 1986).

Eine standardisierte Therapie gibt es jedoch weder für die Magersucht noch für die Bulimie. Jede Behandlung muß immer den jeweils individuellen Bedingungen und Notwendigkeiten der Patient(inn)en angepaßt werden.

Zudem kommen institutionelle Rahmenbedingungen und die theoretischen und klinischen Standorte der Therapeut(inn)en zum Tragen. Auch weisen die Anorexia nervosa und die Bulimia nervosa zwar viele Gemeinsamkeiten auf, bei genauer Betrachtung jedoch unterscheiden sich beide Krankheitsbilder nicht nur in der Symptombildung, sondern auch in der Psychodynamik erheblich (Tab. 1), mit entsprechenden Konsequenzen für die Behandlungsplanung.

Als gemeinsames Grundprinzip gilt jedoch für die Magersucht wie auch für die Bulimie, daß die Basis für jede Psychotherapie ein körperlicher **Allgemein- und Ernährungszustand** ist, der eine vitale Gefährdung ausschließt und eine ausreichende mentale Leistungsfähigkeit für eine Psychotherapie gewährleistet.

Tab. 1. Anorexia nervosa und Bulimia nervosa im Vergleich. Psychische Erkrankung, in deren Symptomatik eine Störung des Eßverhaltens die zentrale Rolle spielt.

Anorexia nervosa	Bulimia nervosa
Symptomatik: Störung des Eßverhaltens	
Überzeugung, zu dick zu sein	Konstante Angst vor Gewichtszunahme
Kontinuierlicher unbezwingbarer Drang, abzunehmen, mit welchen Mitteln auch immer	Suboptimales Gewicht Latenter Hungerzustand

- Nahrungsverweigerung
- Hypermotorik
- Unterdrückung des Hungers
  (passiv-restriktive Form)
- zusätzlich selbstinduziertes Erbrechen
- Laxanzien- und Diuretikaabusus
  (aktive Form)
	- Anfallsweise auftretender unbezwingbarer
	  Drang, große Nahrungsmengen in sich
	  hineinzuschlingen (Kontrollverlust)
	- Zeitlich begrenzte »Freß«-Anfälle mit bis
	  zu 20.000 kcal/Attacke

Sekundäre Amenorrhoe obligatorisch	Sekundäre starvationsbedingte Amenorrhoe bei ca. 45%
Beständige Gewichtsabnahme	Selbstinduziertes/reflektorisches Erbrechen
Psychischer Befund	
Störung der Körperwahrnehmung und des Körperbildes	Realistischere Wahrnehmung der Körpersituation

- Verleugnung der Krankheit
- Stolz und Befriedigung über die Leistung
  der Gewichtsabnahme
- Verleugnung des Hungers (»Ich brauche
  nichts«)
- Kontaktstörung
- Depressives Syndrom
	- Krankheitsbewußtsein
	- Selbstverachtung und Scham über das
	  Symptom
	- Schuldgefühle
	- Furcht, beim Essen nicht mehr aufhören
	  zu können
	- Zunehmende Isolation
	- Dissoziales Verhalten

Indikation zur stationären Psychotherapie

Ein sehr wesentliches Argument für eine stationäre Psychotherapie ist sicherlich, daß das zur Behandlung schwerer Eßstörungen notwendige Spektrum therapeutischer Maßnahmen nur im Rahmen einer psychosomatisch-psychotherapeutischen Station geleistet werden kann. Gleichzeitig ergeben sich aus den jeweils spezifischen Besonderheiten der Magersucht bzw. der Bulimie unterschiedliche Indikationen, therapeutische Zielsetzungen und klinische Notwendigkeiten.

Indikationen bei Magersucht

Auf dem Hintergrund der oft sehr ernsthaften medizinischen Komplikationen (körperlicher Zustand, ausgeprägte Verleugnungstendenzen, partiell starvationsbedingte, ungenügende Introspektionsfähigkeit und Motivation, sowie geringe Bereitschaft zu einem Arbeitsbündnis) und der damit gegebenen Unmöglichkeit einer Regulation der Eßgewohnheiten im ambulanten Setting ist bei magersüchtigen Patient(inn)en die Indikation für eine stationäre Psychotherapie in der Regel gegeben.

Entsprechend den Kriterien des DSM-III-R (1987) ist bei weniger als 85% des Idealgewichts von einer Magersucht auszugehen (Feiereis 1989, Tab. 2). Schon bei dieser Gewichtsreduktion ergeben sich nicht nur schwerwiegende medizinische Symptome und Komplikationen (vgl. Medizinische Probleme bei der Indikation und Behandlung, S. 43ff.), sondern auch mentale Einschränkungen, die den psychotherapeutischen Zugang erschweren oder sogar verhindern.

Zur Differentialdiagnose und insbesondere zur Abschätzung der Prognose sollten vor der stationären Aufnahme die in Tab. 3 aufgeführten Gesichtspunkte abgeklärt sein. Nicht zuletzt aus prognostischen Erwägungen heraus ist eine Untergruppenbildung der Magersucht als Ausdruck von Beziehungsabwehr, eines Autonomieversuchs oder von Lebensverweigerung hilfreich (Tab. 4), wobei weniger die klinische Symptomatik der Eßstörung als vielmehr die der Symptomatik zugrunde liegende Psychopathologie von hohem Aussagewert sein dürfte.

Tab. 2. Gewichtsthermometer.

	100%	Durchschnittsgewicht
	85-90%	Idealgewicht (Broca-Index)
	85%	Ausbleiben der Menstruation
	80%	Durchschnittsgewicht eines Fotomodells
Anorexia nervosa	70-75%	evtl. Psychotherapieindikation
	65%	stationäre Einweisung erforderlich
	60%	Einschränkung der zellulären Immunität
	50%	Lebensgefahr
	40%	Tod

Tab. 3. Differentialdiagnose und Prognose bei Anorexia nervosa.

Körperlicher Allgemeinzustand und Ernährungszustand:
Abklären medizinischer Komplikationen und zusätzlicher Problembereiche (Alkohol, Drogen, Suizidalität, Selbstbeschädigung).

Beurteilung der Körperbildstörung:
Nicht das tatsächliche Gewicht ist von Bedeutung, sondern der immerwährende Wunsch, sowohl Körpergewicht als auch Körpermaße zu reduzieren.

Illustration des Eßverhaltens:
Die Nahrungsaufnahme ist nicht mehr an feste Mahlzeiten gebunden, sie verliert ihren kommunikativen und strukturierenden Aspekt; rigides einseitiges Diätverhalten (z.B. Monodiät) bis hin zur Nulldiät; Unterdrückung des Hungergefühls mittels Trinken großer Flüssigkeitsmengen, u.a. Kaffee.

Psychodynamisches Verständnis:
Wichtige Lebensdaten, Auslösesituation, emotionale Einstellungen zur Magersucht, Vorstellung von sich selbst und wichtigen Bezugspersonen, Beurteilung von Übertragungs- und Gegenübertragungsprozessen, Abwehrmechanismen.

Vorerfahrung mit bisherigen Therapien, deren Beurteilung und die Gründe für einen Abbruch:
Ambulante/stationäre Therapie; Geschlecht des Therapeuten; Therapiekonzept; Gewichtsverlauf und Behandlungsstadium, in dem Therapieabbruch stattfand.

Tab. 3. Differentialdiagnose und Prognose bei Anorexia nervosa. (Fortsetzung)

Motivation und Erwartung an die Therapie, Zielvorstellungen:
Leidensdruck, Eigenmotivation/Fremdbestimmung; Akzeptanz der Magersucht als Ausdruck eines intrapsychischen und/oder interpersonalen Konfliktgeschehens; primärer und sekundärer Krankheitsgewinn; Übernahme von Eigenverantwortung.

Reaktion auf die Darstellung des stationären Therapiekonzepts, die Erläuterung des vertraglich festgelegten Behandlungsplans und des Zielgewichts:
Hilfreiche initiale Außensteuerung vs. Einschränkung der Autonomie; Widerstand- und Angstparameter; Arbeitsbündnis.

Tab. 4. Ausdrucksformen der Magersucht nach Untergruppen.

Magersucht als Ausdrucksform eines Autonomieversuchs:
Abgrenzung gegenüber familiären Ansprüchen, Autonomiebestreben innerhalb des familiären Systems; Verselbständigungstendenzen, Abgrenzung gegenüber eigenen triebhaften, sexuellen Impulsen (Pubertätsmagersucht); konfliktreiche Entwicklung der eigenen Geschlechtsidentität; Amenorrhoe als Ausdruck der Geschechtsverweigerung

Magersucht als Ausdruck der Beziehungsabwehr:
Störung auf der Objektbeziehungsebene; Appell nach stützendem Objekt; Hilfeleistung wird als eigene Ohnmacht, narzißtischer Kränkung und Einbruch in die Autonomie gewertet; Nähe-Distanz- und Abhängigkeits-Autonomie-Konflikt

Magersucht als Ausdruck einer Lebensverweigerung:
Extreme, meist depressive Rückzugstendenz mit ausgeprägten autodestruktiven Zügen, prolongierte Suizidalität; Differentialdiagnose: Depressive Eßstörung meist unabhängig vom Lebensalter; häufig Fehlen der Körperbildstörung

Indikationen bei Bulimia nervosa

Im Gegensatz zu Magersüchtigen sind bulimische Patient(inn)en meist normalgewichtig und zeigen in der Regel einen starken Leidensdruck: Argumente dafür, bulimische Patient(inn)en **primär ambulant** psychotherapeutisch zu behandeln.

Die Indikationen für eine **stationäre** Psychotherapie bei Bulimia nervosa sind in Tab. 5 im Überblick dargestellt. Gehen mit der bulimischen Eßstörung schwerwiegende medizinische Komplikationen einher z.B. vital gefährdende Elektrolytentgleisungen), oder hat die Bulimie infolge einer Chronifizierung einen Automatismus erreicht, bei dem die bulimischen Episoden weitgehend unabhängig von aktuellen intrapsychischen oder interpersonellen Konfliktsituationen erfolgen, dann ist eine stationäre Aufnahme meist unumgänglich. Ebenso sind die Familiendynamik und der Grad der krankheitsbedingten Isolation der Betroffenen innerhalb ihres sozialen Umfelds für die Indikationsstellung zu einer stationären Aufnahme von Bedeutung (Fichter 1992). Gleichermaßen ist die Psychopathologie des/der Patienten/in für die Frage einer ambulanten oder stationären Psychotherapie entscheidend. Als differentialdiagnostisch wertvoll erwiesen (Böhme-Bloem u. Schulte 1989) hat sich die Unterteilung in bulimische Patient(inn)en mit einer psychoneurotischen Störung auf neurotischem Entwicklungsniveau und überwiegend ödipaler Störungsebene gegenüber den Patient(inn)en mit Ich-struktureller Störung.

Tab. 5. Indikation zur stationären Psychotherapie bei Bulimia nervosa.

---

1. **Eßstörungspathologie:**
   a) Ein situativer Zusammenhang (intrapsychische, interpersonelle Stressoren) ist nicht mehr erkennbar (fortgeschrittene Chronifizierung, Automatismus).
   b) Schwerwiegende somatische Befunde (z.B. Elektrolytverschiebungen).

2. **Soziale Situation:**
   Ausgeprägte familiäre Konfliktsituation, soziale Isolation; unzureichende ambulante Versorgungsmöglichkeit.

3. **Psychopathologie:**
   a) Impulskontrollstörung (umfassende Störung der Impulskontrolle, Suchtkrank heiten, autoaggressives, automutilatives Verhalten.
   b) Patienten mit narzißtischer Persönlichkeitsstörung, Borderline-Persönlich keitsstruktur.

Patient(inn)en mit narzißtischer Persönlichkeitsstörung weisen häufig eine umfassende Störung der Impulskontrolle auf (z. B. Suchtproblematik, automutilative Tendenzen) mit oft sehr schwerwiegender Selbstwertproblematik, die mit erheblichen Körperbildstörungen einhergehen kann. Nicht selten haben diese Patient(inn)en ausgesprochen autoaggressive bis selbstzerstörerische Tendenzen und bedürfen in der Regel einer stationären Psychotherapie.

Zielsetzungen stationärer Psychotherapie

Die stationäre Therapie der Eßstörungen kann in der Regel nur den Charakter einer Etappe in einem **ambulant-stationär-ambulanten Gesamtbehandlungsplan** haben, so daß das Konzept einer stationären Therapie der Anorexia nervosa und Bulimie neben der stationären Episode der Behandlung auch eine ambulante prä- und poststationäre Phase beinhalten sollte.

Prästationäre Phase

Ziele der prästationären Phase sind nicht nur die Diagnostik und Indikationsstellung, sondern insbesondere auch die **Motivierung** und die **Herstellung eines Arbeitsbündnisses.** Bei der Behandlung eßgestörter Patient(inn)en ist es eine gängige Beobachtung, daß das (meist unfreiwillige) Aufsuchen einer therapeutischen Behandlung nicht gleichzusetzen ist mit der Intention, das pathologische Verhalten zu ändern und zu gesunden. Beiden Eßstörungen gemeinsam ist das Zentralthema Hunger, den die magersüchtige Patientin oder der Patient abwehrt, verleugnet und mit einer Bulimie fortwährend zu bekämpfen sucht, um schließlich im Symptom zu scheitern.

Die **anorektische** Symptomatik hat zwar appellativen Charakter und ist immer auch als Botschaft und Aufforderung zu therapeutischem Engagement zu verstehen. Gleichzeitig erleben die Patient(inn)en diese Aufforderung als Aufgabe ihrer Autonomie und als Eingeständnis ihrer Ohnmacht. Das für die Betroffenen einzig in der unaufhaltsamen Gewichtsabnahme erlebbare Gefühl der Autonomie, welches nicht selten die einzige Quelle narzißtischer Gratifikation darstellt, macht jedes therapeutische Arrangement zu einer Bedrohung.

Bulimische Patient(inn)en veranlaßt erst die leidvolle Erfahrung eines nicht zu gewinnenden Kampfes gegen das Symptom, häufig verbunden mit einem sozialen Abstieg bis hin zu dissozialem und kriminellem Verhalten, zur Inanspruchnahme therapeutischer Hilfe. Die Schwierigkeiten ergeben sich jedoch aus deren Anliegen, das bulimische Symptom zwar zu beseitigen, ihr konstitutionsgemäßes Gewicht jedoch weiterhin auf Grund internalisierter, extremer Schlankheitsnormen zu unterschreiten und die damit verbundene Selbstwertproblematik zu verleugnen. Patient(inn)en mit vornehmlich bulimischer Eßstörung weisen häufig auch eine generalisierte Impulskontrollstörung auf und stellen eine schwersterkrankte Patientengruppe mit einer ernsten Prognose dar.

Motivationsklärung und Förderung des Arbeitsbündnisses sind initial, also noch während der prästationären Phase, vorrangige Therapieziele, werden jedoch letztlich ein integraler Bestandteil des gesamten Therapieprozesses bleiben. In der Biographie eßgestörter Patient(inn)en finden sich häufig zahlreiche traumatisierende Ereignisse, familiäre Gewalt und sexueller Mißbrauch, so daß es im therapeutischen Kontakt zu einer Wiederbelebung traumatischer Erfahrungen kommt. Motivationsarbeit ist nur denkbar, wenn es dem Therapeuten oder der Therapeutin gelingt, eine **vertrauensvolle und tragfähige Beziehung** zu schaffen, in der der Patient oder die Patientin seine/ihre Botschaft verstanden und angenommen fühlt, um sich mit dem »vernünftigen Ich« (Sterba 1934) verbünden zu können. Voraussetzung dafür ist eine größtmögliche Transparenz des Therapieangebots und der einzelnen Behandlungsschritte. Die Patient(inn)en sollten auf der Grundlage eines **Behandlungsvertrags** vor der stationären Aufnahme wissen, auf was sie sich einlassen.

Ein während der prästationären Phase obligat geführtes Familiengespräch dient neben diagnostischen Zwecken der Einbeziehung der Gesamtfamilie in den therapeutischen Prozeß (Meermann u. Vandereycken 1987).

Stationäre Therapiephase

Die Ziele der stationären Therapiephase sind zwangsläufig begrenzt. Die stationäre Behandlung der Eßstörungen kann letztendlich nur dem Einstieg in den psychoanalytischen therapeutischen Prozeß dienen, um die notwendigen Voraussetzungen und Grundlagen für die sich anschließende ambulante Behandlung zu schaffen. Das muß nicht heißen, daß eine stationäre Behandlung für sich nicht auch sehr weitreichend oder sogar ausreichend sein kann, was jedoch die Ausnahme ist.

Tab. 6. Behandlungsziele der stationären Therapiephase.

Anorexia nervosa	Bulimia Nervosa
Annäherung an das Zielgewicht (Körpergröße - 100 - 15%	Vermeidung eines suboptimalen Gewichts (latenter Hungerzustand) durch Anstreben und Beibehalten eines individuellen optimalen Gewichts - **Basisgewicht**

Abstinenz gegenüber gewichtsreduzierenden Maßnahmen: Laxanzien, Diuretika, Thyreostatika, Hypermotorik

Wiedererlernen eines normalen Eßverhaltens

Einnahme von mindestens drei festen Mahlzeiten; gesündere, ausgewogenere Ernährung

Vermittlung eines psychodynamischen Verständnisses der Erkrankung und beginnende Bearbeitung relevanter Konfliktbereiche

Tab. 6. gibt einen Überblick über die stationären Behandlungsziele. Zum einen geht es um die **Stabilisierung des körperlichen Zustands** auf einem klinisch vertretbaren Niveau, wodurch Psychotherapie oft überhaupt erst möglich wird. Zum anderen geht es um eine **Heranführung der Patient(inn)en an ein psychodynamisches Verständnis** der Erkrankung. Sie sollen ihre Erkrankung akzeptieren lernen und in die Lage gebracht werden für oder wider die Eßstörung entscheiden zu können. Erst dann ist ein psychotherapeutischer Prozeß möglich.

Bei **anorektischen** Patient(inn)en sollte zusammen mit der stationären Behandlung ein **Zielgewicht** in einem Behandlungsvertrag vereinbart werden. Ziel der stationären Behandlung kann nun keineswegs eine Normalgewichtigkeit sein.

Diese Patient(inn)en müssen aber in eine körperliche Situation gebracht werden, die sie gerade noch akzeptieren und mit der sie gleichzeitig relativ ungefährdet leben können. Gleichzeitig sollen sie an eine normale Ernährung herangeführt werden.

Der Sinn eines Vertrags liegt darin, das Autonomieproblem der anorektischen Patienten zu akzeptieren und gleichzeitig therapeutisch anzugehen. Eine Annäherung an das Zielgewicht ist nicht nur eine wichtige Voraussetzung für die weitere körperliche Gesundung und dient der Begegnung schwerwiegender körperlicher Folgeerscheinungen wie zu Beispiel der Osteoporose (Herpertz-Dahlmann u. Remschmidt 1988). Gleichzeitig bietet die mittels des Zielgewichts angestrebte Normalisierung der endokrinen Funktionen für die Patientin die Möglichkeit eines Zugangs zu ihrer weiblichen Identität und deren psychotherapeutischer Bearbeitung.

Für **bulimische** Patient(inn)en muß ebenfalls die Festlegung eines **Basisgewichts** vorgesehen sein, welches in Anlehnung an die Setpoint-Theorie individuell zu bestimmen ist und ein suboptimales Gewicht verhindern soll. Dies dient dazu den bulimischen Circulus vitiosus von latenten Hungerzuständen und Kontrollverlusten aufzuheben (Fichter 1992). Bei bulimischen Patient(inn)en mit einer generalisierten Impulskontrollstörung muß der Versuch unternommen werden, intrapsychische und interpersonelle Konfliktkonstellationen, die ein selbstschädigendes Verhalten nach sich ziehen, aufzudecken und die meist diffus wahrgenommenen Gefühle und seelischen Spannungszustände in bewußtseinsnähere, differenziertere Empfindungen zu transformieren. Können Gefühle der Enttäuschung, Kränkung, Wut und Traurigkeit besser eingegrenzt, differenziert und schließlich verbalisiert werden, so treten sie an die Stelle von undifferenzierten dysphorischen Affekten und bekommen Zugang zur zwischenmenschlichen Kommunikation. Ein weiteres Therapieziel bei dieser Patientengruppe wäre die **Entwicklung körperbezogener, selbstfürsorglicher Verhaltensweisen**, welche selbstschädigendes bulimisches und/oder anorektisches Eßverhalten in Krisensituationen zunehmend ersetzen (Herpertz u. Saß 1994).

Sozialarbeiterische Tätigkeit gewinnt sowohl während der stationären wie auch poststationären Phase zunehmend an Bedeutung. Patient(inn)en mit einer meist chronifizierten, schweren anorektischen oder bulimischen Symptomatik und häufig gescheiterten Vorbehandlungen benötigen in der Regel mehrmonatige stationäre Aufenthalte, was immer auch die Gefahr einer Hospitalisation impliziert. Nicht selten ist das Krankheitsbild der Anorexie oder Bulimie begleitet von zunehmenden sozioökonomischen Schwierigkeiten. Bei der Entlassung in den Alltag ist die Gefahr eines Rückfalles der Patient(inn)en in alte Verhaltensweisen, insbesondere bei fehlender Reintegrationshilfe, nicht zu unterschätzen. Insbesondere die spätere Wohnungssituation, die Berufsfindung, aber auch der Freizeit- und Kontaktbereich stellen Schwerpunkte der psychosozialen Klinikversorgung dar. Dazu gehören Hilfestellungen durch Beratung, Begleitung bei Außenterminen, Kontaktaufnahme zu Behörden, psychosozialen Institutionen, aber auch zu Frauenberatungsstellen und Selbsthilfegruppen.

Poststationäre Therapiephase

Idealtypisch sollte die Behandlung in therapeutischer Kontinuität poststationär fortgesetzt werden. Nunmehr wird mit Hilfe der tiefenpsychologisch fundierten Psychotherapie in zunehmendem Maße Einsicht in die pathogen wirksamen, unbewußten seelischen Vorgänge der Patient(inn)en mit der zugehörigen lebensgeschichtlichen Entwicklung erlangt. Ziel sollte zumindest deren partielle Umstrukturierung sein und damit verbunden die Auflösung der sich in der Eßstörung manifestierenden neurotischen Symptombildung.

Gemeinsame Behandlung beider Patient(inn)engruppen

In der Literatur finden sich zahlreiche Veröffentlichungen über stationäre Therapiekonzepte bei Anorexia nervosa; bei der Behandlung der Bulimia nervosa stehen vornehmlich ambulante Behandlungsmöglichkeiten zur Diskussion (Kinzl 1988; Lacey 1985; Paul et al. 1991; Roy-Byrne et al. 1984; Weinstein u. Richman 1984). Die Möglichkeit einer gemeinsamen Behandlung wird jedoch selten erwogen (Paul et al. 1991). Das stationäre Klientel weist nicht unbedingt immer genuine Eßstörungen auf, häufig findet sich in der Anamnese bulimischer Patient(inn)en eine Magersucht und umgekehrt; die Zahl der aktiven Anorexien und Bulimarexien ist nicht unerheblich. Bei der gemeinsamen Behandlung beider Krankheitsentitäten in offenen Gruppen können anorektische wie auch bulimische Patient(inn)en von jeweiligen »Andersartigkeit« profitieren. Die häufig zwanghaft strukturierten magersüchtigen Patient(inn)en mit wenig ausgeprägter affektiver Schwingungsfähigkeit begegnen im stationären therapeutischen Raum den eher impulsiv strukturierten bulimischen Patient(inn)en. Patient(inn)en mit einer Magersucht kann durch ihre bulimischen Mitpatient(inn)en der affektive Zugang zu biographischen wie auch aktuellen Konfliktkonstellationen erleichtert werden, umgekehrt können deren planvollere strukturierte Denk- und Handlungsweisen von bulimischen Patient(inn)en übernommen und integriert werden. Weniger die Andersartigkeit auf Grund der unterschiedlichen Eßstörung steht im Vordergrund, vielmehr haben fortgeschrittene Patient(inn)en gegenüber »Neuankömmlingen« eine Vorreiterfunktion, insbesondere was deren Erlebnisse und Erfahrungen mit dem in Stufen strukturierten Eßprogramm anbelangt.

Beispiel für ein stationäres Therapiekonzept zur Behandlung der Anorexia nervosa

Das hier vorgestellte Behandlungskonzept für Magersüchtige beschreibt unsere Behandlungspraxis in der Essener Klinik, sie entspricht aber in den wesentlichen Aspekten der psychodynamisch orientierten Behandlungspraxis in anderen Kliniken. Den Ablauf der **prästationären Phase** zur Schaffung eines Therapiebündnisses verdeutlicht Tab. 7. Nach der sorgfältigen diagnostischen Abklärung werden die ambulanten Gespräche vom zukünftigen Therapeuten bzw. Therapeutin geführt. Sie dienen dazu, ein ausreichendes Therapiebündnis vor der Aufnahme auf die Station zu schaffen. Die Patient(inn)en werden mit allen Einzelheiten des Behandlungsprogrammes vertraut gemacht. Die Vereinbarung des Therapieplanes beinhaltet neben der Vermittlung des an einem Stufenmodell orientierten Therapiekonzepts die Festlegung eines Basisgewichts nach ernährungsphysiologischen Gesichtspunkten (10% unter dem Idealgewicht nach BROCA: Körperlänge in cm minus 100 minus 25%). Die Bedenkzeit hat eine sehr wichtige Funktion. Die Patient(inn)en dürfen sich nicht überrumpelt fühlen, die Entscheidung für die Behandlung muß in ihrer Autonomie liegen. Mit der schriftlichen Zusage sollten sich die Patient(inn)en aus eigener Entscheidung auf die Therapie einlassen. Der Vertrag dient als Leitfaden der Behandlung.

In der **stationären Phase** sind psychoanalytische Therapieangebote, ein strukturiertes Eßprogramm, eine Ernährungsberatung sowie sozialarbeiterische Maßnahmen die Eckpfeiler der Therapie (Tab. 8). Entsprechend dem zu erreichenden Basisgewicht beinhaltet das Eßprogramm einen Stufenplan mit sukzessiver Steigerung des Psychotherapieangebotes und der individuellen Freiheitsgrade, abhängig von der Gewichtszunahme (Tab. 9). Die Psychotherapie im engeren Sinne basiert auf einem psychoanalytisch orientierten stationären Psychotherapiekonzept (Tab. 10). Neben psychoanalytischer Einzel- und Gruppentherapie kommen Spezialverfahren wie Gestaltungs- und Bewegungstherapie zur Anwendung.

Tab. 7. Stationäres Therapiekonzept.

1. Stationäre psychoanalytische Psychotherapie	2. Strukturierendes Eßprogramm	3. Ernährungs- beratung	4. Sozialarbeit
•Gruppentherapie •Gestaltungstherapie •Konzentrative Bewegungstherapie •Schwestern- gespräche •Einzeltherapie •Stationsärztliche Betreuung mit 1x wöchentlicher Visite und Besprechung des Gewichtsverlaufs	• Festlegung eines Basisgewichtes (10% unter dem Idealgewicht nach BROCA: Körperlänge minus 100 minus 25%) •wöchentlicher Gewichtszuwachs 0,5 bis 1 kg •2x wöchentlich Gewichtskontrolle •4 Mahlzeiten pro Tag •gemeinsame Mahlzeiten im Speisesaal •30minütige Nachruhe nach je- •der Mahlzeit Eß-, Nachruhebegleitung beim Mittagessen	•Vermittlung eines normalen Eßverhaltens: -mind. 3 Mahlzeiten am Tag zu festen Zeiten -nach ernährungs- physiologischen Gesichtspunkten ausgewogene Ernährung	Hilfestellung bei der •Wohnungssuche •Berufsfindung •im Freizeit und Kontaktbereich mit- tels: Beratung und Begleitung bei -Außenterminen -Kontaktaufnahme zu Behörden, -psychosozialen Institutionen -Frauenberatungs- stellen -Selbsthilfegruppen etc.

Tab. 8. Therapiebündnis in der prästationären Phase.

•   Untersuchungsgespräche zur diagnostischen Abklärung und Indikationsstellung

•   Nach Abschluß der Diagnostik weiteres Vorgespräch mit dem Einzeltherapeuten und einer Schwester zur Vereinbarung des Therapieplanes

•   Eine Woche Bedenkzeit und schriftliche Zusage

•   Warteliste

•   Familiengespräch

Tab. 9. Stufenprogramm. Therapieangebot für eßgestörte Patient(inn)en.

Das Eßprogramm besteht aus 4 Stufen. Bei 1/3 des notwendigen Gewichtszuwachses wird die nächste Stufe erreicht:

1. Stufe:

2 Std. Ausgang pro Tag auf dem Klinikgelände in Begleitung von Mitpatienten oder Angehörigen, Besuche nur am Wochenende. Sportliche Betätigung ist nicht möglich. Zusätzlich zu der normalen Krankenhauskost, welche auf der 1. Stufe 8400 kJ (2000 kcal) beträgt, bekommen die Patienten 2x 200 ml Fresubin $^{®}$ (= 1680 kJ bzw. 400 kcal) als Trinknahrung (zus. 10080 kJ bzw. 2400 kcal).

2. Stufe:

Keine weitere Applikation hochkalorischer Trinknahrung. Es wird die normale Krankenhausmahlzeit eingenommen, die tägliche Gesamtkalorienmenge beträgt 12600 kJ bzw. 3000 kcal. Die Klinik kann ohne Begleitung verlassen werden, aber nicht das Klinikgelände. Kein Ausgang am Wochenende.

3. Stufe:

Sobald 2/3 des verlangten Gewichtszuwachses erreicht worden sind: freies Wochenende (das Klinikgelände kann verlassen werden). Nach Erreichen des Basisgewichts (10% unter dem Idealgewicht nach BROCA) erfolgt eine weitere stationäre Therapie von mind. 6 Wochen.

4. Stufe:

Einnahme der normalen Krankenhausnahrung (10500 - 12600 kJ bzw. 2500 - 3000 kcal). Das Basisgewicht sollte gehalten werden. Fakultativ erfolgt jeden Donnerstagmorgen eine Blutabnahme, zwecks Ausschluß eines Diuretikaabusus; Bestimmung der Elektrolyte und harnpflichtigen Substanzen.

Tab. 10. Psychotherapieangebot.

---

1. **Gruppentherapie:**
   2x wöchentlich (50 Min.)
2. **Einzeltherapie:**
   Stufe I: 60 Min. pro Woche auf mindestens 2 Termine verteilt, ab Stufe II bis zur Entlassung der Patienten 2 Einzeltherapien pro Woche (50 Min.)
3. **Gestaltungstherapie:**
   2x wöchentlich (120 Min.)

Tab. 10. Psychotherapieangebot. (Fortsetzung)

---

4. **Konzentrative Bewegungstherapie:**
   Beginn mit Stufe II, 2x wöchentlich (90 Min.)
5. **Schwesternvisite:**
   5x wöchentlich (ca. 10 Min.)
6. **Einzelvisite:**
   1x wöchentlich, unter Beteiligung von Oberarzt, Stationsarzt, Gruppentherapeut und Stationsschwester. Die Visite findet in den Zimmern der Patient(inn)en statt, die Reihenfolge kann von den Patient(inn)en selbst festgelegt werden.
7. **Ambulante Nachbetreuung:**
   Die ambulante Nachbetreuung wird von den Einzeltherapeuten durchgeführt und dient der Überbrückung bis zur Aufnahme in ein ambulantes Therapiesetting.

Kasuistik

Die folgende Kasuistik faßt den Verlauf einer 3monatigen stationären Behandlung sowie 2monatigen ambulanten Nachbehandlung einer 23jährigen Patientin mit Anorexia nervosa zusammen. Ziel der Darstellung ist es, den Stellenwert der stationären Anorexiebehandlung im Gesamttherapiekonzept zu illustrieren. Ferner soll auf Schwierigkeiten und Widerstände hingewiesen werden, die im Behandlungsverlauf auftreten, und dabei soll auch aufgezeigt werden, wie diese Schwierigkeiten sich im Gewichtsverlauf widerspiegeln.

Biographische Anamnese

Frau B. wurde als jüngeres von 2 Geschwistern geboren. Den zwei Jahre älteren Bruder erlebte sie als bevorzugt. Das Verhältnis während der Kindheit und Jugend sei wie »Hund und Katz« gewesen, der Bruder hätte gelegentlich behauptet, sie sei ein »Heimkind« und müsse ins Heim zurückgebracht werden, da sie »nicht in die Familie paßt«. Bis zum Beginn der Pubertät habe die Mutter sie in der Familie unterstützt. Der Vater sei beruflich als Ingenieur) sehr engagiert und zu Hause wenig präsent gewesen. Frau B. suchte als Kind eher den Kontakt zu Jungen, zu Mädchen habe sie kein Verhältnis finden können, ihre »beste Freundin« sei immer ein Junge gewesen. Mit Beginn der Pubertät sei ihre bis dahin gute Beziehung zur Mutter »völlig gekippt«, diese hätte nun drakonische Strafen verhängt, sie bei schulischen Mißerfolgen eingesperrt und geschlagen. Die Patientin wandte sich einer kriminellen Clique zu, in dem Gefühl, daß sich sonst niemand mit ihr abgeben würde. Durch kleine Delikte verschaffte sie sich Geld für modische Kleidung, um »vor anderen Eindruck machen zu können«. In dieser Zeit nahm ihr Körpergewicht, bedingt auch durch exzessiven Alkoholkonsum, auf maximal 75 kg bei einer Körpergröße von 168 cm zu. Mit dem Fasten begann die Patientin im 18. Lebensjahr. Sie hatte zu dieser Zeit eine erste intime Partnerbeziehung zu einem wesentlich älteren Mann aufgenommen und sich von ihrer Clique distanziert. Ein Jahr später ging die bis dahin restriktive Eßstörung in eine aktive Form über, es kam zu regelmäßigen abendlichen bulimischen Attacken mit anschließendem Erbrechen. Mit 20 Jahren wurden bei der Patientin verstärkt Individuationsbestrebungen deutlich. Nach Abschluß ihrer Ausbildung in einem kaufmännischen Beruf trennte sie sich von ihrem Freund und zog aus der elterlichen Wohnung aus. Die Ablösung von den Eltern blieb jedoch sehr begrenzt. Frau B. bezog eine Wohnung im gleichen Haus wie die Eltern und wurde weiter von der Mutter versorgt. Die Gebundenheit der Patientin wurde noch verstärkt, als ein Jahr später die Mutter schwer erkrankte und ihr vorwarf, sie würde sie durch ihr Verhalten »ins Grab bringen«. Der Vater war ebenfalls wiederholt in Rehakliniken. Die Patientin sah den Bestand der Familie zunehmend als gefährdet an, wobei sie gleichzeitig ihre Abhängigkeit vom familiären Rückhalt spürte. Sie blieb somit in einer äußerst konklikthaften Gebundenheit gefangen. Eine in dieser Zeit eingegangene neue Partnerschaft konnte Frau B. nicht zur Ablösung nutzen. Auf diesem Hintergrund wurde die Eßstörung schwerer. Als die Patientin nach einer heftigen Auseinandersetzung mit der Mutter um eine stationäre Therapie nachsuchte, betrug das Körpergewicht 42 kg.

Behandlungsverlauf

Der Behandlungsverlauf soll nun im Zusammenhang mit der Gewichtsentwicklung verdeutlicht werden (Abb. 1). Anhand der Gewichtskurve wird die Behandlung in 5 Abschnitte untergliedert (Pfeile mit römischen Ziffern), von denen jeder durch eine bestimmte führende Thematik und auch durch die Entwicklung des Beziehungsmusters im stationären Milieu gekennzeichnet ist. Die durchgezogene horizontale Linie zeigt die Gewichtsgrenze zwischen Stufe 1 und 2 des Behandlungsvertrages.

1. Behandlungsphase: Der Kampf mit der Diagnose

1. Behandlungswoche

In der 1. Behandlungswoche setzte sich Frau B. vor allem mit der Frage auseinander, ob sie überhaupt an einer Anorexie leide. Sie zeigte dabei die Störungen der eigenen Körperwahrnehmung, die für die Diagnose typisch sind, sprach beispielsweise davon, daß sie viel »fetter« sei als alle anderen Patient(inn)en der Station und daß jemand, der so fett sei, doch unmöglich an einer Magersucht leiden könne.

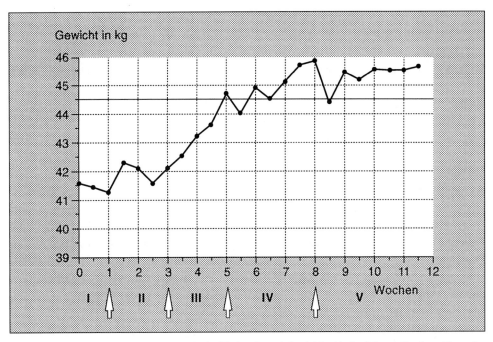

Abb. 1. Gewichtsentwicklung von Frau B. (23jährige Anorektikerin) im Verlauf der stationären Therapie.

Zu einer vertieften Krankheitseinsicht kam Frau B. auf zwei Wegen. Einerseits wurde es ihr im Verlauf unserer Gespräche kognitiv klar, daß sie auch die Mitpatientinnen als schlanker empfand, die objektiv mehr wogen als sie selbst. Weit mehr noch wirkte sich der Schreck der Patientin darüber aus, daß wir bei der Aufnahme eine bedrohliche Hypokaliämie von 2,3 mval/l feststellten und Frau B. vorübergehend in die Medizinische Klinik verlegen mußten. Die Patientin konnte erst angesichts unserer Sorge den Ernst ihrer Erkrankung realisieren. Gleichzeitig rief die Verlegung massive Ängste in ihr wach, wir könnten das therapeutische Bündnis aufkündigen und uns weigern, die Patientin wieder aufzunehmen.

2. Behandlungsphase: Was bedeutet es, zuzunehmen?

Woche 2 und 3 der Behandlung

Nach der Rückverlegung aus der Medizinischen Klinik nahm Frau B. erstmals an Gewicht zu. Sofort traten bei der Patientin heftige Ängste auf, zu einen die

* Angst vor einem Verlust der Impulskontrolle und damit vor völlig ungesteuerter Gewichtszunahme

und zum anderen die

- Angst vor den Ansprüchen des Freundes und der Bekannten, die gleich nach der ersten Gewichtszunahme begonnen hatten, gemeinsam mit der Patientin Hochrechnungen darüber anzustellen, wann denn nun mit der Entlassung zu rechnen sei.

So, wie es ihr schwer fiel, sich gegenüber den Ansprüchen und Erwartungen ihrer Freunde abzugrenzen, so zeigte die Patientin auch in der Beziehung zu uns ein Verhalten, das zunächst von Wünschen nach symbiotischer Ungeschiedenheit geprägt war. Sie erwartete z.B. , daß wir ihr vollkommen glauben und vertrauen - mit der Begründung, daß sie sonst selbst nicht an sich glauben könne.

Vor diesem Hintergrund war es sehr schwierig, mit Frau B. ihre ambivalenten Gefühle bezüglich der Gewichtszunahme zu bearbeiten, da sie jede Deutung der Ambivalenz als Ausdruck unseres Mißtrauens ihr gegenüber auffaßte, mit dem wir ihrer Meinung nach unterstellten, sie wolle eigentlich gar nicht zunehmen.

Zu einer Entspannung in der therapeutischen Beziehung kam es erst, nachdem die Patientin anerkennen konnte, daß unsere konfrontierende Haltung ihr gegenüber nicht Desinteresse oder gar Verachtung ausdrückte, sondern dem Wunsch entsprach, ihre widersprüchlichen Motive zu verstehen. Dabei war es für Frau B. von entscheidender Bedeutung, daß ihre Ängste, sie würde nach der Stagnation des Gewichtes in der 3. Woche entlassen, sich nicht bestätigten.

3. Behandlungsphase: Die »unproblematische« Gewichtszunahme

Woche 4 und 5 der Behandlung

Unproblematisch erscheint die Gewichtszunahme nur auf dem Kurvenpapier (Abb. 1). In der Vorstellung der Patientin löste sie eine tiefe Verunsicherung bezüglich des Selbstbildes aus. Psychodynamisch ist diese Entwicklung dadurch zu erklären, daß das Selbstbild in dieser Phase nicht mehr wie bisher durch die anorektische Pseudoautonomie stabilisiert werden konnte. Inhaltlich setzte sich Frau B. zu dieser Zeit mit den Kränkungen auseinander, die sie in der Familie erfahren hatte. So erinnerte sie sich in diesem Zusammenhang an die Heimkindlegende, die der Bruder über sie in Umlauf gebracht hatte. Außerdem setzte sie sich mit ihrem Geltungsstreben als Motiv für die kriminelle Episode in der Pubertät auseinander.

4. Behandlungsphase: Die Schrecken der Autonomie

Woche 6 bis 8 der Behandlung

Nach insgesamt 5wöchiger Therapie hatte Frau B. ein Drittel des vereinbarten Gewichtszuwachses erreicht und kam damit in die 2. Stufe des Behandlungsprogrammes. Sie konnte also Besuch nicht nur am Wochenende haben und alleine auf dem

Klinikgelände spazieren gehen. Dieser Zuwachs an Autonomie löste bei der Patientin alte Ängste aus; entsprechend stieg das Gewicht deutlich langsamer an, es gab auch wieder Einbrüche in der Kurve (Abb. 1). Frau B. fürchtete besonders, daß sie, wenn sie wieder gesund wäre, die fürsorgliche Anteilnahme ihrer Mutter verlieren und sich wieder in alte Streitigkeiten verwickeln könnte. Außerdem bereitete es der Patientin große Schwierigkeiten, sich von ihrem Freund abzugrenzen, ihm z.B. zu sagen, ob er sie unter der Woche besuchen sollte oder nicht, was ja bis dahin von den Settingregeln stellvertretend für sie entschieden worden war. Zunehmend setzte sich Frau B. in dieser Phase mit ihrer weiblichen Identität und ihrem Körperbild auseinander. Sie betrachtete Frauen im Werbefernsehen und versuchte so, für sich eine »Wunschfigur« zu finden. Sich selbst beschrieb sie als »robusten Bauerntrampel«. Als Kind habe sie immer mit den Jungs gespielt, sei wie diese auf Bäume geklettert, habe zu Mädchen wenig Kontakt gefunden.

Auf der Station wurde der Kontakt zu Frauen für die Patientin immer schwieriger. Sie fürchtete, zu den Mitpatientinnen in eine Konkurrenzsituation zu geraten, hatte Angst, daß diese sich von ihr absetzen könnten, weil sie sie darum beneideten, in der zweiten Stufe der Behandlung zu sein.

Gleichzeitig wurde auch eine zunehmende Spannung zu mütterlichen Objekten deutlich. Frau B. hatte immer mehr Schwierigkeiten, sich dann, wenn es ihr schlecht ging, an die Schwestern zu wenden. Sie befürchtete, von den Schwestern lächerlich gemacht und abgewiesen zu werden bzw. sich ihnen gegenüber so hilflos und klein zu fühlen, daß sie sich in einen hemmungslosen Wutausbruch hineinsteigern könnte. Wie sehr Frau B. dabei unter der Angst litt, sie könnte mit ihrer Wut die hilfreichen Objekte zerstören, wurde daran deutlich, daß sich die Patientin in diesem Zusammenhang an den Satz der Mutter erinnerte, die Patientin würde sie noch einmal ins Grab bringen.

An dieser Stelle geriet die Behandlung in eine kritische Phase. Im Verlauf der aggressiven Verwicklungen mit den Frauen auf der Station erlebte Frau B. die Beziehung zu den männlichen Therapeuten nicht immer als ausreichend tragfähige Alternative. Sie unterstellte sowohl dem Einzel- als auch dem Gruppentherapeuten, daß wir uns für ihre Entwicklung nicht interessierten und andere Patientinnen ihr vorzögen. Damit reinszenierte sich für die Patientin auf der Übertragungsebene die Erfahrung einer mißglückten Triangulierung. (Der Vater hatte in den Zeiten, in denen die Patientin die ödipale Rivalität mit der Mutter austrug, entweder bedingt durch berufliche Beanspruchung oder aufgrund seiner eigenen Erkrankung nicht zur Verfügung gestanden.)

5. Behandlungsphase: Der ungelöste aggressive Konflikt und die psychosoziale Kompromißbildung

Woche 9 bis 12 der Behandlung

In dieser Phase kam es zu einem Stillstand der Gewichtsentwicklung (Abb. 1). Frau B. hatte begonnen, sich mit den Mitpatientinnen zu vergleichen, hatte versucht, sie nachzuahmen, indem sie z.B. Handarbeiten anfertigte wie eine Mitpatientin, für die sie eine gewisse Bewunderung empfand. Mehr und mehr erlebte sie sich in diesem Vergleich als minderwertig, stellte fest, wie schwer es ihr fiel, etwas Eigenes zu entwickeln, was ihr Aufmerksamkeit und Anerkennung einbringen könnte.

Die narzißtische Wut darüber, nichts »Eigenes« zu haben, führte zu immer heftigeren Auseinandersetzungen der Patientin mit ihren Mitpatienten und dem Behandlungsteam. Gleichzeitig war das Stationsteam für die Patientin aber auch ein gutes Objekt, das sie sich einverleiben wollte. Die Wut auf die Therapeuten und der gleichzeitige Wunsch, sie als gutes Objekt in sich zu tragen, kamen in einer drastischen Phantasie der Patientin zum Ausdruck. Sie stellte sich vor, das Behandlungsteam in einem großen Kessel zu kochen und anschließend zu verspeisen.

In dieser Phase zunehmender aggressiver Spannungen sprach Frau B. erstmals davon, daß sie sich dick vorkomme, wenn sie, wie sie sagte, »böse« sei.

Die zu diesem Zeitpunkt einsetzende Stagnation des Gewichtes, bedingt durch neuerliches Erbrechen, kann somit als Ausdruck des Versuches aufgefaßt werden, die aggressiven Selbstanteile »auszuhungern«, die mit dem hohen Ich-Ideal der Patientin nicht zu vereinbaren waren.

Aufgrund des Stillstandes der Gewichtsentwicklung mußten wir die stationäre Behandlung schließlich beenden. Nachdem feststand, daß wir Frau B. entlassen würden, konnte die Patientin darüber sprechen, daß sie sich eine weitere Gewichtszunahme deshalb nicht hatte erlauben können, weil sie fürchtete, als »Gesunde« die Anteilnahme und Fürsorge ihrer Mutter zu verlieren. Damit wäre das psychosoziale Arrangement gefährdet worden, in das die Patientin nach der Behandlung zurückkehren wollte.

Die Beziehung der Eltern, die Frau B. zeitweise als gefährdet erlebt hatte, war durch die gemeinsame Sorge um das »kranke Kind« wieder stabilisiert. Der Freund der Patientin hatte sich bereit erklärt, nach der Entlassung aus der Klinik mit ihr zusammenzuziehen, um »auf sie aufzupassen«.

Es war uns nachvollziehbar, daß zu diesem Zeitpunkt der Behandlung die Patientin noch sehr auf ein stützendes Arrangement angewiesen war und daß sie ihre hilfreichen Beziehungen noch nicht durch weitere Autonomieschritte gefährden wollte. Wir haben Frau B. deshalb in dem Bewußtsein entlassen, daß sie in der stationären Therapie einerseits einen wichtigen Entwicklungsschritt getan hatte, gleichzeitig aber von einer Heilung der Erkrankung noch lange keine Rede sein konnte.

Es gelang Frau B. nach der Entlassung, leicht an Gewicht zuzunehmen. Sie trat nach Abschluß der vereinbarten Nachgespräche eine ambulante Psychotherapie an ihrem Wohnort an und nahm auch ihre Berufstätigkeit wieder auf. Zur letzten Stunde brachte die Patientin ein Gefäß als Abschiedsgeschenk mit, in dem sich die Asche einer Jeanshose befand, welche Frau B. zu Zeiten ihres minimalen Körpergewichtes getragen und im Verlauf der Therapie verbrannt hatte. Wir haben in dieser Geste einen Versuch von Frau B. gesehen, die Schrecken der Anorexie in einem magischen Ritual zu bannen und gleichsam in der Klinik zu deponieren.

Kommentar

Die vorliegenden biographischen Daten stützen die Annahme, daß der Vater der Patientin als triangulierendes Objekt nicht ausreichend zur Verfügung stand, so daß die Patientin in einer hochambivalenten Mutterbeziehung gefangen blieb. Es wurde im Behandlungsverlauf nicht deutlich, welche Entwicklungsbedingungen der frühen Kindheit die Ausbildung der narzißtischen Struktur der Patientin gebahnt hatten und auf welche Weise ihre frühe Entwertung weiblicher Identifikationen zustande kam. Der Behandlungsverlauf zeigt in Wiederholung der Biographie eine partielle Autonomisierung. In der Hinwendung zu neuen Objekten tauchte jedoch zunehmend die narzißtische Wut der Patientin auf die anderen auf, die »mehr« hatten als sie selbst. Unter der Angst, in ihrer narzißtischen Wut könnte sie die neugefundenen Objekte zerstören, zog sich die Patientin aus der stationären Behandlung zurück, wobei ihr dieser Rückzug sicher dadurch erleichtert wurde, daß sie zu Hause eine gut ausgebaute soziale Auffangposition vorfand.

Zusammenfassende Diskussion

Zusammenfassend hat sich die Integration symptomorientierter, strukturierender Therapieelemente in ein psychoanalytisch-psychodynamisch orientiertes Therapiekonzept in mehrfacher Hinsicht bewährt.

Das vertraglich festgelegte Behandlungsprogramm schafft für die Patient(inn)en einen **überschaubaren Rahmen**, in dem sie einerseits zwar eindeutig festgelegt sind, den sie andererseits aber letztendlich selbst bestimmen können. Dazu muß der vertragliche Rahmen zwar konsequent gehandhabt werden, er darf aber nicht zur rigiden und unflexiblen Zwangsmaßnahme werden. Das schafft die Voraussetzung für die Patient(inn)en, ihre strikt gewahrte Autonomie zumindest probeweise aufzugeben und die resultierenden Konsequenzen zu prüfen. Der »Kampf« gegen das Symptom wird miteinander und nicht gegeneinander geführt.

Die starvationsabhängige, defizitäre mentale Leistungsfähigkeit bei der Magersucht und die bei chronifizierter Bulimie suchtähnliche Eigendynamik der Eßstörung verhindern initial häufig jegliches Arbeitsbündnis, das eine unabdingbare Voraussetzung für eine psychoanalytisch geführte Behandlung ist. Gerade auf dem Hintergrund der passager biologischen und der durch die überwiegend frühen prägenitalen Störungsanteile psychogenetischen Ich-Schwäche der eßgestörten Patient(inn)en hat ein strukturiertes Therapieprogramm initial eine sehr bedeutende **Hilfs-Ich-Funktion.**

Die Behandlung eßgestörter Patient(inn)en stellt meist **außerordentliche Anforderungen an das behandelnde Team**, das häufig bis an den Rand seiner Belastungsfähigkeit geführt wird. Die besonderen Anforderungen richten sich nicht nur auf die Containing-Funktion (Bion 1971) des Teams, sondern auch auf dessen Fähigkeit, mit Spaltungsprozessen umzugehen, die sich gerade im Umgang mit magersüchtigen Patient(inn)en nahezu regelhaft beobachten lassen. Nicht selten spiegelt sich im Team die innere Dynamik der Betroffenen, wenn sich einige Therapeuten auf die Seite ihres Autonomiestrebens begeben, andere eher für ein rigoroses Durchgreifen plädieren (Becker 1988). Oft werden die Patient(inn)en gerade in solchen Situationen sehr schnell entlassen, damit es zur Entlastung des Teams kommt.

Der überindividuell formulierte Therapiekontrakt stellt nicht nur für die Patient(inn)en, sondern auch für das Behandlungsteam eine notwendige Transparenz her und versteht sich als strukturierender Leitfaden in der Behandlung.

Die **graphische Dokumentation des Gewichtsverlaufs** der Patient(inn)en mit Magersucht dient neben den besseren Illustrationsmöglichkeiten sowohl für das Behandlungsteam als auch für die gemeinsame Besprechung mit den Patient(inn)en) der Evaluation von wichtigen Teilaspekten des Behandlungsverlaufs. Nicht selten spiegelt der graphisch erfaßte Gewichtsverlauf den psychodynamischen Prozeß während der stationären Psychotherapie wider und gibt insofern wichtige Orientierungshilfen für das gesamte Behandlungsteam. Es liegt auf der Hand, daß objektive Parameter auf der Symptomebene wie der Gewichtsverlauf magersüchtiger Patient(inn)en - in der Behandlung bulimischer Patient(inn)en ungleich schwerer, wenn nicht unmöglich zu eruieren sind. Gerade bulimische Patient(inn)en mit generell mangelhafter Impulskontrolle multi-impulsive personality disorder, zeigen häufig ein widersprüchliches und wechselhaftes Bild. Die im Erstkontakt gezeigte Stärke und Unabhängigkeit erweisen sich bald als fassadenhaft und aufgesetzt und weichen bald einer ausgeprägten Selbstunsicherheit mit Gefühlen der inneren Leere und Sinnlosigkeit. Bulimische Patient(inn)en mit schwerer Ich-struktureller Störung, für die vornehmlich die Indikation einer stationären Psychotherapie gestellt wird, lassen häufig eine Spaltung in ein öffentliches, leistungsfähiges, gesellschaftliche Standards perfektionistisch erfüllendes und ein heimlich impulsives, grenzenlos gieriges Selbst erkennen. Die häufig dissoziativ abgespaltene Seite des Kontrollverlusts als auslösendes Moment der bulimischen Symptomatik läuft immer wieder Gefahr, via kollektiver Verleugnung im therapeutischen Prozeß unterzugehen. Mittels eines Eßtagebuchs wird der Versuch unternommen, dieser Verleugnung entgegenzuwirken, indem sowohl das Eßverhalten, bulimische Episoden, die Einnahme von Laxanzien als auch die dem bulimischen Anfall vorausgehenden Situationen und Stimmungen von den Patient(inn)en dokumentiert werden, um zusammen mit dem Therapeuten oder der Therapeutin in der Einzeltherapie mögliche Kausalzusammenhänge mit Konfliktsituationen herzustellen und durchzuarbeiten.

Medizinische Probleme bei der Indikation und Behandlung

W. Köpp und W. Herzog

Einleitung

Anorexie und Bulimie sind Psychosomatosen, deren organische Auswirkungen häufig intensive internistische Diagnostik und bisweilen auch Therapie erforderlich machen. Die organischen Veränderungen bestimmen ganz wesentlich die Prognose mit. Bei der Anorexie wird dies an einer Mortalitätsrate von bis zu 20% im Langzeitverlauf deutlich (Herzog et al. 1992).

Während zur Morbidität und Mortalität der Anorexie bereits eine umfangreiche Literatur vorliegt (z.B. Meermann u. Vandereycken 1987; Fichter 1985; Deter et al. 1989; Herzog et al. 1992; Feiereis 1989; Mitchell u. Pomeroy 1989), ist eine entsprechende Beurteilung der Bulimie noch nicht möglich. Mitchell u. Pomeroy (1989) gehen für die Bulimie davon aus, »daß Morbidität und Mortalität weitaus geringer sind als bei Patienten mit Anorexia nervosa mit ausgeprägter Kachexie«, obwohl sie andererseits die Möglichkeit schwerer organischer Komplikationen bei der Bulimie einräumen.

Medizinische Komplikationen bei Anorexie oder Bulimie sind in erster Linie Folgezustände von Nahrungsrestriktion bzw. anderen gewichtsreduzierenden Maßnahmen (z.B. Erbrechen, Laxanzien- oder Diuretikaeinnahme). Bulimisches Verhalten bei der Anorexie, anorektisches Verhalten bei der Bulimie und substanzgebundenes Suchtverhalten als Komorbidität können das klinische Bild komplizieren[1]. Betrachtet man Tabelle 1, so wird verständlich, wie bereits das Interagieren von drei Verhaltensvariablen (Erbrechen, Laxanzien- und Diuretikaabusus) auf Serumelektrolyte, Serumbikarbonat und Blut-pH wirken und komplexe und teilweise unübersichtliche Situationen hervorrufen kann.

Psychopathologie und krankheitsbedingte »Noncompliance« können so zu lebensbedrohlichen Zuständen führen, mit denen in der Psychotherapie von Eßstörungen stets gerechnet werden muß.

---

[1] Noch unübersichtlicher wird die Situation, wenn Psychopharmaka oder beispielsweise kardiotrope Substanzen eingenommen werden oder sogar heimlich Insulin gespritzt - bzw. bei Diabetikern weggelassen - wird. Solch ein Verhalten steht gelegentlich im Zusammenhang mit einer zusätzlichen Artefaktkrankheit und ist insbesondere eine Komplikation der Bulimie.

Tab. 1. Typische Veränderungen der Serum-Elektrolyte bei Erbrechen, Laxanzien- und Diuretika-abusus (nach Brotman et al., 1985). ($\uparrow$ = erhöht; $\downarrow$ = erniedrigt; n = normal).

	Natrium	**Kalium**	**Chlorid**	**Bikarbonat**	**pH**
Erbrechen	n$\uparrow\downarrow$	$\downarrow$	$\downarrow$	$\uparrow$	$\uparrow$
Laxanzien	n$\uparrow$	$\downarrow$	n$\uparrow$	n$\downarrow$	$\downarrow$
Diuretika	n$\downarrow$	$\downarrow$	$\downarrow$	$\uparrow$	$\uparrow$

Auffällige Befunde und Symptome

Die ersten Kontakte mit einem Arzt sind in der Regel keine Kontakte mit Psycho-therapeuten. Allgemeinmediziner, Internisten, Gynäkologen und Zahnärzte sind sehr oft diejenigen, die lange vor dem Psychotherapeuten aufgesucht werden. Bezeichnenderweise wird die Eßstörung zunächst verheimlicht; stattdessen klagen die Patientinnen über die Folgeerscheinungen der Eßstörung (s. Tab. 2). Ein evtl. vorhandenes Untergewicht wird oft durch entsprechende Kleidung kaschiert.

Tab. 2. Bei Eßstörungen häufig geklagte Beschwerden (oft ohne Angabe der Eßstörung). (+ = vorhanden; (+) = fakultativ vorhanden; - = nicht vorhanden).

	Anorexie	**Bulimie**
Unregelmäßiger Zyklus	entfällt	+
Amenorrhoe	+	(+)
Obstipation	+	(+)
Bauchschmerz	-	(+)
Schwächegefühl	(+)	+
Schwindel	(+)	(+)
Bewegungsdrang	+	-
Heißhunger	-	+
Libidomangel	+	-
Appetitlosigkeit	+	-

Tab. 3. Häufige Befunde der körperlichen Untersuchung bei Anorexie und Bulimie. (+ = vorhanden; (+) = fakultativ vorhanden; - = nicht vorhanden).

	Anorexie	Bulimie
Kachexie	+	(+)
Trockene Haut	+	-
Lanugobehaarung	+	-
Petechien	+	-
Ödeme	(+)	(+)
Akrozyanose	+	-
Hypothermie	+	-
Bradykardie	+	-
Arrhythmie	(+)	(+)
Hypotension	+	(+)
Sialadenose	(+)	+
Zahnschäden	-	+

In Tabelle 2 und 3 sind die wichtigsten Beschwerden und Befunde eßgestörter Patientinnen zusammengefaßt. Es wurden dabei die klassischen Krankheitsbilder der restriktiven Anorexie und der Freß-Brechsucht (Bulimie) zugrunde gelegt. Mischformen beider Krankheitsbilder werden jedoch immer häufiger beobachtet, so daß dann auch anorektische und bulimische Symptome nebeneinander auftreten können.

Trockene Haut, Akrozyanose, Hypothermie, Bradykardie und Hypotension sind Ausdruck einer Ökonomisierung basaler Lebensvorgänge. Die Hypotension kann zusätzlich durch einen intravasalen Volumenmangel im Gefolge der Mangelernährung verstärkt werden.

Treten **Ödeme** auf, so können - müssen aber nicht! - diese renaler Genese sein. Sie können auch kardial, endokrinologisch oder durch eine Hypoalbuminämie entstehen (Schwinger u. Erdmann 1991). Auch durch eine plötzliche Nahrungszufuhr können manchmal bei Anorektikerinnen Ödeme hervorgerufen werden. Außerdem ist zu beachten, daß es beim Absetzen von Diuretika und Laxanzien selbst dann zum »Reboundeffekt« und damit zu Ödemen kommen kann, wenn die Medikation nicht indiziert war (s. a. Middecke et al. 1990).

Schwindel- und Schwächegefühle werden bei beiden Eßstörungen beobachtet. Schwere Elektrolytstörungen und der Eiweißkatabolismus im Muskelgewebe können bereits Müdigkeit und Abgeschlagenheit hervorrufen. Paradoxerweise entwickeln dennoch viele Anorektikerinnen eine leistungsbetonte Hyperaktivität, die psychodynamisch bedeutungsvoll ist und physiologisch betrachtet einen zusätzlichen Kalorienverbrauch bedeutet. Die körperliche Hyperaktivität bei gleichzeitigem Vorliegen eines kachektischen Zustandes spricht differentialdiagnostisch eher gegen einen konsumierenden Prozeß. Treten Schwäche- und Schwindelattacken auf, so ist es unerläßlich, Häufigkeit und Ausmaß sehr exakt zu erfassen. Die Symptomatik kann von subjektiven Schwindelgefühlen über Kollapsereignisse bis hin zu zerebralen Absencen oder Krampfanfällen gehen. Hypotonie - oft im Gefolge heimlicher Laxanzien- und Diuretikaeinnahme - ist eine relativ häufige Ursache der genannten Symptome. Aber auch Herzrhythmusstörungen - z.B. im Zusammenhang mit Elektrolytstörungen - müssen ausgeschlossen werden. Selbst induziertes Erbrechen kann gelegentlich so stark vagotonisierend wirken, daß eine kreislauflabilisierende Blutdruck- oder Pulserniedrigung auftritt. Weiterhin sollte bei auftretenden Schwindelgefühlen, aber auch bei Zuständen von Bewußtlosigkeit oder bei Krampfanfällen, an die Hypoglykämie gedacht werden, die sowohl bei Anorektikerinnen als auch bei Bulimikerinnen auftreten kann. Manchmal kann ein deutlicher Acetongeruch in der Ausatmungsluft der Patientinnen als Ausdruck der katabolen Stoffwechsellage auffallen - bei der Anorexie als Folge der permanenten hypokalorischen Ernährung, bei der Bulimie als Ausdruck intermittierender Diätbemühungen.

Die **Hypothermie** ist oft ein wenig beachtetes Symptom hypophager Eßstörungen. Bei den Anorektikerinnen werden öfter Körpertemperaturen gemessen, die wenig über 35°C liegen. (Es empfiehlt sich, auf axilläre Messungen zu verzichten, da bei der meist erheblichen Reduktion des Unterhautfettgewebes das Thermometer zu wenig Hautkontakt hat und Meßfehler die Folge sein können.) Ähnlich wie bei marantischen Zuständen anderer Genese kann es jedoch im Falle eines Infektes zum Ausbleiben des an sich zu erwartenden Temperaturanstieges kommen. Oft bleiben auch die anderen Entzündungszeichen - z.B. die Leukozytose - aus, und bei einem relativ häufig nachweisbaren Mangel an Immunglobulinen (besonders IgG und IgM) sind hypoerge oder sogar anerge Zuständen möglich. Fehlende Entzündungszeichen bzw. fehlendes Fieber wären dann eher besorgniserregend (z.B. Infektionen, die von einem Katheter zur parenteralen Ernährung ausgehen).

Ein weiterer wichtiger Befund sind **endokrine Veränderungen**. Am augenfälligsten ist die Amenorrhoe. Ihr liegt eine schwere endokrine Störung zugrunde. Sie gehört definitionsgemäß zur Anorexie, ist aber auch bei ca. 40 bis 50% der Bulimikerinnen vorhanden. Regelmäßig finden sich bei der Anorexie präpubertäre Hormonmuster des LH und des FSH sowie deutlich erniedrigte Östradiol- und Progesteronwerte.

Manche Frauen nehmen Kontrazeptiva ein, verheimlichen dies jedoch und erwecken so den Eindruck eines intakten Zyklus. In solchen Fällen ist durch die exogen zugeführten Östrogene das SHBG (Sexualhormonbindendes Globulin) erhöht - bei gleichzeitiger Erniedrigung des körpereigenen Östradiols.

Erwähnenswert ist in diesem Zusammenhang, daß nicht alle zyklisch auftretenden Blutungen - Menstruationen - d.h. Blutungen nach stattgefundenen Ovulationen - sind. Bulimikerinnen haben häufig anovulatorische Zyklen, trotz frequenter Blutungen (Kontrolle mittels wöchentlicher LH- und Progesteronmessungen).

Bei der Messung weiterer Hormone fällt häufig eine leichte Erhöhung des Kortisols und des Prolaktins auf. Die Erhöhung beider Hormone kann Ausdruck intrapsychischen Stresses sein. Bei Prolaktinwerten über 4000 U/µl muß eine hypophysäre Neoplasie - am besten kernspintomografisch - ausgeschlossen werden.

Beim »Low-T3-Syndrom« liegt bei normalem T4- und unauffälligem TRH-Test kein echter Hormonmangel vor, und entsprechend darf auch keine Substitution durchgeführt werden.

In Zukunft kann mit wichtigen Ergebnissen der neuroendokrinen Forschung gerechnet werden. Sie werden mit Sicherheit die Diskussion über das Wechselspiel zwischen zentralen biochemischen Vorgängen, Verhalten und subjektivem Erleben wesentlich beleben.

Häufige Befunde im Zusammenhang mit routinemäßig erhobenen Laborwerten sind in den Tabellen 4 und 5 dargestellt. Im Kontext körperlich-klinischer Befunde sind die Laborwerte Ausdruck der Krankheitsschwere und somit prädestiniert, als Kriterium einer Verlaufsbeschreibung zu dienen. Andererseits muß unmißverständlich klar sein, daß es kein »Laborscreening« für Eßstörungen gibt.

Tab. 4. Häufigkeit des Vorkommens pathologischer Laborbefunde bei Anorexie (n=103) (nach Herzog et al. 1992).

Hyperamylasämie	47,8 %
Hypokaliämie	35,9 %
Erhöhte SGPT	27,4 %
Hypochloridämie	24,2 %
Erhöhte BSG	22,8 %
Erhöhte SGOT	21,1 %
Hb-Erniedrigung	19,8 %
Erhöhtes Serumkreatinin	18,8 %
Hyponatriämie	18,0 %
Erhöhtes Serumbilirubin	15,7 %
Hypoalbuminämie	13,4 %
Leukozytopenie	12,1 %

Tab. 5. Häufigkeit des Vorkommens pathologischer Laborbefunde bei Bulimie (n=168) (nach Mitchell u. Pomeroy 1989).

Hyperamylasämie	28 %
Metabolische Alkalose	27 %
Hyperchloridämie	24 %
Hypokaliämie	15 %
Hyponatriämie	5 %

Sowohl bei der Anorexie als auch bei der Bulimie stehen **Wasser- und Elektrolythaushalt** - neben der veränderten Energiebilanz - ganz im Zentrum des pathophysiologischen Geschehens. Die Exsikkose kommt bei der Anorexie als Folge der mangelnden Flüssigkeitszufuhr und durch die osmotische Wirkung der renal ausgeschiedenen Ketonkörper vor. Bei der Bulimie entsteht der Wasserverlust vor allem durch das Erbrechen und bei gleichzeitiger Laxanzien- oder Diuretikaeinnahme (s. Tab. 1) zusätzlich medikamentös.

Insbesondere die **Hypokaliämie** wird gelegentlich als Leitsymptom verheimlichten Erbrechens betrachtet. Die Folgen können für die verschiedenen Organsysteme erheblich sein und zu teilweise irreversiblen Veränderungen führen. Auch bei der internistischen Therapie können Elektrolytstörungen zu schwer beherrschbaren Komplikationen führen (s.u.). Neben der Hypokaliämie müssen pathologische Veränderungen des Natrium-, Chlorid-, Magnesium-, Kalzium-, Phosphat- und Zinkhaushalts ebenfalls berücksichtigt werden. Die genannten Elektrolytstörungen können zu Herzrhythmusstörungen, Störungen der Darmmotilität und Nierenfunktionsstörungen führen sowie die Entstehung zerebraler Krampfanfälle begünstigen.

Bei manchen Patientinnen fallen laborchemische Untersuchungen trotz vorhandener Eßstörung unauffällig aus. Das kann manchmal ein Hinweis darauf sein, daß chronische Folgen des eßgestörten Verhaltens noch nicht so stark ausgeprägt sind. Allerdings substituieren eßgestörte Patientinnen nicht selten selber Elektrolyte oder Vitamine, so daß sich die Folgen der Eßstörung laborchemisch nicht abbilden.

Manche Laborveränderungen bei eßgestörten Patientinnen sind klinisch offenbar von geringer Bedeutung. Dazu gehören die Hypercholesterinämie und eine leichte Erhöhung der lebertypischen Enzyme (G-GT, SGOT, SGPT und AP). Amylaseerhöhungen weisen in der Regel auf eine Erhöhung der Speicheldrüsenamylase hin. In diesen Fällen kann der Verlauf der Erkrankung, insbesondere die bulimische Komponente, durch die Amylasewerte dokumentiert werden. Andererseits können Erhöhungen der Amylase auch bei restriktiven Anorexien, besonders zu Beginn der Gewichtszunahme, vorkommen und bedürfen somit einer umfassenden klinischen Bewertung.

Als prognostisch günstig für den Krankheitsverlauf haben sich folgende Parameter herausgestellt: kurze Erkankungsdauer, Fehlen klinisch faßbarer Organstörungen (inklusive Störungen des ZNS), normales Serum-Albumin, normale Serum-Elektrolyte, unauffällige Nierenretentionswerte sowie Leukozytenwerte im Normbereich. (Ein Vorschlag zur Erfassung und Dokumentation der basalen laborchemischen Befunde findet sich in Tab. 6).

Tab. 6a) Internistischer Erhebungsbogen für eßgestörte Patienten.

Untersuchungsdatum ☐☐.☐☐.☐☐

Anamnese

Lj., in dem die Eßstörung begann ☐☐

In welchem Lj. erstmals Freßanfälle? ☐☐

In welchem Lj. erstmals Freß-Brech-Anfälle? ☐☐

In welchem Lj. erstmals anorektisches Fasten? ☐☐

Stat. Vorbehandlung wegen d. Eßstörung in Wochen: ☐☐☐

Frühere wichtige Erkrankungen (nach ICD 10):

a).. ☐☐☐☐

b).. ☐☐☐☐

c).. ☐☐☐☐

Neben der Eßstörung aktuell vorliegende wichtige Erkankungen (n. ICD 10)

a).. ☐☐☐.☐

b).. ☐☐☐.☐

c).. ☐☐☐.☐

d) Weitere wichtige Erkrankungen ☐

welche?

....

....

Lj. der Menarche (00=keine) ☐☐

Regel während der letzten 3 Monate: ☐

Regelmäßig ☐

Unregelmäßig ☐

Primäre Amenorrhoe ☐

Sekund. Amenorrhoe ☐

Gravidität/Zustand post partum ☐

Zustand nach Uterusexstirpation ☐

Andere Gründe für Amenorrhoe (z.B. angeborene Syndrome) ☐

Falls eine Amenorrhoe vorliegt, Dauer der Amenorrhoe in
Monaten (000=keine Amenorrhoe)   ☐☐☐

Kontrazeptiva in den letzten 12 Monaten   ☐

Alkoholabusus   ☐

Psychopharmaka-/Schmerzmittelabusus   ☐

Abusus illegaler Drogen   ☐

Nikotin (mehr als 20 Zigaretten täglich)   ☐

In welchem Lj. wurden erstmals folgende
gewichtsregulierenden Maßnahmen angewandt?

(Bitte Lj. eintragen! 00=nicht zutreffend)

Zwischenzeitlich Diäten   ☐☐

Überwiegend andauerndes Fasten   ☐☐

Erbrechen   ☐☐

Abführmittel   ☐☐

Appetitzügler   ☐☐

Diuretika   ☐☐

Körperliche Aktivität   ☐☐

Andere Mittel od. Methoden   ☐☐

Welche?

....

....

Anzahl der Freßanfälle im letzten 1/4 Jahr pro Woche   ☐☐
(durchschnittlich)

Anzahl der Brechanfälle im letzten 1/4 Jahr pro Woche   ☐☐
(durchschnittlich)

Ungefähre Anzahl der Fastentage im letzten 1/4 Jahr   ☐☐☐

Welche oben nicht angeführten Medikamente wurden im
letzten 1/4 Jahr mehr als 3x eingenommen?

....

....

Tab. 6b) Internistische Minimalangaben für eßgestörte Patienten.

Puls pro min.	☐☐☐
Rhythmusstörungen	☐
RR in mm Hg systol.	☐☐☐
RR in mm Hg diastol.	☐☐☐
Morgentemperatur (in °C) rektal	☐☐ , ☐
Körpergröße in cm	☐☐☐ , ☐
Körpergewicht in kg	☐☐☐ , ☐
Ödeme	☐
Zahnschäden	☐
Akrozyanose	☐
Sialadenose	☐
Hautverletzungen	☐

Zusätzliche, oben nicht genannte
pathol. Untersuchungsbefunde:

....

....

Vitale Gefährdung   ☐
Wegen:...

Medizinische Komplikationen

Kardiale Komplikationen bei psychogenen Eßstörungen sind deswegen gefürchtet, weil sie sehr plötzlich zu einer vitalen Bedrohung werden können. Manche - klinisch zunächst stumme - Befunde können solchen Komplikationen vorausgehen. EKG-Veränderungen bei Anorexie und Bulimie (Bradykardie, Niedrigvoltage, T-Wellen-Umkehr, ST-Senkung und bei Hypokaliämie auch U-Welle) sind sehr häufig. Abnahme von Ventrikelgröße und Kammerwanddicke sind ebenfalls beschrieben (z. B. Gottdiener et al. 1978). Zweifellos sind diese Befunde Ausdruck eines Katabolismus, der - nach Erschöpfung der Glykogen- und Fettdepots - bereits organparenchymatöse Strukturen zur Energiegewinnung heranzieht. Die genannten Veränderungen ziehen nicht unbedingt sofort klinisch faßbare Funktionsstörungen nach sich. Eine Verschlechterung des Allgemeinbefindens kann aber sehr plötzlich auftreten und zur vitalen Bedrohung werden. In Anlehnung an Brotman et al. (1985) haben wir daher die wichtigsten Indikationen für eine medizinische stationäre Behandlung in Tab. 7 dargestellt.

Tab. 7. Indikationen für die stationäre Behandlung psychogener Eßstörungen (in Anlehnung an Brotman et al. 1985).

- Arrhythmien ohne Elektrolytstörung (ausgenommen milde Brady- oder Tachy-arrhythmie)

- Jegliche Arrhythmie im Kontext mit einer anderen medizinischen Komplikation (z.B. Schwindel, Brustschmerz)

- Arrhythmien im Zusammenhang mit Erbrechen, Laxanzien- oder Diuretikaeinnahme

- EKG- oder hämodynamische Veränderungen mit Symptomen (z.B. Schwindel, Brustschmerz)

- > 40% Gewichtsverlust insgesamt oder >30% Gewichtsverlust in den letzten 3 Monaten

- Unabhängig von der Eßstörung bestehende andere Erkrankungen, vor allem Diabetes, Asthma o.ä.

Die wichtigsten kardialen Komplikationen sind **Herzrhythmusstörungen**. Sie sind auch für die meisten unerwarteten, plötzlichen Todesfälle verantwortlich. Typischerweise kann bei diesen Todesfällen anläßlich einer Obduktion die Todesursache nicht klar bestimmt werden.

Den bradykarden Puls einer eßgestörten Patientin medikamentös zu beschleunigen, wäre kontraindiziert, denn die Bradykardie stellt eine sinnvolle Ökonomisierung der Herzarbeit dar.

Tachykarde Zustände können bei der Bulimie vorkommen, können aber bei der Anorexie ein Alarmsignal sein. Sie können eine bevorstehende Kreislaufdekompensation ankündigen. Dabei ist zu berücksichtigen, daß ein Puls zwischen 90 und 100/min. für eine Anorektikerin evtl. schon quasi tachykard ist, wenn man bedenkt, daß der Ausgangspuls möglicherweise bei 40/min. lag [2].

---

[2] Der Mitralklappenprolaps ist ein Befund, der auskultatorisch zunächst sehr auffällig scheint, aber offenbar meistens harmlos ist (s.a. Powers et al. 1991). Symptomatik: mesosystolischer Klick am unteren Sternum und im Bereich der Herzspitze, manchmal mit systolischen Regurgitations- oder Crescendogeräuschen. Eine kardiologische Abklärung ist aber in der Regel bei einem solchen Befund unerläßlich.

Die **renalen Komplikationen** sind einerseits Folge des gestörten Wasser- und Elektrolythaushalts und können diesen andererseits bedingen[3]. Bulimie- oder anorexiebedingte Nierenschäden können so hochgradig sein, daß im Gefolge einer nicht mehr kompensierbaren Retention harnpflichtiger Substanzen eine Dialyse bzw. Nierentransplantation notwendig wird. Bei den berichteten Fällen (z.b. Casper 1986; Herzog et al. 1992) handelt es sich um chronifizierte Erkrankungsfälle.

Obwohl die Malnutrition bei den eßgestörten Patienten zu Vitamin- und Eisenmangelerscheinungen führen kann, sind schwere **hämatologische Komplikationen** eher selten.

Bei der Anorexie liegt meistens nur eine leichte Anämie vor (Fichter 1985). Eine **Leukopenie** wird dagegen häufiger beobachtet, ohne daß es auch zu einer größeren Infektanfälligkeit käme (Brotman et al. 1985; Mitchell 1986). Andererseits ist es bei schwerem, anorektisch bedingtem Untergewicht möglich, daß Infekte ohne die zu erwartenden Entzündungszeichen auftreten.

Leukozytenzahlen unter 2000/μl geben manchmal aus differentialdiagnostischen Gründen zu einer Knochenmarksuntersuchung Anlaß. Es ist hierbei dringend zu raten, wegen der möglichen osteopenischen bzw. osteoporotischen Veränderungen keine Sternalpunktion, sondern eine Beckenstanze durchzuführen. Es findet sich - abhängig vom Ausmaß des Untergewichts - eine deutliche Verminderung sowohl der weißen als auch der roten Reihe der Blutbildung. Zusätzlich sind die Fettanteile des Knochenmarks als Ausdruck des schweren Katabolismus vermindert.

Bei fast allen Anorektikerinnen und Bulimikerinnen kommt es zu zum Teil schwergradigen **gastrointestinalen Störungen**. Bei länger andauernder Nahrungsrestriktion verlangsamt sich die gesamte gastrointestinale Motilität, und es kommt zu einer längeren Verweildauer der Nahrung im Magen und zu der so oft geklagten Obstipation. Die gastrointestinale Motilitätsverlangsamung kann - oft in Verbindung mit der Elektrolytstörung - bis zum paralytischen Ileus führen (Herzog et al. 1992).

Bei der Bulimie tritt fast regelmäßig eine säurebedingte Entzündung des oberen Gastrointestinaltraktes auf. Aber auch Dilatation und Ruptur des Magens (Scobie 1973) sind beschrieben worden, wenngleich die letztgenannte Komplikation eher selten zu sein scheint.[4]

---

[3] Die strukurellen Nierenschäden sind Folge chronischen Mangels an Natrium, Kalium und Körperwasser. Es muß betont werden, daß die Störungen des Wasser- und Elektrolythaushalts für sich eine Nephropathie verursachen können. Verschiedene Medikamente (z.B. diverse Analgetika) können zusätzlich irreversible Schäden an den Nieren hervorrufen.

[4] Im Rahmen des selbstinduzierten Erbrechens werden gelegentlich Gegenstände zur Pharynxreizung verwendet. Eine unserer Patientinnen verschluckte dabei ihre Zahnbürste. Nachdem eine gastroskopische Entfernung der Zahnbürste aus dem Magen nicht gelang, mußte akut eine Gastrotomie durchgeführt werden.

Zwar können **neurologische Komplikationen** sowohl bei der Anorexie als auch bei der Bulimie entstehen, jedoch findet man häufiger eine erhebliche Diskrepanz zwischen auffälligen CT- und EEG-Befunden einerseits und unauffälliger Klinik andererseits. Treten neurologische Symptome erstmals in Zusammenhang mit der Eßstörung auf, so sind diese meistens auch durch die Eßstörung verursacht.

Bei der Anorexie wird computertomografisch gelegentlich eine Hirnatrophie und eine Erweiterung der Ventrikelräume gefunden. Es handelt sich hierbei jedoch meistens um einen reversiblen Nebenbefund. Bei Bewußtlosigkeits- oder Krampfzuständen müssen differentialdiagnostisch eine Hypoglykämie und eine Herzrhythmusstörung ausgeschlossen werden. Die bei Anorektikerinnen und auch bei Bulimikerinnen häufig zu beobachtenden auffälligen EEG-Befunde (Literaturübersicht bei Brotman et al. 1985) sollen klinisch keine wesentliche Rolle spielen. Andererseits ist differentialdiagnostisch zu bedenken, daß verschiedene hirnorganische Erkrankungen zu Freßattacken - und damit zu bulimiformem Verhalten - führen können: Hirntumoren, Chorea Huntington, Parkinsonkrankheit, Enzephalitis und postoperative Zustände nach zerebralen Eingriffen.

Für die Entstehung einer **Osteoporose** gelten heute die hormonelle Situation, die Kalziumzufuhr und die körperliche Bewegung als besonders bedeutsam. Im Falle eines Nieren- und/oder Leberschadens muß unbedingt zusätzlich berücksichtigt werden, daß die Vorstufen des Vitamins D in Leber und Nieren synthetisiert werden und daß bei eingeschränkter Funktion eine dauerhafte Substitutionstherapie erfolgen muß. Bei den psychogenen Eßstörungen spielen in der Regel alle drei Faktoren eine Rolle. Die hormonelle Komponente kann in der Hauptsache als Folge der Untergewichtigkeit angesehen werden. Insbesondere durch den Östradiolmangel fällt die Schutzfunktion der Sexualhormone aus - ein Umstand, der besonders schwer wiegt, weil das Skelettsystem in seiner wachstumsintensivsten Phase geschädigt wird.

Es ist zu befürchten, daß mehrjährig Eßgestörte überhaupt nicht das Optimum ihrer Knochendichte erreichen und dann auch später in der Postmenopause stärker Osteoporosegefährdet sind als andere Frauen (s.a. Pugliese et al. 1983 sowie Herzog et al. 1992). Mindestens für das zweite und dritte Lebensjahrzehnt fanden Rigotti et al. (1991) bei Anorektikerinnen eine siebenfach erhöhte Frakturrate im Vergleich zu nicht anorektischen Frauen (bei meist unauffälligem Vitamin-D- und Parathormonspiegel im Serum). Andererseits soll eine erhöhte körperliche Aktivität für Anorektikerinnen auch einen protektiven Faktor hinsichtlich der genannten Skelettveränderungen darstellen (Rigotti et al. 1991), weil offenbar durch die Druckbelastung auch Wachstumsimpulse veranlaßt werden können.

Die Frage der Östrogensubstitution mündet in eine Diskussion, in der sich zwei Therapiekonzepte scheinbar unversöhnlich gegenüberstehen: Die Gefahr einer langfristigen Knochensubstanzschädigung würde eigentlich die exogene Östrogen-Zufuhr nahelegen. Andererseits wird durch die Östrogen-Substitution »mit Gewalt« der Widerstand der Patientin gebrochen, denn mit Hilfe der Eßstörung wehrt sie sich u.a. auch gegen das Frausein und gegen das Wiederauftreten der Menstruation. Östrogenbedingte Veränderungen am eigenen Körper sowie das Wiederauftreten der

Menstruation können zu einer solch extremen Angstentwicklung führen, daß die Therapie von den Patientinnen abgebrochen wird.

Zusammenfassend sollte eine niedrigdosierte Hormonsubstitution durchgeführt werden, auf die jedoch bei Widerstand der Patientin verzichtet werden kann.

Zahnschäden sind bei Bulimikerinnen häufiger als bei Anorektikerinnen. Philipp et al. (1991) haben zeigen können, daß bei eßgestörten Frauen - insbesondere bei Bulimikerinnen - zwar seltener Zahnfleischbluten auftrat, aber dafür deutlich häufiger Zahnschmelzschäden zu beobachten waren. Dieser Befund korrelierte mit einer Parotisschwellung und einer Erhöhung der Serum-Amylase.

Man kann daher den Hinweis geben, daß auffällige Zahnschmelzschäden in Kombination mit Speicheldrüsenschwellungen den Verdacht auf eine psychogene Eßstörung erwecken sollten.

Psychogene Eßstörungen und Schwangerschaft

Normalisieren eßgestörte Patientinnen ihr Eßverhalten, so stellen sich - oft mit einer Verzögerung von einigen Monaten - ovulatorische Zyklen wieder ein (Nachweis durch wöchentliche Progesteronmessungen).

Allgemein kann man davon ausgehen, daß eine eingetretene Schwangerschaft anzeigt, daß die werdende Mutter von ihrer Eßstörung genesen ist. Darauf weisen auch Brinch et al. (1988) hin [5]. Sie fanden auch, daß das Stillverhalten der ehemals anorektischen Frauen identisch mit dem Stillverhalten in der übrigen Bevölkerung war.

Problematisch sind vor allem die Schwangerschaften von normalgewichtigen Bulimikerinnen oder von solchen Frauen, die zwischenzeitlich von ihrer Eßstörung genesen waren und anläßlich der Schwangerschaft einen Rückfall in ihr anorektisches oder bulimisches Verhalten erleiden. Schwangere, bei denen eine Eßstörung persistiert oder erstmals bzw. erneut auftritt, sollten als Frauen mit einer **Risikoschwangerschaft** angesehen und entsprechend betreut werden.

Hat eine anhaltend eßgestörte Frau entbunden, so muß hausärztlicherseits besonders sorgfältig auf das Gedeihen des Kindes geachtet werden. Stein u. Fairburn (1989) weisen anhand eigener Fallberichte darauf hin, daß die psychosoziale Entwicklung und teilweise sogar die adäquate Ernährung der Kleinkinder durch das gestörte mütterliche Eßverhalten in hohem Maße gefährdet

---

[5] Zwar war insgesamt eine höhere Rate an Frühgeborenen und auch eine Erhöhung der perinatalen Mortalität der Kinder zu beobachten; dieser Befund scheint den Autoren schwer erklärbar und wird von ihnen nicht als Eßstörungsfolge interpretiert, sondern mit ähnlichen Ergebnissen bei psychiatrischen Erkrankungen verglichen.

werden können. Für den Hausarzt stellt sich in solchen Fällen die Frage, ob familientherapeutische Dienste zum Schutze des Kindes bzw. zur Bewältigung der neuen Lebenssituation kontaktiert werden sollen.

Internistische Therapie

Wann eßgestörte Patientinnen zur stationären Behandlung eingewiesen werden sollten, haben wir in Tab. 6 zusammengefaßt. Im Zentrum der internistischen Therapie steht die Wiederauffütterung bei der Anorexie und die Regulierung der regelmäßigen Nahrungszufuhr bei der Bulimie. Bei beiden Eßstörungen müssen zusätzlich Elektrolyt- und Vitaminmangelzustände kompensiert werden. Wenn immer möglich, sollte die Nahrungsaufnahme möglichst »natürlich« - d.h. durch die Patientin selbst - erfolgen. Hierbei kann die Anwesenheit einer Schwester oder eines Pflegers während und nach dem Essen durchaus hilfreich sein - unter Umständen sogar dann, wenn die Patientin dies nicht wünscht. Besonders in der ersten Phase trifft dies auch für die Bulimiebehandlung zu. Bei der Bulimie hat sich auch das Führen von Eßtagebüchern als sinnvoll herausgestellt.

Vor einer plötzlich einsetzenden hochkalorischen Ernährung - besonders bei extrem niedrigem Gewicht von unter 30 kg - soll an dieser Stelle ausdrücklich gewarnt werden, denn die am Verdauungs- bzw. Nahrungsverwertungsprozeß beteiligten Organsysteme müssen sich langsam adaptieren. Wir favorisieren eine allmähliche Steigerung der Kalorienzufuhr über 4 Wochen (innerhalb der ersten 2 Wochen 6300 kJ/Tag bzw. 1500 kcal/Tag, danach langsame Steigerung auf 8400 bis 12600 kJ/Tag bzw. 2000 bis 3000 kcal/Tag) (s.a. Feiereis 1989).

Bei der regulären oralen Ernährung und bei der Ernährung über eine Duodenalsonde ist zu bedenken, daß - vor allem bei anorektischen Patientinnen - eine Hypomotilität besteht, die bei zu großen Volumenbelastungen zur Übelkeit und damit erneut zum Erbrechen führen kann. Im Grunde ist ein behutsames Vorgehen bei der »Wiederauffütterung« auch deswegen sinnvoll, weil viele Patientinnen erst einmal ihr Sättigungsgefühl (wieder) entdecken müssen. Ähnlich verhält es sich mit der Wahrnehmung unterschiedlicher Geschmacksqualitäten. Eine zu große Varianz der Nahrung bedeutet für manche Patientinnen eine Art Reizüberflutung, nachdem zuvor über einen großen Zeitraum asketische Enthaltsamkeit gegenüber der Nahrung bestand. Internistischerseits muß auch bei zu großen gastroduodenalen Füllungsvolumina an vaskuläre Kompressionen gedacht werden, die dann - auch wenn sie nicht zur Übelkeit oder zum Erbrechen führen - Zirkulationsstörungen des Gastrointesinaltraktes hervorrufen können.

Bei der parenteralen Ernährung muß das internistische Behandlungsteam darauf gefaßt sein, daß die Patientinnen (bewußt oder unbewußt) versuchen, am Venenkatheter oder den Infusionen zu manipulieren. Darüber hinaus bringt die Infusionsbehandlung selbst aber einige Gefahren mit sich[6]. Bei extremer Abmagerung sollte beachtet werden, daß die Atrophie der Organe sehr weit fortgeschritten sein kann. Für das Herz heißt das, daß die kontraktile Substanz und damit das Auswurfvolumen vermindert sein können. Solche Patientinnen können im Rahmen einer Infusionstherapie sehr schnell herzinsuffizient werden.

Abschließende Bemerkung

Psychogene Eßstörungen sind hinsichtlich Diagnostik und Therapie eine Herausforderung auch für die Innere Medizin. Es kann nicht darum gehen, Psychotherapie durch medizinische Maßnahmen zu ersetzen. Aber die Innere Medizin kann entscheidend mitwirken, im Rahmen eines gleichzeitig internistischen und psychotherapeutischen Zugangs die Situation bzw. die weiteren Therapiemöglichkeiten der Patienten fundamental zu verbessern.

---

[6] So gibt es in den letzten Jahren eine lebhafte Diskussion darüber, wie eine optimale Therapie von Elektrolytstörungen - insbesondere der Hyponatriämie - aussehen soll. So kommen Seifert u. Schaefer (1991) zu der Einschätzung, daß es als gesichert gelten kann, daß »nicht die Hyponatriämie selber, sondern die Umstände ihrer Korrektur eine CMP (»central pontine myelinolysis«) auslösen können. Eine weitere, oft wenig berücksichtigte neurologische Komplikation ist die durch die parenterale Ernährung hervorgerufene oder verstärkte Hypophosphatämie. Backmund u. Gerlinghoff (1986) stellten anhand von zwei Fallberichten dar, wie eine Anorexie-bedingte Hypophosphatämie durch eine Hyperalimentation mit Zuckerlösungen in ein akutes Phosphatmangelsyndrom überführt wurde. Die beobachteten Komplikationen waren: Parästhesien im Gesichtsbereich, Sprechstörung, periphere Paresen, Atembeschwerden und Schlucklähmung.

Sind es wirklich nur Frauen?

D. Munz und A. Catina

Die Veröffentlichung von Morton (1689) wird häufig als einer der frühesten Berichte über Magersucht zitiert. Selten wird erwähnt, daß einer der beiden dargestellten Fälle einen anorektischen Mann betraf und Morton faszinierend detailreich die psychologischen und physiologischen Auffälligkeiten dieses Mannes beschrieb. Auch in den Kasuistiken von Whytt (1764) und Willian (1790) wird auf beeindruckende Art unter anderem Magersucht bei jeweils einem Mann beschrieben.

In neuerer Zeit lag der Fokus der Untersuchungen und die zunehmende Zahl von Veröffentlichungen zur Anorexie und Bulimie größtenteils bei Mädchen und Frauen, nur wenige Studien, meist Einzelfalldarstellungen oder Untersuchungen an sehr kleinen Stichproben, berichten über Jungen und Männer.

Einer der Gründe hierfür ist darin zu sehen, daß vergleichsweise wenige Männer wegen Anorexie oder Bulimie Behandlung aufsuchen. Etwa 10% der Patienten sind Männer (Crisp u. Toms 1972; Hogan, Huerta u. Lucas 1974; Anderson u. Mickalide 1983). Die Prozentangaben der verschiedenen Untersuchungen differieren stark zwischen wenigen Fällen (34%) bis zu mehr als 15% Anteil von Männern in der Stichprobe eßgestörter Patienten. Mester (1981) und Fichter (1985) geben eine tabellarische Übersicht über den Anteil männlicher Magersuchtpatienten in verschiedenen Stichproben. Sterling u. Segal (1985) setzen sich kritisch mit diesen Studien, insbesondere methodischen Aspekten verschiedener Vergleichsstudien auseinander. Die starke Streuung der Prozentsätze kann verschiedene Hintergründe haben. Immer wieder diskutiert wurde die Frage, ob bei Männern die Diagnose Anorexie möglich ist. So kann z.B. das diagnostische Kriterium (vgl. DSM-III-R der American Psychiatric Association, 1987; ICD-10, herausgegeben von Dilling, Mombour u. Schmidt 1991) der Amenorrhoe bei Männern nicht erfüllt sein (Andersen u. Mickalide 1983). Wegen solcher diagnostischer Unsicherheiten war in den USA für lange Zeit der Trend beobachtbar, daß ein großer Teil der anorektischen Patienten, Männer wie Frauen, als eine spezifische Untergruppe der Schizophrenie diagnostiziert wurden (Anderson u. Mickalide 1983), und man kann annehmen, daß ein Teil der Männer mit anorektischer Symptomatik nicht als Anorexiefälle diagnostiziert und somit auch nicht in Studien aufgenommen wurde.

Anderson u. Mickalide (1983) diskutieren als weitere Möglichkeit der Unterrepräsentanz von Männern, daß die Diagnose Anorexia nervosa und Bulimia nervosa bei Männern wahrscheinlich seltener gestellt wird, da sich männliche Patienten wegen ihrer anorektischen und bulimischen Symptome mehr schämen und die Symptome noch häufiger verleugnen als Frauen. Des weiteren, da in den Medien nahezu ausschließlich über Frauen mit dieser Krankheit berichtet wird, fühlen sich Männer oft nicht betroffen bzw. scheuen sich, wegen dieser »typischen Frauenkrankheit« den Arzt zu konsultieren.

Da nicht anzunehmen ist, daß gute epidemiologische Untersuchungen das genannte Verhältnis zwischen Männern und Frauen grundlegend verändern würde, bleibt die vieldiskutierte Frage »why women?« (Dolan u. Gitzinger 1992): Warum erkranken wesentlich mehr Frauen als Männer an Anorexie und Bulimie? Hierzu steht bisher eine schlüssige theoretische und auch empirische Antwort aus.

Da wir davon ausgehen müssen, daß Eßstörungen ein multifaktoriell bedingtes Krankheitsbild darstellen (vgl. Kap. Diagnostische Kriterien und psychodynamische Charakteristika, S. 7ff.), ist auch nicht zu erwarten, daß einfache, vereinfachende Erklärungen uns in die Lage versetzen, die Geschlechterhäufung zu verstehen. Deshalb müssen die verschiedenen Krankheitsfaktoren und phänomene bezüglich ihrer Ursachen und ihres Einflusses auf die beiden Geschlechter untersucht werden, um so Hinweise für die Krankheitshäufung zu erhalten.

Wie Meyer (1961) und Schepank (1981) diskutieren, sei aus Zwillingsuntersuchungen eine genetische Disposition für die Anfälligkeit, an einer Anorexie zu erkranken, anzunehmen. Hierbei kann eine Geschlechtsspezifität nicht ausgeschlossen werden; als alleinige Erklärung kann sie jedoch nicht hinreichend sein. Mit Sicherheit sind psychologische und soziale Einflüsse für das Entstehen und die Aufrechterhaltung der Krankheit, auch für die unterschiedliche Geschlechterhäufung, bedeutsam.

Für den Beginn der Eßstörung lassen sich in der Regel verschiedene, oft zusammenwirkende **Auslösesituationen** finden. Wichtig und deshalb viel diskutiert sind das gesellschaftliche, durch Medien vermittelte Körperidealbild und die dadurch hervorgerufenen Versuche zur Gewichtsreduktion.

Generell ist beobachtbar, daß **Frauen mehr und genauer auf Gewicht und Körperproportionen achten als Männer** (Klesges, Mizes u. Klesges 1987). Frauen sind häufiger als Männer der Meinung, daß ihre derzeitige Figur nicht der eigenen subjektiven Idealfigur und auch nicht dem vermuteten gegengeschlechtlichen Idealbild der Attraktivität entspricht (Huon u. Brown 1986). Um diesem Idealbild näher zu kommen, wird von vielen mit Diät, gelegentlich mit Abführmitteln oder extremem Sport, versucht, das Gewicht zu reduzieren.

Untersuchungen hierzu ergeben, daß deutlich mehr Mädchen bei leichtem Übergewicht zu Diätmaßnahmen greifen (Mädchen: 63%, Jungen 16%) (Klesges, Mizes u. Klesges 1987). Diese können dann bei exzessivem Hungern mitausschlaggebend für den Beginn einer Anorexie oder Bulimie sein. Im Gegensatz zur Diät bei Frauen versuchten 28% der Jungen in dieser Untersuchung mit Muskeltraining (Mädchen 9%) ihr Körpergewicht zu reduzieren.

Die **pubertäre Orientierung an den suggerierten Schönheitsidealen und den Idealen von Peergruppen** ist bei Jugendlichen größer, die in ihrer Identität, vor allem auch ihrer Geschlechtsidentität, verunsichert sind. Für pubertierende Mädchen ist die körperliche Reifung und Metamorphose weniger leicht zu verleugnen oder zu verdrängen als für Jungen. Da sie einschneidendere äußere und innere Veränderung durchleben, ist diese auch von größerer symbolischer Bedeutung. Durch Reduktion des Körpergewichts können die hormonell bedingten körperlichen Veränderungsprozesse gehemmt werden, so daß sich feminine Körperproportionen weniger ausbilden und der Menstruationszyklus unterbrochen wird.

Im Gegensatz zu Mädchen können Jungen den Beginn der pubertären Reifung, die zeitlich in der Regel später einsetzt, leichter verleugnen und fühlen sich möglicherweise dann im höheren, »kritischen Pubertätsalter« eher in der Lage, sich aktiver mit ihrer Rolle und den Rollenerwartungen auseinanderzusetzen (Dally u. Gomez 1980). Sie können, wie auch Mädchen, durch das anorektische Verhalten und das dadurch bedingte chronische Untergewicht ihre körperliche Reifung und die Entwicklung sexueller Empfindungen hemmen und reduzieren. Ähnlich wie bei fastenden Frauen ist bei anorektischen Männern eine Veränderung der hormonellen Konstitution beobachtbar. Sowohl der Testosteronspiegel als auch die Spermaproduktion (Hogan, Huerta u. Lucas 1974) und das Hodenvolumen nehmen bei Gewichtsreduktion ab.

Die Geschlechtsidentität entwickelt sich in einem Prozeß, der nicht erst während der pubertären Reifung bedeutsam wird, sondern schon in der **frühen Auseinandersetzung mit den Eltern und Geschwistern** beginnt. Hierbei ist aus psychoanalytischer Sicht die frühe Geschlechtsidentitätsfindung für Mädchen komplizierter als für Jungen. Extrem vereinfachend dargestellt finden beide, Jungen und Mädchen, wichtige Hilfe bei der Ausbildung ihrer Geschlechtsidentität durch die Identifikation mit dem gleichgeschlechtlichen Elternteil. Da die Entwicklung des Selbstbewußtseins, des Selbstwertgefühls für die eigenen Fähigkeiten der Abgrenzung von der umsorgenden Mutter bedarf, ist eine aggressive, sich selbst behauptende Auseinandersetzung mit dieser für das Kind unumgänglich. Mädchen können hierbei im Gegensatz zu Jungen in das schwierige Dilemma geraten, daß sie sich einerseits von der Mutter abgrenzen wollen, sich andererseits aber auch mit ihr als Frau identifizieren wollen. Jungen hingegen können sich einfacher von der Mutter abgrenzen, da sie sich dem Vater als Identifikationsperson zuwenden können.

Dies kann ein Grund dafür sein, daß das Vermögen zu aggressiver Auseinandersetzung, zu Abgrenzung und Selbständigkeit bei präpubertären Jungen stärker ausgeprägt ist als bei Mädchen, die in dieser Zeit durchschnittlich deutlich konflikt und aggressionsvermeidender und abhängiger sind als Jungen (Bardwick 1971). Somit erscheint die Entwicklung der basalen Geschlechtsidentität für Mädchen leichter störbar, und es scheint für Mädchen schwerer zu sein, aggressive Auseinandersetzung und Selbstbehauptung zu erlernen, was für die spätere pubertäre Entwicklung bedeutsam werden kann.

Umgekehrt kann daraus geschlossen werden, daß im Vergleich zu Mädchen Jungen, die zu anorektischer Symptombildung neigen, in ihrer Geschlechtsidentität stärker verunsichert sind. Eine mögliche Bestätigung dieser Hypothese sind die Befunde von Fichter, Daser u. Postpischil (1985), die nachwiesen, daß anorektische Männer mehr sexuelle Ängste ausdrücken, stärkeren Widerwillen vor sexuellen Gefühlen empfinden und stärkere Ängste vor enger Beziehungsinvolviertheit äußern als anorektische Frauen. Auffallend war auch, daß in 80% der Herkunftsfamilien anorektischer Männer sexuelle Themen vollkommen tabuisiert waren. Ein weiterer Hinweis auf die stärkere Störung der sexuellen Identität anorektischer Männer ist die Tatsache, daß anorektische Männer häufiger als anorektische Frauen sexuelle Kontakte ganz vermeiden, homosexuelle Neigungen zeigen oder manifest homosexuell sind (Herzog, Norman, Gordon u. Pepose 1984; Herzog, Bradburn u. Newman 1990).

Die Psychotherapie anorektischer Männer ist nach vorliegenden Studien weniger erfolgreich als die anorektischer Frauen.

Zusammenfassend muß man feststellen, daß Männer wesentlich seltener an Eßstörungen erkranken als Frauen. Bisher können hierzu nur partielle Erklärungen gefunden werden, die theoretisch noch wenig verbunden sind. Dies spiegelt insgesamt das Problem der Erklärung der Eßstörungen - nicht nur bei Männern, sondern auch bei Frauen - daß unser Wissen bisher noch immer unvollständig und begrenzt ist und daß eine umfassende Erklärung der verschiedenartigen Phänomene der Anorexie und Bulimie noch aussteht.

II. Spezifische Behandlungs-verfahren

Entspannungstherapie

B. Probst und J. von Wietersheim[*]

Theoretische Einführung

Das Autogene Training von J. H. Schultz (Schultz 1932 u. 1982) und die Progressive Muskelrelaxation von E. Jacobson (Jacobson 1938 u. 1990) gelten heutzutage als Standardverfahren in der Psychotherapie. Dabei ist in Deutschland das Autogene Training weiter verbreitet, während in den USA häufiger mit der Progressiven Relaxation gearbeitet wird. Autogenes Training und Progressive Muskelrelaxation sind integrierter Bestandteil des Therapiekonzeptes in den meisten Kliniken - sowohl bei der psychodynamisch orientierten Psychotherapie als auch in der verhaltenstherapeutisch orientierten Therapie von Eßstörungen. Beide Methoden gehören zu den körperbezogenen, aktiven und übenden Verfahren.

Während die Progressive Muskelrelaxation auf systematischer Anspannung und Entspannung verschiedener Muskelgruppen des Körpers basiert, wird beim Autogenen Training durch Autosuggestion eine Selbstentspannung erzielt. Beide Verfahren gehen vom Prinzip der Leib-Seele-Einheit aus und haben eine körperliche und seelische Entspannung zum Ziel.

Aufbauend auf den Erfahrungen mit der Hypnose hatte J. H. Schultz 1920 das Konzept des **Autogenen Trainings** entwickelt. Im Gegensatz zur Hypnose, die auf Hetero-suggestion basiert, ist das Autogene Training (autos - griechisch: selbst; genos - griechisch: entstehend) eine systematische Selbstentspannungsmethode durch Autosuggestion. Die Konzentration auf bestimmte Körperteile führt dabei zu wahrnehmbaren (und physio-logisch meßbaren) Körperveränderungen. Die Zentrierung auf den eigenen Körper bei gleichzeitiger Distanzierung von Außenreizen, Immobilisation des Körpers und Augen-schluß führen zu sog. »organismischer Umschaltung« und ganzheitlicher Entspannung.

Die **Progressive Muskelrelaxation** wurde von Edmund Jacobson in den 20er Jahren entwickelt. Er hatte festgestellt, daß Angstgefühle mit Spannungen verbunden sind und daß diese mit Muskelkontraktionen einhergehen. Daraus folgerte er, daß Angstgefühle durch muskuläre Entspannung beseitigt werden könnten, d.h., daß eine psychosomatische Reaktion durch eine psychosomatische Therapie beeinflußt werden könne. Die Progressive Muskelrelaxation basiert auf systematischer Anspannung und Entspannung verschiedener

---

[*] Die Reihenfolge der Autoren wurde nach Zufall entschieden.

Muskelgruppen mit dem Ziel, einen Zustand tiefer körperlicher und seelischer Entspannung zu erreichen.

Autogenes Training und Progressive Muskelrelaxation zeichnen sich durch universelle Anwendbarkeit, gute Kombinierbarkeit mit anderen psychotherapeutischen Methoden, rasche Wirksamkeit und relativ schnelle Erlernbarkeit aus. Beide Methoden werden sowohl in allgemeinen Belastungssituationen als auch bei neurotischen Störungen, funktionellen, psychosomatischen und organischen Erkrankungen angewandt. Die Berechtigung dieser Entspannungsverfahren bei den meist körperlich und seelisch bis auf das äußerste gespannten Eßstörungspatientinnen versteht sich von selbst.

Ziele des Autogenen Trainings sind nach Binder und Binder (1989) Selbstruhigstellung, Angstabbau, das Umgehenkönnen mit Emotionen und Affekten, Ruhe, Gelassenheit, ein Gefühl innerer Harmonie und schließlich eine ausgeglichenere Grundhaltung und gelassenere Grundstimmung, was entsprechend auch für die Progressive Muskelrelaxation gilt. Beide Methoden wirken zunächst eher supportiv als aufdeckend oder konfliktzentriert.

Als Gegenpol zu den verbal orientierten Therapieverfahren gehören Autogenes Training und Progressive Relaxation zu den körperbezogenen Therapien. Dabei ist die Schulung der Wahrnehmung des eigenen Körpers ein wichtiger Baustein der Therapie von Eßgestörten. Die Hinwendung auf den Körper als Ganzheit und die Loslösung von der Fixierung auf einzelne problembeladene Regionen, wie z.B. Bauch oder Hüften, wird durch konsekutive Übungen für alle Körperpartien erleichtert und kann sicherlich mit zur Korrektur des oft stark verzerrten Körperbildes der Patientinnen beitragen. Durch Erspüren des eigenen Körpers von innen und durch das Kennenlernen seiner physiologischen Reaktionen ist bei beiden Verfahren ein relativ angstfreier Zugang zum eigenen Körper möglich.

Allerdings entwickeln besonders manche Magersuchtskranke gerade wegen einer schweren Körperschemastörung einen erheblichen **Widerstand** bei diesen körperlichen Übungen. Das Erleben von Ängsten, Schmerzen oder Anspannung und deren Veränderung bietet jedoch auch die Möglichkeit, mit therapeutischer Hilfe einen weiteren Zugang zu den dahinterliegenden psychischen Konflikten zu finden.

Autogenes Training und Progressive Relaxation **wirken über das vegetative Nervensystem**. Durch die sogenannte psychoneurovegetative Kopplung gewinnen die Patienten selbst Einfluß auf die Steuerung von sonst autonomen Organfunktionen. Die Entspannungsverfahren wirken vagoton: Es kommt zu Veränderungen des Muskeltonus - und zwar sowohl bei der willkürlichen (»Schwere«) als auch bei der unwillkürlichen Muskulatur -, zur Gefäßerweiterung mit Anstieg der Hauttemperatur (»Wärme«) sowie zur Regulierung von Atmung, Herzfrequenz und Blutdruck.

Zum Autogenen Training (Luthe 1969; Dittmann 1988) und zur Progressiven Relaxation (Borkovec u. Krogh Sides 1979) liegen eine Vielzahl von Untersuchungen zur Veränderung dieser physiologischen Meßwerte vor. Zwischen verschiedenen Entspannungstechniken und auch im Vergleich zu einer untrainierten Kontrollgruppe, die lediglich die Aufforderung erhielt, sich zu entspannen, sind jedoch keine signifikanten Unterschiede der physiologischen Kennwerte nachzuweisen (Dittmann 1988 S. 59). Auch Fallenbacher (1992) fand bei eßgestörten Patienten keine stärkeren Veränderungen der physiologischen Meßwerte nach der Anwendung von Autogenem Training und Progressiver Relaxation im Vergleich zur naiven Entspannung. Somit erklären die physiologischen Befunde alleine nicht den nachgewiesenen Erfolg dieser Entspannungstechniken.

Vermutlich sind auch **psychologische Einflüsse** hier stark wirksam. So wird dem Patienten ein Verfahren an die Hand gegeben, mit dem er durch regelmäßiges Training aktiv etwas gegen seine Beschwerden tun kann, er gewinnt damit mehr an Kontrolle über sich. Auch durch die Verschreibung und Einhaltung des täglichen Übens wird ein Zeitpunkt im Tagesablauf eingerichtet, an dem der Patient etwas für sich selbst und seinen Körper tun kann. Wahrscheinlich würde eine allgemeine Empfehlung zur regelmäßigen Entspannung ohne Formeln und klaren Ablauf weniger intensiv und regelmäßig praktiziert werden.

Ohm (1992) gibt einen guten Überblick über **Ergebnisse empirischer Forschung** mit der Progressiven Relaxation: Er referiert Erfolge der Progressiven Relaxation bei Schmerztherapie, bei koronarer Herzkrankheit, arteriellem Hypertonus, Krebskranken, Schlafstörungen, Angstpatienten sowie Multipler Sklerose und berichtet von einer Studie zum Immunsystem. Für das Autogene Training stellt Mann (1987) fest, daß es trotz vieler Hinweise auf die Wirksamkeit noch an methodisch gut fundierten Studien, insbesondere mit Patientenstichproben, mangelt. Während die Wirksamkeitsprüfungen im »Forschungsgutachten zu Fragen eines Psychotherapeutengesetzes« (Meyer et al. 1991) für das Autogene Training überraschend schlechte Ergebnisse zeigten, wurde die Wirksamkeit der Progressiven Muskelrelaxation bestätigt.

In einer Reihe von Veröffentlichungen wird auf die Progressive Relaxation und das Autogene Training als Baustein eines Therapieprogramms für Eßgestörte hingewiesen (Fichter 1989, S. 232-233; Gerlinghoff u. Bachmann 1989; Brinkmann et al. 1989; Feiereis 1989). Als Ziele dieser Verfahren werden hier das Erlernen von Entspannung, verbesserte körperliche Wahrnehmung sowie die Entwicklung eines positiven Bezugs zum Körper genannt. Außerdem bekommen die Patientinnen damit eine Technik in die Hand, mit der sie Streßsituationen, die sonst zu Symptomen wie Freßanfällen führen würden, alternativ bewältigen können. Gross (1984) weist ferner auf den wichtigen Effekt hin, daß Entspannung die Hyperaktivität bei Patientinnen mit Anorexia nervosa verringert.

Es liegen jedoch keine experimentellen Studien zur speziellen Wirkung von Entspannungstherapien vor, die in Kombination mit anderen Therapieformen bei Eßgestörten angewendet wurden[*] Goldfarb et al. (1987) berichten von einer vorläufigen Studie (insgesamt nur 18 Patientinnen). Verglichen wurden Magersüchtige, die zusätzlich zu stützenden Gesprächen und Vereinbarungen über die Gewichtszunahme entweder mit Progressiver Relaxation oder mit einer systematischen Desensibilisierung behandelt wur-

---

[*] Wir danken Herrn Dr. D. Ohm vom Psychologischen Arbeitskreis für Autogenes Training und Progressive Muskelrelaxation für die Materialien aus einer Literaturrecherche.

den. Die Desensibilisierung bezog sich auf die Gewichtsphobie. In der Katamnese-untersuchung zeigten die mit Progressiver Relaxation behandelten Patientinnen bessere Werte bei der Einschätzung des gesamten Heilungsverlaufs. Die Autoren begründen diese Ergebnisse mit der Entwicklung von körperlicher und emotionaler Selbstkontrolle durch die Progressive Relaxation, die sich generalisiert und so zu vermehrter Selbstkontrolle von Essen und Gewicht führt. Sie schlagen vor, bei Replikation dieser Ergebnisse Entspannungstherapien als wichtiges Zusatztherapeutikum bei Eßstörungen regelmäßig einzubeziehen. Über den Stellenwert der Entspannungsverfahren für die eßgestörten Patienten geben die Ergebnisse unserer Katamnesestudie (u.a. Rauh 1992) Aufschluß. Hier wurden die Patienten gefragt, wie sie die verschiedenen in unserer Klinik angebotenen Therapien heute beurteilen. Die Abbildungen 1 und 2 zeigen die Einschätzungen der eßge-störten Patienten für das Autogene Training und die Progressive Muskelrelaxation. Hieraus ist zu ersehen, daß diese Verfahren als hilfreich bis sehr hilfreich eingeschätzt werden. Dabei empfinden die Magersüchtigen die Progressive Relaxation im Vergleich zum Autogenen Training als hilfreicher, der Unterschied ist statistisch signifikant. Als Trend zeigt sich dies auch bei den Bulimiepatienten.

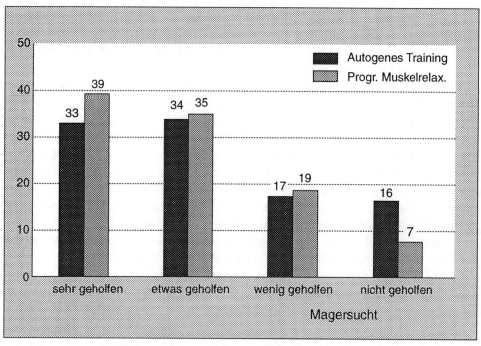

Abb. 1. Katamnestische Einschätzungen von Magersuchtspatientinnen zur Wirksamkeit von Entspan-nungstechniken (in Prozent; N = 136).

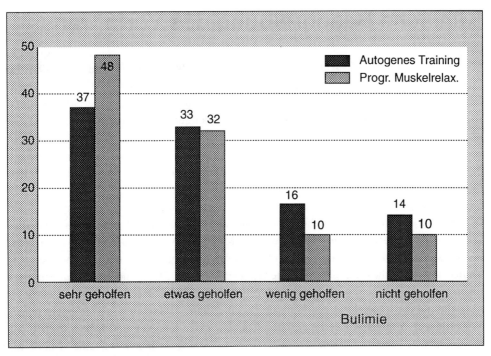

Abb. 2. Katamnestische Einschätzungen von Bulimiepatientinnen zur Wirksamkeit von Entspannungstechniken (in Prozent; N=95).

Interessant ist der Vergleich der Entspannungstherapien mit anderen angebotenen Therapieverfahren wie der Einzeltherapie, der themenzentrierten Gruppentherapie, Konzentrativer Bewegungstherapie und Gymnastik. Es zeigte sich, daß die Entspannungstherapien von den Magersüchtigen als hilfreicher eingeschätzt wurden als die Gruppentherapie und die Gymnastik. Die Konzentrative Bewegungstherapie wurde ähnlich hilfreich wie die Entspannungstherapien empfunden, lediglich die Einzeltherapie erhielt deutlich höhere Werte. Bei den Bulimiekranken war die Bedeutung der Entspannungstherapien, insbesondere der Progressiven Relaxation, noch größer. Diese wurde sogar hilfreicher als die Einzeltherapie eingeschätzt. Hierbei ist jedoch zu berücksichtigen, daß die Patientinnen nicht gebeten wurden, die Verfahren untereinander zu vergleichen, sie sollten jedes Verfahren einzeln einschätzen. Dennoch geben diese Ergebnisse sehr gute Hinweise für die Bedeutung der Entspannungstherapien im Rahmen eines stationären Gesamtprogramms für Eßgestörte.

Klinische Beschreibung des Verfahrens

Eine Einführung in das Autogene Training geben Binder und Binder (1989); die Progressive Muskelrelaxation ist gut bei Bernstein und Borkevec (1987) beschrieben. Beide Verfahren werden **meist in Gruppen** unterrichtet und gelernt, die Gruppengröße sollte beim Autogenen Training nicht mehr als 12, bei der Progressiven Muskelrelaxation nicht mehr als 20 Teilnehmer betragen. Selbstverständlich ist eine Vermittlung auch in Einzelstunden möglich. Dies bietet sich z.B. beim Autogenen Training mit bettlägerigen Patienten an, die nicht in einen Gruppenraum kommen können und einer speziellen Fürsorge durch den Therapeuten bedürfen.

Die Unterrichtung in der Gruppe weist einige Vorteile auf: Die Patienten können an den Erfahrungen der anderen Teilnehmer partizipieren, sie können sich gegenseitig unterstützen, sich Mut zusprechen und haben auch die Möglichkeit eines hilfreichen Vergleiches. Ferner ist die Anwendung in Gruppen ökonomisch günstig. Wegen des gewünschten persönlichen Austausches sind geschlossene Gruppen sinnvoll. Meist sind diese Gruppen heterogen hinsichtlich Alter, Geschlecht und Diagnosen der Teilnehmer.

Aufgrund der Besonderheiten in unserer Klinik (hohe Fluktuation bei nicht sehr langer Verweildauer) können wir keine geschlossenen Gruppen anbieten und haben deshalb das im Autogenen Training übliche Design etwas verändert. So bieten wir eine Gruppe für Anfänger an, in der nur die Übungen Schwere und Wärme gelernt werden, und eine Fortgeschrittenengruppe, in der die weiteren Übungen der Grundstufe hinzukommen. Sowohl die Progressive Muskelrelaxation wie auch das Autogene Training werden viermal pro Woche als halboffene Gruppen angeboten.

Beide Entspannungsverfahren sollten möglichst durch Ärzte oder Psychologen angeleitet werden, die Progressive Muskelentspannung kann jedoch auch innerhalb der klinischen Therapie durch geschulte Krankengymnasten durchgeführt werden. In beiden Verfahren werden die Patienten aufgefordert, täglich möglichst ein- bis zweimal allein zu üben, damit sie diese Entspannungstechniken nach dem stationären Aufenthalt für sich als »Handwerkszeug« mit nach Hause nehmen können.

Nach unseren Erfahrungen ist es durchaus sinnvoll, sowohl das Autogene Training als auch die Progressive Muskelrelaxation anzubieten; so kann jeder Patient beide Verfahren kennenlernen und selber entscheiden, welches für ihn am besten geeignet ist.

Das Autogene Training kann sowohl im Sitzen wie auch im Liegen erlernt werden. Für eine Unterrichtung im Liegen spricht, daß die Reaktionen von den Patienten schneller und intensiver wahrgenommen werden. Der Vorteil eines Übens im Sitzen ist, daß es den Probanden leichter fallen wird, sich auch im alltäglichen Leben im Sitzen zu entspannen. Wir führen, auch wegen der Größe des zur Verfügung stehenden Raumes, die Übungen im Sitzen durch. Binder und Binder (1989) empfehlen, in Kliniken die Patienten eines Krankheitsbildes jeweils in einer Gruppe zusammenzufassen. Dies bietet die Möglichkeit, sich speziell auf die Probleme dieser Krankheitsgruppe und die dazugehörenden Übungen im Autogenen Training zu konzentrieren. Für offene Gruppen, die sich in der Klinik wegen größerer Fluktuation oft nicht vermeiden lassen, empfehlen sie eher die Entspannungstherapie nach Jacobson, weil für deren Vermittlung die Beziehung der Gruppenmitglieder untereinander nicht so bedeutungsvoll ist.

An einigen exemplarischen Patientenäußerungen sollen die **Wirkungen der Entspannungsverfahren** während der stationären Behandlung dargestellt werden. Diese illustrieren einerseits Symptome wie Anspannung, innere Unruhe, Leistungsanspruch, gedankliche Fixierung auf das Essen, Körperschemastörung und andererseits therapeutische Effekte wie ganzheitliche und differenzierte Körperwahrnehmung, Gefühle von Ruhe und Entspannung, verbesserter Umgang mit dem Essen und bessere Selbstakzeptanz.

Fallstudien

Patientin mit Bulimie, 26 Jahre

»Das Autogene Training gefällt mir gut und ist hilfreich für mich. Die Entspannungstherapie nach Jacobson ist aber für mich wesentlich besser. Die finde ich total toll, sie ist einfacher zu lernen. Dort kann ich den ganzen Körper spüren, und das ist sehr positiv für mich. Insbesondere ist der Kontrast zwischen Anspannung und Loslassen gut. Dieses Verfahren möchte ich gern für mich, auch nach der stationären Zeit, weitermachen. Störend ist, wenn die verschiedenen Körperhälften durch den Therapeuten unterschiedlich lange angesprochen werden, der eigene Rhythmus ist da wesentlich besser.«

Patientin mit Bulimie, 19 Jahre

»Ich habe große Schwierigkeiten mit diesen Entspannungstechniken. Auch das Einüben im Patientenzimmer hat bisher nie recht geklappt. Vielleicht habe ich auch keine rechte Lust dazu. Auch vorher hatte ich keine Erfahrung damit. Mich stört der Zwang von außen. Ich entwickele dann einen Leistungsanspruch, fühle mich unter Zeitdruck und vergleiche mich mit den anderen. Ich denke dann, ich muß mich ganz doll anstrengen, und es klappt doch nicht. Im Autogenen Training denke ich sehr oft an Essen (Entspannungsbild: In den Armen vom Freund liegen oder auch ein Käsebrötchen). Das Autogene Training ist mir lieber als die Progressive Relaxation, diese finde ich viel anstrengender. Auch wenn das Autogene Training jetzt noch nicht klappt, möchte ich es auf jeden Fall weitermachen, um so eine Entspannungsmöglichkeit bei Streß zu haben. Auch bei der Entspannungstherapie setze ich mich unter Zeitdruck, ich habe so eine Art Zeitplan im Kopf.«

Patientin mit Magersucht, 21 Jahre

»Das Autogene Training hilft mir gut, löst bei mir insbesondere Spannungen im Bauchbereich, das gilt besonders für die Sonnengeflechtsübung. Sehr hilfreich finde ich das Üben vor den Mahlzeiten, das klingt zwar bescheuert, aber das Essen ist mir dann wesentlich leichter. Mit Spannung im Bauch kann ich nicht essen. Die Entspannungstherapie finde ich auch nicht schlecht. Zuerst kostete sie mich aber extreme Überwindung. Es war unangenehm, meine eigenen Knochen zu spüren, ich bekam Krämpfe, es tat richtig weh. Einmal mußte ich danach sogar heulen, es war ein Unbehagen im eigenen Körper, das Nachspüren hinterher und das Entspannungsgefühl waren aber gut. Für mich ist die Progressive Relaxation manchmal aber auch eine Therapie, in der man Kalorien abtrainieren kann. Außerdem ist sie einfach zu lernen. Allein für mich könnte ich sie aber nicht durchführen. Es war für mich ein völlig neues Erlebnis, mein Gesicht während der Progressiven Relaxation zu spüren. Die körperliche Entspannung hält dort (im Vergleich zum Autogenen Training) insgesamt länger an, ich fühle mich wohler. Die therapeutischen Einzelgespräche und die Konzentrative Bewegungstherapie empfinde ich mehr für meinen Kopf, die Entspannungstherapie und das Autogene Training für meinen Körper. Das Autogene Training ist mir dabei das Wichtigste, das werde ich auf jeden Fall mitnehmen. Mein inneres Bild beim Autogenen Training ist ein Becher Kamillentee mit Süßstoff, manchmal aber auch ein Glas Rotwein.«

Patient mit Magersucht, 28 Jahre

»Für mich hat es lange gebraucht, bis ich mich auf das Autogene Training einlassen konnte, es waren mindestens zwei Wochen, bis ich überhaupt ein angenehmes Gefühl dabei bekam, das war dann aber zuverlässig da. Zusammen mit einem Therapeuten habe ich eine Spezialformel für meinen Bauch entwickelt, sie lautet »Mein Leib braucht Nahrung, und er freut sich darauf«. Diese habe ich vor die Sonnengeflechtsübung eingebaut, das brachte eine signifikante Lockerung. Ich habe das Autogene Training vor dem Essen, aber auch hinterher angewandt. Wenn der Kurs jedoch direkt vorm Mittagessen war, machte mich das nervös, ich mußte dann immer an das eventuell schon wartende Essen denken. Die Muskelentspannung nach Jacobson kam mir entgegen, weil ich mich voll auf etwas, nämlich meinen Körper, konzentrieren konnte. Diese Vollkonzentration innerhalb eines Momentes, das war gut, und ich war jedesmal gespannt auf die Reaktion meines Körpers. Ich spürte den Körper mehr. Hinterher konnte ich total loslassen und trotzdem dabei bewußt sein.«

Indikation und Kontraindikation

Wie dargestellt, ist der Indikationsbereich für die Entspannungstechniken sehr breit. Kontraindiziert sind diese Verfahren bei akut psychotischen Patienten, bei erheblich Minderbegabten und bei Patienten mit Depersonalisationssymptomen. Besonders beim Autogenen Training können sich Angstgefühle, Depersonalisations- und Derealisationssymptome verstärken. Für die Progressive Relaxation ist zu berücksichtigen, daß bei stark untergewichtigen Patientinnen der körperliche Zustand ausreichend gut sein muß, damit sie an den Übungen teilnehmen können. Abgesehen von diesen Einschränkungen scheinen uns diese Entspannungsverfahren für alle eßgestörten Patienten indiziert.

Zur **Differentialindikation** zwischen Autogenem Training und Progressiver Muskelrelaxation können folgende Aspekte genannt werden: Das Autogene Training gibt die Möglichkeit einer engeren Übertragungsbeziehung zum Therapeuten und kommt den Patientenwünschen nach Regression und Versorgtwerden stärker entgegen. Dafür setzt das Autogene Training größere intellektuelle Fähigkeiten als die Progressive Muskelrelaxation voraus. In der Oberstufe des Autogenen Trainings kann durch die formelhafte Vorsatzbildung der autosuggestive Effekt individuell und symptombezogen genutzt werden (s. Patientenbeispiel: »Mein Leib braucht Nahrung, und er freut sich darauf«).

Die Progressive Relaxation erscheint besonders geeignet bei Patienten mit geringerer Therapiemotivation und höherer Abwehr gegen Psychotherapie, erfordert jedoch etwas mehr körperliche Stabilität als das Autogene Training. Hierbei muß auch die Gefahr der Hyperaktivität in der Progressiven Muskelrelaxation mit dem Ziel des Kalorienverbrauchs berücksichtigt werden. Patienten mit Borderline-Struktur sollten eher in die Progressive Muskelrelaxation geschickt werden, da beim Autogenen Training durch die stärkere suggestive Wirkung die Gefahr einer psychotischen Entgleisung größer ist.

Beide Entspannungsverfahren sind besonders für Patienten zu empfehlen, bei denen ein therapeutischer Zugang mit verbalen Verfahren schwierig ist. Sogar somatisch stark beeinträchtigte Patienten und Patienten mit großer Abwehr gegen Psychotherapie können von diesen Entspannungstechniken profitieren.

Einbindung in die tiefenpsychologische Therapie der Eßstörung

Die aktive Einflußnahme auf die Körperfunktionen führt zu besserer Selbstwahrnehmung, Selbsterfahrung (Gandras 1989), Selbstreflexion und Selbstkontrolle (Feiereis 1989) und damit zu einem Zuwachs von Autonomie und Selbstgefühl. Obwohl die Entspannungsverfahren die Autonomie fördern, indem der Patient selbst zu steuern lernt, was mit ihm geschieht, hat Entspannung auch immer einen **regressiven** Charakter. Entspannung führt ähnlich wie der Schlaf zur Regression im Dienste des Ichs (Binder u. Binder 1989). Die Patienten können Kontrolle abgeben, können sich loslassen, haben aber auch jederzeit die Möglichkeit, die Entspannung zu beenden und damit dem oft angstbesetzten Kontrollverlust zu begegnen.

In der Regression beim Autogenen Training kann es zu einer Übertragungsbeziehung zwischen Kursleiter und Patienten kommen, die einer frühen Stufe der Objektbeziehung der Mutter-Kind-Dyade, d.h. dem vorsprachlichen Bereich, entspricht (Binder u. Binder, 1989). Die Patientin kann sich im Vertrauen auf den Kursleiter loslassen, kann Kontrolle abgeben, sich wohlfühlen. Im Vergleich zum Autogenen Training ist die Progressive Relaxation weniger regressionsfördernd. Die einzelnen Übungen sind weniger angstbesetzt, insbesondere tritt weniger Angst vor Kontrollverlust auf.

Beide Entspannungsverfahren lassen sich gut in ein tiefenpsychologisch fundiertes Therapiekonzept integrieren. Im Gegensatz zu den verbal aufdeckenden Verfahren setzen sie am Körpererleben an und sind zunächst eher supportiv wirksam. Die Kranken können sich meist gut auf die Entspannungsverfahren einlassen, nur selten kommt es zu deutlich ausgeprägter Abwehr. Gefühle und Wahrnehmungen, die während der Übungen auftreten, können in der Einzeltherapie aufgegriffen und bearbeitet werden. Wir haben keine wechselseitigen Störungen zwischen Entspannungsverfahren und anderen Psychotherapieformen beobachtet.

Bei **körperlich Schwerkranken** (Magersüchtigen mit extremem Untergewicht) können die Entspannungsverfahren auch in der Einzeltherapie in Form von täglichen therapeutischen Kurzkontakten angewandt werden. Indem der Therapeut so die regressive Situation unterstützt, kann leichter ein emotionaler therapeutischer Kontakt zum Patienten entstehen und eine positive Übertragungssituation gefördert werden.

Aufwand

Im ambulanten Setting finden die Gruppentreffen zum Erlernen der Entspannungsverfahren meist einmal wöchentlich über einen Zeitraum von 10 Sitzungen statt. Während der stationären Behandlung ist ein häufigeres Treffen sinnvoll, da die Verweildauer meist begrenzt ist. Zu empfehlen wären mindestens zwei Gruppenstunden pro Woche, wir bieten die Kurse viermal pro Woche an. Die Dauer der Treffen beträgt jeweils 40 Minuten beim Autogenen Training bzw. 30 Minuten bei der Progressiven Muskelrelaxation. Insgesamt können beide Verfahren wegen der Durchführung in der Gruppe und dem nicht zu großen Personalaufwand bei gleichzeitiger deutlicher Wirkung als recht ökonomisch eingeschätzt werden.

Kritische Diskussion

Autogenes Training und Progressive Muskelrelaxation zeichnen sich durch eine gute Integrierbarkeit in ein therapeutisches Gesamtkonzept aus. Beide sind körperorientierte Entspannungsverfahren, die im Gegensatz zu anderen Körpertherapien wie Konzentrativer Bewegungstherapie oder Bioenergetik zunächst eher supportiv und weniger konfliktzentriert wirken. Dadurch sind sie auch für Patienten mit einer Abwehr gegen ein konfliktzentriertes Vorgehen leichter zugänglich. Sie bieten eßgestörten Patienten einen einfachen Zugang zu ihrem Körper. Dies ist besonders wichtig, da wir davon ausgehen, daß eine Behandlung von Eßgestörten nur unter Einbeziehung des Körpers möglich ist: Zum einen führen diese Erkrankungen häufig zu schweren körperlichen Schädigungen, zum anderen scheint der Suchtmechanismus stark von physiologischen Prozessen abhängig zu sein. Weiterhin gehört eine oft extreme Körperschemastörung zu den Leitsymptomen der Eßstörungen. Auch die Rückmeldungen der Umwelt, insbesondere der Familie, beziehen sich häufig auf den Körper.

Die Ergebnisse unserer Katamnesestudie, viele klinische Erfahrungen sowie die zitierten Interviewäußerungen zeigen sehr gute Effekte bei Patienten mit Eßstörungen. Zu betonen ist aber, daß die Entspannungsverfahren dabei jeweils in Kombination mit anderen, vor allem konfliktzentrierten Psychotherapien, angewendet werden. Daher ist der spezielle Effekt dieser Techniken auch schwer abzuschätzen, hierzu liegen auch bisher keine empirischen Untersuchungen vor.

Der geringe therapeutische Aufwand durch Vermitteln der Entspannungsverfahren in der Gruppe, die schnelle Erlernbarkeit, die Verfügbarkeit auch nach der stationären Behandlung und die geschilderten guten Therapieergebnisse machen es wünschenswert, daß jede Klinik in ihrem Therapiekonzept bei Eßgestörten zumindest eines dieser Entspannungsverfahren, besser Autogenes Training und Progressive Relaxation kombiniert, anbietet.

Bei Durchsicht der Literatur fanden wir eine häufige Anwendung der Entspannungsverfahren bei Eßgestörten in verhaltenstherapeutischen Klinken (Brinkmann et al. 1981; Gerlinghoff u. Backmund 1989; Fichter 1989). In eher tiefenpsychologisch orientierten Kliniken scheinen diese Verfahren nicht so häufig eingesetzt zu werden. So gaben nur 32 der 65 teilnehmenden Institutionen der geplanten Multizentrischen Studie zur psychodynamischen Therapie von Eßstörungen (Kächele 1992) an, daß zum Therapiekonzept ihrer Klinik Entspannungsverfahren gehören.

Wir meinen, daß eine Klinik, die jegliche körperorientierte Verfahren ausklammert, kaum zur Behandlung von Eßgestörten geeignet ist. Es ist jedoch anzunehmen, daß ein Teil der Kliniken andere körperorientierte Verfahren wie zum Beispiel Konzentrative Bewegungstherapie, Tanztherapie oder Gymnastik anbietet.

Im Vergleich zur Konzentrativen Bewegungstherapie sind die Entspannungstherapieverfahren besser für einfach strukturierte oder wenig motivierte Patienten geeignet. Verglichen mit der Gymnastik steht die Körperwahrnehmung bei den Entspannungsverfahren mehr im Vordergrund, letztere sind auch bei stark untergewichtigen Patienten indiziert. So haben die Entspannungsverfahren einen ganz besonderen Platz im Bereich der Körpertherapien. Sie sollten im Gesamtkonzept der Eßstörungsbehandlung als **Basistherapien** dienen, auf die dann konfliktzentrierte Körper- und Psychotherapien aufbauen können.

Familientherapie

F. Kröger, G. Bergmann, W. Herzog und E. Petzold

Einleitung

Die spektakulären Erfolge, von denen die Arbeitsgruppe um Minuchin Ende der 70er Jahre bei der Behandlung der Anorexia nervosa berichtete, waren wesentlich daran mitbeteiligt, daß die Bedeutung der Familienstruktur, der Merkmale der Familieninteraktion und damit auch der Familientherapie bei der Behandlung von Eßstörungen zunahm. Ganz wesentlich wurde die Familienforschung und -therapie bei Eßstörungen auch durch das von dieser Arbeitsgruppe entwickelte Konzept der psychosomatischen Familie mitbestimmt, das drei **Voraussetzungen für die Entstehung und Erhaltung psychosomatischer Symptome bei Kindern und Jugendlichen** beschreibt:

1. Spezielle Muster der familiären Interaktion (Verstrickung, Überfürsorglichkeit, Konfliktvermeidung, Rigidität).
2. Eine gewisse physiologische Vulnerabilität als Basis für das Auftreten des Symptoms.
3. Einbeziehung des Kindes in die elterlichen Konflikte mit der Folge einer Symptomverstärkung.

Durch die Arbeit der Mailänder Forschergruppe um Selvini Palazzoli (1982) weiter verstärkt wurden die Eßstörungen - insbesondere die Anorexia nervosa - **das Beispiel schlechthin** für eine psychosomatische Erkrankung, in der familiäre Dysfunktionen sich durch eine Symptomatologie des Kindes ausdrücken.

Unter dem auch international eingeführten Oberbegriff »Eßstörungen« (Eating disorders) werden die Anorexia nervosa und die Bulimie zusammengefaßt. Dies hat sich eingebürgert, obwohl der Beleg dafür, daß es sich um verschiedene Variationen der gleichen Krankheit handelt, fehlt. Vielmehr ist wohl davon auszugehen, daß es sich um heterogene Krankheitsbilder handelt und daß eine Differenzierung der Eßstörungen in die Subgruppen der restriktiven Anorexie, der bulimischen Anorexie und der normalgewichtigen Bulimie sowie weitere Unterteilungen nach syndromatischen, nosologischen und persönlichkeitspsychologischen Gesichtspunkten notwendig sind (vgl. Vandereycken und Pierloot 1983; Mickalide et al. 1985; Paul 1987). Für den Bereich der Familienforschung liegen eine Reihe von Untersuchungen vor, die bezüglich der Frage, was verschiedene Eßstörungs-

Subgruppen voneinander unterscheidet und welche Unterschiede zu Familien ohne Symptombildung bestehen, zum Teil konvergierende Ergebnisse zeigen (Übersichten z.B. bei Vandereycken et al. 1989; Herzog et al. 1988; Johnson u. Connors 1987).

Kog u. Vandereycken (1985) betonen in ihrem Überblick über Familiencharakteristika bei Eßstörungen die Multideterminiertheit der Syndrome durch biologische, soziokulturelle, intrapsychische und familiäre Dimensionen. Entsprechend ist den familiären Beziehungsmustern eine mitverursachende Rolle bei Ätiologie und Krankheitsverlauf zuzuschreiben. Ungeklärt bleiben noch die Gewichtung der familiären Faktoren und die Frage, welche intermediären Einflüsse dafür verantwortlich sind, daß diese Familienmuster etwa in eine Gewichtsphobie, in die gestörte Selbstwahrnehmung oder in andere Symptome einmünden.

Zahlreiche Studien belegen die Bedeutung der Dynamik des familiären Beziehungsfeldes und der allgemeinen sozialen Anpassung für das Auftreten und den Verlauf von Eßstörungen. Die familiären Rahmenbedingungen wurden sowohl als prädisponierende wie auch als aufrechterhaltende (stabilisierende) Faktoren postuliert. So betont Fichter (1991), daß die soziokulturellen Werte, die von Familie, Schule und Medien in bezug auf die Geschlechtsrollen-Identität, Leistungsorientierung etc. vermittelt werden, sowohl ätiologische als auch aufrechterhaltende Faktoren von Eßstörungen sind. Im einzelnen wird für die Anorexia nervosa berichtet, daß soziale Isolierung im Sinne mangelnder sozialer Kontakte außerhalb der Familie (Bruch 1978), auffallende Abhängigkeit gegenüber der Primärfamilie und ein Mangel an Selbständigkeit (Kog u. Vandereycken 1985; Kog et al. 1989; Kröger et al. 1988b) sowie allgemein verstrickte Beziehungsmuster (Minuchin et al. 1981; Crisp 1980) sehr häufig zu beobachten sind. Die Familien mit Anorexia-nervosa-Patientinnen zeichnen sich durch intensive Kontrolle, hohe wechselseitige Abhängigkeit und eine hohe Diskordanz der Eltern aus. Die Diskrepanz zwischen den Eltern bezieht sich insbesonders auf die wechselseitige Fehlwahrnehmung der Einflußmöglichkeiten auf das familiäre Geschehen (Kröger et al. 1991).

Halmi (1985), Fichter (1991) und Kog et al. (1987) konnten folgende Faktoren als Krankheitsmerkmale und Risikofaktoren der Eßstörungen identifizieren: Störungen der Selbst-Objekt-Grenzziehung, der familiären Grenzregulation und soziale Defizite sowie die Abhängigkeit von der Primärfamilie und deren Idealen.

Schon lange vor der familientherapeutischen Ära wurde vermutet, daß **familiäre Rahmenbedingungen** einen erheblichen Einfluß auf Ätiologie und insbesondere Verlauf der unterschiedlichsten Krankheitsbilder - also nicht nur der Eßstörungen - haben. Es ist somit davon auszugehen, daß die Dynamik des familiären Beziehungsfeldes und das Bedingungsgefüge des »Social Impairment« das Geschehen wesentlich mitbestimmen und als limitierende Faktoren bei der Umsetzung der im therapeutischen Feld erreichten Veränderungspotentiale wirksam werden. Daß familienorientierte Vorgehensweisen bezüglich der Symptomatologie und Rückfallhäufigkeit erfolgversprechend sind, läßt sich in einer Reihe von Untersuchungen bestätigen (z.B. Heekerens 1988; Hazelrigg et al. 1987: Bläsing 1991; Bockhorn u. Boonen 1992). Die große Bedeutung, die dem familiären

Beziehungsgefüge bei der Behandlung von Eßstörungen zugemessen wird, hat dazu geführt, daß auch für stationär-psychotherapeutische Behandlungsverfahren familienorientierte Vorgehensweisen entwickelt wurden. Diese zielen nicht im eigentlichen Sinne auf eine Therapie der gesamten Familie, sondern fördern die Integration des familiären Kontextes in das stationäre Behandlungssetting.

Die Familienorientierung als Spezifikation des stationär-psychotherapeutischen Behandlungsangebotes ist nicht nur auf die Behandlung von Eßstörungspatienten beschränkt, wenn sie auch hier aufgrund der vorliegenden Forschungsergebnisse von besonderer Relevanz erscheint. Für die im folgenden dargestellten Vorgehensweisen kann daher auf eine Unterscheidung der Eßstörungs-Subdiagnosen verzichtet werden.

Familienorientierung im klinisch-psychosomatischen Bereich

In der Regel handelt es sich bei der Symptomatik der Eßstörungen und insbesondere bei der Anorexia nervosa nicht nur um eine Pubertäts- bzw. Adoleszenzkrise. Wie der so häufig schwere und chronifizierende Verlauf dieser Erkrankung zeigt, liegt psychodynamisch eine **Identitätsstörung** vor, die ihren Ausdruck findet in einer gestörten Regulierung der Selbst- und Objektbeziehungen (vgl. Mertens 1983).

Häufig wird der Begriff einer **gestörten Grenzregulation** gebraucht; er betrifft aber nicht nur die individuelle Ebene, sondern wird auch für das familiäre Beziehungsfeld als Störung der Generationsgrenzen charakteristisch beschrieben. Von einer systemtheoretischen Perspektive aus betrachtet, ist diese Verknüpfung keineswegs überraschend, sondern theoretisch zu erwarten: Denn betrachten wir die familiäre Struktur als ein System, das der individuellen Struktur hierarchisch übergeordnet ist, so ist davon auszugehen, daß sich Eigenheiten und Strukturmerkmale des hierarchisch übergeordneten Systems auch im System niederer Ordnung abbilden. Unmittelbaren Ausdruck findet die gestörte individuelle und familiäre Grenzregulation im verzerrten Selbst- und Objekterleben und in einer eher schablonenhaften Wahrnehmung des Beziehungsfeldes, das - wie oben schon ausgeführt wurde - durch intensive Kontrolle, hohe wechselseitige Abhängigkeit und hohe Diskordanz der Eltern beschrieben wird.

Die ursprünglich stark psychoanalytisch geprägten stationären Behandlungskonzepte wurden inzwischen weiterentwickelt. Dies geschah unter dem Eindruck, daß eine zu starke Gewichtung der Innenwelt der Patienten und die Fokussierung auf die Bearbeitung der therapeutischen Übertragungsbeziehung die Bedeutung der äußeren Realität der Patienten unterschätzt und damit die Umsetzung der erarbeiteten Veränderungspotentiale in die Lebenswirklichkeit nicht ausreichend vorbereitet (vgl. Spangenberg 1986; Woidera u. Brosig 1988). Die Entwicklung der psychoanalytischen Objektbeziehungstheorie, die stärker den einzelnen in seinem Beziehungsfeld betrachtet, erleichterte den Brückenschlag von der analytisch orientierten Individual- zur Familientherapie und damit die Berücksichtigung aktueller Beziehungskonflikte und schließlich auch realer Beziehungspersonen für den therapeutischen Prozeß.

Insbesondere für die Behandlung frühgestörter Patienten (vgl. Hoffmann 1986) - wie sich die Gruppe der Eßstörungen in der Regel darstellt - besteht die **Notwendigkeit zur Auseinandersetzung mit den realen Beziehungspersonen**, da diese Patientinnen keine stabilen inneren Objektrepräsentanzen haben, in der Therapie häufig ihr »falsches Selbst« mit harmonisierend-konfliktfreien Beziehungen anbieten und sich die Konflikthaftigkeit ihrer Lebensbezüge ausschließlich auf der Symptomebene ausdrückt. Häufig ist eine adäquate Wahrnehmung des Beziehungsfeldes durch den Therapeuten und eine entsprechende Korrektur für die Patientinnen nur durch die Kenntnis der realen Beziehungspersonen überhaupt erst möglich, so daß in Beziehungsblockaden, Rückzug und Isolation erst durch die reale Begegnung Bewegung kommen kann. (Hier erscheint es bemerkenswert, daß die Selbstverständlichkeit der Fremdanamnese bei psychiatrischen Patienten im psychotherapeutischen Behandlungskontext so lange ausgespart blieb.)

Die Durchführung einer stationären Psychotherapie beinhaltet, daß der Patient für einen begrenzten Zeitraum aus seinem sozialen und familiären Kontext herausgenommen wird, um ihm ein Innehalten zu einer biographischen Orientierung und eine Auseinandersetzung mit unbewußten Erlebnisanteilen zu ermöglichen. Dies geschieht in aller Regel in weitem Abstand von zu Hause und von der Herkunftsfamilie, so daß sich in der Aufnahmesituation folgendes dokumentiert: Der Patient wird aufgrund seines »kranken, abweichenden, symptomatischen« Verhaltens stationär eingewiesen. Diese Situation stellt, für sich gesehen, eine **Isolierung des Patienten und des Symptoms aus seinem Kontext** dar. Das Symptom wird historisch-kausal erklärt: im medizinischen Rahmen beschreibt die Ätiologie im Sinne einer Ursachenforschung das Symptom als Folge einer biologischen Störung in der Abfolge linearer Kausalketten. So ist z.B. der Diabetes mellitus die Folge der gestörten endokrinen Sekretion des Pankreas. Auch im psychodynamischen Modell ist das Individuum der Ort des Geschehens bzw. des Versagens; hier sollen Traumata, Konflikte und deren Verdrängung im ursächlichen Sinne zur Symptombildung beitragen.

Mit Hilfe der familienorientierten Sichtweise wird ein Brückenschlag von der individuellen Aufnahmesituation zum systemischen Verständnis des Symptoms versucht. Die Systemdiagnose geht von der Arbeitshypothese aus, daß das Problem nicht ausschließlich beim Patienten selbst, sondern auch zwischen ihm und anderen Personen liegt.

Ziel ist es schon in der ersten Kontaktaufnahme:

1. den Patienten vor weiterer Isolation zu schützen,
2. die interaktionellen Zusammenhänge zu erkennen,
3. den Selbst- und Familienwert des Patienten wahrzunehmen und Sicherheit zu vermitteln,
4. Wohlbefinden zu erlauben.

Die **Aufnahmediagnose** setzt sich demzufolge aus mehreren Aspekten zusammen: der Kontext der Aufnahme berücksichtigt, ob die stationäre Aufnahme des Patienten z.B. eine Entlastungsmaßnahme von seiten der Familie darstellt, auf die Überlastung des einweisenden Arztes hinweist oder Regressions- und Fluchttendenzen des Patienten ausdrückt. Die Klagen, Beschwerden und Befunde des Patienten, einschließlich des Symptomverhaltens, beschreiben die Inhaltsebene der Aufnahmesituation; die Gesamtdiagnose berücksichtigt darüber hinaus die spezifische Funktion des Symptoms im Beziehungsfeld und entspricht der Bedeutungsebene.

Von systemtheoretischen Überlegungen geleitete, familienorientierte Sichtweisen fokussieren beim diagnostischen therapeutischen Vorgehen nicht mehr ausschließlich das Individuum, sondern richten die Aufmerksamkeit auf die Interaktion zweier oder mehrerer Personen. Damit ändert sich auch die Sichtweise der Ursachen von Problemen erheblich: die bewertende Fragestellung nach Schuld und Ursache der Störung kann modifiziert werden.

Nicht mehr nur ein einzelner ist schuld oder krank, sondern die Regeln, nach denen die Familie als System besteht, sind Ursache der Störung und damit Ziel der diagnostischen Suche und der therapeutischen Intervention. Die Familie wird zur diagnostischen und therapeutischen Einheit.

Ein Beispiel für diese Sichtweise mag die von Minuchin et al. (1983) beschriebene **Verstrickung von Familienmitgliedern** sein, die in »psychosomatischen Familien« besonders häufig vorkommen soll. Eine gewisse Ähnlichkeit besteht zum Beziehungsmodus der Bindung, den Stierlin (1975, 1978) beschreibt. Sind die Mitglieder in einer Familie sehr eng aneinander gebunden, berührt das Verhalten eines einzelnen sofort auch das Verhalten der anderen, deren verändertes Verhalten nun wiederum alle Mitglieder beeinflußt und so weiter. Dieses familiäre Beziehungssystem ist nur schwer in der Lage, sich z.B. auf eine veränderte innere oder äußere Bedingung einzustellen, da es sich in Reaktionen und Gegenreaktionen gefangen hält. Das Erscheinungsbild dieser familiären Organisation - z.B. geringe Flexibilität, sich wiederholende Interaktionsmuster, starke Abgrenzung nach außen - entsteht durch selbstrückbezügliche Interaktionen der Familienmitglieder untereinander und ist nicht mehr allein in Begriffen von individueller Motivation beschreibbar.

Im folgenden wollen wir einige der Vorgehensweisen, die familienorientierte psychotherapeutische Arbeit im stationären Rahmen realisieren, näher vorstellen. Sie haben die
Funktion eines Schrittmachers bei der Erweiterung der Problemdefinition, also in aller
Regel der Symptombildung, die zur stationären Einweisung geführt hat. Näher eingehen
wollen wir auf

1. das orientierende Familiengespräch und
2. die Genogramm- und Skulpturgruppenarbeit

als Bausteine der Familienorientierung im klinischen Bereich. Während bei orientierenden
Familiengesprächen im Idealfall die komplette Herkunfts- bzw. Kernfamilie anwesend sein
sollte, handelt es sich bei der Genogramm- und mehr noch bei der Skulpturgruppenarbeit
um »Familientherapie ohne Familie«. Weitere Möglichkeiten der »Familientherapie ohne
Familie« (Weiss 1988) wie die Arbeit mit dem Familienbrett (Ludewig et al. 1983), die
Elterngruppe (Herzog et al. 1990), Familienseminare und die Möglichkeiten des reflektie-
renden Teams (Anderson 1990), können nur benannt werden.

Das orientierende Familiengespräch

Wenn wir die Familienangehörigen von Patienten zu einem orientierenden Familiengespräch auf die Station einladen, sprechen wir bewußt nicht von Familientherapie. Wir
wollen damit einer vorschnellen Pathologisierung der Familie vorbeugen, da das Stichwort
»Familientherapie« sich mit der Unterstellung einer Krankheit der gesamten Familie
verbinden kann. Die Einladung der gesamten Familie aktiviert in aller Regel in der Familie
Schuldphantasien, so daß diese entlastende Definition der Gesprächssituation von großer
Bedeutung im Erstkontakt ist. In der klinischen Situation, die den einzelnen noch
prägnanter als die ambulante Behandlung als Patienten identifiziert, sind familienorientierte
Behandlungsmodelle besonders schwer zu realisieren, da Patienten und Angehörige nicht
erwarten, daß die Familie in die Therapie mit einbezogen wird. Die schon im stationären
Vorfeld oder unmittelbar in Verbindung mit der stationären Aufnahme stattfindende
Motivationsarbeit in Richtung auf eine erweitere Problemdefinition und die Realisierung
eines Familiengespräches gegenüber Patienten, Angehörigen und überweisenden Kollegen
stellt so einen wesentlichen Teil des Problemlösungsprozesses dar.

Ein erstes Familiengespräch kann sich dann entlang der im folgenden dargestellten
Struktur bewegen (vgl. Hahn et al. 1991):

1. Die Familie wird eingangs über die äußeren Bedingungen des Verlaufes informiert:
    - über die Verpflichtung auf die ärztliche Schweigepflicht,
    - über eventuelle Gesprächspausen, in der die Therapeuten den Raum verlassen,
    - gegebenenfalls über die Benutzung der Einwegscheibe und der Videoaufzeichnung.

2. Die Eröffnungszüge der Therapeuten sind unterschiedlich und orientieren sich an der Ausgangssituation des Gespräches. Die Krankheit mit ihrer Symptomatik des Patienten kann im Vordergrund stehen, ebenso das Geben und Nehmen zwischen Familie und Therapeuten: Die Familie wird über die Krankheit des Patienten informiert, gleichzeitig werden aber auch Informationen von den Familienangehörigen über ihren Umgang mit der Erkrankung des Patienten gesammelt. Gefragt wird nach Problemen, die sich aus der Erkrankung für jedes einzelne Familienmitglied ergeben, es wird nach Lösungsmöglichkeiten, wie sie sich aus der Sicht der Familie darstellen, Ausschau gehalten.

3. Die Therapeuten richten sich nach dem »Angebot« der Familie. Sie reichern das »Material« gegebenenfalls durch zirkuläre Fragen, Kommentare und Metaphern, die die Assosiationsfelder erweitern (z.B. Geschichten und Skulpturen) an,
   - um die Familie zu veranlassen, sich verstärkt mit den Mitteilungen des jeweils anderen zu beschäftigen,
   - zur Erarbeitung der Problemstellung (»Hypothesengewinnung«),
   - um Bewegung in scheinbar unbewegliche Systeme zu bringen.

4. Gelegentlich werden schon während des Gespräches, oft allerdings erst in einem Resümee, die Beobachtungen der Therapeuten bzw. des Therapeutenteams mitgeteilt, Verknüpfungen angeboten und Übungen vorgeschlagen, um beispielsweise jene Verhaltensmuster zu unterbrechen, mit denen sich die Familienmitglieder gegenseitig zu blockieren scheinen.

5. Die individuelle Konfliktverarbeitung und -entwicklung findet - anders als im einzeltherapeutischen Vorgehen - im familiären Interaktionsraum statt. Dies soll zu einer Stärkung der Autonomie des einzelnen im Rahmen seiner Familie führen.

6. Regressive Tendenzen werden weniger als im klassisch-analytischen Behandlungssetting gefördert. Mit den aus der Psychoanalyse stammenden Konzepten der Übertragung und Gegenübertragung wird vor allem im diagnostischen Bereich gearbeitet.

7. Die Frequenz und Länge der Familiengespräche variiert: die Regel sind 2 bis 3 Familiengespräche im Verlauf einer 12wöchigen Behandlung, bei krisenhaften Zuspitzungen können jedoch auch kürzere Frequenzen angezeigt sein. Die Dauer eines Familiengespräches beträgt ca. 1,5 Stunden.

Zwei Beispiele sollen die diagnostische und therapeutische Potenz der Familienorientierung demonstrieren:

Eine 18jährige, schwer anorektisch erkrankte Patientin wird aus der stationär internistischen Behandlung in die psychosomatisch-psychotherapeutische Therapie übernommen. Im ersten Familiengespräch fragt sie der Therapeut einleitend nach ihrem Thema für diese Sitzung. Darauf antwortet die Patientin: »Wie überzeuge ich meine Eltern, daß das Ganze nichts bringt?!« Der Vater formuliert sein Thema: »Ich möchte, daß meine Tochter wieder auf Vordermann kommt, daß sie sich richtig wohlfühlt, daß sie im Endeffekt - sie soll wie meine Frau werden!« Die Mutter formuliert ihr Thema: »Wie man sie am besten überzeugen kann, daß sie sich helfen läßt. So, wie es im Moment aussieht, stellt sie auf stur und will nichts!«

Diese Sätze geben eine erste Charakterisierung des familiären Beziehungsfeldes, das von der Patientin im Einzelgespräch eher harmonisierend dargestellt worden war. Sie sind Ausgangspunkt zur Erarbeitung der Problemstellung und erster Hypothesen zur Dynamik des familiären Beziehungsfeldes. Die Bearbeitung der Konflikte, die z.B. um persönliche Grenzziehungen und Grenzüberschreitungen herum entstehen, erfolgt - angestoßen durch die therapeutisch begleitete reale Begegnung mit den Familienangehörigen - im Rahmen der unterschiedlichen therapeutischen Angebote des stationären Verfahrens.

Die Annäherung an das familiäre Beziehungsfeld kann durch empirisch-analytische Forschungsmethoden unterstützt werden, die Rückspiegelung der Ergebnisse in einem Familiengespräch kann den Differenzierungsprozeß der Familie dann fruchtbar unterstützen.

Die Abbildungen 1 und 2 zeigen das familiäre Beziehungsfeld, wie es sich aus der Sicht einer 17jährigen bulimischen Patientin im ersten und fünften Familiengespräch darstellt. Die abgebildeten sogenannten Felddiagramme gehen auf Selbst- und Fremdeinschätzungen aller Familienmitglieder mit dem SYMLOG-Verfahren zur Erfassung von Interaktionsprozessen zurück. Die Methodik soll hier nicht im einzelnen dargestellt werden (vgl. Kröger et al. 1988 a, b; Kröger et al. 1989; Petzold et al. 1991). Die Charakterisierung des Verhaltens erfolgt in den Dimensionen der Einflußnahme, der Sympathie und der Zielorientierung.

Hervorzuheben an der hier dargestellten Sicht der Patientin ist ohne Zweifel die negative und einflußarme Position des Vaters und die Veränderung dieser ein hohes Konfliktpotential beinhaltenden Sichtweise im Verlauf des therapeutischen Prozesses (zur näheren Interpretation der Felddiagramme s. Abbildungslegende).

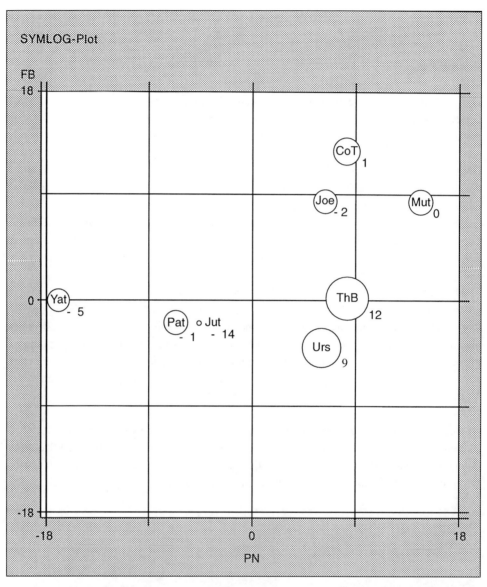

Abb. 1 u. 2. Die Felddiagramme zeigen, wie sich die Familie aus der Sicht der Patientin darstellt. Im Felddiagramm finden sich bipolare 36stufige Skalen (0 bis +18 bzw. 0 bis -18) der Dimensionen UD, PN, FB. Die UD-Dimension (Einflußnahme versus Verzicht auf Einflußnahme) wird durch die Größe des jeweiligen Personenkreises und die zugeordnete Ziffer beschrieben. Die FB-Dimension (Sachziel-orientierung versus emotionaler Orientierung) wird auf der vertikalen, die PN-Dimension (positive versus negative Einschätzung) auf der horizontalen Ebene dargestellt.

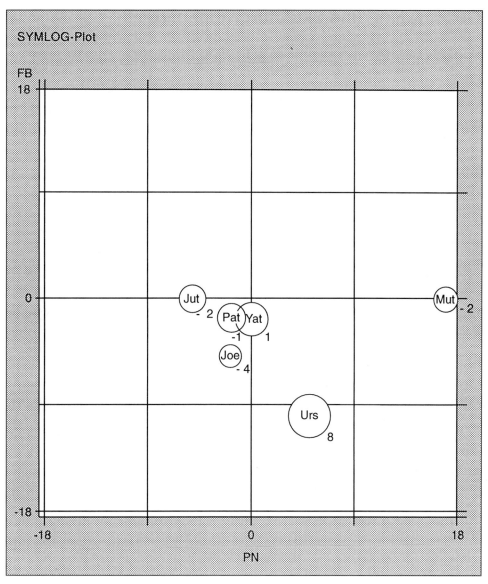

Die maximale Sachzielorientierung bildet den oberen Rand des Diagramms, die negative Einschätzung den linken Rand des Diagramms. Die dargestellten Personen werden durch Kürzel identifiziert: VAT = Vater; MUT = Mutter; PAT = Patientin; TH = Therapeut; COT = Cotherapeut; JUT, JOE, URS = Geschwister. Die Diagramme werden aus den Einzeleinschätzungen mit Hilfe eines Computers erstellt (Drinkmann et al. 1990).

Genogramm- und Skulpturgruppenarbeit

Das Genogramm (Familienstammbaum) ist Bestandteil der familienorientierten Arbeit und hat einen festen Platz im Repertoire familientherapeutischer Techniken (Heinl 1986). Im Rahmen der stationären Psychotherapie ist die Erarbeitung eines Familienstammbaumes ein **Prozeß**, der mit der stationären Aufnahme beginnt und während des gesamten stationären Aufenthaltes andauert.

Während der Anfertigung des Genogrammes sammeln die Patienten in systematischer und strukturierter Weise familiendynamisch wichtige Informationen, wobei im Prozeß der Informationsgewinnung der im Kontakt mit den Familienangehörigen sich entwickelnde Diskussions- und Kommunikationsprozeß gegenüber der reinen Information immer größere Bedeutung gewinnt. Im Rahmen der Erarbeitung des Genogramms befindet sich der Patient im Austausch mit den übrigen Familienmitgliedern über die eigene Familie, die Herkunftsfamilie und die verschiedenen Generationen. Dies hat zur Folge, daß sich die Gesprächsinhalte im Sinne der Erweiterung der Problemdefinition über das Symptom und die Krankheit des Patienten hinaus ausweiten.

Die retrospektive Betrachtungsweise der Beziehungs- und Bedeutungsdimensionen der Familienmitglieder bleibt nicht nur in der Phantasie des Patienten, sondern wird im Rahmen des stationären Gruppenprozesses reflektiert und in Familiengesprächen in bezug auf die real existierende Familie aktualisiert. So nehmen die Patienten mit neuen Fragen zu ihren Familien Kontakt auf und initiieren im gemeinsamen Austausch über Beziehungsaspekte neue Fragen der Familienmitglieder - mit der Folge, daß im Selbsterleben der Patienten und Familien der Beziehungsaspekt und die beziehungsgestaltende Wirkung des Symptoms deutlicher werden können.

Ihre besondere Verdichtung findet die Familienarbeit im stationär-psychotherapeutischen Prozeß in der **Familienskulptur**, die in den Rahmen eines eigenen gruppentherapeutischen Angebotes gestellt werden kann. Die Familienskulptur wurde in den 50er und 60er Jahren von Kantor und Duhl (1973) entwickelt.

Ziel ist es, die Beziehungs- und Interaktionsmuster in der Familie als »räumliche Metapher« mit Hilfe der auf der Station befindlichen Patientengruppe darzustellen.

Auf diese Weise verdichten und beleben sich die Erfahrungen des Patienten mit seinen Angehörigen in der entstehenden Skulptur. Diese macht - mitunter in dramatischer Weise - etwas vom familiären Innenleben sichtbar und deckt eine Dynamik auf, die vor den verbalen Kommunikationsmustern liegt, d.h., sie spricht den Patienten mehr auf einer analogen als auf einer digitalen Ebene an. In der Interaktion mit der symbolisierten Familie stehen das Erlebnis von Raum und Grenze, Nähe und Distanz, Hierarchie der Beziehungsmuster, Kompetenz sowie körperliche und verbale Autonomie im Vordergrund (Kröger et al. 1984; Schweizer u. Weber 1982).

Das folgende Beispiel soll den dynamisch-prozeßhaften Aspekt der Skulptur-Arbeit, in dem sich Koalitionen, Triangulationen und wechselnde Gefühlsbindungen inszenieren und ein Spannungsfeld aufbauen, verdeutlichen. Das Beziehungssystem der Familie kann sichtbar werden, ebenso, wer die Hauptlast in der Familie zu tragen und die unterschiedlichen Interessen auszubalancieren hat.

Frau U. ist 18 Jahre alt und wegen einer Anorexia nervosa seit einigen Wochen in stationärer Behandlung. Als sie sich entscheidet, die Skulptur ihrer Familie zu gestalten, weiß sie anfangs nicht, welchen Zeitabschnitt und welche familiäre Situation sie eigentlich wählen soll. Sie braucht Zeit, sich dies zu überlegen, entwickelt dabei ein inneres Bild und beginnt dann ihre Skulptur. Wir lassen Frau U. Personen zueinander stellen. Sie tut dies eher selbständig, wir achten aber darauf, daß die Haltung, die die einzelnen »Familienmitglieder« nach ihrer Anweisung einnehmen sollen, von den Therapeuten eher überbetont und in ihrer Aussage verschärft wird. Dabei lassen wir uns von Frau U. immer wieder bestätigen, ob dies wohl einen Aspekt der gesamten Beziehungsrealität wiedergäbe. Die einzelnen Personen werden zusätzlich durch Adjektive in positiven und gegebenenfalls negativen Eigenschaften charakterisiert, ein typischer Ausspruch hilft, das Bild von der Person zu vervollständigen. Lange arbeitet die Patientin am Bild der elterlichen Beziehung, sie probiert verschiedene Intensitäten aus und entscheidet sich schließlich für die Darstellung einer Unsicherheit, einer eher geringen Zuverlässigkeit. Dies soll dadurch dargestellt werden, daß die voneinander entfernt stehenden Eltern wohl die Hände nacheinander ausstrecken, aber beide Hände durch ein Band miteinander verbunden sind, das sie lose in der offenen Hand halten, so daß es jederzeit abrutschen und herunterfallen könnte. Frau U. beschreibt die Mutter als eher mächtig, die viel für ihre Kinder und den Vater tue, das mache manchmal ein schlechtes Gefühl. Da die Mutter wichtig für die Familie ist, wird sie erhöht auf einen Stuhl gesetzt. Die jüngere Schwester steht eingehakt neben dem Vater, von ihrem freien Arm läuft ein »Beziehungsband« an das Band, das beide Eltern miteinander verbindet. Der ältere Bruder steht etwas entfernt und von den dreien abgewandt. Er hat eine Freundin, die zieht ihn an einem Arm aus dem Bild heraus. Auch von ihm läuft ein »Beziehungsband« zu dem Band, das die Eltern verbindet.

Therapeut: »Was passiert jetzt, wenn der Bruder sich bewegt?«
Der »Bruder« tritt aus dem Bild heraus, und das »Beziehungsband« zwischen den Eltern fällt zu Boden, die Verbindung ist abgerissen, Frau U. bemerkt das betroffen.

Therapeut: »Wo ist jetzt Ihre Position in der Familie?«
Frau U. kann sich nicht recht entscheiden, sie geht suchend um das Bild herum, sie sei irgendwo in der Nähe und zwischen den Eltern, stellt sie fest. Aus der Gruppe der Mitpatienten kommt der Vorschlag, sie solle sich doch zwischen die Eltern stellen, sie fühle sich ja doch oft verantwortlich für diese, vielleicht sollte sie sich einmal zwischen die Eltern stellen und das »Beziehungsband« der Eltern über ihren Kopf laufen lassen, so daß dieses auf ihr lastet.

Therapeut: »Wollen Sie das einmal versuchen?«
Die Patientin nimmt diese Position ein. Das Bild sieht jetzt so aus, daß nicht nur die Verbindung der Eltern auf sie zuläuft, sondern auch die »Beziehungsbänder« der beiden Geschwister an ihr hängen. Frau U. fühlt sich sehr unwohl in dieser Position, sie will aus ihr herausgehen, sie tut dies schließlich auch, und das hat zur Folge, daß alle Bänder abreißen. Auch das wird von ihr mit Erstaunen vermerkt. Der Therapeut schlägt Frau U. vor, noch einmal aus dem Bild herauszutreten und dabei darauf zu achten, was dieser Schritt für Gefühle auslöse.

Die Patientin gestaltet diese Szene, sie beschreibt ihre Angst, den Eltern Schmerz zuzufügen, außerdem habe sie nicht gewußt, wohin sie eigentlich gehen solle, sie habe den Eindruck gehabt, ins Leere zu gehen.

Die Skulptur wird aufgelöst, und Patienten und Therapeuten setzen sich wieder in die Runde. Das Gespräch ist angeregt, vielleicht gäbe das Heraustreten von Frau U. ja den Eltern auch die Möglichkeit, in einen veränderten Kontakt zueinander zu treten, wird geäußert. Dazu bleibt die Patientin selbst sehr zurückhaltend, sie bestätigt aber, daß die Eltern wohl zu einer neuen Beziehungsbalance finden könnten. Hier knüpfen wir an und erstellen die Skulptur noch einmal, nur bittet der Therapeut Frau U., jetzt außerhalb stehenzubleiben und den Eltern zu sagen: »Ich möchte, daß ihr miteinander ins Gespräch kommt!« Frau U. ist bereit, dieses zu versuchen, sie befindet sich in großer Anspannung und erlebt, wie schwer es ihr fällt, den Eltern gegenüberzustehen und Verantwortung für diese Distanz zu übernehmen.

Die Skulpturgruppenarbeit eröffnet den Patienten - sowohl dem Protagonisten der Arbeit als auch den Mitpatienten - und den Therapeuten einen Blick auf die verdeckten Rollen in der Familie und macht deren Wirkung deutlich. Aus der Sicht der Patientin sind die Generationsgrenzen nicht eingehalten, und Frau U. fühlt sich überverantwortlich; aus ihrer Sicht zieht eine Distanzierung bedrohliche Folgen, nämlich einen Abriß der Beziehung insgesamt, nach sich.

Das Bild zeigt, wieviel Stärke nötig ist, um triangulierenden Kräften zu entgehen und eine selbständige Handlung entwickeln zu können, wie hoch auch die emotionalen Barrieren dagegen sein mögen. Lösungsfähigkeiten korrespondieren mit der Möglichkeit zur Selbstdifferenzierung. Das Sichtbarmachen und Erleben der familiären Innenstruktur fördert die Entwicklung neuer Verhaltensmöglichkeiten. Diese können im Rollenspiel im emotionalen Kontext deutlich werden. Damit wird die Wahrnehmungsfähigkeit für alte und mögliche neue Verhaltensmuster erhöht.

In einer Katamnesestudie der nach dem familienorientierten Modell stationär behandelten Patienten wurde unter anderem der Frage nachgegangen, ob sich die Patienten in ihren Familien zu Behandlungsbeginn isoliert fühlen und inwieweit sich diese selbst wahrgenommene Isolation im Therapieverlauf und in der Einjahres-Katamnese verändern (Bläsing 1990). Neben den insgesamt positiven Ergebnissen bezüglich der Symptomatologie, sozialen Reintegration und Beziehungsgestaltung zeigte sich im Hinblick auf die Isolation des Patienten das in Abbildung 3 und 4 dargestellte Bild.

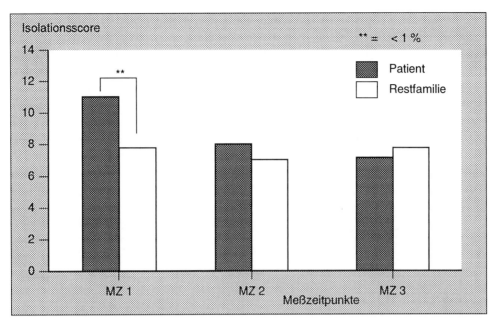

Abb. 3. Isolationswerte bei Patient und Restfamilie.

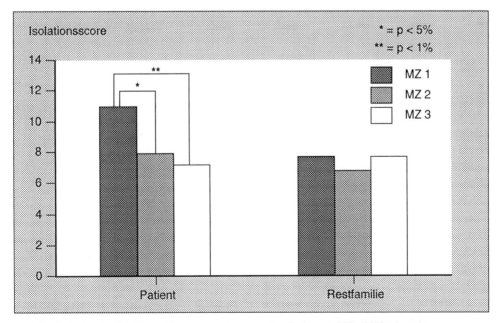

Abb. 4. Veränderung der Isolation in der Einschätzung des Patienten. MZ = Meßzeitpunkt.

Im Rahmen des SYMLOG-Meßverfahrens schätzten die Patienten sich selbst und jedes Familienmitglied ein, so daß für jedes Familienmitglied ein Isolationswert errechnet werden konnte, in dem sich darstellt, wie sich bezüglich der intrafamiliären Isolation das familiäre Beziehungsfeld aus der Sicht des Patienten darstellt. Die Erhebung der Daten erfolgte zu Beginn der Therapie, mit Abschluß der Therapie und in einer Einjahres-Katamnese.

Abbildung 3 macht deutlich, daß aus der Sicht des Patienten zu Beginn der stationären Behandlung bezüglich der Isolation in der Familie zwischen ihm und den übrigen Familienmitgliedern ein bedeutsamer Unterschied besteht, beim Abschluß der Therapie und auch zum Katamnesezeitpunkt erlebt sich der Patient gegenüber seinen Familienmitgliedern unauffällig. Die Abbildung 4 macht deutlich, daß die eigene Isolation aus der Sicht der Patienten beim zweiten Meßzeitpunkt niedriger als der erste Wert und zum Katamnesezeitpunkt noch weiter zurückgegangen ist, während sich die Verhältnisse für die restlichen Familienmitglieder aus der Sicht der Patienten unverändert darstellen.

Diskussion

Familienorientierte Vorgehensweisen im Rahmen der stationären Psychotherapie psychosomatischer Patienten sind nicht etwa gleichzusetzen mit Familientherapie, sondern ergänzen das Repertoire der bewährten gruppen- und einzeltherapeutischen Verfahren. Dennoch macht die **stärkere Gewichtung der äußeren Wirklichkeit**, insbesondere der familiären Beziehungsrealität der Patienten, nicht nur Ergänzungen im Therapieangebot notwendig, sondern fordert auch gegenüber einem eher die innerpsychischen Prozesse des Patienten fokussierenden Stationssetting erhebliche Veränderungen in der Arbeits- und Einstellungsweise des Stationsteams, die an anderer Stelle beschrieben wurden (vgl. Kröger et al. 1986; Bergmann et al. 1986, Bergmann et al. 1990; Spangenberg 1986).

In der klinisch-psychosomatischen Arbeit wird das, was wir in der psychodynamischen Betrachtungsweise als Abwehr- und Widerstandsphänomene bezeichnen, besonders deutlich und äußert sich in konflikthaften und häufig rigiden **Beziehungsmustern** in der Arzt-Patienten-Beziehung. In der Arzt-Patient-Interaktion spiegeln sich häufig in komplexer Weise familiäre Beziehungsmuster, wenn z.B. die mangelnde Kommunikation der häufig zahlreichen Behandler zu einem (Mit-)Agieren in der Weise führt, daß eine wirkungsvolle Therapie nicht zustande kommt. Als Folge blieb ein großer Teil derjenigen Patienten, die von einer psychosomatischen Behandlung hätten profitieren können, therapeutisch unerreichbar.

Aus unserer Sicht ist die Spirale der Hoffnungslosigkeit, der sich Patienten häufig ausgesetzt sehen, auch beeinflußt durch eine sich komplementär ergänzende linear-kausale Betrachtungsweise der Symptome von Patient, Arzt, Schwestern und Pflegern, Krankenhaus, Versicherungssystem und Familien. Im stationär-psychotherapeutischen Bereich, der in seinem Therapieangebot die äußere Beziehungsrealität des Patienten hoch gewichtet, sehen wir Möglichkeiten, auch mit denjenigen Patienten fruchtbar zu arbeiten, die mit einem stärker innere, psychodynamische Prozesse fokussierenden Setting nicht zu erreichen sind. Die Gruppe der Eßstörungspatienten ist hiervon in besonderer Weise betroffen.

Eine Vorgehensweise, die sich an den Ressourcen der Patienten orientiert und sich aus dem Erleben des familiären Kontextes sowie aus dem Erleben auf der Station ergibt, eröffnet neue Entwicklungsmöglichkeiten. Durch das Bezugnehmen auf orientierende Familiengespräche, Familienstammbaum und Familienskulptur, die hier exemplarisch für diese Vorgehensweise vorgestellt wurden, können die Patienten die Verbindung zwischen ihren aktuellen Kommunikationsmustern und dem familiären Kontext herstellen - und tun es auch überraschend häufig und wirkungsvoll.

Während des stationären Aufenthaltes werden familiäre Beziehungsmuster unmittelbar wieder erlebt, und die Patienten sind besser in der Lage, Kommunikationsmuster, Familienregeln und -mythen zu erkennen. Das familienorientierte therapeutische Angebot scheint den affektiven Zugang zu den Beziehungen zu erleichtern. In diesem therapeutischen Kontext können psychosomatisch Kranke ihre Fähigkeit zum operationalen Denken auch dahingehend nutzen, daß ihnen die Abbilder der Bezugssysteme, in denen sie sich erleben, deutlicher werden. Insbesondere sind die Regeln, nach denen sich diese gestalten, für sie durchschaubarer. Nach Erweiterung der Assoziationsfelder im Beziehungssystem werden - zunächst im stationären, später im familiären Rahmen - Möglichkeiten zur Phantasie- und Symbolbildung in den Patienten freigesetzt.

Ergänzende gruppentherapeutische Angebote, wie z.B. die konzentrative Bewegungstherapie, das Katathyme Bilderleben und die Mal- und Gestaltungstherapie, versuchen dann, dieses kreative Potential aufzunehmen.

Mit dem Angebot einer familiären Orientierung im Rahmen der stationären Psychotherapie wird der Versuch gemacht, einen Bogen von der individuellen Aufnahmesituation und der Indikations- und Diagnosestellung zum **systemischen Verständnis** des Symptoms zu spannen. Die Ideen und Phantasien der Patienten sind das Material, mit dem sowohl analytisch als auch systemisch orientierte Therapeuten arbeiten, sie entsprechen je nach Standort und Sprache der Therapeuten den Objektrepräsentanzen, den inneren Landkarten oder den kognitiven Schemata und münden in die Muster der Interaktion ein. In einem rekursiven Prozeß beeinflussen die Interaktionsmuster wiederum die Realitätskonstruktion.

Je nach Perspektive des Betrachters unterscheiden wir (vgl. Bergmann et al. 1986):

1. Die intrapsychische Dynamik und individuelle Motivation.
2. Den interpsychischen Raum mit intrapsychischer Repräsentanz (das Regelsystem, den Mythos oder den Kodex einer Familie).
3. Die Muster einzelner Familienmitglieder als Ausdruck und Folge der intrapsychischen Dynamik und individuellen Motivation.

4. Die Muster der Interaktion innerhalb des Systems, die der interpersonellen oder interaktionellen Dynamik entsprechen.

Diese subjektiven **Realitätsebenen** des Patienten bedürfen einer angemessenen Wahrnehmung. Als Therapeuten erreichen wir nur einen Teil der erlebten Wirklichkeit der Patienten, wenn wir diese Ebenen nicht ausreichend trennen, bevor wir sie im therapeutischen Prozeß fokussieren. Insbesondere scheint uns dies für die Initialphase einer psychosomatisch-psychotherapeutischen Behandlung zu gelten, in der die drohende Isolation aus dem sozialen und familiären Bezugssystem ein Gegengewicht erforderlich macht, das durch die familiäre Orientierung des therapeutischen Prozesses und die Berücksichtigung der Ressourcen des Familiensystems möglich wird. Katamnestische Erfahrungen mit Eßstörungspatientinnen (z.B. Herzog et al. 1992), aber auch die Ergebnisse der Berliner Psychotherapie-Studie zeigen, daß gerade jene Fälle einen ungünstigen Verlauf hinsichtlich verschiedener Zielfaktoren zeigen, die sich in sozialer Isolation befinden oder von sozialer Isolation bedroht sind. Letztlich ist dies auf die inadäquate Individuation und Separation, die unzureichende Introjektion von früheren, realen Objekten zurückzuführen. Es sollte ein Ziel stationärer Psychotherapie sein, diese erschwerten Entwicklungsbedingungen so weit wie möglich in Phasen von familiären Krisen, die durch psychosomatische Störungen ausgelöst und aktualisiert werden, wieder aufleben zu lassen und dies nicht allein im Rahmen individualtherapeutischer Kontakte aufzuarbeiten.

Letztlich erscheint uns bei einem **patientenorientierten** Zugang entscheidend, die angemessene Methode für den individuellen Patienten mit seiner Erkrankung zu finden. Dies kann bedeuten, daß unterschiedliche Methoden zu unterschiedlichen Zeitpunkten angewandt werden, wie dies ja im Rahmen stationär-psychotherapeutischer Behandlungen in besonderer Weise möglich ist. Unter diesem Gesichtspunkt stellt sich die Frage von Indikationen und Kontraindikationen zum familienorientierten Vorgehen im stationären Rahmen nur bedingt. Für ein **familienorientiertes** Vorgehen ist die Indikation aus unserer Sicht sehr breit gegeben; Familientherapie scheint einem individuellen Vorgehen, vor allem bei jüngeren Patienten, überlegen zu sein (vgl. Russel et al. 1987).

Ein **methodenorientierter** Zugang in der Psychotherapie erscheint uns nur unter didaktischen Gründen für einen definierten therapeutischen Zeitraum angemessen, er wird jedoch das komplexe Bedingungsgefüge und die Bandbreite der Erlebniswelt unserer Patienten nie allein zugänglich machen können.

Gestaltungstherapeutische Verfahren

Assoziative Mal- und Tontherapie

H. Feiereis und V. Sudau

Theoretische Einführung

Im psychotherapeutischen Alltag geraten Patient und Therapeut oft an eine Grenze verbaler Kommunikation, wenn deutlich wird, daß es vielen Kranken schwerfällt, Zusammenhänge - vor allem zwischen körperlichen Erkrankungen, unbewußtem Erleben, innerem Konflikt und Psychodynamik - zu erkennen und sich somit in den psychotherapeutischen Prozeß einzubringen. Oft sind die Abwehrkräfte zu groß, um Empfundenes und Erlebtes auszusprechen und sich damit auf das dialogische psychotherapeutische Arbeitsbündnis einzulassen.

Darüber hinaus stoßen die verbalen psychotherapeutischen Verfahren häufig auf Schwierigkeiten bei der sprachlichen Vermittlung innerseelischer Prozesse. Es lag darum nahe, nach anderen Zugängen zu suchen, um diese Widerstände zu überwinden - nicht zuletzt wegen der für die Psychotherapie nur begrenzt zur Verfügung stehenden Zeit.

Aus diesen Gründen entwickelten sich unter dem Begriff Gestaltungstherapie (Clauser 1960; Franzke 1977) in deutlicher Abgrenzung von der Beschäftigungstherapie und Arbeitstherapie psychotherapeutische Verfahren, unter denen die Mal-, Ton- und Musiktherapien die größte Bedeutung erlangt haben.

Im Mittelpunkt jedoch steht (und bleibt) das Einzelgespräch zwischen Arzt und Patient als Kernstück somatischer wie psychodiagnostischer und psychotherapeutischer Medizin. Für viele Patienten erweitern **averbale Ausdrucksmöglichkeiten** diesen Zugang zu sich selbst durch die Anwendung darstellerischer Mittel und Techniken, so daß spontane Einfälle, Stimmungen oder Konflikte, vor allem aber auch Ängste und Vorstellungen über Krankheit, aufgezeigt und sichtbar gemacht werden können.

Bereits C. G. Jung (1950) sah in spontan gemalten Bildern seiner Patienten eine »**Botschaft der Seele**«. Erinnert sei weiterhin an Prinzhorn (1922) und dessen berühmte Sammlung von Bildwerken ungeübter Kranker. Später hat besonders Speer (1949) darauf hingewiesen, daß der Patient mit der freien Gestaltung der Bilder von den Inhalten seiner

Nachtträume unabhängig sei. Heyer (1959) hob immer wieder die Möglichkeit der Patienten hervor, zu »malen, was sie leiden« und nicht »es möglichst schön oder richtig zu machen«. Er war einer der ersten, der meinte, daß diese Therapie »durchaus in den Rahmen einer (nicht allzu orthodoxen) Psychoanalyse eingebaut werden könne«. Er erinnerte gleichzeitig an das Bildern von Frederking (1948); diese in tiefer Entspannung auftauchenden Bilder wurden allerdings nicht gezeichnet oder gemalt, während in der Tagtraumtechnik des Katathymen Bilderlebens die Patienten angeregt werden, nach der verbalen Verarbeitung der Imaginationen diese im gemalten Bild festzuhalten (Wilke 1989).

Die Bedeutung der durch Bild und Form sichtbar gewordenen unbewußten Vorgänge des Patienten wurde in der Folgezeit mit unterschiedlichen Schwerpunkten beschrieben. Eine Reihe von Autoren sah bald die Eigenständigkeit des Malens als psychotherapeutisches Verfahren, bei dem ungeahnte Kräfte des Patienten erlebt werden konnten, die gleichzeitig zur Lösung von innerseelischen Spannungen beitrugen. Die bildlichen Darstellungen ließen sich als hilfreiche Faktoren in die vor allem tiefenpsychologische Therapie einbeziehen: Brockhoff 1986; Clauscr 1960; Franzke 1977; Heyer 1991; Holl 1987; Jacobi 1977; Lohmann 1967; Mhe 1959; Willenberg 1987; Wolff 1986. In Anlehnung an Prinzhorn (1922) wurden die Bilder auch in der Diagnostik und Differentialdiagnostik psychiatrischer Krankheiten ausgewertet (Bader u. Navrantil 1976; Benedetti 1975) und vereinzelt auch in formanalytischen Studien publiziert (Enke u. Ohlmeier 1960).

Janssen (1982) warnte vor der Gefahr, sich eindimensional den unbewußten Inhalten des Produktes zuzuwenden, wodurch die therapeutische Konstellation »Gestalter - Gestaltetes - Gestaltungstherapeut« außer acht gelassen werde. Kramer (1975) hob ichstützende und ichstärkende Funktionen gestaltungstherapeutischer Möglichkeiten hervor. Janssen (1982) und Wienen (1978) haben in ihrer stationären Psychotherapie das Schwergewicht auf den handelnden und produzierenden Aspekt gelegt und Interpretation und Verbalisierung in den Hintergrund gestellt. Die maltherapeutische Intervention beruhe auf der klassischen psychoanalytischen Deutungstechnik der Klarifikation und Konkretisierung, d.h. der Beschreibung des Gestaltungsablaufes, der Form, der Anordnung der Figuren, der Farbwahl und Herstellung einer Verbindung zwischen verbalen Mitteilungen des Patienten und seinem Bild. Als Begründung der interpretativen Zurückhaltung wird angeführt, daß der Patient somit die Lust zur bildnerischen Darstellung seiner inneren Welt behalte.

Manche Autoren (Becker 1978; Bräutigam 1974; Bräutigam 1978) bieten dem Patienten freie oder vorgegebene Themen an, wodurch das gemalte Bild einen Zugang zu verdrängten Erlebnisinhalten eröffne, oft auch unmittelbarer als in der verbalen Gruppentherapie.

Unter den gestaltungstherapeutischen Verfahren beschränken wir uns hier auf die assoziative Mal- und Tontherapie als die uns am wichtigsten erscheinende Methode bei der Behandlung von Eßstörungen, d.h. auch körperbezogene Krankheiten. Wir fügten dieser Behandlung die nähere Bezeichnung »assoziativ« deshalb hinzu, weil der frei assoziativ entstehende Einfall eine Brücke zwischen spontan entstandenem Bild aus der vor- und unbewußten Schicht und der sprachlich bewußten Ebene darstellt und somit in die tiefenpsychologische, verbale Therapie übergehen kann. Mit dieser Definition soll auch die Abgrenzung gegenüber anderen Möglichkeiten der Maltherapie deutlicher werden; als Beispiel sei das Arbeiten mit selbstgewählten oder vorgegebenen Themen genannt.

> Das Ziel dieses Therapieverfahrens ist - analog zu den Nachtträumen -, auftauchende Gedanken, Phantasien und Empfindungen »sichtbar« zu machen, wodurch der Zugang zum Konflikt und zur Psychodynamik des Krankheitsprozesses erheblich erweitert und oft auch beschleunigt werden kann.

Die assoziative Mal- und Tontherapie ist deshalb in unserer Klinik inzwischen zu einem integrierten Bestandteil der tiefenpsychologischen Behandlung psychosomatisch Kranker geworden.

Beschreibung des Verfahrens

Vor 20 Jahren begannen wir in unserer Klinik mit Hilfe von Stift, Pinsel, Farbe und Ton die einleitend skizzierte assoziative Mal- und Tontherapie in unser Gesamtkonzept psychosomatischer Behandlung aufzunehmen. Mitunter fällt es den Patienten schwer, im Malen oder in der Tonarbeit einen »Sinn« zu erkennen. Sie glauben, sie hätten nicht die notwendige Begabung und geraten zu Beginn leicht unter einen Leistungsdruck. Sie fühlen sich durch Erwartungen bedrängt und überfordert. Es gilt nun, diese anfänglichen Ängste und Unsicherheiten aufzufangen und - wenn möglich - abzubauen, den Patienten Mut zu machen, sich an Pinsel, Farbe und Ton zu wagen, ihnen beim Umgang mit dem vielfältigen Materialangebot behilflich zu sein und die für das Gestalten notwendigen Voraussetzungen zu schaffen.

Einführungsgespräch

Zu Beginn der Maltherapie steht für jeden Patienten ein ausführliches Gespräch mit der Maltherapeutin im Vordergrund. Ein Informationsblatt bereitet auf dieses Gespräch vor. Die Patienten erfahren, daß besondere Fähigkeiten und Kenntnisse nicht erforderlich sind und daß Themen oder bestimmte Materialien nicht vorgegeben werden. Wir schlagen ihnen vor, nicht krampfhaft zu überlegen, was sie malen könnten, sondern gelassen abzuwarten, was »in den Pinsel oder in den Stift fließt«, vielleicht an ein Spiel mit Farben zu denken, sich möglichst freizumachen von festgelegten Vorstellungen. Einigen Patienten fällt es allerdings schwer, sich auf dieses »Wagnis« einzulassen. Auf Wunsch der Patienten sprechen wir auch über mögliche Themen, ferner über den technischen Ablauf, über Eigenheiten der verschiedenen Materialien und deren Anwendung.

Immer wieder erleben wir, wie wenig sich manche Patienten Phantasie, Farbempfindung und Farbwahrnehmung zutrauen und dann um so erstaunter sind, wie sie zum Malen finden und oft mit Begeisterung dabeibleiben. Häufig sind sie dann überrascht über ihre tiefere Beziehung zu Farben, über das Zusammenspiel der Farben in ihrem Bild, über oft ganz unerwartete Möglichkeiten eigener Kreativität und - das ist das Entscheidende - einer bisher verborgen gebliebenen Möglichkeit des Zuganges zum Unbewußten, zu sich selbst. In dieser lockeren Atmosphäre lassen sich bald mögliche Spannungen und Widerstände lösen.

Malen und Gestalten

Die Patienten entscheiden sich jetzt selbständig für ein bestimmtes Material und beginnen mit dem Prozeß des zeichnerischen und malerischen Gestaltens.

In der Gruppe ergeben sich gelegentlich auch Wünsche nach einem gemeinsamen Bild. Einige Patienten schließen sich zusammen und kommunizieren mit Farben auf großflächigem Papier in nonverbaler Form miteinander, gelegentlich auch ohne Pinsel in direktem körperlichen Kontakt mit der Farbe. Hierbei zeigen Erfahrungen (Binick 1982), daß Gestalten und Bewegen, d.h. Malen in großen Schwüngen, Spiralen, Kreisen, lang gezogenen Linien in einer untrennbaren Beziehung zueinander stehen. Ähnlich wie die Nähe und Distanz bei der Bewegung im freien Raum erleben die Patienten auch auf dem Papier die Begegnung miteinander, die Fähigkeit anzunehmen, zuzulassen, zu vertrauen oder zu mißtrauen und vieles mehr. Sie erfahren etwas vom anderen, aber auch über sich selbst. Wird der andere oder werden die anderen mir genügend Raum zur Entfaltung lassen, oder fühle ich mich bedrängt? Wird jemand auf mich zugehen, oder muß ich entgegengehen? Alle Möglichkeiten sind offen; jeder kann seinen eigenen Bereich abstecken. Ein Gruppenmitglied kann jedoch auch so viel Raum beanspruchen, daß dem oder den anderen kaum Entfaltungsmöglichkeiten bleiben. Zu diesem Bild schreiben die Patienten dann gemeinsam ihre Empfindungen, Gedanken und Erfahrungen auf.

Patienten, denen der Zugang zum Malen schwerfällt, Einfälle nicht kommen wollen, erhalten mit der Arbeit am Gruppenbild Anregung und Motivation, können Widerstände abbauen und von der Gruppe einbezogen und mitgerissen werden.

Eine weitere Erfahrung haben wir mit dem gemeinsamen Bildmotiv gemacht. Jeder Patient malt dabei einen Teil des Bildes, jedoch völlig frei nach seiner Phantasie, entweder gut angepaßt, unangepaßt oder ganz abgespalten. Es bleibt aber ein »Gemeinschaftswerk«.

Schriftliche Fixierung der Einfälle

Im Vorgespräch werden die Patienten angeregt, assoziativ eintretende Gedanken und Einfälle zum fertigen Bild aufzuschreiben, auch, wie sich das Bild entwickelt hat, welche Gefühle und Empfindungen die einzelnen Farben und Formen auslösen, augenblickliche Stimmungen und Stimmungsschwankungen. Bei längerer Betrachtung des Bildes und assoziativer Versenkung teilen sie hierdurch auch in Gang kommende Prozesse mit, zum Beispiel Fragmente eines Konfliktes, damit verbundene Aggressionen, Wut, Ängste oder Schmerz, was in der verbalen Einzel- oder Gruppentherapie oft lange Zeit nicht oder nicht ausreichend gelingt. Die Assoziationen entstehen sofort, etwas später oder erst in der nächsten Therapiestunde.

Integration in die verbale Einzeltherapie

Die Bilder und die schriftlich fixierten Einfälle, Gedanken und Empfindungen werden nun in die verbale Einzeltherapie übernommen. Somit wird das Bild, sein Inhalt und das assoziative Material zu einem wichtigen Bestandteil im tiefenpsychologischen psychotherapeutischen Prozeß. Hier erwiesen sich Inhalt und Form ebenso wie die dazu niedergeschriebenen Gedanken und Empfindungen als ein Agens von hoher Qualität für die verbale Psychotherapie, in die mit dem Bild häufig auch Gefühle und Empfindungen, Erfahrungen und Erlebnisse aus anderen Therapien, zum Beispiel aus der Musiktherapie oder dem Autogenen Training, einfließen.

Das Wesentliche, der Anfang der assoziativen Mal- und Tontherapie, beruht also darauf, **spontane** Einfälle, d.h. unbewußte psychische Inhalte, sichtbar zu machen, ausgelöst durch unmittelbar sich einstellende Vorstellungen, eine Phantasie, einen Traum oder den spielerischen Umgang mit Farben. Das so entstandene Bild mit dem manifesten Bildgehalt (Grösch und Hartkopf 1977) verbindet sich dann mit den assoziativen Einfällen. d.h. dem latenten Bildgehalt, zu einem Bestandteil der verbalen Psychotherapie, in der auch die Bilder als Serie Veränderungen und somit den psychotherapeutischen Fortschritt aufzeigen. Aus der anfänglichen Einstellung des Kranken, gar nicht malen zu können, aus der Leistungsangst in der Einstiegsphase, in der er sich durch Erwartungen bedrängt oder überfordert fühlt, wird im Laufe der Therapie das Erlebnis eines aus Assoziation, Phantasie und Kreativität entstandenen neuen Bildes von sich selbst. Während an der assoziativen Maltherapie die meisten Patienten teilnehmen, bieten wir die Arbeit mit Ton alternativ zur Seidenmalerei an.

Ton ist ein uraltes Material des schöpferischen Menschen und auch heute noch in der Lage, archaische Kräfte in ihm freizumachen. Als Material hat der Ton durch den direkten Kontakt zur Hand des formenden Menschen eine besondere Faszination und Aussagekraft.

Wir beachten zwei Aspekte im Umgang mit dem Ton: Die Patienten werden zunächst in die Aufbautechnik eingewiesen, die es ihnen ermöglicht, Gefäße zu formen, Werkstücke

herzustellen, die - wie auch in der Seidenmalerei - zur Stärkung des Selbstwertgefühls beitragen und manchen Patienten anregen, diese Möglichkeiten kreativen Ausdruckes weiter
für sich zu nutzen.

Ihm folgt nun im zweiten Schritt die assoziative Gestaltung mit Ton. Dabei werden wie
beim assoziativen Malen - hier freilich in der Dreidimensionalität - über das frei und spontan geschaffene Werk Empfindungen und Konflikte unterschiedlichster Art wortlos ausgedrückt. Gefühle fließen nun direkt aus der Hand in das Material. Es wird dadurch möglich,
unbewußte innerseelische Vorgänge zu externalisieren und damit dem Bewußtsein und der
Reflexion zugänglich zu machen, d.h., es folgen ebenso die bei der Maltherapie beschriebenen Schritte.

Unsere Erfahrungen (Feiereis, Janshen u. Sudan 1989) bei Patienten mit Eßstörungen
beruhen auf vielen Bildern und etlichen Tonfiguren von 1192 Kranken, die wir 1975 bis
1991 behandelt haben, 629 mit Magersucht und 563 mit Bulimie. Gegenwärtig kommen je
ca. 100 neue Patienten pro Jahr zu uns. Das Alter bei Krankheitsbeginn zeigt Tab. 1.

Tab. 1. Altersverteilung der Patienten mit Magersucht und Bulimie bei Beginn der Krankheit.

Jahre gesamt:	Magersucht n = 623	Bulimie n = 559
0 - 10	1%	1%
11 - 15	28%	29%
16 - 20	46%	48%
21 - 30	20%	20%
31 - 40	4%	2%
41 - 50	1%	0%
51 - 60	1%	0%

Einige Beispiele mögen anhand praktisch wichtiger Inhalte - Symptomatologie, Körperbild,
Psychodynamik und Konflikt - einen Einblick vermitteln:

Beispiel 1: Symptomatologie

Abb. 1. 18jährige Patientin G. T., Bulimie.

»Ich in Aktion. Die Größenverhältnisse der einzelnen Körperteile sind etwa äquivalent zu der Wichtigkeit, die sie für mich zu solchen Zeiten haben.«

Beispiel 2: Zerrissenheit

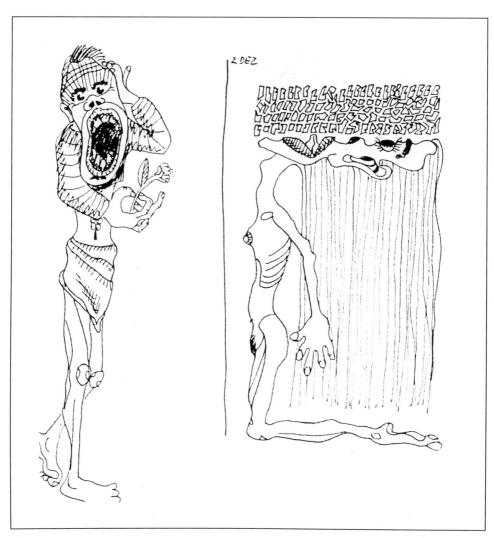

Abb. 2. 18jährige Patientin G. T., Bulimie.

»Das Bild zeigt die Probleme und Empfindungen, die ich damals gespürt habe, zum einen die Figur, die einerseits schreit und andererseits die Blume in der Hand hält: das zerrissene Gefühl zwischen schöne Dinge sehen und erleben und einen unerträglichen Konflikt im Kopf mit sich herumzutragen. Der Körper ist ausgemergelt, ich konnte mit ihm einfach nichts anfangen. Die rechte Hälfte stellt eine Frau dar, mit horizontal liegendem Kopf und Mund, Ausdruck des unerträglichen Gefühls, wieder einmal zu viel gefressen zu haben.«

Beispiel 3: Aggressionen

Abb. 3. 18jährige Patientin G. T., Bulimie.

»Dieses Bild stellt meine Körperempfindung dar. Als ich es malte, habe ich es mit den ganzen verformten Körperteilen für nahezu authentisch gehalten, auch Dinge, die ich an mir nicht mochte, übergenau wahrgenommen. Ich habe eine große Axt in der Hand, eine übergroße. Es stellt meine Aggressivität dar, mit der ich nichts anfangen konnte und vor der ich selber unheimliche Angst hatte. Wenn es zu einem Knall kommt, könnte ich meiner Gefühle nicht mehr Herr sein, und sie könnten unkontrolliert ausbrechen.«

Beispiel 4: Ambivalenz zum Körperbild

Abb. 4. 16jähriger Patient V. M., Magersucht.

»Die Figur ist eine Darstellung meines Körpers. Ich sehe bei mir einen Bauch und habe mit meinem falschen Eßverhalten die Benachteiligung des gesamten Körpers dadurch ignoriert, d.h., meine Arme und Beine sind sehr dünn, die Rippen ziemlich deutlich erkennbar etc. Nach der Mahlzeit wölbt sich dieser Bauch, was mir nicht gefällt. Ich muß lernen, meine Bauchwölbung und meinen gesamten Körper sowie mich ganz und gar anzunehmen. Es ist fast so, als habe ich mich nur als oder mit einem Bauch gesehen.

Ich sehe nicht meinem Alter entsprechend aus und bin leider in meiner Entwicklung zurückgeblieben. Zu wenig Nahrung, zu wenig Schlag, nicht ausreichende Entspannung haben zu einem Zerren an Nerven und Ausgeglichenheit geführt, so daß ich oft ungeduldig, gereizt, auch unbeherrscht und undiszipliniert herausplatze.« Der Patient nennt diese Tonfigur »Der Bäuchler«.

Beispiel 5: Gespaltene Geschlechtsidentifikation

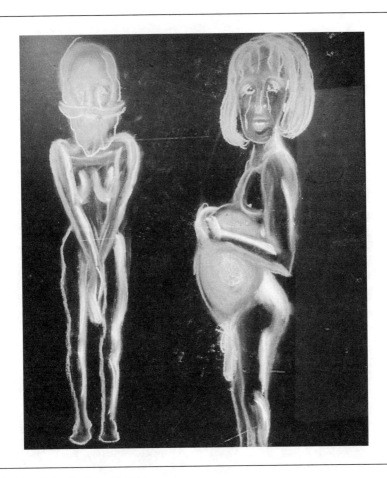

Abb. 5. 18jährige Patientin G. T., Bulimie.

»Über das Verhältnis zwischen Mann und Frau machte ich mir einige Gedanken. Ich kann mich nicht damit abfinden, einfach nur eine Frau zu sein. Für mich ist die Grenze nicht so klar gezogen: Jeder, der mit männlichen Geschlechtsmerkmalen geboren ist, wäre ein Mann, Frauen mit weiblichen Geschlechtsmerkmalen eben Frauen. Ich fühle, daß ich unheimlich viele männliche Anteile habe und daß Männer wiederum sehr weiblich sein können. So habe ich dazu im Bild ein >mixed< gemacht: eine Frau mit Bart, einen Mann mit dickem Bauch und langen Haaren. Ich kann mir gut vorstellen, daß sich viele Frauen in einer männlichen Rolle durchaus wohlfühlen und umgekehrt Männer, die gern eine weibliche Rolle übernehmen oder übernehmen wollen, zum Beispiel Kinder zu kriegen.«

Beispiel 6: Phantasie und Realität

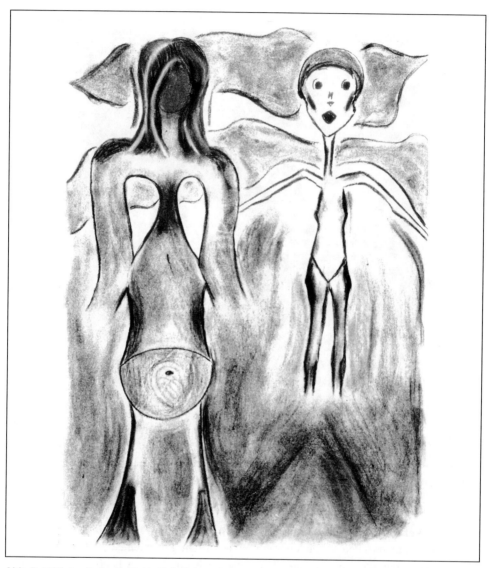

Abb. 6. 18jährige Patientin C. N., Bulimie.

»Phantasie und Realität: Es ist nicht meine Krankheit, die Magersucht, aber sie beschäftigt mich mehr als meine eigene, die Bulimie. Man steht hilflos daneben und schaut zu. Wie so oft. Es tut weh, ich könnte schreien. Es erschreckt mich, so etwas gemalt zu haben.«

Beispiel 7: Angst und Trauer

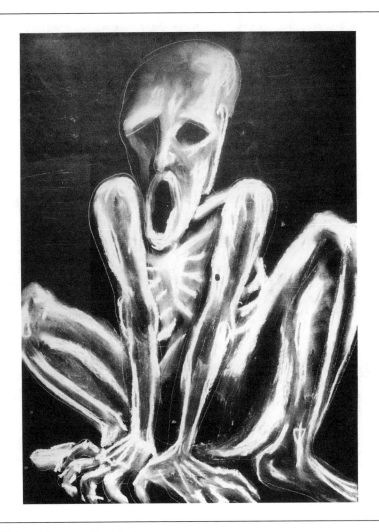

Abb. 7. 18jährige Patientin G. T., Bulimie.

»Gefühle wurden langsam spür- und greifbar, die mich völlig überrannt haben, d.h., es kam plötzlich eine Trauer hoch, mit der ich gar nicht umgehen konnte, die mich am Boden zerstört hat. Ich fühlte mich dem völlig ausgeliefert und hilflos, ebenso wie das Wesen am Boden kauernd und völlig schwach, mit leeren Augen und schreiend. Ich hatte das Gefühl, daß ich damit niemals fertig werden würde, und daß ich an den hochkommenden Gefühlen würde zugrundegehen müssen.«

Beispiel 8: Ruf nach Hilfe

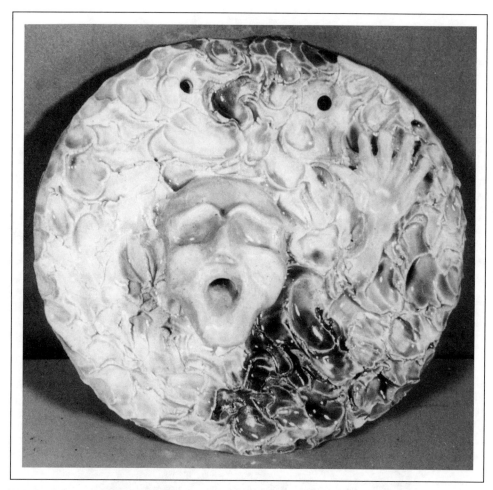

Abb. 8. 24jährige Patientin O. E., Bulimie.

»Krankheit, in der ich unterzugehen drohe. Ich kann die Hand darüber heben. Ich weiß nicht, ob ich die Kraft habe, mich selbst herauszuziehen oder Hilfe brauche.«

Beispiel 9: Wunsch - Wahrheit - Leid

Abb. 9. 19jährige Patientin J. H., Bulimie.

»Dem Wunsch entspricht, daß ich dünn sein möchte, attraktiv. Der Wahrheit entspricht, daß mich daran im Bauch etwas hindert, ein teuflisches Wesen, das in mich eingedrungen ist und von Zeit zu Zeit herauskommt und zeigt, daß es noch da ist. Andererseits tut es ihm leid, mir böse zu sein, siehe die Tränen im linken Auge. Dies entspricht dem Leid. Das ganze Leben spielt sich nur im Klo ab.«

Beispiel 10: Unterdrückung

Abb. 10. 48jährige Patientin V. H., Magersucht.

»Der große Arm vermittelt mir das Gefühl, als ob mich jemand unter Wasser drücke. Die Köpfe bin ich.«

Beispiel 11: Krankheit als Gefängnis

Abb. 11. 48jährige Patientin V. H., Magersucht.

»Eine Bretterwand mit einem Loch darin, das größte bisher, durch das ich sehen kann. Die Wand drückt die Wucht aus, mit der ich mich eingesperrt fühle. Wenn man die Wand nur ganz durchbrechen könnte! Mit der Hand versuche ich, mir durch Festhalten am Boden zu helfen. «

Beispiel 12: Suche nach Geborgenheit

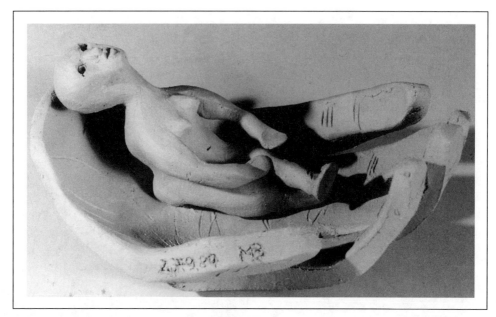

Abb. 12. 29jährige Patientin C. T., Magersucht.

»Diese Figur drückt für mich den Wunsch bzw. das Bedürfnis nach einer Basis, einem Halt aus, der aber nicht festhält, sondern eher auffängt. Die Hand ist groß - groß genug, um sich darauf beruhigt niederzulassen und auszuruhen. Sie ist offen, so daß die Frau nicht von ihr festgehalten, sondern lediglich gestützt wird. In dieser Hand kann man sich geborgen fühlen. Die Frau sitzt, ruht sich also im Moment aus, kann aber jederzeit aufstehen und die Hand für eine Weile verlassen, anders, als wenn sie läge. Außerdem schaut sie über die Handkante hinweg nach draußen, will sich also nicht abkapseln, sondern nur eine Weile zurückziehen, um Kraft zu schöpfen. Das, was außerhalb der Hand vorgeht, interessiert sie schon. So beinhaltet die Figur eine Selbständigkeit ohne Festhalten und Zwänge - drückt aber auch aus, daß ein gewisser Rückhalt nötig ist, aus dem man Kraft schöpfen kann, wenn man allein nicht weiterkommt. «

Indikation und Kontraindikation

Bei den Eßstörungen Magersucht und Bulimie gehört die assoziative Mal- und Tontherapie zu unseren kombinierten Entspannungs- und Psychotherapieverfahren, deren Mittelpunkt die tiefenpsychologisch fundierte Einzeltherapie bildet; in diese sind Mal- und Tontherapie ebenso wie entspannungs- und körperorientierte Therapieformen, zum Beispiel Konzentrative Bewegungstherapie, integriert (Feiereis 1992). Für jeden einzelnen Kranken wird die Therapie im Anschluß an das Erstinterview und die stationäre Aufnahme in die Klinik individuell besprochen und jeweils kontrolliert.

In den beiden ersten Abschnitten wurde skizziert, daß gerade bei Eßgestörten die Indikation für die assoziative Mal- und Tontherapie vorhanden ist; eine Kontraindikation liegt lediglich bei zunächst Schwerkranken und bettlägerigen Patienten vor. Gleiches gilt für psychotische Patienten und schließlich für Kranke, deren Widerstand unüberwindlich ist; d.h. wenn nach zwei- bis dreimaligem Versuch kein für die Therapie produktiver Prozeß in Gang kommt.

Eine Erklärung mag darin liegen, daß die Materialien Stift, Farbe und Ton mit Übergangsobjekten der frühen Kindheit verglichen werden können, die helfen sollen, sich aus der symbiotischen Beziehung zur Mutter zu lösen. Die Bedürfnisse, Erlebtes oder spontan aus dem Unbewußten auftauchende Gefühle bzw. Spannungen im Bild darzustellen, wurden in eine Beziehung zur Entwicklung des Kindes gebracht und im Bild auch als Übergangsobjekte im Sinne Winnicotts (1973) gesehen. Bei narzißtisch gestörten oder Borderline-Patienten, auch bei psychosenaher Entwicklung, ordnete man den aus dem Unbewußten sichtbar gewordenen Bildinhalt primärprozeßhaften Vorgängen zu oder sah ihn im Zusammenhang mit früheren Objektbeziehungen, Ich-Regression und regressiven Abwehrmechanismen (Müller-Braunschweig 1967); nunmehr werde die verbale Auseinandersetzung analog dem Sekundärprozeß ermöglicht.

Hammon hat demgegenüber die Indikation bei Patienten hervorgehoben, die Rationalisierungs- und Fluchttendenzen aufweisen, deren Introspektionsfähigkeit gering ausgeprägt ist und bei denen Störungen in den emotionalen Grundbeziehungen oder im Realitätskontakt vorliegen. Die Werkgestaltung sei real, körperhaft und dinglich, sie entspreche einer Verstofflichung seelischen Materials. So drückt die Plastik spürbar mehr aus, als sie äußerlich darstellt. Über den Ton, der intensive Gefühle zu vermitteln vermag, können Empfindungen und seelische Grundstimmungen bewußt gemacht und Impulse mobilisiert werden, die dann einer Deutung und Verarbeitung zugänglich sind.

Das Auslösen von kathartischen Reaktionen und Einsichten in den psychodynamischen Prozeß und die Deutung von Symbolen werden ebenso möglich wie die eines Abwehrmechanismus, zum Beispiel der Sublimierung oder der Kompensation.

Einbindung in die tiefenpsychologische Therapie der Eßstörungen

Gegenüber den maltherapeutischen Angeboten innerhalb der Werktherapie, in der die Kreativität ebenso gefragt und gefördert wird und somit auch gestalterische Anteile wirksam werden, die sich ichstärkend auswirken können, stellt die von uns angewandte assoziative Mal- und Tontherapie bei psychosomatischen Krankheiten einen in die tiefenpsychologische Behandlung untrennbar eingebundenen Teil des Gesamtkonzeptes dar. Hier finden die Patienten die Möglichkeit, unbewußte Inhalte aus der Krankheitsentwicklung, des Krankheitsprozesses, der Psychodynamik und des Konfliktes auf dem Wege averbalen Gestaltens zu mobilisieren und bewußtseinsfähig zu machen. Diese Möglichkeit stellt ebenso eine »via regia« dar wie der Nachttraum, der gleichermaßen mit seiner ins Bild gesetzten Inszenierung und den folgenden Assoziationen eine Grundlage für tiefenpsychologische Therapie bedeutet.

So liegt es nahe, diese Möglichkeit der assoziativen Maltherapie vor allem auch bei den Patienten zu nutzen, die sich an keine Träume erinnern, zum Beispiel allein, unabhängig von der Gruppe oder in der ambulanten Therapie assoziativ zu malen, wann immer es ihnen einfällt.

In der Supervision des Therapeuten sind selbstverständlich die Bilder ebenso einbezogen, d.h., auch für den Supervisor oder für die Balint-Gruppe ist die Gegenwart des bildnerischen Materials ein fester Bestandteil.

Aufwand

Die assoziative Maltherapie wird zweimal in der Woche jeweils zwei Stunden in einer halboffenen Gruppe mit 10 - 15 Patienten durchgeführt, die Tontherapiegruppe ebenfalls zweimal in der Woche, zweieinhalb Stunden für je 8 - 10 Patienten. Das Material wird kostenlos zur Verfügung gestellt.

Die Patienten bleiben während des gesamten stationären Aufenthaltes in diesen Gruppen. In der ambulanten Fortsetzung der tiefenpsychologischen Einzeltherapie regen wir die Patienten an, auch zu Hause spontan Bilder zu malen, Assoziationen dazu aufzuschreiben und in der Therapie darüber zu sprechen.

Die Gruppe wird jeweils von einer Therapeutin geleitet, die nicht identisch mit der Einzeltherapeutin bzw. dem Einzeltherapeuten ist. Ihre Aufgaben sind vielfältig:

Im Einführungsgespräch versucht sie bereits, eine lockere Atmosphäre und einen positiven Kontakt zu den Patienten aufzubauen. Sie nimmt deren Ängste wahr, spricht mit ihnen über Vorurteile, Leistungsdruck, ablehnende Gefühle in Erinnerung an die Schulzeit und entwickelt ein Gespräch, in dem dann die Patienten aus sich herauskommen können. Im weiteren Verlauf wird langsam der tiefere Sinn dieser für viele Patienten ungewöhnlichen Therapie deutlich. Sie können nun mit wachsendem Interesse den Ausführungen der Therapeutin folgen. Die Einführungsphase führt dann über in die Gestaltungsphase. Die Maltherapeutin zieht sich zurück, bleibt aber im Raum und wird zur teilnehmenden, in manchen Fällen auch passiven Beobachterin. Im Verlauf des weiteren Prozesses ergeben sich Fragen über den Umgang mit bestimmten Materialien, aber auch über den Umgang mit sich selbst, mit auftretenden Beschwerden, Gefühlen und Empfindungen. In solchen Phasen ist die psychotherapeutische und maltherapeutische Selbsterfahrung der Therapeutin gefordert, um dem Patienten zu helfen, mit einem eventuell weiteren Bild aus überschäumenden Reaktionen herauszufinden und entstandene Spannungen abzubauen.

Aus diesen Beispielen geht hervor, daß der Patient in der Maltherapie nicht allein gelassen werden soll. Die Maltherapeutin soll eine therapeutische Situation aufrechterhalten und für eine Atmosphäre sorgen, in der einfallsreiches Gestalten möglich ist. Sie ist mit ihrer konstanten Anwesenheit aber nicht nur ständige Begleiterin des Malprozesses, sondern auch bereit zum Dialog, wodurch eine enge Beziehung zum Patienten und ebenso zur Entstehung seines Bildes eintritt, was deutlich werden läßt, wie Gestaltungs- und Vestehensprozeß ineinander übergehen, worauf auch andere Autoren hinwiesen (Böhler, 1988). Gerade dadurch werden auch assoziative Einfälle und deren tiefenpsychologische Verbalverarbeitung in der Einzeltherapie zu einem einheitlichen psychotherapeutischen Prozeß verbunden.

In der Schlußphase ergibt sich mit dem gemeinsamen Aufräumen noch einmal ein sehr positiver Kontakt mit den Patienten und der Patienten untereinander. Die Patienten sind locker und in gehobener Stimmung - trotz der verschiedenen Nöte, in denen die Teilnehmer stecken. Besonders auch bei kontaktgestörten und ängstlichen Menschen entwickelt sich im Laufe des Malens eine Vertrauensbasis. Die Maltherapeutin gerät jetzt in eine aktive, unterstützende und Sicherheit gebende Rolle, in der sie dann auch Wünschen nach einem Gespräch nachgeben sollte, unter Beachtung ihrer verbindenden Funktion zur Einzeltherapie, sich der Deutungen oder Interpretationen aber enthalten sollte. Sie könnte Fragen stellen nach der Einordnung der Figuren, nach der Farbwahl, nach Gefühlen und Empfindungen, die durch das Bild oder Bildteile ausgelöst werden. Wenn dann an ihrer Reaktion oder verbindlichen Geste ein Verständnis erkennbar ist, tritt eine merkliche Entspannung des Patienten ein. Bei keinem der Anwesenden darf das Gefühl aufkommen, er sei weniger angenommen und ernstgenommen als andere. Es ist wichtig, daß die Therapeutin für jeden Patienten ein gutes Wort und eine freundliche, vom Gefühl getragene Zuwendung findet, aber auch gleichzeitig therapeutische Distanz und Zurückhaltung zu wahren vermag. Auffallend ist, wie diese Atmosphäre störanfällig wird, wenn plötzlich ein Arzt hinein kommt, gar einen Patienten herausholt oder irgendein anderer die Aufmerksamkeit der Therapeutin beansprucht.

Kritische Diskussion

Im Unterschied zur Werktherapie, in der die verschiedenen Materialien angeboten werden, um in dem Patienten kreativ-gestalterische Fähigkeiten zu entwickeln und sie ichstützend und kommunikativ in der Gruppe therapeutisch nutzbar zu machen, ist die assoziative Mal- und Tontherapie in die tiefenspychologische Psychotherapie eingebunden. Es muß also die Voraussetzung erfüllt sein, daß der Patient nicht vorgegebene Inhalte malt, sondern gerade das, **was ihm im Augenblick unvermittelt einfällt**.

Unser Interesse bei der Auswertung galt natürlich der Frage, ob sich bei Magersucht und Bulimie Kategorien und Schwerpunkte finden lassen, die den manifesten und latenten Bildgehalt krankheits- oder krankenbezogen kennzeichnen. Ferner war zu fragen, ob es Gemeinsamkeiten, Untergruppen innerhalb der beiden Krankheiten und Unterschiede gegenüber anderen psychosomatischen Erkrankungen gibt (Feiereis 1989). In der Auseinandersetzung mit der Therapie und den Therapeuten spielt bei beiden Krankheitsgruppen die Aggression eine wichtige Rolle. Auch nimmt das Thema »Angst« einen großen Raum in Bildern beider Gruppen ein. Verzweiflung und Todesvorstellungen finden genauso ihren Ausdruck wie Lebensangst, Angst vor der eigenen Krankheit, Angst vor Sexualität, Angst vor dem Krankheitsverlust, Angst vor Freßanfällen sowie der bewußt erlebten Autoaggression.

Während Magersüchtige äußerst häufig ihre Regressionsphantasien in Bilder umsetzen, stellen Bulimiepatienten weit mehr symbiotische Inhalte dar, die in diesen Bildern oft angstbesetzt sind, durchaus aber auch als positiv empfunden werden oder unreflektiert bleiben. Spaltungen, Teilungen, Halbierungen und Brüche in den Körper-, Kopf- und Raumdarstellungen finden wir in fast allen untersuchten Bildern beider Krankheitsgruppen, besonders häufig auch eine Auseinandersetzung mit der eigenen Krankheit und der ambivalent empfundenen Besserung bzw. dem Verlust der Krankheit.

Die averbale Auseinandersetzung mit der Therapie und dem Therapeuten zeigt sich in einer großen Zahl der Bilder. Anklage, Verzweiflung, Ängste, Aggressivität, Autonomiebestrebungen und Schuldzuweisungen werden kraftvoll ausgedrückt. Besonders bei den Magersuchtpatienten wird eine aggressive Haltung gegenüber der Therapie in einigen Phasen des Krankheitsverlaufes deutlich. Als unterscheidendes Merkmal lassen sich das asketische Ideal bei den Magersuchtpatienten und die augenfällige Angst vor Unförmigkeit und »Ausuferung« bei Bulimiepatienten verstehen.

In unserer letzten Ordnungskategorie versuchten wir eine Gebenüberstellung von auffälligen Unterschieden bei Magersucht- und Bulimiekranken. Hier werden einige Tendenzen der unterschiedlichen »Bewegungen« in den Bildern beider Krankheitsgruppen sichtbar: Bei Magersuchtpatienten finden wir vor allem Formen der Zentrierung, der Raumverengung und der zentripetalen Strebung, bei den Bulimiepatienten hingen häufig die gegenteilige Bewegung: Die Formen streben nach außen, werden weiter, sind zentrifugal. Diese Zusammenhänge zeigt Tabelle 2 in einer vergleichenden Gegenüberstellung.

Tab. 2. Zusammenfassung der auffälligsten Unterschiede zwischen Magersucht- und Bulimiepatienten, die sich in der assoziativen Maltherapie äußern.

Magersucht	Bulimie
• zentripetal	• zentrifugal
• Regression	• Symbiose
• dumpfe Depressivität	• reaktive Depressivität
• Ekel vor dem Essen	• Versuch, kontrolliert zu essen
• dünn werden wollen	• nicht dickwerden wollen
• hungern wollen	• nicht fressen wollen
• mehr Abwehr gegen die Therapie	• wenig Abwehr gegen die Therapie
• Todesvorstellungen	

Zusammenfassung

Die assoziative Mal- und Tontherapie hilft dem Patienten, sich in seinen Gestaltungen assoziativ und kreativ mitzuteilen, sich im Bild oder in der Tonarbeit besonders an seine unbewußten Konflikte zu erinnern, sie zu erkennen und somit bisher ungenutzte Entwicklungsmöglichkeiten zu fördern. Die Bilder und Tonfiguren stellen auch eine Begegnung zwischen der subjektiven Welt des Patienten und der äußeren Realität her und werden zur Brücke zwischen innen und außen. Sie helfen dem Patienten einerseits, seine innere Welt von der äußeren zu trennen, andererseits aber auch, die beiden Pole zu verbinden.

Psychodynamische Therapie mit dem Katathymen Bilderleben

Katathym-imaginative Psychotherapie

E. Wilke

Theoretische Grundlagen

Das »Katathyme Bilderleben« (KB) wurde in seinen Grundzügen erstmals 1954 von H. Leuner publiziert. Im »Experimentellen Katathymen Bilderleben« (Leuner 1955) wurde versucht, die Bedeutung tiefenpsychologischer Symbolik im Experiment zu bestätigen bzw. differenzierter darzustellen. Bald wurde deutlich, daß sich in katathymen Imaginationen nicht nur psychodynamische Abläufe bildhaft darstellen, sondern daß sich im dialogischen Miteinander stets ein psychotherapeutischer Prozeß entwickelt. In ihm spielt die symbolhafte Darstellung unbewußter Konflikte eine zentrale Rolle. Auch Übertragungs- und Gegenübertragungsphänomene sowie Widerstände sind einerseits in die Symbolisierung einbezogen, andererseits manifestieren sie sich in der Interaktion zwischen dem Patienten und seinem Therapeuten.

Imaginative Vorgänge im Rahmen einer psychoanalytischen Therapie - zum Teil in Analogie zum Nachttraum - wurden von Silberer (1909, 1912), Kretschmer (1922) und Happich (1932) beschreiben. Désoille beschrieb 1945 ein Verfahren des gelenkten Tagtraums (rêve éveillé dirigé).

Der Begriff »katathym« wurde von H. Maier (1912) verwendet. »Kata« bedeutet im Griechischen »gemäß«. »Thymos« bezeichnet die Seele bzw. die Emotionalität. Der Begriff »katathym« kommt bereits in der Odyssee vor und wird dort übersetzt mit »vom Herzen kommend«. Der Begriff weist darauf hin, daß es sich um **emotionale bzw. vom Affekt gesteuerte Bild- und Erlebnisinhalte** handelt. Da die bildhaften Projektionen der innerseelischen Abläufe oft einen dramatischen Charakter haben, wird vor allem in Holland und Schweden der synonyme Begriff »Symboldrama« bevorzugt. Im angloamerikanischen Sprachraum ist die Bezeichnung »Guided Affective Imagery« gebräuchlich.

In leichter psychophysischer Entspannung bzw. auf der Schwelle zum Schlaf treten gehäuft imaginative Phänomene auf. Silberer (1909), Freud (1900) und Kretschmer (1922) wiesen darauf hin, daß diese Tagträume den Prinzipien psychoanalytischer Traumarbeit folgen. Vorherrschendes psychologisches Prinzip ist die Projektion. Freud arbeitete von 1882 bis 1888 mit induzierten Tagträumen und erforschte mit ihrer Hilfe unbewußte psychodynamische Vorgänge. Seither unterliegt der Tagtraum unterschiedlichen Bewertungen. Freud betonte vorübergehend die Abwehraspekte. Heute steht der Tagtraum in der tiefenpsychologisch fundierten Therapie gleichwertig neben dem Nachttraum.

Seit den ersten Veröffentlichungen von Leuner (1954, 1955) wurde das Verfahren des Katathymen Bilderlebens ständig weiterentwickelt (Leuner 1964, 1985, 1994; Wilke u. Leuner 1990).

Der Begriff »Katathymes Bilderleben« steht heute für den spezifischen imaginativen Prozeß im Rahmen der therapeutischen Beziehung; die Bezeichnung »katathym-imaginative Psychotherapie« charakterisiert jene Form tiefenpsychologisch fundierter, psychodynamischer Therapie, in der die beschriebenen imaginativen Prozesse eine zentrale Rolle spielen.

Die diagnostische Relevanz im Sinne des »Experimentellen Katathymen Bilderlebens« wurde systematisch untersucht. Das Katathyme Bilderleben benötigt zur Anregung der Projektion keine materielle Vorlage. Die optische Phantasie »an sich« reicht aus, um den unbewußten Konflikt im Tagtraum darzustellen. Nach einiger Übung entstehen farbige und dreidimensionale Imaginationen, die dem Therapeuten im Augenblick ihres Entstehens berichtet werden. Der Patient entwickelt seine eigene imaginative Welt, die quasi realen Charakter bekommt.

In der katathym-imaginativen Psychotherapie wird der Tagtraum im Moment seines Entstehens simultan dem Therapeuten berichtet. Hierdurch unterscheidet sich das Verfahren von anderen imaginativen Techniken, wie z.B. der aktiven Imagination von C.G. Jung oder der Oberstufe des autogenen Trainings. Durch diesen Bericht über das symbolhafte innere Geschehen »in statu nascendi« ist der Therapeut in besonderer Weise am inneren Prozeß des Imaginierenden beteiligt. Übertragungs- und Gegenübertragungsphänomene entwickeln sich analog zur tiefenpsychologisch fundierten Therapie. Allerdings spielt die Analyse von Übertragungs- und Gegenübertragungsbeziehungen im Katathymen Bilderleben keine so zentrale Rolle wie im klassischen analytischen Setting, da sich das innere Drama des Patienten überwiegend auf dem Projektionsschirm seiner Imaginationen abbildet. Dieser wird gleichermaßen vom Träumenden wie von seinem Therapeuten beobachtet. Für den Therapeuten ist es wichtig, projizierte Gegenübertragungswiderstände als solche wahrzunehmen.

In der Initialphase einer Therapie hat es sich bewährt, dem Patienten bestimmte **Motive** vorzuschlagen. Dieses Vorgehen geht von der Hypothese aus, daß das psychische System in seinem affektiv-emotionalen Bereich auf die Anregung eines Vorstellungsmotives hin Antworten auf unbewußte Konfliktkonstellationen gibt. So kann die Aufforderung, in der

Imagination einen Berg zu ersteigen, den Konfliktbereich der Leistungsbereitschaft bzw. Leistungsverweigerung anregen. Es ließ sich experimentell nachweisen, daß eine hohe statistische Korrelation zwischen dem angebotenen Symbolmotiv und dem angesteuerten Konfliktkreis besteht. Die Motive sind thematisch geordnete Kristallisationskerne zur Anregung katathymer Szenen, in denen der Patient seine unbewußten Konflikte und deren Abwehr darstellt.

In der Grundstufe wird das Wiesenmotiv, das Bachmotiv, das Bergmotiv, das Hausmotiv und das Motiv des Waldrandes angeregt. In Motiven der Mittelstufe werden Begegnungen mit Bezugspersonen gefördert. Die Grundstufenmotive zeichnen sich durch eine gewisse therapeutische Breite aus, in den Mittelstufen- und Oberstufenmotiven können Konflikte stärker fokussiert werden.

Die Vorgabe von Motiven fördert in der Regel initial den therapeutischen Prozeß. Der Therapeut als Begleiter versucht, seinen Patienten zu ermutigen, sich mit dem Motiv und so mit sich selbst und den ihn umgebenden Objekten zu konfrontieren. Der Patient hat jedoch alle kreativen Freiheiten, das Motiv zu individuellen Szenen auszuweiten.

In späteren Phasen der Therapie tritt das **assoziative Vorgehen** (Leuner 1964) immer mehr in den Vordergrund. Dabei wird in Analogie zu den freien Assoziationen der klassischen Psychoanalyse der Tagtraum nur noch minimal strukturiert. Die Interventionen des Therapeuten beschränken sich darauf, den Fluß der inneren Bilder zu fördern, den Patienten zu ermutigen und - wo es sinnvoll ist - behutsam zu unterstützen. Im Gegensatz zur Psychoanalyse kommt es nicht zu einem Fluß von Wortassoziationen, sondern zu einer assoziativen Kette von Imaginationen, die von Affekten getragen und begleitet werden.

Da dieser Vorgang verbal vermittelt wird, läßt sich die Tiefe der **Regression** durch die Art des verbalen Kontaktes steuern. Es handelt sich um eine kontrollierte Regression, die oft in frühe Phasen der Individuation zurückführt. Die Patienten finden sich in Kindheitsszenen wieder und durchleben sie intensiv. Hierbei kann es zu einer Regression auf den Konflikt kommen, oft aber auch zu einer Regression in einen konfliktarmen Bereich - im Sinne einer harmonischen, wohltuenden Kindheitsszene. Dieses »Regredieren vor den Konflikt« stellt ein Phänomen dar, das für die Behandlung psychosomatisch Kranker und Eßgestörter von besonderer Bedeutung ist.

Neben der ersten konfliktzentrierten Dimension des Katathymen Bilderlebens liegt in dieser »zweiten Dimension« die Möglichkeit der **Befriedigung archaischer Bedürfnisse**. Die Imagination zentriert sich auf ein regressives, wohltuendes Erleben, wie es vielleicht in der bisherigen Realität des Patienten nicht möglich war. Häufig kommt es zu Szenen innerer Beglückung im Sinne einer »therapeutischen Regression« (Balint 1970). In imaginierten Szenen von Geborgenheit und Ruhe bildet sich eine psychophysische Entspannung heraus. Eine solche »bergende«, primärprozeßhafte Szenerie ist an eine weitgehende Akzeptanz zwischen Patient und Therapeut gebunden. In einer oral befriedigenden Szene kann sich ein Patient als Säugling an der Brust einer idealen, spendenden Mutter imaginieren. Oft kommt es beim assoziativen Vorgehen zu primärnarzißtischen Erlebnissen, so zum Erlebnis, mit der Natur zu verschmelzen, auf einer sonnigen Wiese auszuruhen, Wasser aus einer Quelle zu trinken oder in einem See zu baden. Dies kann zu narzißtischen Stabilisierungen beitragen, wie sie in der Behandlung von Eßstörungen von großer Bedeutung sind.

Da sich nach solchen Imaginationen anhaltende klinische Besserungen ergaben, ließ sich die Hypothese bilden, daß sich durch längeres Imaginieren konfliktarmer, überwiegend guter und bedürfnisbefriedigender Szenen auf dem Hintergrund einer anaklitischen Übertragung zum Therapeuten Entwicklungsdefizite kompensieren bzw. korrigieren lassen (Wilke 1979 u. 1990).

Zur Einleitung einer Imagination bedarf es nur einer angedeuteten **Entspannungsvorgabe**. Wir bitten die Patienten, sich zu entspannen, ruhig zu atmen, sich ein Motiv. z.B. eine Wiese, vorzustellen und über alles zu berichten, was in ihrer Vorstellung entsteht. Wir bitten sie, auch über andere Wahrnehmungsqualitäten wie Fühlen, Riechen und Hören zu berichten. Der Therapeut sitzt in Kopfhöhe neben dem auf der Couch liegenden Patienten und schaut in dieselbe Richtung. Er bittet ihn, seine inneren Bilder möglichst genau zu beschreiben, auf seine Körperwahrnehmung zu achten und auch über die begleitenden Gefühle zu sprechen. Bald kommt es zu einem sich selbst verstärkenden Kreisprozeß zwischen immer deutlicher werdenden Imaginationen in der Regression und einer sich vertiefenden psychophysischen Entspannung. Es entsteht eine anaklitische Übertragung im Sinne von Spitz (1956/1957). Der Therapeut hat nun die Aufgabe, den Bezug zur Realität aufrechtzuerhalten und zugleich den Patienten in seine innere Welt zu begleiten.

Die Psychodynamik der Eßstörungen im Spiegel der katathym-imaginativen Psychotherapie

Erste Erfahrungen und Publikationen von Kleßmann und Kleßmann (1975, 1990) haben uns ermutigt, die katathym-imaginative Psychotherapie als tiefenpsychologisch fundiertes Verfahren bei stationär und ambulant behandelten Eßkranken anzuwenden.

Die Zahl der therapeutischen Sitzungen schwankt zwischen 12 und 180 bei einer Frequenz von 1 bis 3 Wochenstunden im stationären Setting, einer oder zwei Wochenstunden im ambulanten Setting. Die Therapie beginnt wie jede analytisch orientierte Therapie mit einer biographischen Anamnese. Ab etwa der 5. Behandlungsstunde werden Imaginationen angeregt, die in der Dyade begleitet werden und etwa 20 bis 30 Minuten dauern. Zuvor erfolgt stets ein etwa 10minütiges Vorgespräch, der Tagtraum wird entweder noch in derselben Sitzung oder den darauffolgenden Sitzungen nachbesprochen. In der Praxis erfolgt maximal in jeder 2. Behandlungsstunde eine Imagination, oft auch nur in jeder 3. oder 4.

In diesen dazwischenliegenden Sitzungen, in denen nicht imaginiert wird, gehen wir nach den Prinzipien analytisch orientierter bzw. tiefenpsychologisch fundierter Therapie vor. Das Material aus dem Tagtraum ist Gegenstand weiterer Assoziationen, führt zu Erinnerungen, Vertiefungen und zur Entschlüsselung innerer Widersprüche. Im klinischen Setting ist es leichter als in der Ambulanz (aber auch dort möglich), Bezüge zu parallellaufenden, anderen Therapieformen herzustellen. So hat sich in der Curtius-Klinik ein Setting bewährt, in dem in der Einzeltherapie während zweier wöchentlicher Sitzungen am Wochenanfang imaginiert wird. In der zweiten Wochenstunde wird zur Imagination assoziiert, im klassischen Sinne tiefenpsychologisch gearbeitet. Querverbindungen entstehen vor allem zu körpernahem Erleben in der parallel laufenden Atemtherapie oder konzentrativen Bewegungstherapie.

Es ist offensichtlich, daß Imaginationen Körpererleben wie auch Bewußtsein beeinflussen, daß bestimmte Formen der auf das Körpererleben zentrierten Therapie die Imaginationen beeinflussen und daß so ein **Kreisprozeß** wechselseitiger Beeinflussungen von Körpererleben, imaginativer Symbolisierung und letztlich Verbalisierung im Gespräch mit dem Therapeuten entstehen. Es ist im Einzelfall schwer zu entscheiden, auf welcher Ebene die entschcidenden therapeutischen Veränderungen angeregt werden, doch vermute ich, daß die **Verbalisierung**, d.h. die Mitteilung an den Therapeuten, den entscheidenden unverzichtbaren Schritt zur inneren Veränderung bzw. Stabilisierung darstellt (s.u.).

Kleßmann und Kleßmann wiesen darauf hin, daß die Therapie besonders dann erfolgreich war, wenn es gelang, die »Tore zum Bildbewußtsein« im Katathymen Bilderleben zu öffnen. »Die mitunter erstaunlich raschen Entlastungsmöglichkeiten, die Steuerarbeit, unmittelbare Anschaulichkeit der Tagträume entwickelten sich bei den meist lebhaft bildernden Magersüchtigen als **das Instrument**, auf dem sich der tiefenpsychologische Dialog nicht nur rasch in Gang setzen, sondern auch über Phasen des Widerstandes fortführen ließ«. Das war angesichts der schlechten körperlichen Verfassung unserer Kranken wichtig, da wir ja darauf angewiesen waren, möglichst bald Material gewinnen und bearbeiten zu können.

Unsere ersten Versuche, mit diesen Patientinnen und Patienten zu imaginieren, beruhten auf der Beobachtung, daß sie selbst - zumindest zu Beginn der Behandlung - sehr wenig Krankheitseinsicht, geschweige denn Leidensdruck zeigten, Wir hatten bei anderen Patienten die selbstkonfrontative Kraft des Verfahrens kennengelernt und hofften, die festgefügte psychische Abwehr den Patienten im imaginativen Prozeß verdeutlichen zu können. In den ersten Imaginationen von Magersüchtigen stellt sich regelhaft eine **ausgeprägte Dichotomie** dar. Es fehlt die Mitte. Die Angst dieser Kranken vor dem Mittelmaß bzw. ihre Unfähigkeit, sich in der Mitte zwischen »dick und dünn« oder zwischen »gut und böse« zu erleben, stellt sich rasch und drastisch dar.

Die **Imagination einer Blume** regt zur Entwicklung eines inneren Selbstbildes an. Magersüchtige imaginieren oft verschiedene Blumen nebeneinander, z.B. ein unscheinbares Gänseblümchen, daneben eine mächtige, eindrucksvolle Blume, z.B. eine Orchidee. Diese beiden imaginativ symbolisierten Selbstrepräsentanzen stehen unverbunden nebeneinander. Nicht selten geschieht es auch, daß die Gestalt der imaginierten Blume wechselt zwischen einer kräftigen, widerstandsfähigen Blume und einer fragilen schutzbedürftigen.

Im Tagtraum einer 18jährigen Patientin mit schwerer, nach dem Abitur einsetzender Magersucht schwebt eine blaue Blume in der Landschaft mit einem kleinen See, einer angrenzenden Stadt und einem im Hintergrund hoch aufragenden Berg. Die schwebende Blume empfindet die Patientin beim späteren Betrachten des gemalten Bildes als Selbstdarstellung, sie fühlt sich wie die Blume sehr schön, etwas kopflastig und völlig losgelöst von der Landschaft, aus der sie - wie sie meint- irgendwie entstanden sei und in die sie wohl auch zurückkehren müsse.

Das Motiv beleuchtet die narzißtische Dimension der Erkrankung, die Unsicherheit über die eigene Bedeutung, über das berechtigte oder unberechtigte Selbstbewußtsein, über das Ausmaß der Bewunderung durch andere. Idealisierung und Entwertung stehen unverbunden nebeneinander. Dieses wird dem Patienten selbstkonfrontativ in der Imagination deutlich. Oft kommt es schon in dieser frühen Phase der Therapie zu heftigen affektiven Reaktionen.

Auch im **Wiesenmotiv** stellt sich die brüchige, zwiespältige Existenz dar. Oft fehlen Wurzeln, das Gras zeigt verdorrte Stellen, die Wiese selbst ist entweder riesengroß und unbegrenzt oder besteht aus einem winzigen, eng begrenzten Areal. Auffällig ist, daß prächtige und überschwere Blüten oft von einem fragilen Stiel getragen werden, oder daß dieser Stiel bei der Berührung und genauen Beobachtung immer dünner wird. Dies entspricht dem körperlichen Selbsterleben. Die imaginative Wahrnehmung stimmt die Patienten nachdenklich.

Als Beispiel für die Entwicklungsmöglichkeiten, die sich schon in der Frühphase einer Therapie imaginativ abzeichnen, sei der Traum einer 18jährigen Patienten mit einer schweren Magersucht ausführlicher dargestellt:

Sie erlebt sich auf eine Wiese liegend und spürt, wie die Gräser sie tragen. Die unter ihrem geringen Gewicht entstehende Mulde wird zu einem Bett, die Gräser schließen sich leicht über ihr, lassen aber den Blick zum Himmel frei.»Ich fühle mich, wie wenn ich in einer Wiese liege. « Der Therapeut fordert sie auf, dieses Gefühl zu intensivieren und auch das Kleiner- und Jüngerwerden zuzulassen. Die Patientin verharrt über längere Zeit in einem tief regressiven kleinkindhaften Gefühl, die umgebende Wiese bekommt die Repräsentanz der nährenden und schützenden Mutter. Die taktile Wahrnehmung wird intensiviert. Nach einiger Zeit hat die Patientin das Gefühl, daß sie sich »vielleicht etwas aufrichten« will. Sie spürt, daß sie irgendwie nicht mehr in die vorgeformte Höhle der Wiese hineinpaßt.»Ich bin nicht sicher, ob die Wiese mich noch lange in sich haben will.«

Die Mutter der Patientin war im Verlauf der Erkrankung ihrer Tochter selbst depressiv geworden, hatte ihr überprotektives, nährendes Verhalten zunehmend aufgegeben und sich der Patientin abrupt entzogen, als sie in eine Klinik eingeliefert wurde. Der Vater, mehr resignierend als depressiv, hatte sich ebenfalls mehr und mehr zurückgezogen. Nur die Schwester der Patientin - selbst manifest depressiv - hielt ständigen Kontakt zu ihr. In dieser Phase forderte der Therapeut die Patientin auf, sich aufzurichten und zu versuchen, die Wiese zu überblicken. Dabei solle sie genau spüren, was diese Bewegung des Sich-Aufrichtens in ihr bewirke. Sie verkürzt diesen Prozeß in der Imagination und sieht sich bald schwebend bzw. fliegend über der Landschaft. Der Vorgang ist charakteristisch. Die

Trennung wird nicht in ihren aktiven und passiven Aspekten erlebt. Der narzißtisch getönte »Flug über die Wunde« ermöglicht, den Schmerz der Trennung für eine Zeit zu mindern. Die Wahrnehmung und das Abtasten der Landschaft erfolgt aus größerer Distanz, die Patientin erlebt sich dabei in ihrer jetzigen und erwachsenen, wenn auch magersüchtigen Gestalt.

Die ersten Wiesen magersüchtiger Patientinnen sind zumeist »unberührt«. Treten im Verlauf Hindernisse oder bedrohliche Elemente auf, so teilt sich oft der Weg. Auf der einen Seite entsteht ein übersichtlicher, oft zwanghaft geordneter Raum, in dem sich die Patientinnen einigermaßen sicher bewegen können. Getrennt davon entwickeln sich unübersichtliche, nebulöse und ängstigende Bereiche, die sich auch imaginativ zunächst nicht erschließen lassen. Ihre Unstrukturiertheit und Unendlichkeit wird als bedrohlich empfunden.

Die 15jährige Christine erlebt einen wie mit dem Zirkel angelegten Blumengarten, der an spätgotische Paradiesgärten erinnert. Im Verlauf des Geschehens entsteht eine Mauer, die diesen Garten zusätzlich umschließt und sichert, aber auch einengt. Nach langem Suchen findet sie eine winzige Tür, die durch mehrere Schlösser gesichert ist. Sie nimmt die Schlüssel, schließt zögernd auf und öffnet die Tür. Unmittelbar hinter der Türöffnung bricht das Gelände steil ab. Sie schaut in ein graues Meer von Wolken, das sich über einer unendlichen Landschaft ausdehnt, in der sie keine Strukturen erkennen kann. Es gibt keinen Weg hinab ins Tal, sie ist auf ihrer Garteninsel völlig isoliert und kann dies im Verlauf der Imagination erstmals als innere Wahrnehmung zulassen.

Beim **Bachmotiv** wird diese Trennung zwischen bewohnbar und unbewohnbar, bergend und entblößend oft besonders deutlich. Der Bach trennt diese Bereiche voneinander, sein ruhiger Fluß zu Tal - als Metapher strömenden Lebens zu verstehen - kann nicht miterlebt werden, seine Ufer sind oft sumpfig.

Beim **Bergmotiv** manifestiert sich symbolisch der hohe innere Anspruch der Patienten. Die Berge ragen hoch auf und reichen bis in Regionen, die für Menschen eigentlich nicht mehr zu betreten sind, in Todeszonen. Der rastlose und zwanghafte Impuls, die höchsten Gipfel zu erklimmen, entspricht dem inneren Zwang, sich bis in diese Grenzbereich, auch in Todesnähe, vorzuwagen. Es sind Bereiche, in die ihnen so leicht niemand folgt. Gefühle von Großartigkeit und Einzigartigkeit sind meist stärker als das Gefühl von Bedrohtheit und Einsamkeit. Beim Blick zurück vom Gipfel empfinden die Kranken die Landschaft, die sich unten ausbreitet, als weit entfernt und in Einzelheiten nicht mehr wahrnehmbar. Kleßmann und Kleßmann (1990) weisen darauf hin, daß im Bergmotiv außer dem Aspekt der Isolation und dem Aspekt des Anspruchs auf Leistung auch die Perspektive von Nähe zum Himmel und Entfernung von der Erde enthalten ist. Sie berichten von einer Patientin, die weißgekleidet auf einem grauen Gipfel steht und dort eine ernste, dem Alltag enthobene spirituelle Kühle repräsentiert. Unterhalb des Gipfels beobachtet sie eine vielfältige Natur, ein erdverbundenes sinnliches Diesseits. Die Patientin will nicht hinabsteigen, sie fühlt sich der oberen Hemisphäre zugehörig.

Die **Häuser** der Magersüchtigen geraten in der Imagination oft zu **Burgen**. Sie sind Festungen ohne Zugang und signalisieren dem Therapeuten, daß sie nicht zu erobern sind. Wird doch ein Blick ins Innere gewährt, sind dort erstaunlich wenige abgeschlossene Räume zu finden. Dies entspricht dem aus der Familientherapie bekannten Phänomen, daß sich Magersuchtsfamilien nach außen hin stark abkapseln, nach innen jedoch eine Privatsphäre innerhalb des »Familienraumes« tabuisieren.

Die 14jährige Claudia befindet sich im Inneren der Familienburg, die kühl ist und ohne Lebendigkeit. Sie sieht sich in eine Ecke gekauert, in der Nähe der Wand, »wie in einem Verlies; ich könnte auch eine Kugel am Fuß haben«. Der Therapeut fordert sie immer wieder auf, den ihr zur Verfügung stehenden Raum zumindest zu betreten, nicht resignativ und unbeweglich im selbstinszenierten Charakter zu verharren. Wie Claudia sind Magersüchtige im Umgang mit dem Raum oft behindert. Sie unterliegen einer Raumeinschränkung, einer Blockierung der eigenen Expansivität, die sich im Tagtraum deutlich abbildet. Diese Blockierung der expansiven Wünsche drückt sich im Bewegungsverhalten - sowohl im Bild wie auch in der Realität - aus. In eigenartigem Kontrast hierzu steht der Drang zu zwanghaft beschleunigten Bewegungsabläufen. Diese dienen nicht der Raumgewinnung, sondern weiterer Gewichtsabnahme. Oft rennen Magersüchtige im ursprünglichen Wortsinn »auf der Stelle«.

In der skizzierten und unter diagnostischem Aspekt beschriebenen Phänomenen deuten sich die therapeutischen Möglichkeiten an. Die Rückwirkung dieser Imaginationen auf das erlebende Selbst macht die Patientinnen nachdenklich, in der Selbstkonfrontation erhöht sich der Leidensdruck, bzw. erste Spuren bewußten Leidens können über den Umweg der Imagination symbolisch mitgeteilt werden. Die sich entfaltende Phantasie ist in sich selbst therapeutisch wirksam, zumal sie mit zunehmender Entwicklung der imaginativen Szene von Affekten begleitet ist.

Hinzu kommt ein **Probehandeln in der Phantasie**, zu dem der Therapeut immer wieder auffordert. Dieses Probehandeln besteht oft im vorsichtigen Überschreiten scheinbar unüberwindlicher Grenzen. Der Therapeut ist nicht mehr nur Begleiter und Interpret von Assoziationen, sondern er fordert zur Handlung auf, um neue Erfahrungen aus dem Handeln heraus zu ermöglichen. In der immer wieder geübten Annäherung an ängstigende und womöglich ekelerregende Bereiche liegt die Möglichkeit, die Fähigkeit zur Kompromißbildung im Bild zu fördern und letztlich die Fähigkeit zur psychosozialen Kompromißbildung im realen Leben vorzubereiten. Der Therapeut gibt dabei keine Richtung vor, muß aber ein Gespür dafür entwickeln, wieviel er seinem Patienten und sich selbst aufbürden kann und wieviel der Patient in seiner Gegenwart sich selbst an Entwicklung zumuten sollte. Beim Überschreiten dieser »zuträglichen Dosis« droht ein erneutes rigoroses Zurückschrecken im Sinne einer traumatischen Wiederholung.

Die Ausgestaltung des imaginativen Raumes zwischen dem Patienten und seinem Therapeuten ist ein kreativer Prozeß. Gerade das übende Vorgehen in kleinen Schritten - wie es für die Grundstufe des Verfahrens typisch ist - fördert das dialogische Erleben in der

Mitte zwischen Gut und Böse, was die Kranken mit ihren dualistischen Polarisierungs- und Spaltungstendenzen zu vermeiden suchen (Kleßmann 1990, S. 103).

Das psychische Abwehrsystem Magersüchtiger ist in der Regel festgefügt. Die Selbst-konfrontation in der imaginierten Begegnung mit Selbstrepräsentanzen kann es erschüttern. Es kann notwendig werden, die während der Imagination entstehende Erschütterung im Nachgespräch aufzufangen. Wird die symbolische Bedeutung nicht als Erlebnis erfaßt und tritt kein adäquater Affekt auf, kann im Nachgespräch eine konfrontierende Deutung wichtig sein.

Die Erlebnisse und Entwicklungen während einer KB-Therapie von Eßgestörten sind sprachlich nur teilweise erfaßbar. Die verbale Vermittlung des Tagtraums beschreibt nur die Oberfläche eines vielschichtigen, weit in den präverbalen Bereich hinabreichenden Erlebnisprozesses. Der Therapeut beobachtet gleichsam die Oberfläche eines bewegten Gewässers, dessen eigentliche Verwirbelungen in der Tiefe stattfinden und nur abge-schwächt und verändert sichtbar werden.

Mehr noch als beim neurotisch Kranken ist er auf **nonverbale Äußerungen** wie die Körpersprache angewiesen, auf Mimik, Stimmfärbung und vegetative Schwankungen. Sofern er darin geschult ist und die Wahrnehmung der Körperempfindungen bei sich selbst zuläßt, wird er - besonders in Phasen des Schweigens - selbst mitunter jenes Körpergefühl, jene Stimmung wahrnehmen, die beim Patienten latent vorhanden bzw. abgewehrt ist. Gerade bei tief regressiven, narzißtischen Phantasien kann das komplexe imaginative Erlebnis mit Worten nur teilweise vermittelt werden. Die Sprache kann zerfallen, die Syntax sich verändern. Die Beobachtung der Stimme wird wichtiger als der Inhalt des Gesprochenen.

Wandlungen treten ein in jenen Momenten, in denen die erlebte Szene durch **sprachli-chen Ausdruck** »zu einer Form gerinnt«. Sie verliert für einen Augenblick an Bewegung, gewinnt eine neue Gestalt, die auf den weiteren Fluß des Erlebens zurückwirkt. Die verbale Kodierung einer Szene ist ein wichtiger Entwicklungsschritt. Das Ereignis ist »formuliert« und in eine vorläufige Form gebracht. So entsteht Raum für neues Erleben und neue innere Wagnisse. Die Integration von Körpererleben und Imagination in die bewußte Wahrnehmung bedarf der Sprache. Der Patient soll wissen und ausdrücken können, was in ihm geschieht.

Da Eßgestörte auch immer ein gestörtes Körpererleben haben, legen wir in der Imagina-tion großen Wert auf die Belebung und Integration abgespaltener **Körperempfindungen**. Wir fordern die Patienten auf, Bewegungsabläufe wie Anfassen und Umarmen so intensiv wie möglich zunächst imaginativ zu erleben, um sie später vielleicht in einem anderen Gruppensetting auch real verwirklichen zu können.

Das klinische Setting

Die Therapeutinnen und Therapeuten, die mit Katathym-imaginativer Psychotherapie arbeiten, sind in analytisch orientierter Psychotherapie ausgebildet. Darüber hinaus haben sie oft Schwerpunkte in körperorientierten Verfahren wie der Konzentrativen Bewegungstherapie oder funktionellen Entspannung, in der Musiktherapie oder in der Gestaltungstherapie. Im klinischen Setting hat sich ein Vorgehen bewährt, in dem sich Erleben sowie nonverbaler und verbaler Ausdruck auf verschiedenen Ebenen ergänzen.

Auf einer basalen Ebene wird nonverbales Körpererleben - z.B. in der Konzentrativen Bewegungstherapie oder in der funktionellen Entspannung - intensiviert. Eine Umformung und Vertiefung des Ausdrucks kann sich in der Gestaltungstherapie ergeben, wo wir mit Ton und Malerei sowie vielen anderen Materialien arbeiten. Es folgt dann die eigentliche Imagination. Im weiteren Verlauf der Einzel- bzw. Gruppentherapie mit dem Katathymen Bilderleben wird dieses zunächst verbal strukturierte imaginative Erleben im Nachgespräch wiederaufgenommen. Es findet Nachhall, Umformung und Weiterentwicklung. Dieser Prozeß - als Wechsel repressiver und progressiver Dynamik - dient der Strukturbildung.

Die nach einem Tanz oder nach einer Übung in Konzentrativer Bewegungstherapie auftauchenden imaginativen Symbole sind oft sehr körperbezogen. Die Symbolisierung bedeutet einen Schutz gegen innere und äußere Bedrohungen, in der Symbolisierung werden auch Affekte erlebbar, die im Gespräch zunächst nicht erreichbar sind. Die Symbolisierung in der katathym-imaginativen Psychotherapie drängt letztlich zur Verbalisierung, der malerische und gestalterische Ausdruck mündet in mehreren Schritten in den Sekundärprozeß des Gespräches ein.

So ist die imaginativ-katathyme Psychotherapie eine Sonderform tiefenpsychologischer Therapie, deren Schwerpunkt in der Förderung des symbolischen Ausdrucks liegt und die somit - besonders in Kombination mit rein körperorientierten Verfahren - weiter in den präverbalen Bereich hinabreicht als eine überwiegend verbale Therapie.

Im längerfristig konzipierten **ambulanten Setting** stehen Prozesse des Durcharbeitens mehr und mehr im Vordergrund. Auch hier hat sich bei Eßgestörten eine Kombination von verbalen, analytisch orientierten Verfahren und körperorientierten Verfahren bewährt. Auch hier bilden Imaginationen häufig ein Bindeglied zwischen dem erlebnisintensiven, noch weitgehend sprachlosen Körpererleben und mehr und mehr verbaler Symbolisierung, die schließlich zum Wortsymbol als dem differenziertesten und abstraktesten Symbol hinführt. Dieser Prozeß ist nicht linear zu verstehen, sondern als Kreisprozeß, in dem das Wortsymbol - im klassisch analytischen Sinne - auch neue emotionale Bereiche öffnet.

Das Besondere des imaginativen Verfahrens »Katathymes Bilderleben« liegt darin, daß es im Erlebnisanteil weit in den präverbalen Bereich zurückreicht, daß dann aber das imaginierte Symbol in seiner sprachlichen Beschreibung und im sprachlichen Ausdruck sekundär prozeßhaft ist. Im längeren Verlauf einer katathym-imaginativen Psychotherapie nimmt der Anteil der Imaginationen ab. Es geht zunehmend um ein tieferes Verständnis der psychischen Dynamik; das Erinnerungsvermögen und die Fähigkeit zur Selbstexploration haben in dieser Phase (etwa nach der 50. Stunde) zumeist zugenommen, die Arbeit folgt den Prinzipien einer analytisch orientierten Psychotherapie mit Wahrnehmung und Besprechung von Übertragung, Gegenübertragung und Widerständen.

Ein Therapeut, der die katathym-imaginative Psychotherapie anwendet, arbeitet tiefenpsychologisch fundiert. Bei ihm laufen die Informationen aus den strikt körperbezogenen Therapien - die zumeist in Gruppenform ablaufen -, aus der Gestaltungstherapie und aus den eventuell ergänzenden Entspannungstherapien zusammen. Seine Aufgabe ist es, die oft stark symbolisch verdichteten Bildinhalte erlebbar und in ihrem biographischen Kontext verständlich zu machen.

Besonderheiten bei der Behandlung der Bulimie

Bei bulimischen Patienten muß der Suchtcharakter der Erkrankung noch stärker berücksichtigt werden als bei Magersüchtigen. Die bulimische Patientin erlebt den Kontrollverlust tatsächlich, den die Magersüchtige ständig erwartet, aber in der Regel nicht zuläßt. Der wiederholte Kontrollverlust führt zu Selbsthaß, der sich in den Imaginationen oft drastisch abbildet. Gier und Abwehr der Gier sind die Themen, wie auch Malträtierung des Körpers, Schuldgefühle, Gedanken an Selbstvernichtung und Selbstopferung. Die Imaginationen bulimischer Patientinnen sind zu Anfang oft noch symptomorientierter als bei der Magersucht. So erlebt sich eine 26jährige Frau in einem riesigen und unübersichtlichen Kaufhaus. Dieses steht in einem fremden Land, und sie kann die Sprache der Menschen nicht verstehen. Aber: »Es ist wie bei uns zu Haus, da stehen überall Wühltische, alles grabscht durcheinander, wahllos. Eigentlich braucht keiner wirklich etwas, aber sie wühlen wie verrückt. Ich kann mich dem nicht entziehen, bin wie angesteckt von der Hektik, bin auch irgendwie die Schnellste von allen.«

In der Therapie von Bulimikerinnen gerät der Therapeut rasch in die Rolle des ambivalent Geliebten, überwiegend aber in die Rolle des als destruktiv erlebten mütterlichen Objektes. Die Patientinnen versuchen, ihn in ihr autodestruktives Agieren einzubeziehen. Ein wichtiges Ziel in einer Therapie der Bulimie ist es immer, Selbstkonfrontationen anzuregen, da die Patientinnen starken Verleugnungstendenzen unterliegen.

Grenzen in der Behandlung der Bulimie - wie bei Suchtkrankheiten überhaupt - sind dann erreicht, wenn es nicht mehr gelingt, Konflikte zu fokussieren, wenn die Imagination überwiegend der narzißtischen Befriedigung im Sinne eines Vermeidungsverhaltens dient. In diesen Fällen ist die katathym-imaginative Psychotherapie nicht geeignet, eine verbale Analyse des Widerstandes hat dann Vorrang. Darüber hinaus ist zu prüfen, ob das Behandlungsbündnis im ursprünglichen Sinne noch besteht. Eine Klärung der Motivation ist unumgänglich, ebenso wie bei der Magersucht, denn sonst entstehen »Alibi-Therapien«, d.h., die Patientinnen geben die Verantwortung für ihr Suchtverhalten an den Therapeuten ab.

Auch bei jahrelangen Verläufen einer Bulimie besteht zunächst kein Anlaß zu therapeutischer Resignation. Man kann diesen Patientinnen, wie auch den Magersüchtigen, viel zumuten. In der Aufforderung zum Bildern liegt auch eine Aufforderung zur kreativen Selbstverwirklichung, wie sie bulimischen Menschen mehr und mehr verloren gegangen ist. Eßkranke spüren oft ein inneres Verbot der Selbstverwirklichung. Sie folgen mehr oder weniger bewußt den Vorgaben, dem Drehbuch der Ursprungsfamilie und haben Schwierigkeiten, ein eigenes Drehbuch zu verfassen. Beim Schreiben dieses »Skripts«, beim Nachdenken über berufliche Perspektiven und bei der Antizipation zukünftiger Beziehungen können Vorstellungen und katathyme Bilder hilfreich sein.

Indikationen und Kontraindikationen der katathym-imaginativen Psychotherapie

Eßstörungen sind oft Ausdruck schwerer psychischer Pathologie. Jedes psychotherapeutische Verfahren stößt an **Grenzen**, die in der Motivation, der Introspektionsfähigkeit und der Belastbarkeit des Patienten und seines Therapeuten begründet sind. Die Grenzen der Behandlungsmöglichkeiten sind stets eine Funktion der Beziehung zwischen beiden. Diese Grenzen sind um so weiter zu ziehen, je besser es gelingt, eine positive Übertragung zu etablieren, zu fordern und bei der Bewältigung und Bearbeitung negativer Affekte zu stabilisieren. Prinzipiell ist das Katathyme Bilderleben gut geeignet, weil das Verfahren eine anaklitische Übertragung, d.h. eine Übertragung vom Anlehnungstyp, fördert und negative Übertragungsphänomene in der Regel erst später auftreten. Eine Grenze ist erreicht, wenn in den Imaginationen aggressive und autoaggressive Impulse so stark werden, daß eine dauernde, frei flottierende Angst entsteht, die sich auch im Nachgespräch nicht strukturieren oder an bestimmte Szenen binden läßt. Wenn es nicht mehr gelingt, Angst in Phantasien einzubetten, ist diese Grenze erreicht. Symbolhaft entwickeln sich Fragmentierungen, Organverluste, autoaggressive Handlungen und drastische Darstellungen der narzißtischen Beschädigungen durch die Krankheit.

Wenn neben der Eßstörung ein Borderline-Syndrom vorliegt, ist die Indikation besonders sorgfältig zu stellen. Die Fähigkeit der Patienten zur Selbstbeobachtung und somit zur therapeutischen Ich-Spaltung muß erhalten bleiben. Das Katathyme Bilderleben ist hervorragend geeignet, ein Identitätsgefühl zu fördern, Emotionalität zu entwickeln, sich der sinnlichen Wahrnehmung von Innen- und Außenwelt zuzuwenden - besonders unter Einbeziehung der eigenen Körperlichkeit. Voraussetzung hierfür ist jedoch, daß ein Patient seine Ich-Grenzen einigermaßen zuverlässig wahrnehmen kann, daß er spürt, wo er selbst aufhört und wo die Außenwelt beginnt. Bei unzureichender Stabilität dieser Ich-Grenzen erzeugt die Aufforderung zum Imaginieren überwiegend Angst. Vorübergehend kann auch der Therapeut stellvertretend eine stabilisierende Funktion übernehmen, doch erfordert die KB-Therapie mit Borderline-Patienten viel Erfahrung.

Kritische Diskussion

Die katathym-imaginative Psychotherapie wird seit 20 Jahren in Klinik und Ambulanz in der Behandlung von Eßgestörten angewandt. Klinische Erfahrungen wurden bei mehr als 300 Patienten - etwa zu gleichen Teilen Anorektikerinnen und Bulimikerinnen - in der Klinik für Psychosomatik und Psychotherapie der Medizinischen Universität zu Lübeck sowie in der Curtius-Klinik in Malente gesammelt (Feiereis 1989).

Kleßmann und Kleßmann (1990) publizierten die Katamnese einer ambulanten Kurzzeittherapie von 17,6 Sitzungen katathym-imaginativer Psychotherapie. Das durchschnittliche Ausgangsgewicht der Patientinnen betrug 42,1 kg. Bei Therapieende wogen die Patientinnen durchschnittlich 47,1 kg, bei Katamneseerhebung 53,8 kg. In der Behandlungsgruppe von 94 Fällen gab es einen Todesfall, in der Kontrollgruppe von 50 Fällen gab es im Beobachtungszeitraum 5 Todesfälle.

In diesen und vielen weiteren Arbeiten (Literatur bei Wilke u. Leuner 1990) hat sich die katathym-imaginative Psychotherapie als eine tiefenpsychologische Therapie bewährt, bei der im Zustand der kontrollierten Regression rasch und unmittelbar zentrale Konflikte sichtbar und auch dem Patienten einsichtig werden. Es handelt sich um ein Verfahren, das die Motivation und Neugier fördert, gemeinsam auf die Suche nach Zusammenhängen zu gehen. In den Imaginationen entstehen Evidenzerlebnisse im Sinne eines »szenischen Verstehens«. Neben selbstkonfrontativen Szenen besteht auch die Möglichkeit der narzißtischen Restitution im Traum. Therapeutisch wirksam scheint uns die Förderung der Phantasietätigkeit an sich. In der Selbstkonfrontation beim Imaginieren vertieft sich für den Patienten die Wahrnehmung des Zusammenhanges zwischen Symptom, Symbol und Erleben. Das Symptom wird dem Kranken weniger fremd, er spürt es als zu sich selbst gehörig. Hierdurch wird psychischer Leidensdruck erst möglich. Gedanken und Gefühle bekommen eine sinnliche Gestalt.

Eßkranke haben stets Angst vor dem Verlust der Kontrolle über ihre orale Gier. Der Patient gewinnt im Beisein des Therapeuten langsam Kontrolle über seine Vorstellungsbilder, er ist nicht mehr nur Opfer seiner Gedankenvorstellungen und Wünsche.

Mit zunehmender Entwicklung und Reifung des Selbst tritt das Verbalisieren, Assoziieren und »Durcharbeiten« im klassischen analytischen Sinne mehr und mehr in den Vordergrund. Allerdings kann es auch in längeren Therapieverläufen immer wieder sinnvoll sein, mehr oder weniger bewußte Konflikte imaginativ zu fokussieren.

Konzentrative Bewegungstherapie

A. Carl und Th. Herzog

Theoretische Einführung

Der Begriff »Psychotherapie« verbindet sich im allgemeinen mit der Vorstellung einer **verbalen** Kommunikation, dem Dialog zwischen Therapeut und Patient. Und so war die »Kur« von Freud ja zunächst auch gedacht, nämlich als Prozeß des Erinnerns, Bewußtwerdens und Durcharbeitens mittels der verbalen freien Assoziation. Voraussetzung hierfür war und ist neben Intelligenz und Motivation vor allem eine Introspektions- und Verbalisationsfähigkeit des Patienten. Daß dadurch eine Vielzahl von Patienten, »deren Abgewehrtes sprachlos bleibt« (Mitscherlich 1967) ausgeschlossen blieben, beschäftigte im Laufe der Entwicklung der Psychoanalyse Autoren wie Balint, Ferenczy und Winnicott, die daraus auch insofern therapeutische Konsequenzen zogen, als bei ihnen der **nonverbale** Bereich stärkere Beachtung fand. Dennoch sind es bis heute nur einzelne Autoren, wie z.B. Mitscherlich oder Moser, die »das Monopol der Worte als einzigen Zugang zum Menschen« (Moser 1987) in Frage stellen.

Im Verlauf der Fortentwicklung der Psychoanalyse begannen sich aber auch Verfahren durchzusetzen, deren Ziel es war, den **Körper** des Patienten im Sinne einer ganzheitlichen Psychotherapie in den therapeutischen Prozeß miteinzubeziehen. Dies bot einen Ausweg aus den Schwierigkeiten psychoanalytischer Behandlung bei einigen Krankheitsbildern; einerseits mußte bei Patienten mit sogenannten frühen Störungen, u.a. also psychosomatischen Erkrankungen, von einer Fixierung auf einer frühkindlichen Entwicklungsstufe ausgegangen werden, auf der die präverbale Kommunikation vorherrscht und der Symbolisierungsprozeß unvollständig geblieben ist, andererseits wurden gerade solche Ichleistungen im therapeutischen Dialog vorausgesetzt.

Hier bot sich nun neben anderen körperorientierten Verfahren insbesonders die Konzentrative Bewegungstherapie (KBT) als eine neue Möglichkeit des Zugangs zu solch frühgestörten Patienten an.

Ihre **Wurzeln** hat die KBT in der Gymnastikarbeit Elsa Gindlers, die noch ohne therapeutische Zielsetzung, aber dennoch mit einem neuen Verständnis von Körperbewegung arbeitete. Es ging ihr in ihrer Arbeit nicht um mechanisches Üben bestimmter Bewegungsabläufe, vielmehr erkannte sie, daß Bewegung auch Erlebnis und Erfahrung ist, und sie ging dazu über, ihre Schüler ihre Übungen selbst individuell finden zu lassen. Becker (1988) bezeichnet dies als Einführung von »freier Körperassoziation«, die dann von einer Schülerin Elsa Gindlers, Gertrud Heller, erstmals auch psychotherapeutisch eingesetzt wurde. Heller arbeitete unter Meyer-Groß in der schottischen Klinik Crighton-Hall und gab ihre Erfahrungen an Helmuth Stolze, J. E. Meyer, Miriam Goldberg, Hans Becker, Ursula Kost u. a. weiter.

In ihrer heutigen Form wird die KBT beschrieben als »tiefenpsychologisch fundierte Psychotherapiemethode, bei der Wahrnehmung und Bewegung als Grundlage des Denkens, Fühlens und Handeln genutzt werden (Becker 1988).« In einem Handlungs- bzw. Erfahrungsteil regt der Therapeut Körpererleben, Raumerleben sowie Beziehungserfahrung (Objektbeziehung) auf präverbaler und nonverbaler Ebene an, in einem Gesprächsteil wird das Erlebte reflektiert und in seinem jeweils individuellen Bedeutungsgehalt für den Patienten interpretiert.

In der KBT wird es möglich, im präverbalen Ausdrucksbereich **frühkindliches Geschehen zu reinszenieren**, und zwar nicht nur in der Übertragungsbeziehung Patient/Therapeut, sondern auch in einer durch das Vorhandensein belebter und unbelebter Objekte erweiterten Form. Die Einbeziehung dieser Objektwelt ermöglicht aber nicht nur Prozesse der Reinszenierung, sondern über konkretes Erforschen und Wahrnehmen auch Realitätsprüfung, Symbolisierung und Internalisierung. Im Kontakt zu anderen Gruppenmitgliedern und - besonders in der Einzeltherapie - zum Therapeuten können sich Prozesse der Imitation, Identifizierung und des sozialen Lernens entwickeln.

Die **Bedeutung der KBT bei der Behandlung von Eßstörungspatient(inn)en** ergibt sich z.T. bereits aus dem oben Gesagten. Hier ist in der Regel das Körperbild unzureichend entwickelt, der Körper im analytischen Sinn nicht ausreichend libidinös besetzt, sind Körpergrenzen verzerrt, und Körperentfremdung stellt ein zentrales Problem dar (Bruch 1991). Andererseits sind die Körper-Ich-Entwicklung, die Besetzung des Körpers und das Entstehen eines realitätsgerechten Körperbildes wesentliche Ziele der KBT. Schilder weist darauf hin, daß das Bewegungsvermögen bei der Ausbildung eines Körperbildes eine wesentliche Rolle spielt. Erst in der Bewegung werde aus dem »leeren« ein »volles«, beseeltes Wissen vom Körper (Bruch 1991).

Neben der Gewichtsphobie und dem gestörten Selbstwertgefühl gelten bei Magersüchtigen die Krankheitsverleugnung und körperliche Fehlwahrnehmungen als wesentliche Symptome. Hier geht die KBT (im Gegensatz zur rein verbalen Therapie) den Weg der **unmittelbaren Erfahrung mit dem Körper**. So läßt zum Beispiel der Vergleich eines phantasierten und anschließend mit Gegenständen dargestellten oder auch gemalten Körperbildes mit dem realen Körper wenig Spielraum zur Verleugnung; und auch die Konzentration auf die Körperwahrnehmung im Ertasten und Berühren eigener Körperbereiche konfrontiert auf direkte Art mit dem verleugneten bzw. nicht wahrgenommenen Dünnsein.

Auch wenn bei Bulimie-Patient(inn)en die Eß- und Brechanfälle symptomatisch im Vordergrund stehen und ihre gesamte Aufmerksamkeit der Gewichtskontrolle gilt, spielen Objektbeziehungsstörungen doch eine wesentliche Rolle. Während das Eßverhalten durch eher verhaltenstherapeutische Maßnahmen (»Eßbegleitung«) günstig zu beeinflussen ist, stellt die KBT im Rahmen einer gruppentherapeutischen Behandlung eine Fülle von leibhaftigen Erfahrungsmöglichkeiten auf der Beziehungsebene zur Verfügung. Wo es im psychodynamischen Feld um Nähe und Distanz, eigene und fremde Bedürfnisse, Anlehnung und Selbständigkeit, Öffnung und Abgrenzung geht, werden einerseits die Defizite deutlich, aber es bieten sich andererseits neue und korrigierende Erfahrungsmöglichkeiten an, die weitgehend einer Rationalisierung oder intellektualisierenden Betrachtungsweise entzogen sind. So kann dem im Eßanfall erlebten Kontrollverlust in der KBT die Erfahrung gegenübertreten, daß es »haltbare«, leiblich spürbare Grenzen gibt und daß es sogar möglich wird, innerhalb solcher sicheren Grenzen die eigene Kontrolle zu lockern.

Klinische Beschreibung

Die KBT findet im Rahmen stationärer Behandlung sowohl als Einzel- als auch als Gruppentherapie statt. Der Therapeut hat hier eine zum Teil sehr aktive Rolle: So ist es z.B. seine Aufgabe, durch ein Erfahrungsangebot zu Beginn einen therapeutischen Raum zu schaffen, in dessen Rahmen der Patient im Sinne der »freien Körperausdrucksassoziation« (Becker 1990) und gemäß seiner ganz persönlichen Möglichkeiten und Grenzen die Situation ausgestaltet. Auf diese Weise wird vom Therapeuten zwar ein Anstoß gegeben, um die Initialhemmung des Patienten zu überwinden, es werden jedoch keine Übungsziele vorgegeben, sondern ganz im Sinne von Gindler geht es immer wieder darum, daß jeder Patient die Situation individuell gestaltet. Eine weitere Aktivität des Therapeuten besteht in begleitenden verbalen Interventionen, die sich aus der jeweiligen Situation ergeben und die die bei vielen Patienten sehr eingeschränkten Erprobungsversuche erweitern, bereichern oder auch zentrieren können. Schließlich leitet der Therapeut in der KBT-Gruppe das sich jedem Erfahrungsteil anschließende Gruppengespräch und teilt u.U. hier auch eigene Eindrücke und Wahrnehmungen bezüglich der Patienten mit.

Es handelt sich somit also weder um ein suggestives noch um ein übendes Verfahren, sondern um eine psychoanalytisch orientierte Behandlungsmethode, die in besonderem Maße das Wissen über die Bedeutung prä- und averbaler Anteile in der frühen Kindheit nutzt (Becker u. Senf 1988). Da man andererseits davon ausgehen kann, daß viele Eßstörungspatient(inn)en sehr frühgestört wurden - und zwar gerade in einem Alter vor der Sprachentwicklung -, stellt eine körperorientierte Therapie wie die KBT einen unverzichtbaren Bestandteil klinischer Behandlung von Eßstörungen dar. Um die KBT-Arbeit mit Eßstörungspatient(inn)en darzustellen, sollen im folgenden die einzeltherapeutische Arbeit mit einer Anorexiepatientin sowie die gruppentherapeutische Behandlung einer bulimischen Frau und eines Bulimiepatienten, die im gleichen Zeitraum behandelt wurden, dargestellt werden. Dies entspricht auch dem Behandlungskonzept, wie es zur Zeit in der Abteilung Psychotherapie und Psychosomatische Medizin der Freiburger Universitätsklinik praktiziert wird: Anorexiepatient(inn)en werden zunächst (und meist über mehrere Wochen hinweg) einzeltherapeutisch mit KBT behandelt, während Bulimiepatient(inn)en ihre KBT-Erfahrungen zumeist im Rahmen einer Gruppe machen, an der Patienten mit verschiedenen Störungsbildern teilnehmen.

KBT-Einzeltherapie mit einer Anorexiepatientin, Frau A.

Im Zuge des Behandlungsprogramms für Anorexia-nervosa-Patient(inn)en auf der psychosomatischen Station kam Frau A. zweimal wöchentlich 45 Minuten zu einer Einzelstunde. Die Behandlung erstreckte sich über 6 Monate und 32 Sitzungen, nach der Hälfte der Stunden gab es eine zweiwöchige Unterbrechung durch einen Urlaub. Parallel zur KBT-Behandlung fanden psychotherapeutische Einzelgespräche bei einem Psychologen statt, und sie nahm an der analytischen Gruppentherapie der Station teil, nach dem Erreichen ihres Basisgewichtes auch an der KBT-Gruppe sowie an der Mal- und Gestaltungstherapie.

Nachdem in einem Vorgespräch der Beginn der KBT-Behandlung vereinbart worden ist, erscheint die Patientin zur ersten Stunde äußerst angespannt. Sie berichtet von Kopfdruck, verspanntem Rücken; eigentlich sei sie eine einzige Anspannung. Mein Vorschlag, diesen Spannungen mit konzentrativer Aufmerksamkeit nachzuspüren, führt zu einer ersten Wahrnehmungsäußerung, daß es Energie koste, die Anspannung zu lösen, daß sie dies eigentlich nur gegen innere Widerstände tun könne. Ein anderer wichtiger Punkt dieser Stunde ist ihre Angst vor Kontrollverlust, die sie spürt, als ich vorschlage, beim Nachspüren die Augen zu schließen. Am Ende der Stunde berichtet sie plötzlich von Suizidgedanken, von der Vorstellung, sich ausbluten zu müssen, und erschrickt sehr über diese plötzliche Öffnung mir gegenüber, die ihr noch ganz fremd sei. So löst sich die körperliche Anspannung in dieser Stunde letztlich doch durch eine Art Kontrollverlust, indem sie sich mir gegenüber in einer unerwarteten Weise öffnet.

Die Angst vor solchem Kontrollverlust bestimmt denn auch ganz die nächste, zweite Stunde: Sie möchte mich keinen Moment aus den Augen verlieren und äußert die Vorstellung, sogar im Schlaf darauf zu achten, daß sie der Zimmernachbarin den Rücken zudreht.

In der folgenden Stunde ist es eine starke Unruhe in den Händen, die sie mitbringt. Ich schlage ihr vor, diese Unruhe nicht zu unterdrücken, sondern zu verstärken, verschiedene Materialien dienen dabei als eine Art Katalysator; etwas von der Unruhe kann sie schließlich abgeben, es entsteht erstmals ein vages Interesse für diese rastlosen Hände, und sie beginnt auf meine Anregung hin, die eigenen Hände zu ertasten. Dabei werden entwertende Tendenzen (rauh, eklig), aber auch realistische Wahrnehmungen (eiskalt) deutlich, und sie findet schließlich eine Möglichkeit, sich selbst die Hände zu wärmen, indem sie sie unter ihren Pullover schiebt.

Die innere Unruhe bleibt auch Thema der folgenden Stunden, sie beschreibt sie als eine Unfähigkeit, bei etwas zu bleiben; ein »Durchspielen« dieser Thematik anhand verschiedener Gegenstände verdeutlicht einen Zusammenhang mit der Präsenz eines guten Objekts, denn die Unruhe weicht, wenn sie in meiner Nähe sich mit etwas befaßt. Dies erinnert an das Entdecken der Welt in der Ablösungsphase im sicheren Schutz der mütterlichen Präsenz. Sie spricht vom fehlenden »Spielraum« in ihrer Kindheit.

Diesen Hinweis verstehe ich als Ausdruck ihres Wunsches nach Autonomie und versuche daher in den folgenden Stunden, ihr diesen »Spielraum« als Erfahrungsmöglichkeit in unterschiedlicher Weise bereitzustellen, und so kann in der 7. Stunde, provoziert durch eine sie sehr verunsichernde Gewichtszunahme von über 1 kg, der Raum auch für aggressives Ausdrucksverhalten genutzt werden. Sie wählt einen Ball und beginnt ein Ballspiel, in dem scharf geschossen wird und in dem sie mich besonders fordert. Die Patientin äußert ihr Bedauern, daß solche kraftvollen und vitalen Lebensäußerungen in ihrer Familie nie möglich waren.

Die Reaktion auf dieses erste Zulassen ihrer vitalen Impulse ist Depression. Sie erlebt sich als »dumpf, passiv, lustlos«, kann aber über das Angebot, sich von einem großen Ball tragen zu lassen, differenzierter wahrnehmen, daß es um Wünsche nach Halt, Unterstützung und Sicherheit geht; der Wunsch nach Autonomie tritt in den Hintergrund, doch es meldet sich mit dem Wunsch nach Halt auch die Angst davor, fallengelassen zu werden. So kann sie es zum Beispiel nicht annehmen, daß ich den Ball, auf dem sie liegt, halte, sondern sie muß ihn selbst stabilisieren, kann sich nicht wirklich überlassen.

In der zwölften Stunde berichtet sie über eine sehr realitätsfremde Körperwahrnehmung vom Vortag, bei der sie sich als riesig, massig und unförmig erlebte. Diese Empfindung ängstigt sie. Ich schlage ihr vor, sich im Liegen auf dem Boden zunächst auf den Bodenkontakt zu konzentrieren und dann in der Phantasie die Konturen des Körpers abzufahren. Anschließend soll sie die erspürten Konturen aufmalen. Dabei wird die Auseinandersetzung mit dem Körperbild bzw. mit der Körperrealität thematisiert, und Frau A. kann konkret sehen, daß Phantasie und Realität sich unterscheiden, daß es etwas anderes ist, sich Gedanken über den Körper zu machen, als ihn konkret zu spüren.

Zu diesem Zeitpunkt wird die Behandlung für zwei Wochen wegen meines Urlaubs unterbrochen. Zur 1. Stunde nach dieser Unterbrechung kommt sie schwarz gekleidet und berichtet von einer schweren Krise während meines Urlaubs. Ihr negatives Gefühl sei »umfassend«. Von diesem Wort ausgehend schlage ich ihr vor, nach einer symbolischen Darstellung hierfür zu suchen. Schließlich landet sie erneut auf dem großen Ball, den sie »umfaßt«, der sie aber auch trägt. In dieser Situation kommen erstmals Klagen gegen mich (bzw. die Mutter), sie alleingelassen zu haben. Doch zugleich erinnert sie sich an die Stunde vor meinem Urlaub, wo sie ebenfalls auf dem Ball lag.

Einige Zeit später hat sie den Wunsch, sich mit dem »neuen Körper«, wie er unter der Gewichtszunahme geworden ist, vertrauter zu machen. Hier hilft ihr zunächst der Vorschlag, dies im Schutz und im Verborgenen unter einer Decke zu tun (wo ich keinen Einblick habe). Sie »befaßt« sich sehr real mit einzelnen Körperzonen und stellt Unterschiede fest: knochig, muskulös und weich; letzteres macht ihr die meiste Angst, sie assoziiert dazu »grenzenlos und bodenlos« und merkt, daß es ihr wohltut, wenn sie unter dem Weichen auf festen Grund kommt; dazu müsse sie »in die Tiefe gehen«. Die Beschäftigung mit dem »neuen Körper« erhält nochmals eine ganz neue Qualität, als Frau A. mir zur 17. Stunde einen kleinen Ball mitbringt, der ihr so gefallen habe, ich solle ihn in die Hand nehmen, er fühle sich so gut an. Meine spontane Assoziation ist: »weibliche Brust«. Vorsichtig frage ich nach, was sie für Bilder und Vorstellungen bezüglich des Balles hat, und sie deutet an, es habe wohl »etwas mit dem Busen« zu tun. Die Einführung dieses Themas in unsere Beziehung schafft eine neue Art von Nähe, ihr Wunsch danach wird auch deutlich in ihrer Bemerkung, sich noch nie mit einer Frau identifiziert zu haben, sie nähme jetzt aber plötzlich Frauen differenzierter wahr, schaue genauer hin, wie andere Frauen aussehen. Wenige Stunden später bringt sie mir ein Märchenbuch mit und möchte mir daraus eine Geschichte vorlesen, in der es um Geschlechtsrollenidentität geht. Zwar bleibt sie mit dieser Geschichte beim Thema, doch stellt sie auf diese Weise auch wieder Distanz zu mir her und tauscht gewissermaßen die Rolle mit mir.

Es folgen weitere Stunden mit viel Distanz. Schließlich teile ich ihr meinen Eindruck mit, daß es mir so vorkomme, als müßten wir zur Zeit in jeder Stunde unsere Beziehung von neuem herstellen, so als könne die Verbindung die dazwischenliegende Zeit nicht überdauern. Sie bestätigt diesen Eindruck und meint, Beziehung sei für sie überhaupt nur in der konkreten Spannung zum Gegenüber lebbar. Ich biete ihr daraufhin über ein Seil eine symbolische Verbindung an, die sie auch aufnimmt, doch nachdem die Spannung der Seilverbindung nachläßt, bricht sie sie ab, mit starker körperlicher Reaktion. Sie hat auf einmal eine schwarze kalte Wand an ihrem Kopf gespürt, die sie so ängstigte, daß sie aussteigen mußte.

Nachdem im Gespräch zunächst nicht klärbar ist, wofür diese Wand steht, zeigt sich dies im weiteren Verlauf etwas deutlicher, denn sie kommt mit starken inneren Widerständen in die nächste Stunde, sie ist voller Scham, hat sich durchschaut gefühlt in ihrer Unfähigkeit, die Schranke zum Gegenüber wirklich aufzumachen. Beziehung mache sie nur vor, sie selbst empfinde nichts. Sie hat ein Bild gemalt, das diese von ihr so erlebte gewaltsame Entschleierung durch mich thematisiert. Gleichzeitig phantasiert sie, daß ich sie jetzt, wo ich weiß, wie sie wirklich ist, ablehnen werde. Nach meinem Eindruck hat sie mit dieser Körpererfahrung das Getrenntsein von der Mutter sehr drastisch erlebt, womit zugleich Schuld- und Angstgefühle mobilisiert wurden.

Die nächsten Stunden stehen im Zeichen dieser Angst. Sie weint erstmals lange, fühlt sich schwach und mutlos. Mich nimmt sie als verärgert und ungeduldig wahr. Parallel zu dieser Entwicklung hat sie nun ihr Basisgewicht erreicht, was laut Behandlungsvertrag ein Überwechseln in die KBT-Gruppe bedeutet. Damit ist auch eine Veränderung in unserer Beziehung angesprochen, es geht um Trennung. Auch hier wiederum zeigt sie somatische Reaktionen wie Schweißausbruch und Schwindel. Doch in der gemeinsamen Rückschau auf den Weg, den sie mit verschiedentlich wichtig gewordenen Materialien darstellt, wird ihr sichtbar, daß eine Beziehung entstanden ist, die sie nicht mehr leugnen kann.

In ihrer letzten Stunde frage ich sie, ob sie sich von mir etwas wünschen will. Spontan antwortet sie: »einen Anstoß«. Sie fühle sich so zäh, wisse nicht, wohin sie gehen solle. Nachdem sie einen sicheren Stand gefunden hat, gebe ich ihr einen solchen »An-Stoß«, der sie zwar kurz in Bewegung bringt, doch die Bewegung endet nach wenigen Schritten; sie ist unzufrieden und meint, es müsse beim Anstoß wohl auch um die Auseinandersetzung mit ihrem Widerstand gehen, den sie zunächst nicht hatte zeigen wollen. In einem zweiten Versuch wird mir dieser Widerstand dann spürbar, und es kommt zu einer lebendigen Interaktion zwischen meiner Hand und ihrem Rücken, die Bewegung in Frau A´s ganzen Körper bringt, ihre Kraft deutlich macht und sich schließlich in Gang kommen läßt. Dies nimmt sie noch als wichtige Erfahrung mit auf den Weg: Nicht der Anstoß in eine bestimmte Richtung, sondern die lebendige Auseinandersetzung mit einem Gegenüber bringt Bewegung in ihr Leben.

KBT-Gruppenbehandlung mit zwei bulimischen Patienten, Frau B. und Herrn C.

Frau B. und Herr C. kommen an zwei aufeinanderfolgenden Sitzungen neu in die KBT-Gruppe. Während Frau B. als Eßstörung mit ausgeprägt depressiver Entwicklung angekündigt wird, wird Herr C. als eindeutiger Bulimiepatient für die KBT-Gruppe angemeldet. Beide Patienten inszenieren in ihren jeweils ersten Stunden ihre Problematik. So wird Herr C. in seiner ersten Stunde mit dem Angebot konfrontiert, sich mit einem Holzstab in der Weise auseinanderzusetzen, daß er verschiedene Verwendungsmöglichkeiten und Qualitäten des Stockes erprobt und herauszufinden versucht, wie er den Stock nutzen möchte. Herr C. berührt seinen Stab nur kurz und legt ihn dann außerhalb seines Platzes auf den Boden. Im Gesprächsteil spricht er von der Angst, die ihm dieser Stock gemacht habe.

In Frau B.s erster Stunde geht es darum, sich im Gehen im Raum mit anderen zu erleben und herauszufinden, wieviel Verbindung sie dabei mit anderen haben will. Hier zeigt Frau B. sich als jemand, der nicht für sich gehen kann, sondern sich ständig anderen anschließen muß.

Beide Patienten stellen sich zu Beginn der Behandlung als äußerst unselbständig und selbstunsicher dar. In der Folge entwickelt sich zwischen ihnen eine Mutter-Sohn-ähnliche Beziehung, wobei Herr C. sich bei Frau B. vor Anforderungen durch mich zu schützen sucht. So fühlt sich z.B. Herr C. von mir überfordert, als ich ihn im Gesprächsteil in seinem drängenden Redenwollen mit dem Hinweis unterbreche, daß ein anderer Patient noch nicht zu Ende gesprochen habe. Sogleich zieht sich Herr C. - und mit ihm Frau B. - gekränkt zurück; mein Versuch einer Grenzsetzung für Herrn C. erlebt auch Frau B. identifikatorisch als Kränkung.

Die Angst Herrn C's vor dem Stab, der symbolisch für eine väterliche Instanz stehen könnte, führt ihn direkt in die Abhängigkeit von Frau B., eine Reinszenierung der frühen Situation von Herrn C., dessen übermächtige Mutter eine Annäherung an den Vater verhinderte. Daneben inszeniert Herr C. seine Spaltungstendenzen:

Frau B. ist die gute, stützende, ich die böse, fordernde Mutter. Kurze Zeit später erlebt Herr C. seine Abhängigkeit von einer stützenden (Mutter-)Person beispielhaft in der Arbeit am Stand. Es geht darum, vom Liegen zum Anlehnen an der Wand und von da zum freien Stand zu kommen. Zwar kommt er auf die Füße, kann jedoch aus Angst hinzufallen das haltende Geländer, an dem er lehnt, nicht verlassen. Frau B. ihrerseits gelingt es durch eine überfürsorgliche Beschäftigung mit Herrn C., ihre eigene Bedürftigkeit abzuwehren. In mehreren Stunden zeigt sich vor allem ihre Angst vor Kontrollverlust, die es ihr unmöglich macht, bei den Übungen die Augen zu schließen. Und so wenig sie - wie oben geschildert - Grenzsetzungen durch mich akzeptieren kann, kann sie diese bei Mitpatienten anerkennen oder überhaupt wahrnehmen: Beim Gehen im Raum überschreitet sie ständig die durch Decken markierten Platzgrenzen anderer. Auf die damit sichtbar gewordene bulimische Problematik ist sie jedoch nicht ansprechbar, ohne sich gekränkt zurückzuziehen.

Auch in einer anderen Stunde inszenieren beide ihre Eßprobleme symbolisch, als in der Gruppe eine große Menge bunter Glaskugeln unterschiedlichster Farben und Größen bereitliegen. Sowohl Frau B. wie Herrn C. scheint es kaum möglich zu sein, wirklich auszuwählen. Vielmehr raffen beide soviel wie möglich zusammen und verstecken ihre Schätze sofort. Auf das »Verstecken« hin angesprochen, erscheint beiden der Vorgang noch ganz ichsynton und nicht problematisch, eher zeigen sie sich überrascht, daß andere Gruppenteilnehmer nicht »gehortet« haben.

Die geschilderten Gruppensituationen zeigen zunächst, wie beide Patienten ihre Symptome in der KBT darstellen: Es geht um den Wunsch nach und die Angst vor Abhängigkeit, ebenso wie um die Angst vor Kontrollverlust, um die Unfähigkeit, Grenzen zu ziehen oder Grenzen zu akzeptieren, um die Angst vor Aggressivität, Neid und Eifersucht.

Der nächste Schritt ist nun der der Konfrontation. Dazu kommt es im Falle von Frau B. in einer Gruppenstunde, in der sich die Patienten mit einem gemeinsam ausgewählten Gegenstand, einem großen roten Ball, beschäftigen. Hier zeigt Frau B. sich nochmals deutlich in ihrem übermächtigen Wunsch, andere zu kontrollieren und der Angst, diese Kontrolle zu verlieren:

Während alle anderen mit geschlossenen Augen arbeiten, manipuliert sie diese ganz bewußt, indem sie - ihrerseits mit offenen Augen - das Geschehen bestimmt durch heimliches Hin- und Hertragen des Balles; so hat sie alle Fäden in der Hand und genießt die Situation offensichtlich. Mit diesem Verhalten in der Gruppe durch mich konfrontiert, zieht sie sich jedoch tief gekränkt zurück, ohne auf die verschiedenen Angebote der Gruppe eingehen zu können, die darauf abzielen, ihr das eigene Verhalten einerseits zu spiegeln, aber auch die emotionale Reaktion darauf mitzuteilen.

Nachdem ich Herrn C. in der folgenden Stunde mit seiner widersprüchlichen Haltung konfrontiere, die darin besteht, einerseits andauernd über die Angst vor der Entlassung zu klagen, andererseits sich aber solchen KBT-Erfahrungen zu entziehen, die genau dieses Thema behandeln, erwarte ich gespannt, ob sich Frau B. und Herr C. - nunmehr beide ärgerlich über mich - wiederum vereint zurückziehen werden. Doch diesmal läuft die Entwicklung anders:

Während Frau B. tatsächlich bei ihrem bisherigen abwehrhaften Verhalten bleibt, in dem sie die Verantwortung für ihre Befindlichkeit stets nur bei anderen sucht, zeigt Herr C. etwas Neues: er wendet sich in der folgenden Stunde direkt an mich und zeigt mir einiges von seinem Ärger, nimmt also Beziehung zu mir auf.

Frau B. entschließt sich kurze Zeit später, vorzeitig die Klinik zu verlassen. Herr C. bleibt noch weitere 6 Wochen und entfaltet sich nach dem Weggang von Frau B. in der KBT auf erstaunliche Weise. So kann er in einer Stunde, in der es um »Neuland entdecken« und »Platznehmen« geht, viel ausprobieren und sich auch erstmals einen angemessen abgegrenzten Raum ausstatten. Diese Themen »Abgrenzung« und »Sich-Raum-Nehmen« erprobt Herr C. in nahezu allen noch verbleibenden Stunden auf variantenreiche Art und Weise. Er erlebt dabei auch, wie es ist, beim Einnehmen von Raum an die Grenzen anderer zu stoßen und sich mit deren Ansprüchen und Raumwünschen auseinandersetzen zu müssen; und er kann deutlicher seine zum Teil maßlosen Expansionswünsche spüren.

In einer seiner letzten Stunden gebe ich als Angebot wiederum Holzstäbe in die Gruppe, wie in seiner ersten Stunde. Diesmal macht er eine ganz andere Erfahrung und kann sie auch differenziert beschreiben: Während er in seiner ersten Stunde mit dem Stock nur diffus etwas Hartes und Aggressives verband, mit dem er möglichst wenig zu tun haben wollte, untersucht er den Stock diesmal aufmerksam, findet ihn zwar immer noch hart, auch ängstigend, benutzt ihn dann aber zunehmend als Abgrenzungsmöglichkeit zwischen sich und anderen Gruppenteilnehmern, wobei die Grenze für ihn zwei Qualitäten hatte: Beschränkung und Schutz. Hier wird eine Entwicklungsmöglichkeit sichtbar, die dem Patienten, aber auch dem behandelnden Team, Hoffnung gibt.

Indikation und Kontraindikation

Für Eßstörungen gilt ähnlich wie für andere psychosomatische Erkrankungen, daß hier eine Hauptindikation für die Behandlung mit KBT vorliegt. Nach Becker gilt für psychosomatische Patienten: »Ihr Krankheits- und damit Ausdrucksangebot an den Therapeuten ist primär ein körperliches. In einer verbalen Psychotherapie wird von diesen Patienten oft zu früh eine Übersetzungsarbeit vom Körpersymptom zum psychischen Leiden verlangt, in einem Stadium, wo der Symptomleidensdruck aufgrund der Krankengeschichte im Vordergrund steht. Der affektive Bereich ist bei psychosomatischen Patienten nicht selten zunächst sprachlos, nicht verbalisationsfähig. Der nonverbale Therapieansatz kommt dieser Tendenz zur Körperorientiertheit und »Sprachlosigkeit« entgegen und bietet trotzdem die Möglichkeit eines therapeutischen Einstiegs« (Becker 1988, S. 191). Die KBT ermöglicht gerade auch im Rahmen eines stationären Behandlungskonzeptes einen therapeutischen Zugang bei Eßstörungspatienten. Allerdings ist umstritten, inwieweit die KBT bei Eßstörungen auch als ausschließliches Therapieangebot ausreichend ist, eine Frage, die sich im stationären Rahmen jedoch ohnehin nicht stellt. Bei der ambulanten Behandlung dürfte hier ein wesentliches Kriterium die Qualifikation des KBT-Therapeuten sein.

Entgegen früheren Auffassungen, wonach **Psychosen** generell eine Kontraindikation für die KBT sind, geht man inzwischen davon aus, daß durch eine Modifizierung des therapeutischen Vorgehens im Sinne von aktiver Strukturierung durch den Therapeuten und von Vermeidung regressionsfördernder Angebote auch solche Patienten von einer KBT-Behandlung profitieren können. Dies ist im Zusammenhang mit Eßstörungen wichtig, da das Symptom gelegentlich auch die Funktion haben kann, den Ausbruch einer Psychose zu verhindern, und - häufiger - im Rahmen einer Borderlinestörung auftritt (Herzog et al. 1991). J.E. Meyer sieht eine relative Kontraindikation bei **hysterischen Syndromen**, in der Sorge, daß das Vorgehen in der KBT den Ausweichtendenzen des Hysterikers zu sehr entgegenkomme, ihm zuviel Raum zum Agieren biete (Meyer 1961). Andererseits ist zu sagen, daß ein Agieren im therapeutischen Rahmen dieses zugleich einer Bearbeitung zugänglicher macht, so daß hysterisch strukturierte Eßstörungspatienten gerade in der KBT eine Möglichkeit finden sollten, ihre Problematik zu inszenieren und darzustellen.

Schlußbemerkungen

Bei der Einbindung der KBT in das Gesamtbehandlungskonzept von Eßstörungen zeigt sich zumeist rasch das **Spaltungsbedürfnis** der Patient(inn)en. Häufig gilt die KBT dann als die »gute« Therapie, während die analytische Therapie entwertet wird, wobei dies auch recht schnell wechseln kann, je nachdem, wie gewährend oder konfrontierend der KBT-Therapeut arbeitet. Enge Teamzusammenarbeit sowie eine Teamgruppenvisite können dem entgegenwirken, andererseits kann es gerade in der Anfangsphase für den Patienten auch entlastend sein, wenn sich Möglichkeiten zur Spaltung anbieten.

Die Behandlung magersüchtiger Patient(inn)en auf der Psychosomatischen Station der Abteilung Psychotherapie und Psychosomatische Medizin sieht zu Beginn neben Einzelgesprächen und Teilnahme an der Stationsgruppe die Einzeltherapie mit KBT vor. Das Verhalten des Patienten in dieser Therapie, seine Möglichkeiten und Grenzen, KBT-Angebote aufzunehmen und zu gestalten, und sein gesamtes körperliches Ausdrucksverhalten liefern wichtige diagnostische und therapeutische Informationen, die in den Teambesprechungen zusammengetragen und diskutiert werden. In diesem Zusammenhang untersuchen wir derzeit, inwieweit sich Anorexiepatient(inn)en, gemessen an bestimmten KBT-spezifischen Kriterien, im Verlauf dieser Einzelbehandlung verändern und auch, inwieweit sie Erfahrungen aus diesen Stunden in den Einzelgesprächen thematisieren; Ergebnisse dieser Untersuchung werden zu einem späteren Zeitpunkt veröffentlicht werden.

Auch die Einbindung der KBT-Gruppentherapie in den gesamten Therapieverlauf erfolgt im wesentlichen über die Teamkonferenzen. Probleme ergaben sich bei der Integration von KBT höchstens dort, wo der Stellenwert der KBT im Behandlungsteam eher niedrig gesehen wir - sei es, weil eigene Erfahrung oder eingehende Beschäftigung mit diesem Verfahren im Team fehlt oder aufgrund von Abwehrmechanismen der Teammitglieder selbst, die ein körperbezogenes Verfahren sich lieber »vom Leibe halten« wollen.

Die Einstellung zur **Dosierung** von KBT hat sich in der Freiburger Psychosomatik im Laufe der Jahre eingependelt auf eine mittlere Frequenz von 2 Gruppensitzungen à 90 Minuten pro Woche. Die noch vor 10 Jahren übliche höhere Frequenz von 3 bis 4 Gruppensitzungen pro Woche war zum Teil wohl dem Mangel an sonstigen Verfahren wie Mal- und Gestaltungstherapie oder Rollenspiel zuzuschreiben; es zeigte sich bei dieser höheren Frequenz aber auch, daß die Patient(inn)en mit einer solchen Fülle von Erfahrungsangeboten nicht angemessen umgehen konnten, in der Sprache der Eßstörungen »sie nicht verdauen, sondern zum Teil wieder ausspucken mußten«, indem sie sie entwerteten oder immer wieder fehlten.

KBT-Einzeltherapie findet, wie oben ausgeführt, im stationären Setting gleichfalls zweimal pro Woche statt. Die Sitzungsdauer beträgt 45 Minuten, gelegentlich auch nur 30 Minuten, wenn es den Patienten zu Beginn noch kaum möglich ist, auf KBT-Angebote einzugehen, sondern die Beziehungsaufnahme zwischen Patient und Therapeut im Vordergrund steht.

Betrachtet man die KBT in ihrer Bedeutung bei der Behandlung von Eßstörungen, so zeigt sich, daß es hier schon sehr früh therapeutische Ansätze gab. So wurden beispielsweise schon Anfang der 60er Jahre in der Psychosomatischen Klinik in Umkirch KBT-Gruppen speziell für magersüchtige Frauen durchgeführt. Mittlerweile hat sich die KBT als körperorientiertes Verfahren in einer Vielzahl von psychosomatischen Kliniken durchgesetzt und spielt in Einrichtungen, deren Schwerpunkt auf der Behandlung von Eßstörungen liegt, eine wichtige Rolle. Ein Grund dafür ist sicherlich die Tatsache, daß Eßstörungen stets verbunden sind mit Körperwahrnehmungsstörungen. Gerlinghoff (1988) weist darauf hin, »daß die Aufmerksamkeit der Patienten auf bestimmte Körperteile -in aller Regel sind es Bauch und Oberschenkel - fixiert ist. Der übrige Körper wird dabei ignoriert«. Ein Therapieansatz, dessen Ziel es ist, eine Sensibilisierung für den ganzen Körper zu erreichen, scheint auch von daher zur Behandlung solcher Körperschemastörungen geeignet zu sein.

Wenn dies auch einleuchtend klingt, muß doch auch gesagt werden, daß einschlägige Forschungsergebnisse zum Einfluß der KBT auf die Behandlung von Eßstörungen bisher fehlen, obwohl dies interessante Fragestellungen eröffnen könnte. Es bleibt zu hoffen, daß mit weiter zunehmendem Interesse an körperorientierten Verfahren wie der KBT auch das Interesse an ihrer Erforschung im Zusammenhang mit Eßstörungen wächst. Denn abgesehen vom individuellen Krankheitsbild der Anorexie und Bulimie können Eßstörungen auch soziokulturell gesehen werden - als psychosomatische Krankheit der modernen Zeit. So spricht Erpen (1990) zum Beispiel von einer »leiblich-neurotischen Ausgestaltung unseres Zeitgeistes«, und Gerlinghoff (1988) äußert sogar die Überzeugung, daß »Eßstörungen die Manifestationen eines gesellschaftlichen Vorurteils gegen Frauen darstellen«. Doch sowohl unter dem individuellen wie auch unter dem gesellschaftlichen Aspekt scheint es sinnvoll, einem »leiblichen Ausdruck existentieller Not« (Gerlinghoff) auch auf der leiblichen Ebene zu begegnen.

Musiktherapie

G. K. Loos und D. Czogalik

Einführung

Was ist Musiktherapie? Die Beantwortung dieser Frage läßt sich aus ganz verschiedenen Perspektiven versuchen. Für Timmermann et al. (1991) ist Musiktherapie in erster Linie Psychotherapie. Diese Autoren prononcieren ihren Anspruch, indem sie sich in ihrer Begriffsbestimmung von einer weitverbreiteten Definition von Psychotherapie (Strotzka 1975, S. 4) leiten lassen. Danach ist Musiktherapie ein bewußt geplanter, interaktioneller Prozeß. Dieser wird in Gang gebracht, um Verhaltensstörungen und Leidenszustände zu beeinflussen, die in einem Konsensus zwischen Patient, Therapeut und Gesellschaft als behandlungswürdig betrachtet werden. Über das Medium Musik und durch musikpsychologische Mittel wird ein definierbares Ziel (Verringerung von Symptomen und/oder strukturelle Veränderung der Persönlichkeit) auf der Basis einer lehr- und lernbaren Technik angestrebt. Wie andere Definitionen auch, ist sie nicht in allen Punkten erschöpfend und nicht an allen Stellen präzise. Weder kommen in der Musiktherapie ausschließlich musikpsychologische Mittel zur Wirkung, noch läßt sich ihre Wirkung allein über Technik begreifen. Das primäre Angebot in der Musiktherapie ist der musikalische Dialog. Natürlich wird auch gesprochen, denn das nonverbal-klangliche Produkt soll letztlich an das verbale Bewußtsein angekoppelt werden.

Aber die Verwendung von Musik - oder deren Elemente, insbesondere Klang und Rhythmus - als Medium und Träger des psychotherapeutischen Prozesses ist das herausragende Spezifikum der Musiktherapie. Und obwohl die Anfänge der aktiven Musiktherapie von Schwabe (1990) in den 50er Jahren dieses Jahrhunderts gesehen werden, ist die Verwendung von Musik als Heilkunst ein Merkmal von kultur-, ja menschheitsgeschichtlicher Tiefe. Rituale und Praktiken, bei denen Musik, Tanz und Heilgesang eine wichtige Rolle spielen, finden wir gleichermaßen bei Natur- wie bei Kulturvölkern. Wir finden sie vor der Bühne eines magisch-religiösen Bewußtseins ebenso wie auch als integrierter Bestandteil von durchaus rationalen Vorstellungen und Modellen (Strobel u. Huppmann 1991).

In der gegenwärtigen Musiktherapie wird nach herrschender Meinung zwischen **rezeptiver** und **aktiver** Einzel- und Gruppen-Musiktherapie unterschieden, wobei der aktiven Musiktherapie der größere Raum zugewiesen wird, weil Kommunikation, Handeln und

Entscheidung darin Platz haben, ebenso Spiel, Tanz und Bewegung. Es leuchtet ein, daß die Abgrenzung gegenüber anderen - besonders körperorientierten - Therapieverfahren zuweilen schwierig ist. Musiktherapie ist alles andere als ein einheitliches, geschlossenes Konzept. Strobel (1990) pointiert diese Vielfalt dahingehend, daß er den einzigen gemeinsamen Nenner der verschiedenen musiktherapeutischen Ansätze in der Verwendung von Musik sieht. Das ist aber auch die Abgrenzung zu anderen Therapieverfahren. So versucht z.B. die rezeptive Musiktherapie mit Hilfe unterschiedlicher Formen der Musik, etwa der klassisch-europäischen, fernöstlich-meditativen oder der rhythmisch geprägten Musik, neuerdings verstärkt auch mit elementaren Klängen (Timmermann 1987), tiefere Schichten des Unbewußten anzuregen. Die aktive Musiktherapie hingegen nutzt in der freien Improvisation das kreative und selbstreproduzierende Potential des Patienten im und für das Zusammenspiel mit einem Therapeuten oder anderen Teilnehmern einer therapeutischen Gruppe.

Zum Wesen der Musiktherapie gehören zwei fundamentale psychotherapeutische **Komponenten**, nämlich eine **ordnungsstiftende** und eine **emotionalisierende**. Wir finden sie in anderen Therapieverfahren auch, aber in keinem sind die beiden Komponenten in vergleichbarem Ausmaß integriert. Im Zusammenspiel von Therapeut und Patient erreignet sich im günstigen Fall die Dialektik von Spannung und Lösung, Nähe und Distanz, Selbstwahrnehmung und Du-Erlebnis. In dieser Dialektik ersteht für den Patienten - aber nicht nur für ihn - Selbsterprobung, Selbsterfahrung und Selbstaktualisierung, und zwar häufig gerade in Bereichen, die dem verbalen Zugang verwehrt sind.

Die systematische Psychotherapieforschung allerdings hat die Musiktherapie noch nicht entdeckt. Grawe (1991) kann sich in seiner großangelegten Meta-Analyse nur mit drei empirischen Studien auf dieses psychotherapeutische Verfahren beziehen. Trotz der unbestrittenen praktischen Relevanz existiert eine empirisch fundierte Musiktherapieforschung erst in den Anfängen. Die Gründe liegen unseres Erachtens weitgehend in der fehlenden akademischen Verankerung des Gebietes. Musiktherapie hat sich vorwiegend außerhalb universitärer Institute entwickelt und ist in der Zwischenzeit in zahlreichen psychosomatischen und psychiatrischen Versorgungseinrichtungen ein fester Bestandteil des therapeutischen Angebots.

Für eine ganze Reihe von Krankheitsbildern wie Depression, Eßstörung, Autismus, Kommunikationsstörung, Borderline-Störung und Schizophrenie liegen inzwischen vielfältige klinische Erfahrungen und Berichte vor (z.B. Strobel 1985; Loos 1986 u. 1989; Reinhardt et al. 1986; Alvin 1988). Trotz der fundierten klinischen Erfahrung fehlt der Musiktherapie aber eine eigene, gar musikspezifische Krankheitslehre. Die Konzepte musiktherapeutischer Prozesse und Interventionen können aber auf einem oder mehreren der bereits bestehenden Therapiesysteme basieren, z.B. dem tiefenpsychologischen, dem lerntheoretischen, dem systemtheoretischen oder humanistischen. In ihrer heutigen Anwendung ist die Musiktherapie fraglos eklektisch, wobei die Synthese konzeptfremden Begriffsgutes in ihren klinischen Darstellungen und theoretischen Abhandlungen deutlicher definiert werden muß.

Klinische Beschreibung

Die erste Stunde einer Musiktherapie-Behandlung

Regina, 28jährige Musikstudentin, kommt mit folgenden Beschwerden zu mir: Übergroße Examensängste, überstandene Anorexia nervosa, Unfühligkeit in Händen und Füßen. Später zeigte sich noch ein vehementer Haß auf Kinder. Die Patientin sieht jünger aus als sie ist, sie kleidet sich unauffällig, ist normalgewichtig und hat auffallend schönes Haar.

Die freie Improvisation hatte sie eher verunsichert, hatte sie aus ihrem Fünf-Linien-System vertrieben und ihren Leistungsanspruch verhöhnt. Wenn die anderen Spaß am Spiel hatten, war ein kaum verhüllter Ärger bei ihr zu spüren. Aber sie ließ sich nicht fassen, weder zu einem Einzelspiel noch zu einem Gespräch.

Auch heute kam sie mürrisch und gereizt, wollte mir nur sagen, daß sie Musiktherapie »ziemlich doof« finde und daß sie lediglich mit mir als Musikerin über ihre Examensängste reden wolle. Meine anamnestischen Fragen (nur zur Gegenwart, die Vorgeschichte ließ ich vorerst weg) beantwortete sie knapp und unwillig, besonders rund um das Thema Magersucht wurde sie abweisend. Sie kämpfte um ihre Fassade, und ich wollte mich nicht in momentane Verhärtung verstricken lassen. Ich wollte das Weitere lieber dem nonverbalen Bereich anvertrauen. So fragte ich, ob sie einverstanden sei, vor das Weiterreden eine kleine Spielphase zu legen. Ich setzte mich auf den Boden zwischen all die verstreuten Instrumente (was ich so vorbereitet hatte). Nach kurzer Unschlüssigkeit setzte sie sich mir gegenüber. Sie wählte eine große beidseitig bespannte Trommel, ich eine Kantele (kleines Saiteninstrument). Mit zwei harten Filzschlegeln setzte Regina dicke Klangbrocken in den Raum, ungestaltet, was Klangqualität und Rhythmusstruktur betraf. (Ich verstand; Abwertung meiner Person aus Angst, selber unterzugehen.)

Allmählich wurde sie leiser. Ich paßte mich dem an, um nicht bei unserem Spiel »tonangebend« zu sein. Nach kurzer Zeit aber merkte ich, daß dies kein gemeinsames Spiel war, in dem das musikalische Gesetz von laut und leise, von Spannung und Lösung galt, sondern daß hier an mich die Forderung gestellt wurde, mich dem immer leiser werdenden Trommelschlag unterzuordnen. Ich sollte unterdrückt werden, heruntergespielt bis unter die Grundgeräusch-Schwelle, ich sollte vernichtet werden. Tatsächlich fühlte ich mich wie in eine Falle getrieben.

Regina sitzt mir gegenüber, unbewegt, wie in Wachs erstarrt. Mit abnehmender Lautstärke gerinnen ihre Trommelschläge zu einem langsamen, dumpfen Metrum, das mich abführen soll. - Der Unterschied zwischen Rhythmus (fließende Bewegung) und Metrum (exaktes Zeitmaß) wird hier bedeutsam. - Im selben Augenblick, in dem ich die Bedrohung fühle, schlägt sie in therapeutische Haltung um und ich weiß, daß es Reginas Bedrohung ist. Ich spüre: zwei Frauen, zwei Rivalinnen, es geht um Leben und Tod. Ich höre zu spielen auf.

Erschrocken und abrupt läßt sie die Schlegel sinken. Zum ersten Mal begegnen sich unsere Blicke. Angst sehe ich, das verlassene Kind sehe ich. Ich warte ab, ob sie etwas sagen oder tun will. Dann nehme ich eine Erdfrucht, deren trockene Samen innen knispeln und rascheln, und bewege sie ruhig hin und her und hin und her. Lange Zeit geschieht nur dies. Ich selber begebe mich in diesen Wiegenrhythmus, Ruhe breitet sich aus. Nach etwa zehn Minuten legt Regina sich nieder, auf die Seite, zieht die Knie an und schließt die Augen. Ich verändere nichts, nicht das Tempo, nicht die Lautstärke. Was ist in ihr vorgegangen, daß sie diesen Schritt von Wut und Angst in die Regression tun konnte? Ich habe einen Augenblick Zeit für solche Gedanken.

Im therapeutischen Raum haben sich bewußte und unbewußte Intentionen gemischt. Reginas Aggression muß biographische Gründe haben. Sicher war es wichtig für sie, das einmal auszuspielen, ihre Macht zu probieren. In der Beklemmung, die sie mir damit einflößte, erkenne ich mir bekannte eigene Anteile. Danach konnte etwas ganz Neues beginnen. Mein Unbewußtes ließ mich zur Erdfrucht greifen, zu diesem kleinen Kürbis, den ich in israelischer Sonne im Negev gefunden hatte. Geräusche werden dem neugeborenen Kind in Fülle zugemutet; es kann sie nicht orten, nicht verstehen. Geräusche ängstigen das - nach dem geschützten Uterusleben - ausgesetzte Baby. Es bedarf einer wachsenden, schützenden Verankerung im akustischen Raum und im Empfindungsbereich, um die Angst vor den ungerichteten, bedrohenden Geräuschen zu löschen, um die Unvertrautheit der Umwelt mit dem von mütterlicher Geborgenheit ausgehenden Vertrauen auszugleichen.

Dies ist eine der Klippen des gelingenden oder mißlingenden jungen Lebens: Reicht die beschützende Instanz aus, das akustische Chaos zu entängstigen? Oft begegnen mir in der Musiktherapie erwachsene Menschen, bei denen ich im aufkommenden Klang-Durcheinander schlagartig das verstörte Kind sehen kann, einen Menschen, der unablässig auf der Hut sein mußte und muß- ich sehe den Säugling, der bei Krach steif und kerzengerade wird. So erstarrt mancher Erwachsene in der Musiktherapiegruppe in alten Angstmustern.

In unserer ersten Improvisation meine ich erkannt zu haben, daß bei Regina tiefe Unbehaustheit und Mißtrauen in Aggressionen umschlugen, die hießen: ich oder Du. Ich kann das auch positiv werten als Kraft und Lebenswillen. Das verspricht Auseinandersetzung in der Therapie, die mich neugierig macht. - Aber jetzt liegt sie das: Ergeben? Besiegt? Gekränkt? Nein, eher gelöst, müde. Ihre Haut aber belebt sich.

Ich widme mich intensiv dem Geräusch der kleinen Erdfrucht, hülle Regina ein, nehme sie in mein Inneres. Dabei wird mir klar, daß ich dem ungeschützten Kind in der Patientin zwar unerkennbares Geräusch zumute, daß aber durch den stetigen Rhythmus »her und hin und her und hin« das Symbol der schützenden Mutter anwesend ist. Wir dürfen nicht vergessen, daß die pränatale Muttererfahrung eine akustisch-rhythmische ist. Auch wenn so große Worte unangemessen für unser kleines Rascheln scheinen: Durch den Rhythmus wird dem Geräusch ein Symbol kosmischer Ordnung hinzugefügt. Wie oft habe ich die Kraft des rhythmischen Haltgebens in der Musik erlebt - weitab von verbalen Maßregelungen, als Hoffnung, als Ahnung von Freiheit im Gesetz der Ordnung.

So schüttele ich weiter, aber nicht ungerichtetes maßloses Geräusch, sondern wiedererkennbare Struktur, maßgebende Gestalt, gerichtete Botschaft. Und so viel liebevolle Zuwendung, daß Neuerfahrung möglich werden kann. Dies ist die Quelle meiner Geduld (die ich in anderen Zusammenhängen gar nicht habe): Sicherheit durch Wiederholung, nicht verändern, nicht stören, nicht wollen, nur da sein. Ein früh verunsichertes Kind braucht viel Zeit, um glauben zu können, daß Warmes und Nährendes ihm gilt. Die Zeit tickt nicht mehr. Regina bringt sie wieder ins Spiel: sie gibt einen Laut von sich, von dem ich nicht sogleich weiß, ob es einer war, so unerheblich leise war er. Ich werde ganz wach: war das ein Signal - war es keins? Ja, es kehrt wieder und trifft in mir auf eine wache Dialogbereitschaft. Ich erhöre die Sehnsucht nach Antwort und signalisiere zurück, auch nur mit einem Stimmhauch. Ich spüre Abwarten, Erstaunen, Ungläubigkeit. Dann versucht sie es nochmal. Ich antworte. Sie wieder und ich wieder - ein Dialog, wie er nur im Klangbereich, im Extraverbalen so profund und prägnant stattfinden kann. Wenn sie nie erlebt wurden, diese frühen Frag-Antwort-Spiele, wie soll ein Mensch Mut finden zum Fragen, zum Handeln, zum Lieben.

Die Signale werden kräftiger, spielerischer, die Abstände kürzer, das Klappern der Fruchtkerne ist nur noch Basisgeräusch - da streckt Regina, immer noch mit geschlossenen Augen, tastend den Arm aus. Wie zufällig trifft ihre Hand mein Knie, bleibt da. Dann reckt sie sich (gibt die Embryo-Haltung auf) und öffnet die Augen. Aus Zufälligkeit wird Absicht, aus Geräusch wird Klang. Von jetzt an hat Reginas Stimme Festigkeit und Tonhöhe. Die Signalabstände werden von beiden, jetzt gleichwertigen Partnern, enger gesetzt, d.h., es wird Nähe gesucht und ausgehalten.

Entwicklungspsychologisch gesehen vollzieht sich der Schluß regelrecht: Das Kind konnte Vertrauen nehmen, das Kind ist satt, es richtet sich zum Sitzen auf, es sucht sich ein Spielzeug. Regina wählt in unserer letzten Improvisation nacheinander drei Instrumente: die Mundharmonika, dann eine Kalimba (Fingerklavier), zum Schluß die kleine Erdfrucht. Ich sehe darin Schritte von innen nach außen. Auch sehe ich darin ein Anpacken der mir zu Beginn als Symptom geschilderten Taubheit von Händen und Füßen: Selber etwas in die Hand nehmen, Vorwärtsschreiten.

Beim Blasen der Mundharmonika (wobei ich mein Dabeisein lediglich mit einigen Stimmlauten bekundete) saß sie wie ein trauriges Kind in der Sandkiste und sandte Klagetöne aus. Mich nahm sie gar nicht wahr. Aber es dauerte nicht lange, da sah ich ihre Augen zwischen den Instrumenten umherwandern. Sie nahm die Kalimba und wagte eine kleine Melodie, die ich mit Klanghölzern begleitete. Wir sahen uns an und lächelten. Es entstand das, was die Musiktherapie auszeichnet: Befreiung und Beglückung im Spiel. Weißt du noch, wie Spielen ist? Das Du ist gefunden. Das Du spielt mit.

Alles Ding hat seine Zeit; auch die Improvisation. Wann sie erfüllt ist, hängt von den Spielern, den Instrumenten, der Umgebung ab. Als Regina und ich genug hatten von dieser Klangkombination, griff sie mit behutsamer Gebärde zur Erdfrucht und ließ die trockenen Samen rauschen. Nun nicht mehr in Wiegenstetigkeit - das brauchte es nicht mehr -, nun im schwebenden Rhythmus von Meer und Wind. Freiheit braucht keinen metrischen Beat. Ich wagte, wieder die Kantele zu nehmen (mit der Vorsicht: Wird auch jetzt der Klang sie ärgern?). Aber jetzt konnten wir Musik machen. Und Hoffnung haben. Hoffnung auf Verstehen im Nonverbalen und auf die beginnende Therapie.

Die Beendigung unserer zweistündigen Sitzung war der Aufarbeitung des eben Erlebten gewidmet, damit das nichtsprachlich-klangliche Produkt im verbalen Bewußtsein verankert werden konnte. Das Maß des Aufdeckens muß dem Bedürfnis der Patientin und ihrer psychischen Belastbarkeit angepaßt werden. Bei Regina führte das Erkennen der Geräusch-Bedeutung zu Trauern und Tränen und zum Geständnis einer extrem mißlungenen Mutter-Kind-Beziehung. Die Mutter, eine Schauspielerin, schön, begabt, gefeiert, lehnte das Kind aus Sorge um ihre Karriere schon in der Schwangerschaft ab. Den Abtreibungstermin versäumte sie wegen einer Premiere - das wurde immer wie ein Witz erzählt, wenn Gäste da waren.

Die bei Sitzungsbeginn angeführten Symptome fügen sich nun zu einem **Diagnosebild** zusammen:

- Die »überstandene« Magersucht hat ihre vordergründigen Kennzeichen (Amenorrhoe, Untergewicht, Maßlosigkeit) nur scheinbar aufgegeben. Sie besteht weiter in bulimischen Attacken, wie Regina leichthin andeutete. Bulimie als Kehrseite der Anorexia bietet wegen ihrer äußerlichen Unauffälligkeit vermeintlich mehr Schutz vor dem Erkanntwerden. Aber die Maßlosigkeit beherrscht auch dieses Krankheitsbild. Maßlosigkeit ist das Kennzeichen unserer Zeit. In meiner Kindheit sangen wir:»Himmel, Erde, Luft und Meer zeugen von des Schöpfers Ehr´ ...« Heute sind sie aus dem Gleichgewicht geraten. Die Eßgestörten tragen dieses Unheil in Körper, Seele und Geist. Dennoch sehnen sie sich hinter tausend Mauern und Gittern nach Heilsein, Dazugehören, Verläßlichkeit. Therapie mit ihnen heißt, in der Abwehr ein Schlupfloch zu finden. Musik (besser: Klang) kann den mentalen Bereich umgehen, kann all das tausendmal Gesagte vergessen machen, kann Gefühle (wieder) beleben und Mut machen zum Mitspielen, zum Mitleben. Rhythmus ist da Symbol für »Freiheit im Gesetz der Ordnung« - und das ist es, was Eßgestörte unbewußt begehren, weil diese Sentenz die Maßlosigkeit besiegt. Freiheit ohne Ordnung läßt den Boden unter den Füßen entgleiten- Ordnung ohne Freiheit betoniert sich in Zwanghaftigkeit. In der musikalischen Improvisation fließen Freiheit und Ordnung zusammen: im Spiel, in Kommunikation, in Dazugehörigkeit.

- Examensängste: Ein Mensch, der nicht existieren soll, kann sich auch nicht darstellen. Vorspielen, von anderen gesehen werden, auf der Bühne stehen, das ist die Rolle der Mutter. Auch Gefragtwerden und Antworten, Selberfragen sind ungeübte Vorgänge, die sich im Spielerischen einüben lassen. Das Mißtrauen zerstört jede zwischenmenschliche Konfrontation. Der Wahrheitsbegriff (er hat kein hohes Ansehen bei den Behandlern von Eßgestörten) muß gemessen werden am Mißtrauen in ihren Lebensbeginn. So gesehen werden alle menschlichen Begegnungen zu Examina, die von vornherein verloren sind. Worte nützen da nichts (»Du brauchst keine Angst zu haben«), Vertrauen muß da gelegt werden, wo es mißbraucht wurde: im non- und präverbalen Bereich. Und das immer wieder, über lange Zeiträume.

- Unfühligkeit in Händen und Füßen: Mit dem Wort »Unfühligkeit« beschreibt die Patientin selber die Taubheit an den äußeren Enden ihrer Gliedmaßen, denen die körperliche Kontaktnahme zur Welt obliegt. Und damit gibt Regina der aufhorchenden Therapeutin ihren Leib und ihre Seele in die Aufmerksamkeit. Klang, Atem und Bewegung werden die Wirkkräfte in dieser Therapie sein.

- Bleibt noch der »Haß auf Kinder«: Frau werden, so werden wie die Mutter, ist undenkbar. Die Abwehr ist so groß, daß sie in Haß umschlägt. Die Menses ist zwar nach einem 6jährigen Ausfall wiedergekehrt, aber die Weiblichkeit konnte sich in ihr nicht entfalten. Der Zyklus, die Wiederkehr, das Eingebundensein in ein natürliches Ganzes hat in Regina noch kein Zuhause gefunden. Neue Ziele, Hoffnungen und Vorbilder müssen in dieser gemeinsamen Arbeit gefunden werden.

Auch die Therapeutin muß ja ihre Hoffnung auf etwas Konkretes gründen. So will ich Reginas letzte Worte unserer ersten Begegnung anfügen. Sie nahm die kleine Wüstenfrucht zärtlich in beide Hände und sagte: »Du hast einen Fluch von mir genommen.« Ich schenkte sie ihr.

Seither messe ich dem Geräuschemachen in der Musiktherapie immer mehr Bedeutung bei und bin immer wieder erstaunt, wie oft Patienten - gerade Intellektuelle, Eßgestörte, Sprachgewandte - in einer Geräusch-Improvisation (wir spielen z.B. »Ameisenhaufen« oder »Einsames Kind«) bei den allmählich vernehmbar werdenden Geräuschen von Hölzern, Stimmen, Fußscharren sichtbar das Denken aufgeben, wie sie in Haltung und Ausdruck nach innen lauschen. Es entsteht ein Wiedererkennen auf einer Ebene, die in der frühkindlichen Zeit eine überragende Rolle gespielt hat. Da wurden präverbale Kommunikationssignale geprägt und gespeichert über Empfindungskanäle, die René Spitz als »coenästhetische Organisation« beschreibt. Die Fähigkeit zum Hören als Wahrnehmen und Rezipieren, lange vor dem Denk- und Sprachbewußtsein, wird bereits im Ungeborenen bereitgestellt. Erinnerungsspuren sind in späteren, adäquaten Situationen abrufbar, getönt von jenen geglückten oder mißglückten Emotionsqualitäten, die das junge Kind betrafen, abhängig auch von Schutz und Verständnis der Pflegepersonen.

Diese Erkenntnisse sind wesentliche Faktoren in der Musiktherapie, die auch zur Diagnostik und zum Erkennen der Enstehungszeit seelischer Schäden beitragen können.

Indikation und Indikationsprobleme

Fragestellungen zur differentiellen Psychotherapieindikation werden im Zentrum zukünftiger Psychotherapieforschung stehen. Die Beantwortung der Frage »wer mit wem« könnte die Psychotherapie einen entscheidenden Schritt vorwärts bringen. Gegenwärtig gibt es dazu noch sehr wenige brauchbare empirische Befunde, die zudem in der klinischen Praxis weitgehend ignoriert werden. Die Zuweisung eines bestimmten Patienten zu einem bestimmten Verfahren folgt im allgemeinen den Zufälligkeiten der jeweils örtlich vorgegebenen Zugangswege. Und dies gilt natürlich auch für die Musiktherapie. Wir dürfen annehmen, daß Empirie und Klinik mit der Zeit einige Krankheitsbilder ausweisen werden, für die Musiktherapie die geeignete Behandlungsform darstellt.

Dies kann man bereits heute für die Behandlung des **Autismus** und des **Mutismus** behaupten (Alvin 1988). Für diese Störungsbereiche gilt Musiktherapie als Methode der Wahl. Diese vergleichsweise sichere Indikation verweist auf die Eigenschaft der Musiktherapie, einen Zugang zu präverbalen Erlebens- und Verarbeitungsbereichen zu haben. Musiktherapie bietet sich deshalb auch für solche Menschen als spezielle Behandlungsform an, mit denen der sprachliche Austausch erschwert ist, deren Verbalisierungsfähigkeit reduziert ist oder deren Störungen und Defizite aus der präverbalen Zeit stammen, denn »Rhythmus und Klang sind spezifische Wirkkräfte in der Behandlung von Frühgestörten« (Loos 1986, S. 1). Das klangliche Eindringen in frühe Erlebensschichten fördert nicht nur Regression, sondern auch die Lust am Spiel und am Erproben. Korrigierende Neuerfahrung, Entwicklung schlummernder und verschütteter Ressourcen, Nachreifung, Verbalisierung und Einsicht sind somit realistische Zielsetzungen in der Musiktherapie Frühgestörter.

Einbindung in die tiefenpsychologische Therapie der Eßstörung

Im klinischen Alltag hat sich eine zunehmende Ausdifferenzierung der therapeutischen Verfahren etabliert. Dabei ergänzen sich verbale und extraverbale Ansätze, wobei den ersteren zumeist die Behandlungsführung zugeschrieben wird. Der Trennung in verbale und extraverbale Verfahren - um hier den markantesten Teiler zu nennen - entspricht die Differenzierung in kognitiv-diskursive und emotional-affektive therapeutische Zugänge. Beide haben ihre Berechtigung und ihren Sinn, aber nicht für alle Patienten gleichermaßen und vor allem nicht unterschiedslos an jeder Stelle im psychotherapeutischen Prozeß.

Die Musiktherapie wird immer wieder im Zusammenhang mit der Behandlung der sogenannten **Grundstörung** genannt (z.B. Nietzschke 1984). Dieses Konzept geht auf Balint

(1970) zurück und beschreibt frühe Störungen der Mutter-Kind-Beziehung, welche den Entwicklungsprozeß des Kindes pathologisch belasten. Eine Besonderheit dieser Grundstörung ist, daß sie verbal nicht symbolisiert werden kann, und daß somit der rational-diskursive Dialog ins Leere läuft. Die Musiktherapie will den Patienten in einer Phase regressiv-symbiotischen Erlebens hineinbegleiten, das dann in späteren Schritten in einen dynamischen Kontext integriert werden kann.

Dieses Therapieprinzip eignet sich einerseits zum Wieder- oder Neubeleben der stützenden, spielerisch-gewährenden, wachstumsfördernden, also mehr mütterlichen Potentiale, andererseits auch der provozierend-konfrontierenden und ordnungssetzenden Forderungen der mehr väterlichen Haltung. Nach Maler (1989, S. 246) kann Musik mit ihren »Spannungsstrebungen vor allem die gestauten und chronisch blockierten Affekte anregen und beim Improvisieren unter Beteiligung von affektiver Körperenergie wieder lösen und in Bewegung bringen«. In diesem Sinne berichten Seifert und Loos (1989, S. 212) über das Behandlungskonzept für eßgestörte Patienten der Psychotherapeutischen Klinik in Stuttgart, in dessen Rahmen in der Musiktherapie immer wieder dazu ermutigt wird, »die im Laufe der Behandlung entstehenden krisenhaften Belastungen, auch ängstigende Erkenntnisse, Rückfälle ins Symptom, Suizidabsichten etc. in Bild und Klang auszudrücken und sich auf diese Weise den dahinterliegenden Konflikten und Affekten anzunähern«.

Aufwand

Es gibt keine empirischen Studien zum Verhältnis von Aufwand zu Ertrag in der Musiktherapie, wie sie z.B. von Howard et al. (1986) oder McNeilly u. Howard (1991) für die verbale Psychotherapie vorgelegt worden sind. Die erstgenannten Autoren konnten über eine Analyse von 2431 Patienten, die mit unterschiedlichen psychotherapeutischen Konzepten behandelt wurden, zeigen, daß 75% der Patienten innerhalb des ersten halben Jahres zu meßbaren Verbesserungen ihrer Befindlichkeit gelangen konnten. Aus der umfangreichen klinischen Literatur kann man aber mit Fug und Recht schließen, daß Musiktherapie in vergleichbaren Zeitgrößen Erfolge erzielt wie die etablierten verbalen Psychotherapien. Die Voraussetzungen dafür, nämlich daß Therapie mit Kunstfertigkeit geschieht, gilt selbstverständlich für die einen wie für die anderen Verfahren.

Diskussion

Im Forschungsgutachten zu Fragen eines Psychotherapeutengesetzes (Meyer et al. 1991) kommen die Autoren bezüglich der Musiktherapie zu einem eher zurückhaltenden Urteil. Weder die generelle Wirksamkeit noch spezifische Wirkungen der Musiktherapie scheinen ihnen empirisch nachgewiesen und gesichert zu sein. Die Musiktherapie ist nach diesem Urteil noch weit davon entfernt, ein wissenschaftlich fundiertes Therapieverfahren genannt werden zu können. Nun beziehen sich diese Autoren - unter expliziter Ausblendung klinischer Erfahrungsberichte und Falldarstellungen - auf Studien, die einem ganz bestimmten wissenschaftlichen Selbstverständnis verpflichtet sind. Und in der Tat hat die Musiktherapie nachhaltige Defizite, was ihre empirisch-positivistische Forschungsorientierung angeht.

Wir glauben, daß sich die Musiktherapie einer solchen »wissenschaftlichen« Herausforderung stellen muß, und zwar weniger in kurzfristiger Erwartung bedeutsamer Befunde als vielmehr durch die Akzeptierung einer grundsätzlichen Haltung, Prämissen, Praxis und Wirkung einer therapeutischen Orientierung dort zu objektivieren, wo es Objektivierbares gibt. Natürlich geschieht eine solche Orientierung, welche für die Musiktherapie eine Umorientierung wäre, nicht durch Appelle. Sie muß in das Selbstverständnis der Praktizierenden übernommen werden, und dieses ist durch die berufliche Sozialisation weitgehend vorgeprägt. »Eine Musiktherapie, die nicht als »Himmelsmacht« oder »Magie« (...) verschrien sein will, sondern ihre Identität als angewandte, pragmatische Wissenschaftsdisziplin sucht, braucht nicht nur mehr empirische Forschung, besonders Ergebnisforschung, sondern auch und gerade den mit empirischen Methoden vertrauten Praktiker« (Tischler 1983, S.104). Verstärkte Anstrengungen und Bemühungen in diese Richtung müssen in der Ausbildung beginnen. Sie könnten dazu beitragen, das stets wieder neu angefachte, aber unfruchtbare Entgegensetzen von »Wissenschaft« und »Praxis« abzubauen (Timmermann 1990). Und sie könnten helfen, der Musiktherapie jenen Rang in Institution, öffentlicher Diskussion und Versorgung einzuräumen, der ihr nach unserer Überzeugung gebührt.

Psychodrama in der Behandlung von Eßstörungen

A. Sandholz und Th. Herzog

Einführung

Kurzbeschreibung des Verfahrens

Das Psychodrama ist zu Beginn dieses Jahrhunderts von dem Arzt, Soziologen und Philosophen Jacob Levin Moreno (1889-1974) in Wien als eine Art »Stegreiftheater« begründet und später in den 20er Jahren in New York als psychotherapeutische Methode weiterentwickelt worden.

Psychodrama ist in erster Linie ein **Gruppenverfahren** (ursprünglich bei Moreno »Aktionsmethode«), in dem sowohl pädagogische, sozialpsychologische als auch lern- und tiefenpsychologische Elemente vereint sind. Mittels verschiedener Techniken werden in der Gruppe aktuelle, vergangene oder zukünftige Szenen wirklichkeitsnah oder »phantastisch« gespielt, d.h. in Drama = Handlung umgesetzt. Die Handlung wird von den Mitspielern in der Gruppe gemeinsam gestaltet.

Entscheidender Bestandteil im Psychodrama ist das **Rollenspiel**. Es ist geleitet von der Auffassung Morenos, daß der Mensch ursprünglich ein schöpferisches, kreatives Wesen ist, mit einem weitgefaßten Rollenrepertoire. Diese Fähigkeit wird jedoch durch Sozialisationsschäden und Anpassungsdruck oft stark eingeschränkt. Im Mittelpunkt des psychodramatischen Spiels steht die Befreiung von einengenden Rollen, die Freisetzung von Spontaneität und die Kreation bzw. Einübung neuer Rollen.

Gleichzeitig verfolgt das psychodramatische Spiel das Ziel einer »affektiven Abreaktion« (Ploeger 1990), einer **Katharsis** bzw. Befreiung von belastenden Konflikten, indem diese noch einmal szenisch dargestellt und durchlebt werden. Viel zitiert wird in diesem Zusammenhang die Devise Morenos: »Jedes wahre zweite Mal ist die Befreiung vom ersten Mal« (Moreno 1923).

Im Psychodrama besteht eine enge Verbindung von Gruppenarbeit und Einzelarbeit in der Gruppe. Bei der Arbeit mit einzelnen im sogenannten protagonistenzentrierten Spiel wird auch die Entwicklung der Gruppe gefördert, die anderen sind als Mitspieler beteiligt oder erleben als Beobachter die dargestellten Probleme mit. Durch die Arbeit an Gruppenthemen und -konflikten erhält jedes Mitglied persönliche Rückmeldung. Schließlich vertieft sich in der wechselseitigen Mitteilung der eigenen Gefühle und Erfahrungen zu einer gemeinsam erlebten Szene die **Begegnung** der einzelnen.

Theoretische Grundlagen

Als handlungsorientierte Methode bezieht das Psychodrama sowohl lerntheoretisches Denken (üben neuer Verhaltensweisen) als auch tiefenpsychologische Aspekte (Darstellung komplexer innerpsychischer Probleme) ein. Dementsprechend wird es von Therapeuten verschiedener Schulen mit unterschiedlicher Intention angewendet.

Moreno selbst hat in seiner eher intuitiv-kreativen Arbeitsweise viele theoretische Gesichtspunkte berücksichtigt. So bildete er seine Vorstellung vom kathartischen Spiel vor allem aus einer intensiven Beschäftigung v.a. mit dem altgriechischen Theater, der Commedia dell'Arte sowie dem Shakespeare-Welttheater. Er entwickelte eine Rollentheorie, die stark von derjenigen des Soziologen G.H. Mead beeinflußt war, in der er das Wesen der Entwicklung in der Bildung der zwischenmenschlichen Beziehungsfähigkeit (sozioemotionale Entwicklung) und in der durch Rollenlernen gemachten Erfahrung (Rollenentwicklung) sah.

Moreno hat sich insbesondere als Pionier der Gruppenpsychologie und Gruppenpsychotherapie hervorgetan und diesen Disziplinen die **Soziometrie** als Lehre und Erforschung der menschlichen Beziehungen zugrundegelegt. Der Ansatz der Soziometrie hat sich, wie das ganze Lebenswerk Morenos, aus Beobachtungen alltäglicher Phänomene ergeben. Er teilt in seinem 1934 erschienenen Werk »Who shall survive?« Erfahrungen mit, die auf seine Tätigkeit während und nach dem 1. Weltkrieg in Kindergruppen und Flüchtlingslagern zurückreichen. Er untersuchte die zwischenmenschlichen Beziehungen unter den Aspekten der Bevorzugung, der Gleichgültigkeit oder der Ablehnung als »hochwirksame Kräfte im sozialen Bereich« (Leutz 1986). Würden die Gesetze der psychosozialen Beziehungen erkannt, ließen sich Spannungen und soziale Ungerechtigkeiten nicht nur in kleinen Gruppen, sondern in allen Gesellschaften beseitigen (Moreno 1954).

Moreno entwickelte verschiedene soziometrische Techniken, die er in natürlichen Gruppen (z.B. in einer Mädchen-Erziehungsanstalt) und in therapeutischen Gruppen anwandte, zur Diagnostik von Beziehungen, um dann daraus in einem zweiten Schritt psychotherapeutische bzw. psychodramatische Schritte einzuleiten.

Zu den diagnostischen Maßnahmen zählen unter anderem der soziometrische Test, bei dem die emotionale Struktur einer Gruppe in bezug auf ein bestimmtes Kriterium (z.B. Einfluß, Vertrauen) untersucht wird, und das Soziogramm, bei dem die Gruppenstruktur durch Beobachten des laufenden Gruppenprozesses nach bestimmten Kriterien erforscht wird (z.B. wer nimmt welche Position in der Gruppe ein?). Nach einer soziometrischen Indikation wird dann versucht, eine gegebene Gemeinschaft umzugestalten. So kann ein Gruppenpsychotherapeut Hinweise bekommen, um welches Gruppenmitglied er sich mehr kümmern sollte, wer mehr in die Gruppe integriert werden sollte etc. In protagonistenzentrierten Rollenspielen können spezifische Probleme der einzelnen in der Gruppe aufgearbeitet werden. Die Wirkungen der psychodramatischen Arbeit werden nach einigen Wochen durch eine zweite soziometrische Untersuchung überprüft.

In der psychotherapeutischen Praxis haben sich soziometrische Verfahren bewährt, um im Therapieprozeß die jeweilige gruppendynamische Struktur zu einem bestimmten Zeitpunkt zu erfassen.

Ziele des Therapieverfahrens für eßgestörte Patienten

Die Zielsetzungen psychodramatischer Therapie Förderung der Rollenflexibilität, der Spontaneität und Kreativität sowie die Katharsis galten allgemein für ganz verschiedene Störungsgruppen. Moreno und seine Nachfolger haben diese therapeutischen Implikationen nicht für spezifische psychopathologische Störungen beschrieben. Klinische Erfahrungen haben jedoch die Wirksamkeit psychodramatischer Techniken, insbesondere für neurotische Fehlentwicklungen, gezeigt.

Gerade im Suchtbereich hat sich das Psychodrama als geeignete Methode erwiesen (Krebs 1987). Obwohl die Zuordnung von Eßstörungen zu den Suchtkrankheiten problematisch erscheint, weisen sie in ihrer Phänomenologie doch einige Übereinstimmungen auf. Zudem sind viele eßgestörte Patienten alkohol- oder tablettenabhängig, betreiben Appetitzügler- oder Abführmittelabusus. Da das Psychodrama die verbale Kommunikation überschreitet und die Betonung mehr auf das handelnde Moment legt, bedient es nicht das Verlangen nach Versorgung, das mit jeder Sucht verbunden ist. So sind die szenischen Darstellungen einmal eine Herausforderung für das Abhängigkeitsbedürfnis, da sie auf die aktive Mitarbeit gerichtet sind, zum anderen lassen sie wenig Raum für Rationalisierungen und Intellektualisierungen, wozu vor allem magersüchtige Patientinnen neigen. Rollenspiele haben gerade bei Eßgestörten das Ziel, ihr in der Regel starres Rollenrepertoire und ihre rigiden eigenen Rollenzuweisungen (»haltlos«, »willensschwach«) zu verändern bzw. zu erweitern. Neben der aufdeckenden Konfliktbearbeitung hat das Psychodrama bei Eßgestörten das vorrangige Ziel, in der gemeinsamen (spielerischen) **Einübung neuer Verhaltensweisen** chronifizierte falsche Eßgewohnheiten zu verändern. Die Patienten lernen, wie sie auf konflikthaft erlebte Situationen anders reagieren können als etwa mit Eßanfällen. Das Erleben einer Gruppengemeinschaft ermöglicht es gerade eßgestörten Patienten, aus ihrer sozialen Isolation herauszukommen (Herzog et al. 1988).

Gegenwärtiger Standort und Literaturübersicht

Gegenwärtiger Standort

Nachdem Moreno schon 1925 von Wien nach New York übersiedelte und dort das Psychodrama weiterentwickelte, wurde es in Europa zunächst nahezu vergessen. Erst in den 60er Jahren fand das Psychodrama in Europa wieder mehr Verbreitung.

In der Psychotherapieforschung hat sich das Psychodrama bisher kaum durch empirisch gesicherte Ergebnisse hervorgetan (D'Amato und Dean 1988).

Literaturübersicht

Für einen näheren Einblick in Morenos Weltanschauung und Therapietheorie sind vor allem seine Frühwerke zur Soziometrie und zum Stegreiftheater empfehlenswert (s. Literaturverzeichnis). Beschreibungen des klassischen Psychodramas finden sich bei Leutz (1986), die der tiefenpsychologisch fundierten Psychodramatherapie (TfPT) bei Ploeger (1983, 1990). Krebs (1987) befaßt sich in einem Artikel speziell mit den Wirkfaktoren der Psychodramatherapie bei Eßstörungen (Rollenerweiterung, Verhaltensmodifikation in der Gruppe etc.).

Seit 1987 gibt es eine eigene Zeitschrift »PSYCHODRAMA« für Theorie und Praxis von Psychodrama, Soziometrie und Rollenspiel.

Klinische Beschreibung des Verfahrens

Die Instrumente des Psychodramas

Konstituenten des Psychodramas sind die Bühne, der Psychodrama-Leiter, der Hauptdarsteller oder Protagonist, die Mitspieler, die Gruppe und die psychodramatischen Techniken.

Die **Bühne** bildet den Raum im Kreis einer Gruppe, auf der das psychodramatische Geschehen von der Gruppe oder vom Protagonisten inszeniert wird. Die Gestaltung der räumlichen Situation, vor allem während eines protagonistenzentrierten Psychodramas, ist ein wichtiger Bedingungsfaktor psychodramatischer Therapie (Zeindlinger 1981). Den Einfällen des Protagonisten entsprechend wird in dem freigegebenen Spielraum diejenige räumliche Struktur geschaffen, die zu der zur Darstellung ausgewiesenen Szene gehört, wobei Details in der Regel nur imaginativ vorhanden sind (Einrichtungen eines Hauses, Landschaftselemente etc.). Alle Mitspieler bewegen sich im Raum, als ob die Einrichtung tatsächlich vorhanden wäre. Ein Szenenwechsel bringt häufig auch den Wechsel der räumlichen Situation mit sich.

Der **Psychodrama-Leiter** ist verantwortlich für das Zustandekommen und den Verlauf jeder Sitzung. Er ist auf der einen Seite direktiver als etwa der Therapeut in einer psychoanalytisch orientierten Gruppenpsychotherapie, aktiviert die Teilnehmer für das Spiel. Er setzt nach den Erfordernissen des Protagonisten, der Situation und der Gruppe entsprechend psychodramatische Techniken (s.u.) ein und bricht die Szene ab, sobald sie therapeutisch nicht mehr produktiv ist (Leutz 1986). In vielen Abschnitten des psychodramatischen Prozesses nimmt er aber auch eine eher beobachtende Funktion (v.a. bei Gruppenspielen) ein.

Der **Protagonist** (griech. »der erste Spieler«) bezeichnet in der Sprache des Theaters und des Psychodramas den Helden bzw. Hauptdarsteller eines Stückes bzw. einer psychodramatischen Szene. Der Unterschied zum Theater besteht darin, daß er kein Schauspieler ist: »Was er spielt, ist ungeplant und ungeprobt. Er spielt es in freier Aktion aus dem Stegreif.« (Leutz 1986, S. 87). Während der Protagonist sich und seine Gefühle darstellt, erfährt er nicht nur sich selbst von seinem eigenen Standpunkt aus, sondern sieht sich im Rollentausch mit seinem Gegenüber (s.u.) mit dessen Augen. Das psychodramatische Geschehen soll die ganze Persönlichkeit des Spielers, sein Denken, Handeln und Fühlen ergreifen.

Die **Mitspieler** werden auch als Antagonisten oder »menschliche Gegenüber« bezeichnet und als solche vom Protagonisten ausgewählt. Sie stellen die »abwesenden realen oder imaginären Bezugspersonen des Protagonisten dar und werden zu Trägern seiner Übertragungen und Projektionen im Psychodrama« (Leutz 1986, S. 89). Oft spielen sie den Protagonisten selbst und sind dann Hilfs-Ichs bzw. Vertreter seines Selbst. Auch als Mitspieler erleben sie häufig eine intensive Katharsis, und zwar besonders dann, wenn sie Rollen zugewiesen bekommen, die ihren eigenen sehr entsprechen.

Die **Gruppe** befindet sich in einem protagonistenzentrierten Spiel wie im Theater in der Zuschauerposition, von der aus sie das Geschehen verfolgt. Auch als Zuschauer werden die einzelnen Teilnehmer mit ihren eigenen Konfliktthemen auf der Bühne konfrontiert, erleben kathartische Empfindungen bzw. Identifikationen. Außerdem können sie nach dem Spiel wertvolle Hinweise über das Gesehene geben.

Unter der Fülle der **psychodramatischen Techniken** kann man die des Doppelgängers, die Spiegel-Technik und den Rollentausch als die bekanntesten und wichtigsten herausgreifen:

a) **Doppeln** heißt, daß der Leiter als sog. Doppelgänger hinter den Protagonisten tritt und dessen Körperhaltung und Gangart einnimmt, sich in ihn hineinversetzt und seine Gefühle ausspricht. Er sagt, was der Protagonist in der betreffenden Situation nicht auszusprechen vermag. Beispiel: Der Protagonist steht in einer konflikthaften Situation mit zusammengeballten Fäusten da. Doppelgänger: »Ich bin so wütend!« Der therapeutische Zweck des Doppelns liegt vor allem in der Klärung der tatsächlichen Gefühle, Gedanken und Bestrebungen des Protagonisten (Zeindlinger 1981).

b) Die **Spiegel-Technik**: Ein Gruppenmitglied oder der Kotherapeut stellt den Protagonisten spiegelbildlich auf der Bühne dar. Auf diese Weise kann einem Protagonisten, der sich weder seiner momentanen Handlungsweise noch deren Wirkung bewußt ist, ermöglicht werden, diese aus der Distanz zu beobachten und somit besser zu verstehen.

c) Der **Rollentausch**: Es gibt kein Psychodrama ohne Rollentausch. Er bedeutet auch eine Spiegelung im oben genannten Sinne, nur ist hier der Protagonist nicht bloß Zuschauer, sondern er spielt und fühlt gleichzeitig die Rolle seines Gegenübers, des Antagonisten. Er hat damit die Chance, mehr Verständnis oder Gefühl für die Position des anderen zu gewinnen und sich selbst aus der Position des anderen zu betrachten. Rollentausch kann auch dazu dienen, dem Hilfs-Ich weitere notwendige Informationen über seine Rolle zu geben.

Struktur einer Psychodramasitzung

Eine Psychodrama-Sitzung kann zwischen ein und drei Stunden dauern und verläuft in drei Phasen:

a) **Erwärmungsphase** (»warming-up«), in der mittels verschiedener Techniken (Blitzlicht, Imaginationen, Bewegungsspiele etc.) die Handlungsbereitschaft geweckt und das Thema gefunden werden soll.

b) **Spielphase** = Prozeß der szenischen Darstellung auf der Bühne (protagonisten- oder gruppenzentriert).

c) **Abschluß-oder Integrationsphase**: Dies ist der Prozeß des verbalen Durcharbeitens der Darstellung in Form von Sharing (gegenseitiges Mitteilen gleicher oder ähnlicher Erlebnisse, um dem Protagonisten das Gefühl zu geben, mit seinem Problem nicht allein zu sein), von Rollenfeedback der Antagonisten über die von ihnen dargestellten Rollen, und schließlich in Form eines Identifikations-Feedbacks, in dem die Zuschauer ihre während des Zuschauens entstandenen Spannungen loswerden können.

Fallbeispiel (bulimische Patientin)

Die 34jährige Sonja, die an einer einjährigen, wöchentlich stattfindenden Psychodramagruppe (12 Teilnehmer, gemischtgeschlechtlich, mit unterschiedlichen Konfliktbereichen) teilnimmt, meldet sich nach etlichen Anläufen in der 15. Sitzung mit dem Wunsch nach einer protagonistenzentrierten Darstellung. Sie klagt in der Eingangsrunde wiederholt über ihr Übergewicht, könne sich kaum mehr im Spiegel angucken, finde sich eklig. Nach einigem Zögern gibt sie an, das Essen neuerdings auch manchmal zu erbrechen, um nicht noch mehr zuzunehmen.

Da Sonjas Anmeldung diesmal sehr eindeutig ist und die Gruppe sich gut auf sie ein-
stimmen kann, bittet die Leiterin sie, in die Mitte des Raumes zu gehen. Sonja sagt, sie
habe jetzt ganz nasse Hände vor Aufregung, so im Mittelpunkt zu stehen, lächelt dabei (wie
so oft während des Spiels). Dann spricht sie wiederholt von ihrem »schlechten
Körpergefühl«. Die Leiterin schlägt ihr vor, anhand von (vorhandenen) Holzstöcken ihren
Körperumfang bzw. ihre Körpergrenzen zu markieren. Sie legt die Stöcke als Kreis um
sich, stellt sich dann selbst in die Mitte dieses Kreises, wo sie sich wohl und sicher fühlt.
Sie spricht von ihrem Körperumfang als »Schutzmauer«. Die Leiterin schlägt ihr vor, sich
ein Essen zu wählen, was sie gerne zu sich nimmt. Sie wählt eine relativ kleine Portion, ein
belegtes Brötchen (symbolisiert von einem Schuh) und bemerkt dazu, daß sie gar nicht soviel zu essen brauche, wenn sie allein sei und ihren Frieden habe. Aber ihr Freund stopfe
sie oft, wenn er da sei, oder sie fresse dann, wenn der Freund zu seiner anderen Freundin
nach Frankreich fahre.

Die Leiterin läßt Sonja beide Situationen in Szene setzen: Sie wählt einen Mann in der
Gruppe als ihren Freund aus, er kniet neben ihr und stopft sie quasi zu, macht sie mundtot.
Es entwickelt sich ein regelrechter Machtkampf zwischen den beiden sie läßt sich zwar von
ihm »füttern« , gleichzeitig zieht sie sich aber immer mehr zurück und beschimpft ihn, er
solle doch zu seiner anderen Freundin gehen, bei ihr könne er sich (sexuell) jedenfalls
nichts holen. In der darauffolgenden Szene wählt Sonja eine Frau aus der Gruppe als die
sexuell attraktive französische Freundin aus, stellt sie aber räumlich ganz weit weg von
sich und fixiert sie, wobei sie zunehmend unter Freßdruck leidet. Sie spricht von zwei gegensätzlichen Stimmen in sich, die die Leiterin von zwei Frauen aus der Gruppe repräsentieren läßt: Die eine sagt ihr, daß es schon recht sei, so dick zu sein, dann sei sie auch kein
Sexualobjekt für Männer. Die andere Stimme spricht vom Neid auf die Sexualität der
Französin, verbunden mit dem Wunsch, die eigenen sexuellen Bedürfnisse besser leben zu
können.

An dieser Stelle beendet die Leiterin das Spiel. Sonja ist sehr berührt, sie weint und berichtet, sie habe große Schwierigkeiten, ohne Angst vor Kontrollverlust ihre Sexualität zu
leben, verstecke sich lieber in ihrem Körperumfang, der sie vor ihrem Freund schütze.

Im anschließenden Feedback sind die Gruppenteilnehmer sehr anteilnehmend. Sonja
bekommt viel Rückmeldung über ihr Beziehungsverhalten. Interessanterweise schlagen
sich dabei die Frauen der Gruppe eher auf die Seite Sonjas, ermuntern sie, mehr ihre eigenen Wünsche zu äußern und danach zu handeln. Die Männer sind z.T. empört über die ihnen zugewiesene Rolle als diejenigen, die immer nur »das eine wollen« . Im Sharing setzen
sich fast alle mit dem Thema »Essen« auseinander, berichten über ihre eigenen
Eßprobleme. Zum Schluß zeigt sich Sonja sichtlich erleichtert, aber auch erschöpft.

Indikation und Indikationsprobleme

Die Indikation des Psychodramas ergibt sich aus den oben beschriebenen Zielen der psychodramatischen Behandlung bei eßgestörten Patienten.

Die folgenden Beispiele sollen illustrieren, wie sinnvoll psychodramatische Übungen bei Eßstörungen eingesetzt werden können. Die verschiedenen therapeutischen Herangehensweisen zeigen gleichzeitig recht plastisch den Variationsreichtum psychodramatischer Behandlungstechniken.

Die symbolische Bedeutung des Themas Essen/Nahrung in der individuellen Entwicklung kann sowohl in gruppen- wie protagonistenzentrierten Spielen bearbeitet werden. In diesem Rahmen können wichtige Themen oder Fragestellungen folgende sein:

1. Szenische Darstellung der frühesten Erinnerung an ein bestimmtes Essen, das die frühe Mutter-Kind-Beziehung repräsentiert.

2. Erstellen einer sogenannten »Familienskulptur«, in der der Protagonist die Mitglieder seiner Herkunftsfamilie Botschaften bezüglich des Essens/Eßverhaltens aussprechen läßt, die er von ihnen früher/heute bekommen hat (z.B. widersprüchliche Botschaften: »Iß alles auf!« versus »Mäßige dich!«).

3. Darstellung von Eßritualen in der Herkunftsfamilie (Essenssituation bei Tisch).

4. Verschiedene Übungen zum Thema »Körperbild«: So kann z.B. der Protagonist seinen Körper szenisch von der Gruppe »aufbauen« lassen, wobei die einzelnen Teilnehmer unterschiedliche Körperteile darstellen.

Gleichzeitig bietet das Psychodrama die Chance, neue Verhaltensweisen auszuprobieren, die das gestörte Eßverhalten verändern helfen: Szenisch können gegenwärtige Eßgewohnheiten in konflikthaften Szenen dargestellt werden, gleichzeitig wird spielerisch versucht, mit anderen Verhaltensweisen als mit Freßattacken oder ähnliches zu reagieren. Die Therapie in einer monosymptomatischen Gruppe ist besonders hilfreich im Sinne einer gegenseitigen »Hilfe zur Selbsthilfe« (Herzog 1990).

Eßgestörte Patienten sind in einer ambulanten Psychotherapie in der Regel eher mit der konkreten Umsetzung neuer Verhaltensweisen und der Auseinandersetzung mit den täglichen Eßgewohnheiten konfrontiert. In der stationären Therapie sind sie meist davon »befreit«. Aufgrund dessen ist es besonders wichtig, Patienten darauf vorzubereiten, nach der Entlassung selbständig ihren (Essens-)Alltag zu gestalten. Das Psychodrama bzw. die Anwendung psychodramatischer Techniken bietet gerade innerhalb eines stationären Settings gute Möglichkeiten, konkret den alltäglichen Umgang mit dem Essen spielerisch zu »erproben«.

Da psychodramatische Aktionen und Techniken oft verblüffend rasch unbewußtes Material ins aktuelle Erleben bringen können, ist für diese Therapiemethode generell eine **ausreichende Ich-Stabilität** notwendig. Obwohl manche Autoren das Psychodrama auch für psychotische oder sogar geistig behinderte (heilpädagogisches Rollenspiel) Patienten indiziert halten (Leutz 1986; Straub 1975), sind für diese Patientengruppen die gängigen psychodramatischen Techniken eher kontraindiziert. So spielen psychotische Patienten »gern die Rolle von Autoritäten, ... oder von idealen Personen, ... aber wenn sie mit einer realen Autorität konfrontiert werden, verweigern sie Interaktion und Rollentausch« (Zeindlinger 1981, S. 96).

Binswanger (1977) beschreibt die Kontraindikation der Doppelgängertechnik bei frühen Störungen, da sie sich nach Moreno von den Verhältnissen während der frühesten Lebensphase des Kindes ableitet, in denen es die ersten Schritte der Rollenentwicklung vollzieht (Leutz 1986) und die Mutter als Teil seiner selbst erlebt. »War diese Phase der Entwicklung traumatisierend, wird der Rückgriff auf die Doppelgänger-Technik zur Beeinflussung des Spielverlaufs als bedrohlich empfunden und muß abgewehrt werden. Der Leiter wird dann wie eine symbiotisch-manipulative Mutter erlebt, welche im Zustand der All-Identität nicht empathisch die Bedürfnisse des Säuglings erfühlt und befriedigt, sondern diesen nach eigenen Bedürfnissen lenkt und manipuliert« (1977, S. 46).

Folglich ist für die richtige Wahl psychodramatischer Techniken eine gründliche Kenntnis der Persönlichkeitsstruktur der Gruppenmitglieder erforderlich.

Betont sei bei der Indikationsfrage nicht nur das Vorhandensein ausreichender Ich-Ressourcen, sondern gerade bei eßgestörten Patienten die notwendige physische Stabilität. Dies gilt natürlich auch für andere Therapieverfahren, gerade das Psychodrama verlangt jedoch aufgrund seiner Aktionsbezogenheit ausreichende körperliche Gesundheit.

Zusammenfassend ist das Psychodrama besonders indiziert bei eßgestörten Patienten mit einem deutlich eingeschränkten Rollenrepertoire, rigiden, zwanghaften Verhaltensweisen und Einstellungen, Körperbild- und Körperschemastörungen sowie starken sozialen Rückzugstendenzen, also vor allem bei chronifiziertem Krankheitsverlauf. Wie oben schon angedeutet, besteht (vor allem aufgrund einer Regressionsgefahr) eine Kontraindikation bei ichschwachen Persönlichkeiten. Innerhalb eines stationären Settings kann Psychodrama unnötig sein, wenn im Behandlungsplan Konzentrative Bewegungstherapie plus Rollenspiel vorgesehen sind, da diese in Kombination ähnliche Ziele verfolgen.

Einbindung in die tiefenpsychologische Therapie von Eßstörungen

Um psychodramatische Aspekte und Vorgänge besser zu verstehen, werden häufig psychoanalytische Konzepte zu Hilfe genommen (Leutz 1986; Ploeger 1983 u. 1990; Krüger 1980; Binswanger 1977 u. 1985; Kellermann 1980). Beide Theorien betrachten **Übertragungsphänomene** als ein wichtiges Instrument in der Therapie. Binswanger (1985) begreift den Psychodramatherapeuten als jemanden, der »mit seinen Techniken in direktiver Weise eine therapeutische Regression beim Protagonisten, eine >Regression im Dienste des Ichs<« induziert (S. 240). Während im Psychodrama Übertragungen hauptsächlich dann wirksam sind, wenn der Protagonist mit dem Hilfs-Ich agiert, treten sie in der Psychoanalyse in der Beziehung des Analysanden zu seinem Analytiker auf.

In Abgrenzung zum klassischen Psychodrama nach Moreno hat Ploeger (1983, 1990) verstärkt versucht, Tiefenpsychologie und Psychodrama zu integrieren. Statt Katharsis und Identifikationen steht hier **Handlungseinsicht** im Vordergrund, es wird weniger protagonisten- als gruppenzentriert gearbeitet.

Die sehr unterschiedlichen Vorstellungen über therapeutische Techniken und die Therapeutenrolle erlauben kaum ein eklektisches kombiniertes Vorgehen in **einer** Therapie. Wohl aber kann tiefenpsychologisches Verständnis z.B. der Eßstörungen als Hintergrund für die Aufarbeitung in der szenischen Konkretion dienen. Ebenso kann eine Kombination im Sinne einer psychodynamisch orientierten Einzeltherapie mit einer psychodramatischen Gruppentherapie sehr sinnvoll sein.

Aufwand

Eine Psychodrama-Gruppe sollte nicht zu klein sein, um die nötige Anzahl von Mitspielern zu gewährleisten (ca. 10-14 Teilnehmer). Sie findet im ambulanten Setting in der Regel wöchentlich einmal mit einer Dauer von ca. drei Stunden statt. Manche Therapeuten veranstalten auch einmal monatlich stattfindende Wochenendtreffen; der Vorteil besteht darin, den Prozeß eines längeren Verlaufs über drei Tage verfolgen und abschließend in der Gruppe analysieren zu können. Die gesamte Therapiedauer beträgt ca. 2 Jahre. Im stationären Setting empfiehlt sich die Dosis von 3x wöchentlich (jeweils 2-3 Stunden).

Kritische Diskussion des Verfahrens

Allgemeine kritische Anmerkungen

Psychodrama wird oft falsch verstanden als eine Art »Psychoanalyse im Zeitraffer« , wo innerhalb kürzester Zeit tiefliegendes Material an die Oberfläche komme, um sich dort »kathartisch aufzulösen«. Diese unrealistischen Erwartungen hat sicher auch nicht zuletzt die charismatische Erscheinung Morenos geweckt, dessen Parole »Handeln ist heilender als Reden« zuweilen als Verfechtung eines reinen Aktionismus aufgefaßt wurde und wird. Nichtsdestoweniger ist die psychodramatische Methode eine Therapieform, die den Einsatz sehr unterschiedlicher therapeutischer Mittel ermöglicht. Es kann über weite Strecken eher indiziert sein, in der Gruppe zu sprechen oder »nur« zu handeln. Der einzelne kann genauso im Mittelpunkt stehen wie die Gruppe als Ganzes. Es ist möglich, ebenso im Hier und Jetzt wie mit biographischem Material zu arbeiten.

Bisherige empirische Untersuchungen

Die empirische Evaluation des Psychodramas steckt nach über sechs Jahrzehnten immer noch in den Anfängen. Letztlich bleiben z.B. Begriffe wie Katharsis oder Spontaneität vage (D'Amato u. Dean 1988). Nennenswerte Arbeiten zur Überprüfung des Erfolgs psychodramatischer Techniken sind meist älteren Datums, sie stammen von Harrow (1951), Shearon (1975), Petzold (1979) sowie Bender und Mitarbeitern. (1979). Methodisch überwiegt bei diesen Untersuchungen eine globale 2- oder 3-Punkte-Erhebung, d.h. eine Erfassung des psychischen Zustandes von Teilnehmern vor und (ein oder zweimal) nach der Behandlung.

Die Ermittlung spezifischer Bedingungsvariablen wird bei diesen Untersuchungen vernachlässigt, was nach Ploeger (1983) in besonderem Maße den Einfluß des Uniformitätsanspruchs (Ploeger 1983, S.210) Morenos zeigt, »wonach differentielle, d.h. letztlich individuelle Wirkungsweisen beim Psychodrama keine Rolle spielen dürfen, da sonst ja etwa doch eine begrenzte Gültigkeit der Methode sichtbar werden könnte« (Ploeger 1983, S. 210).

Aus dieser Erkenntnis haben Ploeger (1983) und seine Mitarbeiter anhand einer Untersuchung an 63 Studenten versucht, die Frage zu beantworten, welche Bedeutung die Art und das Ausmaß der in Psychodramasitzungen verwirklichten Merkmale des Verhaltens und Erlebens für die individuelle Veränderung der Teilnehmer in einer Gruppe haben. Es wurden verschiedene Dimensionen, bei denen Änderungen zu erwarten waren, erfaßt z.B. Sensibilität für eigene Gefühle und Bedürfnisse, Kontaktfähigkeit usw. Die Verbesserung dieser Aspekte, die einzelnen Wirkungen traten nicht bei allen Teilnehmern gleichermaßen ein, sondern in jeweils unterschiedlichem Maße. Ploeger schließt daraus: »Globalaussagen, wie etwa die, daß jemand an einer Psychodrama-Gruppenarbeit teilgenommen habe, können also keineswegs als ausreichendes Kriterium für mit Sicherheit abgelaufene Änderungsprozesse angesehen werden. Daraus folgt aber letzten Endes, daß

Ideen einer psychodramatischen Weltbewegung, mit der alle zwischenmenschlichen Konflikte, ja alle Probleme gegensätzlicher Weltanschauung zu lösen wären, zurückzuweisen sind. Psychodrama erhält den Charakter einer psychologischen Methode, seine Ergebnisse lassen sich differentiell beschreiben, woraus auf eine qualitative Wirkungsweise zu schließen ist« (S. 219).

Das heißt, es bleibt künftigen Studien bzw. systematischen Untersuchungen vorbehalten, eine empirisch begründete Theorie des Psychodramas zu entwickeln.

Therapeutischer Umgang mit der sozialen Realität

Sozialtherapeutische Ansätze in der stationären Behandlung

K. Engel und G. E. Jacoby

Theoretische Einführung

Die Behandlung der Eßstörungen ist eine Domäne der Familientherapie geworden; sie hat einige ihrer Paradigmen an Familien Eßgestörter entwickelt. Trotzdem fehlt in der Literatur eine Beschreibung des therapeutischen Umgangs mit der sozialen Realität, die über den engen Familienrahmen hinausgeht. Zwar hat es schon früh Ansätze gegeben, das sozialpsychiatrische Konzept der »therapeutischen Gemeinschaft« (Jones 1952) in ein stationäres psychosomatisches Konzept aufzunehmen (z.B. Wittich 1967), jedoch scheinen diese integrativen Ansätze häufig der medizinischen Restauration auf der einen Seite und psychoanalytischen Vorstellungen auf der anderen Seite zum Opfer gefallen zu sein. Erst in den letzten Jahren mehren sich wieder Stimmen, die ein integratives stationäres Behandlungsmodell fordern (Janssen 1987). Damit wird wieder das ganze stationäre Team als eine Einheit angesehen und die Bearbeitung der sozialen Realität nicht isoliert den Sozialarbeitern überlassen, für die Melzer 1979 Sozialtherapie als »primär auf das soziale Verhalten gerichtete nichtärztliche Beeinflußungsweise, die dort vorhandene Störungen, Konflikte, Behinderungen und Ausfälle beheben oder mindern hilft«, definiert hatte. Unsere Arbeit zielt also auf eine **stärkere Integration und In-Bezug-Setzung von intrapsychischen Repräsentanzen und gegebener sozialer Situation**. Die Klinik bietet nicht nur den Rahmen für eine Reinszenierung der alten Kindheitstraumen, sondern auch Gelegenheit, in der Gestaltung des klinischen Alltags und in der versuchsweisen Umgestaltung sozialer Bezüge Erkanntes neu auszuprobieren.

Außer diesen allgemeinen Überlegungen möchten wir zwei spezifische **Gründe für die Integration sozialtherapeutischer Maßnahmen** anführen:

- Erstens können relevante Familienmitglieder häufig nicht in die Therapie einbezogen werden, z.B. aus geographischen oder motivationalen Gründen.

- Zweitens haben uns eigene empirische Untersuchungen auf die hervorragende Bedeutung der sozialen Variablen hingewiesen. Dies gilt für die prognostischen Faktoren (Engel 1988) genauso wie für das Schicksal der desolaten Verläufe und Verstorbenen (Hentze u. Engel 1991), so daß wir die Entwicklung der sozialen Beziehungen als Leitkriterium für den Therapieerfolg postuliert haben (Engel 1990).

Im folgenden möchten wir unsere sozialtherapeutischen Ansätze darstellen, zunächst die zugrundeliegenden Vorstellungen entwickeln und dann deren therapeutische Umsetzung in der Abteilung für Psychosomatik und Psychotherapie der Westfälischen Klinik für Psychiatrie Dortmund und der Klinik am Korso, Bad Oeynhausen, erläutern.

Die Klinik am Korso widmet sich ausschließlich eßgestörten Patienten und hält 92 stationäre Behandlungsplätze bereit. Etwa 50% der Patienten leiden unter einer Bulimie, 20% unter Magersucht und 30% unter psychogener Adipositas. Die durchschnittliche Behandlungsdauer beträgt 3 Monate. Die Patienten kommen aus ganz Deutschland; die Finanzierung erfolgt über die Krankenkassen und die BfA.

Der Bereich Psychosomatik und Psychotherapie der Klinik Dortmund, die als akademisches Lehrkrankenhaus der Ruhr-Universität Bochum angeschlossen ist, umfaßt zwei Stationen mit je 20 bzw. 22 Betten. Auf einer Station wird eine fortlaufende Gruppe mit 6 Behandlungsplätzen für Anorexie- und Bulimiepatientinnen angeboten. Die durchschnittliche Behandlungsdauer beträgt 6 Monate. Die Patienten kommen dabei zumeist aus dem lokalen Aufnahmebereich. Die Kosten werden von den Krankenkassen getragen.

Die Patientinnen möchten wir an zwei Fallbeispielen besonders zu ihrer sozialen Entwicklung charakterisieren.

1. Patientin J. (30 Jahre), **restriktive Anorexie** mit deutlichem Untergewicht. Desolate Familienverhältnisse, Vater Trinker, Ehefrau und Tochter schlagend, in der Verwandtschaft und im Ort als »Sklavenhalter« benannt; sieben Geschwister, Mutter völlig überfordert. Die Patientin mußte zuweilen die Position der Mutter übernehmen und die jüngeren Geschwister versorgen, warf sich »als Jugendliche zwischen Vater und Mutter, wenn dieser sie schlug«, »einer mußte den Papa ja stoppen«. Der Vater verstarb während der derzeitigen stationären Behandlung. Erste suizidale Krise der Patientin im 14. Lebensjahr; Behandlung in der Kinder- u. Jugendpsychiatrie. Sie lernte dort ihren Freund kennen, mit dem sie bis heute zusammenlebt und ein gemeinsames Haus hat. Sie benutzte ihn, um von zu Hause wegzukommen; gemeinsame Drogenkarriere, auch Heroin - jetzt seit Jahren drogenfrei. Die gemeinsame Drogenkarriere schloß beide besonders eng zusammen. Ihr Freund schickte sie zeitweilig zur Geldbeschaffung auf den Strich; er forderte von ihr Sexualität, auch in Arten, die sie ablehnte (Oralverkehr). Sie gab an, ihn trotzdem zu lieben, »ekele sich aber zu Tode«. Zunehmend Anorexie. Zweimal Auffütterung in kleinen

Krankenhäusern auf internistischen Abteilungen. Im Erstinterview formulierte sie, »ohne ihn kann ich nicht leben«, aber auch »in dem Haus kann ich nicht atmen«, »wenn ich dorthin zurückkehre, bin ich in einer Woche tot«.

2. Patientin M. (18 Jahre), **Bulimie** mit anorektischer Vorphase. Nach der Geburt zusammen mit ihrem Zwillingsbruder von den eigenen Großeltern adoptiert; leibliche Mutter nach den USA ausgewandert, leiblicher Vater unbekannt. Seit dem 7. Lebensjahr über Jahre hinweg sporadisch bis zur Gegenwart sexuelle Kontakte mit ihrem De-facto-Vater (leiblicher Großvater), stark religiöse Einstellung; Ausbruch der Krankheit bei der Einkleidung als Ordensschwesternschülerin; Austritt aus der Ordensgemeinschaft, Ausbildung als Arzthelferin, massiver Laxanzienabusus (Dulcolax ® und Selbstspritzen von Lasix ®. Nierenschädigung (Kreatinin knapp 3 mg/100ml). Behandlung in der Kinder- und Jugendpsychiatrie, ambulante Nachbehandlung, in dieser Zeit entgleisen die Nierenwerte. Stationäre Aufnahme.

Elemente der Sozialtherapie

Formulierung der sozialtherapeutischen Ziele

Schon im Erstinterview werden die sozialen Faktoren so herausgearbeitet, daß sie konkret für die sozialtherapeutische Therapieplanung genutzt werden können. Dies gilt besonders für die frühe familiäre Situation, die Auslösesituation zu Beginn der Erkrankung und den Anlaß, der zur Klinikeinweisung geführt hat. Die Formulierung der Ziele erfolgt im Team unter gleichwertiger Berücksichtigung symptomatischer, intrapsychischer sowie sozialer Therapieziele.

Gespräche mit Angehörigen

Auf die Bedeutung der Familie soll hier nicht weiter eingegangen werden, sie ist unbestritten. Unter den Bedingungen einer stationären Therapie kann die Familie jedoch nicht immer kontinuierlich einbezogen werden. Eine teilweise Integration ist aber anzustreben, um die Arbeit nicht allein der Patientin zu überlassen, um die Angehörigen am Veränderungsprozeß teilnehmen zu lassen und um Widerstände in der Familie oder Partnerschaft direkt zu bearbeiten. Bei der Einbeziehung der Familie berücksichtigen wir die Wünsche der Patienten hinsichtlich der Auswahl der Bezugspersonen und des Zeitpunktes der Angehörigengespräche. In Bad Oeynhausen finden wöchentlich Seminare statt, zu denen die Angehörigen von ca. 4 Patienten gleichzeitig eingeladen werden, um die Familiengespräche im engeren Sinne durch Angehörigengroßgruppen zu ergänzen. Dieser

Austausch der Familien untereinander verbessert die Motivation und Introspektion der Angehörigen und erleichtert den Umgang mit Widerständen. In Dortmund finden für jede Patientin 1 bis 2 Gespräche mit relevanten Angehörigen statt, bei denen ein weiteres Teammitglied, meist eine Schwester oder ein Pfleger, beteiligt ist.

Training sozialer Kompetenzen

Wie in der theoretischen Einführung angesprochen, halten wir die **Umsetzung neugewonnener Einsichten in verändertes Verhalten**, d.h. die Verschränkung innerer und äußerer »realer« Objekte, für entscheidend wichtig. Die Klinik kann dabei als Bühne oder Experimentierfeld dienen. Als weitere Hilfe für diese Umsetzung der gewonnenen Einsichten in verändertes Verhalten haben sich Rollenspiele und Psychodrama bewährt. In Dortmund besteht eine Übungsgruppe, die ursprünglich als Assertive-Training konzipiert war und sich im Laufe der Jahre zu einem Übungsraum für soziale Kompetenzen weiterentwickelt hat. Innerhalb des Bad Oeynhausener Therapieprogramms werden Rollenspiele von Fall zu Fall eingesetzt.

Soziale Kompetenzen werden auch durch **Mitbestimmung und Mitverwaltung** - entsprechend dem Konzept der »therapeutischen Gemeinschaft« - gefördert. In beiden Kliniken haben die Patienten Mitbestimmungsrecht bei der Vergabe der Zimmer, in Bad Oeynhausen auch bei der Festlegung der Aufenthaltsdauer von Patienten der gleichen Gruppe. Sie wählen Gruppensprecher und organisieren das wöchentliche Hausplenum. Außerdem übernehmen sie eigenverantwortlich Aufgaben, wie die Organisation von Therapiespaziergängen, Schwimmausflügen oder Videoabenden, sind für die Patientenbücherei verantwortlich und organisieren außerhalb der eigentlichen Therapiezeit Veranstaltungen: vom Flohmarkt (Tausch der zu klein- oder großgewordenen Kleider) über Bauchtanzgruppen bis hin zu Selbsthilfegruppen.

Veränderungen im sozialen Verhalten sollten aber nicht nur im Schutze der Klinik, dem »facilitating environment«, sondern auch in der realen Umwelt geübt werden. Daher kennen beide Kliniken **Beurlaubungen**, die geplant, vor- und nachbesprochen werden. Während die Klinik in Dortmund Wochenendbeurlaubungen durchführt, hat die Klinik am Korso ein sogenanntes **Realitätstraining** institutionalisiert, das 5 Tage dauert und zugleich als Generalprobe für die Entlassung angesehen wird.

Realitätstraining und Beurlaubungen haben außerdem den Sinn, einem regressiven Sich-Klammern an die Klinik entgegenzuwirken. Diese Maßnahme der **Regressionssteuerung** (Janssen 1987) ist besonders für Borderline-Patienten wichtig, die neben der Neigung zu maligner Regression in ihren Objektbeziehungen häufig so spalten, daß der Therapeut idealisiert und der Partner abgewertet wird. Sie bedürfen der Korrektur durch die Realität und daher einer Außenorientierung. Zuweilen werden bei Ich-schwachen Patienten klare Anweisungen notwendig, die über eine problemorientierte Therapie hinausgehen.

»Strikte Führung« und Kontaktsperre

Die »strikte Führung« wurde in einem früheren Projekt erarbeitet (Engel u. Meyer 1991); einen ähnlichen Gedanken vertritt Janssen (1987) mit der **Grenzsetzung** für strukturge-störte und agierende Patienten. Während die Klinik in Dortmund die »strikte Führung« fallweise einsetzt, hat die Klinik am Korso für die ersten zwei Wochen eine allgemeine Kontaktsperre institutionalisiert. Diese hat neben der Unterbrechung pathogener Beziehungsmuster zwei weitere Aspekte:

- Reduktion von Kommunikationsreizen, um den Blick für das Eigentliche zu öffnen und
- Symptombekämpfung, z.B. durch Verringerung von Einkaufsmöglichkeiten für Lebensmittel.

Als Beispiel der »strikten Führung«, wie sie in Dortmund praktiziert wird, sei auf die Patientin M. (s. 2. Fallbeispiel) hingewiesen (Bulimie mit einer Quasi-Inzest-Beziehung zu ihrem De-facto-Vater). Ihr wurde zeitweise untersagt, sich mit diesem allein zu Hause auf-zuhalten, da weitere sexuelle Beziehungen anders nicht verhindert werden konnten. Auch die Patientin J. (s. 1. Fallbeispiel), deren Befinden sich jeweils nach dem Besuch ihres Freundes deutlich verschlechterte, bekam für einige Zeit Besuchsverbot, um sich zu erho-len und zu stabilisieren.

Beratung und Information durch die Sozialarbeiter

Eine Reihe konkreter Fragen bedürfen der Hilfestellung durch die Sozialarbeiter, z.B. **Geldfragen**: Krankengeld, Übergangsgeld, Arbeitslosengeld, Sozialhilfe, Schuldendienst-beratung, wenn etwa Bulimikerinnen ihre Eßsucht nicht mehr finanzieren konnten. Hinzu kommen **Rechtsfragen** bei Kündigungen im Verlauf der Krankheit, Unterhaltsfragen oder Anzeigen wegen Lebensmitteldiebstählen. Ein weiterer Themenkreis betrifft die **Wohn-situation** und reicht vom Wohngeld über die Suche von Wohngemeinschaften bis hin zur Vermittlung therapeutisch betreuten Wohnens. Fragen der **beruflichen Orientierung** (Rehabilitation, Umschulung, Berufs- u. Studienberatung) setzen die Aufgaben der Sozialarbeiter fort.

Da die Patienten eine oft als Unlust getarnte Angst vor der selbständigen Regelung des sozialen Lebens, vor Ämtern und Gesetzen haben, hat ein Mitarbeiter der Klinik am Korso (Lischka) ein »Gesellschaftsspiel«, das »Korsospiel«, entwickelt, in dem soziales Wissen vermittelt, Problemsituationen geübt und auftretende Widerstände in spielerischer Form bearbeitet werden.

Aufnahme nichtpathogener Beziehungen

Die Patienten erkennen während des stationären Aufenthaltes oft das Ausmaß ihrer Verstrickung in pathogene Beziehungen. Häufig kommt es zur Lösung von symbiotischen oder sadomasochistischen Beziehungen. Dabei können neu eingegangene Freundschaften helfen, besonders die weniger ambivalenzgefährdeten Beziehungen zum gleichen Geschlecht (Jacoby 1992). Auch frühere, »neutrale« Bezugspersonen wie Freundinnen, Verwandte oder Zugehörige zu Gemeinschaften oder Vereinen können hilfreich sein. Auf keinen Fall sollte eine Patientin nach der stationären Behandlung in ihr altes pathogenes Feld zurückkehren, wenn sich dort keine wesentlichen Veränderungen ergeben haben. Auch der Wunsch, allein zu leben, ohne tragfähige soziale Beziehungen, muß kritisch gesehen werden. Desolate Verläufe und später verstorbene Patienten sind fast ausnahmslos diesen verhängnisvollen Weg gegangen (Engel 1990).

Vermittlung nachstationärer Hilfe

Die Entlassung aus der stationären Therapie mit der Beendigung der Beziehung zum stationären Therapeuten und den Realitäten der ambulanten psychotherapeutischen Versorgung stellt eine schwierige Situation dar. Die Vermittlung einer weiterführenden Therapie muß daher so bald wie möglich einsetzen. Leider überweisen Therapeuten nur selten Patienten im Rahmen einer akut einsetzenden Krise und übernehmen sie danach wieder in Therapie. Zur Überbrückung der Wartezeit auf ambulante Therapieplätze haben sich stützende und beratende Gespräche bei den verschiedenen Beratungsstellen bewährt. Ergänzend zu Beratungsstellen und ambulanten Therapieplätzen bestehen Selbsthilfegruppen. Den Patienten, die Selbsthilfegruppen noch nicht kennen, werden mit deren Funktionsweisen vertraut gemacht, und einschlägige Gruppen wie OA, ANAD oder Cinderella werden vorgestellt. Zudem werden die Patienten in den schon genannten sozialtherapeutischen und Nachsorge-Informationsstunden angeleitet, eigene **Selbsthilfegruppen** zu gründen und sich fachlicher Hilfe für »angeleitete Selbsthilfegruppen« zu bedienen. Dabei werden auch Adressen früherer Patienten aus dem gleichen Einzugsbereich vermittelt.

Ehemaligentreffen

Die ehemaligen Patienten der Klinik am Korso treffen sich einmal im Jahr mit den Mitarbeitern der Klinik, wobei es für Patienten und Therapeuten ein wichtiger und schwieriger Schritt ist, sich nunmehr als gleichberechtigte Partner gegenüberzutreten. Das Ehemaligentreffen dient auch der kritischen Rückmeldung und führt, wo notwendig, zu Modifikationen des therapeutischen Vorgehens. Dabei erhalten wir sowohl Informationen über den Grad sozialer Veränderungen - Wohnungs- oder Berufswechsel, Heirat und Kinder - als auch indirekte Informationen über die nichterschienenen Patienten.

Freizeitgestaltung

Eine kreative Freizeitgestaltung fördert die Weiterentwicklung sozialer Fähigkeiten. Die Klinik in Dortmund hat einen gemeinsamen Nachmittag zur Entwicklung dieser Fähigkeiten eingerichtet. Mit den Patienten werden gemeinsame Aktivitäten besprochen und Ziele ausgesucht; Ausflüge und Abendveranstaltungen begleitet eine Schwester oder ein Pfleger.

Indikationen und Indikationsprobleme, Gefahren und Risiken

Unsere Arbeit möchte unterstreichen, daß eine stationäre psychotherapeutische Behandlung ohne reale Berücksichtigung der sozialen Faktoren obsolet ist. Die Frage, inwieweit »fürsorgerisches« Eingreifen indiziert und den Patienten Hilfe zur Selbsthilfe ist oder ob sie eigene Initiativen lähmt und passive Versorgungswünsche fördert, muß kritisch geprüft werden. Auch der Zeitpunkt für sozialtherapeutische Interventionen sollte sorgfältig abgewogen werden. Zu frühe soziale Weichenstellungen können einen kreativen Wandlungsprozeß auch behindern. Verschränkung und Dialektik von innerer und äußerer Welt müssen beachtet und durchgearbeitet werden. Oft übernehmen die Teammitglieder die Formulierung der unterschiedlichen Positionen und versuchen für den einzelnen Patienten ein optimales Vorgehen zu formulieren.

Ziele der sozialen Therapie

Wir verstehen Sozialtherapie als eine zur problembearbeitenden Psychotherapie hinzukommende Auseinandersetzung mit der Realebene, die den Druck durch eine Konfrontation mit der sozialen Wirklichkeit erhöhen, damit unter Umständen Angst machen, aber gerade so einen weiteren therapeutischen Zugang eröffnen kann. Die Sozialtherapie hat aber auch die Möglichkeiten, Patienten zu entlasten, vor dem »sozialen Untergang« zu bewahren und dadurch die weitere Problembearbeitung überhaupt erst zu ermöglichen. Für manche Patienten muß also der »Druck« erhöht werden, da sie sich sonst nicht bewegen, bei anderen Patienten hingegen ist der Druck der sozialen Realität zu mindern, damit sie in einem mittleren Bereich des Leidensdruckes kommen, der groß genug ist, sie voranzubringen, aber nicht so groß, daß er in ein »soziales Schlachtfeld« mit sozialem Untergang ausartet, wie wir dies bei desolaten Verläufen und Verstorbenen finden. Derart gefährdete Patienten dürfen auf keinen Fall alleingelassen werden. Wenn das soziale Leben eines Patienten bedroht ist, müssen wir aktiv und real eingreifen. Wir vertreten hier also die Hypothese, daß die sozialen Aspekte im Leben der Patienten so in die Psychotherapie zu integrieren sind, daß sozial- und intrapsychisch orientierte Therapieelemente sich gegenseitig ergänzen.

Aufwand sozialtherapeutischer Maßnahmen

Sozialtherapeutische Maßnahmen lassen sich schwer von anderen Therapieelementen abgrenzen. Dennoch versuchen wir innerhalb einer multizentrischen Studie über wöchentliche Erhebungen zu den einzelnen Therapieelementen auch die sozialtherapeutischen Anteile nach Art und zeitlichem Aufwand festzuhalten. Die Auswertungen liegen noch nicht vor.

Kritische Diskussion und Zusammenfassung

Voruntersuchungen haben die große Bedeutung sozialer Variablen für den Therapieerfolg bei Magersüchtigen gezeigt (Engel, 1990). Sie fordern eine stärkere Berücksichtigung des sozialen Umfeldes der Patienten. Veränderungen im sozialen Verhalten sollten nicht nur besprochen, sondern auch geübt werden. Außerdem ist es einer der entscheidenden Schwachstellen der stationären psychosomatischen Behandlung, dem »Entlassungsschock« aus dem behüteten Klinikmilieu durch eine **rechtzeitige Vorbereitung einer gegenseitigen Adaptation von Patient und sozialer Umwelt** vorzubeugen. Spezielle sozialtherapeutische Hilfen sind dort notwendig, wo einerseits die Eigenkräfte der Patienten nicht ausreichen, um von einem psychodynamisch orientierten Verfahren genügend zu profitieren, andererseits die Einbeziehung der Familie an äußeren Gegebenheiten oder inneren Widerständen scheitert. Innerhalb dieses Rahmens glauben wir durch verstärkte Einbeziehung des sozialen Umfeldes und den Einsatz sozialtherapeutischer Maßnahmen einen Beitrag zur Senkung der hohen Chronizitätsrate - bis zu 50% - sowie der Mortalitätsrate - 5% in fünf Jahren (Engel u. Meyer 1991; Herzog, Deter, Vandereycken 1992) - leisten zu können.

Symptomorientierte Therapie der Anorexie und Bulimie

R. Schors und D. Huber

Allgemeines

Der Titel dieser Arbeit soll darauf hinweisen, daß wir bei den nachfolgenden Überlegungen unsere Aufmerksamkeit auf die Symptome richten wollen, mit denen die Patientinnen[1] in die Behandlung kommen. Dies erscheint uns aus vielerlei Gründen wichtig, die im folgenden noch deutlich werden sollen.

Wenn vom »Symptom« die Rede ist, dann ist damit bei der **Anorexie** hier zunächst nur das **Untergewicht** gemeint. Der Einfachheit halber unterscheiden wir vorläufig nicht, ob das »Symptom« die Folge einer Gewichtsabnahme darstellt oder nur das Ausbleiben einer notwendigen und von beiden Seiten (Patientin und Therapeut) in der Therapie einvernehmlich geplanten Gewichtszunahme bedeutet. Beide Möglichkeiten sind häufig und stellen in jedem Falle eine Stagnation in der Behandlung dar. Bei der **Bulimie** ist mit »Symptom« die **anfallsartige Nahrungsaufnahme mit anschließendem Erbrechen** gemeint.

Die Grenzen zwischen Anorexie und Bulimie sind fließend und deshalb schwer zu ziehen, weil sowohl viele Patientinnen mit Bulimie eine anorektische Phase in ihrer Entwicklung hatten als auch einige Patientinnen die Symptome beider Erkrankungen gleichzeitig zeigen. Bei dem Gebrauch des Wortes »Freßanfall« ist bei unseren Patientinnen Vorsicht geboten, und es empfiehlt sich immer wieder - nicht nur bei der Symptomatik - in die konkreten Details zu gehen. Bei Patientinnen mit anorektischem Ideal kann - aus subjektiver Sicht - bereits der Verzehr einer ganzen Scheibe bestrichenen Knäckebrotes als »Freßanfall« erlebt werden, wenn dieser das einbruchsartige Überschreiten der selbstgezogenen asketischen Grenzen bedeutet.

---

[1] Wir verwenden hier durchgängig die weibliche Form des Wortes, obwohl ca. 10 % der anorektischen Patienten Männer sind und bei der Bulimie eine zunehmende Zahl von Männern mit dieser Symptomatik erkennbar wird.

Da die Symptomentwicklung bei der Anorexie leicht überprüfbar und - vereinfacht gesehen - in erster Annäherung eine Folge des gestörten Eßverhaltens ist, liegt es nahe, die Aufmerksamkeit auf die Gewichtsentwicklung zu richten. Bei der Bulimie erscheint die Objektivierung der Symptomatik (Essen und Erbrechen) schon schwieriger, weil das Essen für sich gesehen noch nicht pathologisch ist und die Patientinnen bei dem Erbrechen sich gerne der Beobachtung entziehen. In der hier dargestellten Beschränkung auf das Symptom möchten wir nicht den Gedanken nahelegen, daß die Anorexie »nur« ein Gewichtsproblem sei und bei der Bulimie »lediglich« das Erbrechen stört, und wenn die Patientinnen nur ordentlich essen würden (was sie von außen betrachtet ja könnten), wäre schon wieder alles in Ordnung.

In unserer Behandlung geben wir dem körperlichen Symptom eine doppelte Bedeutung: seine Ausprägung stellt ein objektives Maß für die körperliche Schädigung dar und **wir nehmen das Ausmaß der körperlichen Störung als Symbol für die Schwere der seelischen Schädigung** bzw. als Maßstab für die Ausprägung der psychischen Entwicklungsstörung. Unsere psychosomatische Therapie im stationären Bereich unternimmt den - zugegeben schwierigen - Versuch, den Körper und die Seele gleichermaßen zu berücksichtigen und zu behandeln. Die damit verbundenen behandlungstechnischen Schwierigkeiten und, soweit zum Verständnis erforderlich, deren theoretische Hintergründe werden hier den Inhalt unserer Überlegungen bilden.

Entwicklung des Behandlungskonzeptes in München-Bogenhausen/Harlaching

Unsere Abteilung beschäftigt sich seit ihrer Gründung im Jahre 1984 auch mit der Behandlung von Eßstörungen. Die Entwicklung unseres speziellen Behandlungssettings für Eßstörungen im Verlauf der Jahre wurde ausführlicher an anderer Stelle beschrieben (Schors 1994; Schors u. Mihajlovic 1994).

In der Anfangszeit wurden Patientinnen mit Eßstörungen ohne besonderes Setting behandelt und die Behandlungsziele ebenso wie die -bedingungen wurden individuell vereinbart, wobei das persönliche Konzept des Therapeuten wegweisend war. Für die erwünschte Gewichtsentwicklung wie für die Symptomerfassung (Wiegen) sowie andere Details gab es in der Abteilung keine Empfehlungen oder Regeln. Diese Freiheit wurde mit der Mühe erkauft, die Behandlungsbedingungen jeweils neu festzulegen und im Behandlungsteam zu vertreten. Dies führte im Laufe der Behandlung oft zu den bekannten und beschriebenen zeitaufwendigen und zermürbenden Diskussionen, die als Ausdruck der von den Patientinnen induzierten Gruppenprozesse zwar verstanden, aber nicht vermieden werden konnten (Becker 1988).

Auf dem Hintergrund dieser Erfahrungen, auch wegen des zunehmenden Andranges von Eßstörungspatient(inn)en an unsere Abteilung, entschlossen wir uns, ein spezielles Behandlungssetting mit Gruppentherapie als wesentlichem Element einzurichten. Dies wird nun seit Oktober 1987 angeboten und mit verschiedenen Abwandlungen bis heute durchgeführt. In der ersten Phase wurde die Gruppe von acht bis zehn Patient(inn)en mit Eßstörungen (Anorexie, Bulimie, Adipositas) als symptomorientierte »**offene Gruppe**« geführt. Der Vorteil dieser Organisationsform lag darin, daß vor dem Eintritt in die Gruppe eine diagnostische Phase unterschiedlicher Dauer liegen konnte, die Patientin und Therapeut zur Entscheidungsfindung (Gruppe ja oder nein) nutzen konnten. Ein weiterer Vorzug lag in der Möglichkeit, nach Verlassen der Gruppe noch einige Tage ohne diese Einbindung in der Klinik zu verbringen, um den Übergang zur Entlassung und dem Leben »draußen« fließender zu gestalten, was von den Patientinnen sehr geschätzt wurde. Allerdings konnten wegen des häufigen Wechsels der Gruppenmitglieder kaum andere Themen Platz finden als Neuanfang, Trennung und Abschied. Durch die unterschiedlich langen Aufenthalte in der Klinik waren Wechsel der Gruppenmitglieder auch kaum länger im voraus zu planen, die Gruppengestalt war von Diskontinuität bestimmt, die Mitgliederzahl je nach »Angebot« schwankend.

Der nächste Schritt bestand in der Verlangsamung dieses Ablaufes durch die Entscheidung, nur zum Monatsanfang neue Mitglieder in die Gruppe aufzunehmen. Dies führte zwar zu einer wesentlichen Beruhigung der Gruppe und zu besseren Arbeitsbedingungen innerhalb dieser, hatte aber zwei andere erhebliche Nachteile organisatorischer Natur. Zum einen entstand dadurch eine »Zweiklassengesellschaft« unter den Patient(inn)en: die innerhalb, und solche, die außerhalb der Gruppe behandelt wurden. Eine organisatorische Trennung zur Vermeidung der aus wechselseitigem Neid und Eifersucht entstehenden Komplikationen aufgrund der systematischen »Ungerechtigkeit« war im Rahmen unserer Abteilung nicht möglich. Zum anderen führte diese Regelung zu einer Verlängerung der Behandlungsdauer von jeweils einem Monat, was die Therapeuten unflexibel machte und den Patientinnen einen »großen Brocken« - zur Annahme oder zum Verzicht - zugemutet hat.

So führten wir als nächsten Schritt das Konzept der »**geschlossenen Gruppe**« mit für alle gleicher Behandlungsdauer von zehn Wochen ein, zumal es bereits Erfahrungen mit einem ähnlichen geschlossenen Gruppensetting an unserer Abteilung gab. Diese Vorgaben haben entscheidende Einflüsse auf die Gruppendynamik und den Behandlungsverlauf, was an anderer Stelle ausführlicher dargestellt werden soll. Mit dieser Organisationsform - auch wenn sie unflexibel wirkt - haben wir bisher die besten Erfahrungen gemacht und wollen sie daher vorläufig beibehalten. Ein wichtiger Vorteil liegt darin, daß wir den auf eine stationäre Behandlung wartenden Patientinnen einen Aufnahmetermin fest zusagen können, wobei die Wartezeit überschaubar ist. Durch Absagen entstehende Lücken lassen sich rasch und problemlos schließen, was für alle Beteiligten angenehmer ist als unkalkulierbare Wartezeiten. Die festliegende Behandlungsdauer schafft einen klaren Rahmen, der Anfang, Mitte und Ende der Therapie überschaubar macht und den Entwicklungsfortschritt (oder sein Fehlen) sowohl im Vergleich mit der eigenen Zielsetzung als auch mit dem Tempo der anderen Gruppenmitglieder deutlich sichtbar macht.

Durch die Erfahrungen im Laufe der Jahre haben sich einige **Elemente** unserer stationären Therapie als wesentlich herausgestellt, die hier nur kurz genannt sein sollen: Die überschaubare Struktur der Behandlung sowohl im ganzen wie auch in ihrem Tagesablauf, die Kombination von analytischer Einzel- und Gruppentherapie mit Gestaltungstherapie und/oder konzentrativer Bewegungstherapie sowie der im wesentlichen von den Schwestern getragenen Milieutherapie, die auch pädagogische Elemente enthält (Büchele 1989), und der oft nötigen Sozialtherapie (Schors u. Münstermann 1988). Soweit möglich beziehen wir die Familien in die Behandlung mit ein, zumindest mit einem diagnostischen Familiengespräch. Nicht zu unterschätzen ist der Einfluß der Gruppe und der Mitpatient(inn)en, weil zunächst einmal jede meint, mit ihrem persönlichen Unglück allein zu sein und weil der soziale Rückzug ein wesentliches Element der direkten und indirekten Krankheitsfolgen darstellt. Die Patientinnen haben eine uns immer wieder beeindruckende Wahrnehmungsfähigkeit von unbestechlicher Schärfe für die Schwächen der Mitpatientinnen (und auch der Therapeuten), wobei die Bereitschaft innerhalb der Gruppe durchschnittlich sehr groß ist, voneinander Kritik ebenso anzunehmen wie Unterstützung.

Von Anfang an wurden Patientinnen mit unterschiedlicher Symptomatik (Anorexie, Bulimie, Übergewicht) in einem **gemeinsamen Gruppensetting** behandelt. Dieses Vorgehen hat sich für uns bewährt und wurde deshalb beibehalten. Neben vielen anderen Aspekten der Gruppendynamik sei nur hervorgehoben, daß jede Patientin zunächst meint, daß sie ja »ganz anders« ist, bis sie bemerkt, daß alle die gleichen oder sehr ähnliche Probleme haben, sie nur auf anderen Wegen lösen wollen. Gruppen, die nur aus Anorexiepatient(inn)en bestehen, sind sehr viel schwieriger zu handhaben als die deutlich lebendigeren »gemischten« Gruppen. Ähnliche Erfahrungen werden auch aus der stationären Verhaltenstherapie berichtet (Paul u. Jacobi 1991).

Vor der Aufnahme informieren wir jede Patientin so ausführlich wie möglich über unser Behandlungsprogramm und dessen Ziele. Die einzige **Aufnahmebedingung** besteht darin, daß sie einer Veränderung des Symptoms zustimmen muß. Bei der Anorexie heißt dies, daß die Patientin sich mit unserer Unterstützung um eine fest vereinbarte Gewichtszunahme bemühen muß; bei der Bulimie heißt dies, daß sie ihr Eßverhalten normalisieren muß und daß das Erbrechen aufhören muß. Wenn sie meint, dies nicht zu können oder es gar nicht will, halten wir eine Behandlung bei uns zu diesem Zeitpunkt nicht für sinnvoll und stellen ihr eine Aufnahme zu einem späteren Zeitpunkt in Aussicht, wenn sie bereit ist, ihr Symptom aufzugeben. Diese einzige »Aufnahmebedingung« hat für die Patientin einen dreifachen Sinn, und sie schützt die Institution davor, jemanden gegen seinen erklärten Willen oder auch nur ohne seine Zustimmung zu behandeln:

- **Motivation**. Wir wollen damit die Motivation der Patientin prüfen, nicht nur am Symptom herumzukurieren, sondern generell eine Änderung herbeizuführen. Im Hinblick auf die mehrfache Determination des Symptoms ist es von grundsätzlicher

Bedeutung, die weit über die Veränderung des Verhaltens oder Körpergewichtes hinausgeht, ob die Patientin bereit ist, ihre »innere Welt« im Rahmen der Therapie zur Disposition (oder sollte man besser sagen, zur Diskussion?) zu stellen oder ob sie diese als privates Reservat dem therapeutischen Zugang entzieht. Bereits diese erste Festlegung löst oft viel Angst aus und ist damit eminent therapeutisch, weil sie die Patientin aus ihrer unverbindlich-persönlichen in die verbindlich-soziale Welt der Erwachsenen holt.

- **Arbeitsbündnis.** Eine ähnliche Funktion hat das Arbeitsbündnis. Jegliche Vereinbarung, unabhängig von ihrem Inhalt, schafft eine gemeinsame Basis mit wechselseitigen Verpflichtungen, deren Erfüllung oder Nichterfüllung den Inhalt der weiteren Verhandlungen darstellt. Eine Patientin, die sich »nur informieren« möchte, wird deshalb nicht aufgenommen, weil sich aus dieser Einseitigkeit eine Beziehungskonstellation ergibt, deren Ertrag auf seiten der Patientin aufgrund ihres mangelnden Engagements unergiebig bleiben muß. Der Wert der Therapie bemißt sich nicht nach den Investitionen des Therapeuten oder des Behandlungsteams, sondern allein nach den Kräften, die die Patientin für ihre Entwicklung mobilisieren kann.

- **Positive Grundhaltung.** Bei einer Patientin, die sich ehrlicherweise nicht vorstellen kann, ohne ihre Symptomatik zu leben, ist die Frage nach ihrer »positiven Grundhaltung« notwendig, die nach Freud und Nagera eine wichtige Voraussetzung für eine Psychotherapie ist. Sollte die positive Grundhaltung nur vorgetäuscht sein (vgl. Theorie des falschen Selbst von Winnicott 1975), besteht immer noch die Möglichkeit, daß sich diese im Laufe der Therapie durch unerwartete Erfahrungen tatsächlich entwickelt. Sollte sich die Patientin ihrer Unaufrichtigkeit nicht bewußt sein oder gar absichtsvoll die Unwahrheit sagen (Bruch (1980) spricht von einem »Element bewußter Täuschung«[2]) und sollte auf dieser unsicheren Grundlage eine Behandlung zustandegekommen sein, so wird die Patientin über kurz oder lang merken, daß ihre Haltung ebenso Konsequenzen hat wie ihr Verhalten (siehe Arbeitsbündnis). Irgendwann wird die Patientin dazu Stellung nehmen müssen, welchen Behandlungsauftrag sie erteilt. Sollte dieser Auftrag fehlen oder überwiegend destruktive Ziele haben, so bedeutet dies das Ende der (Pseudo-)Behandlung. Oft ist es allerdings für beide Teile mühsam und langwierig, herauszufinden, ob die konstruktiven Strebungen Bestand haben und überwiegen können.

---

[2] H. Bruch schreibt (1980, S. 29): »Im Falle von Freßorgien kommt ein Element bewußter Täuschung hinzu. Wer sich solchen Orgien hingibt, zeigt auch die Neigung, sich den in den therapeutischen Sitzungen auftauchenden Themen nicht offen zu stellen.«

Welches sind die Gründe für eine besondere Beachtung des Symptoms in der Behandlung von Eßstörungen?

- Das Symptom wird - zumindest in den Frühstadien der Erkrankung - sowohl bei der Anorexie wie auch bei der Bulimie von einer Atmosphäre der **Heimlichkeit** verschleiert, und wir meinen, daß diese Heimlichkeit mit zur Chronifizierung beiträgt. Ein Therapeut, der nicht auf das Symptom und seine Entwicklung achtet, trägt im ungünstigen Sinne zur Krankheitsentwicklung mit bei.

- Wir konnten wiederholt beobachten, daß sich bei Patientinnen im Verlauf ihrer Behandlung (oder Behandlungen) zwar die Anzahl ihrer Einsichten vermehrt und die Verfügbarkeit über die Fachterminologie verbessert hat, eine entsprechende Verbesserung ihres Befindens und ihrer Symptomentwicklung aber ausgeblieben ist. Nach psychoanalytischem Verständnis haben diese Patientinnen ihre Einsichten eher zur Verfestigung ihrer rationalisierenden Abwehr eingesetzt als zur Förderung ihrer Genesung. Diese Vermeidung von therapeutischem Fortschritt im Sinne einer **negativen therapeutischen Reaktion ist an der Symptomentwicklung wesentlich besser erkennbar** als an dem wachsenden argumentativen Geschick der Patientin.

- **»Mit einer Patientin, die hungert, kann man keine sinnvolle therapeutische Arbeit leisten«**. Mit dieser Feststellung von Hilde Bruch (1980) wird die Tatsache hervorgehoben, daß die Ernährungslage und die körperliche Situation ab einem kritischen Punkt verbessert werden müssen, bevor die Patientin neue Erkenntnisse haben oder umlernen kann. Solange durch die nachweisbare reversible Hirnatrophie und die damit einhergehenden zerebralen Funktionsstörungen das Denken beeinträchtigt ist, ist eine Psychotherapie allein weder möglich noch sinnvoll.

- Intrapsychische Konflikte - um die es aus psychoanalytischer Sicht in erster Linie gehen muß - werden meist nicht mehr als solche erlebt bzw. sind der Wahrnehmung nicht mehr zugänglich, wenn die körperliche Schwäche in ihrer akuten Bedrohlichkeit zu Recht im Vordergrund steht. Sie sind in den Symptomen (Hungern, Eßanfälle, Erbrechen) gebunden und werden dort ausagiert. Deshalb wird es für Verhaltenstherapeuten wie Psychoanalytiker gleichermaßen wichtig, durch **Druck auf das Symptom** (d. h. Verzicht auf die Symptomhandlung) die zugrundeliegenden Ängste, Affekte und Konflikte wieder spürbar und für Patient und Therapeut zugänglich zu machen. Wenn das Gewicht steigt, kommen die Wünsche (und damit die Konflikte) wieder.

- Wenn durch die Arbeit an der Veränderung des Symptoms eine Gewichtszunahme und damit eine positive Veränderung möglich wird, so steht diese neue Erfahrung dem Gefühl von Hilflosigkeit und Ausgeliefertsein an die Erkrankung entgegen. Die Patientinnen bekommen ein Gefühl dafür, daß sie den Gewichts- und Krankheitsverlauf selbst beeinflussen können. In der Sprache der Verhaltenstherapie wird ihre **Selbstkontrollfähigkeit** und ihre Selbstwirksamkeitsüberzeugung erhöht. Diese Überzeugung ist Untersuchungen zufolge eine der wichtigsten Einflußgrößen auf den Krankheitsverlauf. Die Patientinnen lernen einzusehen, daß sie die aktive Regie in ihrem Drama führen, in dem sie sich als Opfer fühlen.

- Wenn die Angst größer wird, neigen die Patientinnen dazu, der Gewichtszunahme entgegenzuarbeiten, entweder unbewußt oder bewußt. Diese Tendenz steht ja in offenem Gegensatz zu den Erklärungen, gesund werden zu wollen. Spätestens hier wird auch für die Patientin selber unabweisbar, daß es so etwas wie einen »**unbewußten Gegenwillen**« (Freud 1901b) gibt. Auch damit ist ein grundlegender Konflikt eröffnet und behandelbar geworden.

Unsere Gründe für die Fokussierung auf das Symptom möchten wir nun im einzelnen anhand von drei Punkten darstellen, jeweils getrennt aus analytischer und aus verhaltenstherapeutischer Sicht. Schon hier stellt sich allerdings ein grundlegendes Problem, das sich nicht nur aus den unterschiedlichen Konzepten der beiden theoretischen Richtungen ergibt, sondern auch daraus, daß die Theorien im Wandel sind: Für das psychoanalytische Denken und manchmal auch für den psychoanalytischen Behandlungsansatz spielt das Symptom eine eher untergeordnete Rolle, und es bedarf der Begründung, wieso bei bestimmten Krankheitsbildern das Symptom stärker mitberücksichtigt werden sollte. Die Verhaltenstherapie hingegen ist schon immer als symptomorientierte Therapie konzipiert, gerade das wurde und wird ihr ja zum Vorwurf gemacht. Entsprechend zeigt sie in neuerer Zeit eine Tendenz, die eher wegführt von einer einseitigen Betrachtung des Symptoms. Folgende Gesichtspunkte sollen unsere Überlegungen zur symptomorientierten Betrachtungsweise der Behandlung strukturieren:

- Das Symptom hat psychologische Gründe.
- Das Symptom hat somatische Folgen.
- Das Symptom hat psychologische Folgen, sowohl auf der individuellen, als auch auf der interaktionellen Ebene. Diesen dritten Gesichtspunkt werden wir in in der Diskussion behandeln.

Das Symptom hat psychologische Gründe

Die Symptomgenese ist Teil einer umfangreichen Literatur (Bruch 1973, 1980; Habermas 1990; Thomä 1961) und soll hier nur insoweit berücksichtigt werden, als dies für unser Anliegen von Bedeutung ist (s. a. Einleitung, S. 7ff.). Wir betrachten Anorexie und Bulimie als primär psychogene Erkrankungen, auch wenn sich im Laufe der Zeit einige somatische Folgen einstellen können und daraus eine psychosomatische Erkrankung werden kann. Die Anorexie kann tödlich enden, und die Patientinnen sterben an den Folgen der Unterernährung, deren Ursache ungelöste, unbewußte Konflikte sind. Die Anorexie/Bulimie stellt den Versuch einer Konfliktlösung dar und ist als solche eine konstruktive Lösung, die mehrfach determiniert ist (Waelder 1930).

Weil sie aber nur eine instabile Notlösung ist, bedarf es fortdauernder (Abwehr-) Anstrengungen, um mit ihr leben zu können. Die Folgen des Nahrungsmangels werden sekundär libidinisiert und unterliegen ihrerseits einer Bearbeitung und Verformung durch die psychische Abwehr. Im Krankheitsverlauf sind bewußte Abwehrmanöver von unbewußten kaum noch zu trennen, was ein weiteres spezifisches, behandlungstechnisches Problem schafft. Der Therapeut ist sich oft nicht im klaren darüber, ob eine Patientin etwas nicht **kann** oder ob sie es nicht **will**. An der Klärung dieser Frage ist er wiederum gehindert durch die Vorliebe dieser Patientinnen für die Heimlichkeit und ihre Überzeugung, sie müßten allein mit ihren Problemen fertig werden. (Hier sollen zunächst nur die Funktionen des Symptoms für die intrapsychischen Bedingungen der Patientin von Bedeutung sein.)

Von der verhaltenstherapeutischen Seite her gilt die Anorexie/Bulimie als multifaktoriell bedingtes Krankheitsbild, bei dem man sich um eine »psycho-bio-soziologische« Betrachtungsweise bemüht. Überlegungen zur Hungerregulation, zu metabolischen Zusammenhängen, zur Set-point-Theorie (Aspekte der Ernährungsphysiologie) werden genauso herangezogen wie soziokulturelle Einflüsse und der Wandel der gesellschaftlichen Bedingungen (Garner u. Rockert 1985; Laessle u. Waadt 1987). Das in Werbung und Zeitschriften allgemein propagierte Schlankheitsideal spielt dabei aus der Sicht des Verhaltenstherapeuten für ein »Lernen am Modell« eine große Rolle. Wie so häufig in der Verhaltenstherapie, lassen sich letztendlich die **auslösenden Bedingungen** für die Erkrankung weniger herauskristallisieren; Vorstellungen über die **aufrechterhaltenden Bedingungen** stehen mehr im Vordergrund, d.h. Überlegungen dazu, inwiefern durch bestimmte Konsequenzen (positive und negative Verstärkung und bestimmte Kontingenzen) ein Verhalten trotz seines schädigenden Charakters aufrechterhalten wird. Der Versuch einer eingehenden verhaltenstherapeutischen Bedingungsanalyse findet sich für die Anorexie bei Hautzinger und für die Bulimie bei Vandereycken et al. (Hautzinger 1978; Vandereycken u. Norre 1991). Unabhängig allerdings von theoretischen Überlegungen zur generellen Entstehung der Erkrankung steht in der Verhaltenstherapie immer die funktionelle Bedingungsanalyse (Verhaltensanalyse) der Erkrankung im Vordergrund, die individuell erarbeitet werden muß.

Solche aufrechterhaltenden Bedingungen entsprechen in analytischer Terminologie - soweit sie sich auf die individuelle Psychodynamik und die eigentliche Motivation der

Neurose beziehen - dem primären, soweit sie den äußerlichen Charakter der Krankheit und die Beziehungsgestaltung betreffen, dem sekundären Krankheitsgewinn (LaPlanche u. Pontalis 1972). Die äußeren Faktoren beziehen sich beispielsweise auf die Besorgnis und Aufmerksamkeit, die die Kranke durch die Familie erhält und auf die Sonderrolle in Familie, Beruf oder die Schule. Diese Sonderrolle kann auch durch das Fernbleiben von unangenehmen Konsequenzen, wie z.B. der Übernahme von bestimmten Pflichten, entstehen.

Das Symptom hat somatische Folgen

Zu den somatischen Folgen des Hungerns gehören zunächst Einschränkungen der Denk- und Arbeitsfähigkeit, der körperlichen Leistungfähigkeit bis hin zur vitalen Bedrohung lebenserhaltender Funktionen und Störungen der Generationsfähigkeit, die manchmal über die Hungerphase hinaus anhalten. Die Bulimie geht offenbar ebenfalls häufig mit Störungen der sexuellen Funktionen einher, wobei die pathophysiologischen Verbindungen zum gestörten Eßverhalten noch unklar sind (Cantopher u. Evans 1988; Beumont 1992). Der Körper - wie jämmerlich sein aktueller Zustand auch sein mag - stellt die aktuelle Lebensrealität der Patientin dar, auch wenn er ganz anders phantasiert wird. Deshalb sind der Körper und sein Zustand auch eine Richtschnur des Handelns für den Arzt, und H. Bruch weist darauf hin, daß diejenigen Therapeuten bessere Behandlungserfolge erzielen, die »sich intensiv mit dem täglichen Leben« (also auch mit der körperlichen Realität) ihrer Patienten beschäftigen (Bruch 1977). Die psychosomatische Therapie spielt sich deshalb stets an der Grenze zum Handeln ab, weil die körperliche Situation der Patientin ab einem bestimmten Zeitpunkt Handlungen (der Patientin oder stellvertretend des Arztes) notwendig macht. Um nicht durch die körperliche »Notlage« der Patientin zum Handeln und zur Beachtung des Symptoms gezwungen zu werden, beziehen wir das Symptom aktiv von uns aus in die Behandlung mit ein.

Die somatischen Folgen des Hungerns können nicht durch Deutungen und Einsicht behoben werden, sondern nur durch ausreichende Ernährung. Ersatzweise kommt auch eine vorübergehende Nahrungszufuhr durch artifizielle Substitution von Nahrung und Nahrungsbestandteilen unter Umgehung der normalen Wege der Nahrungsaufnahme in Frage. Dieser Ausweg ist nur kurzfristig gangbar und stellt aufgrund von potentiellen Komplikationen seinerseits eine iatrogene Gefährdung der Patientin dar. Der Internist Frahm (1966) hat sein Behandlungskonzept im wesentlichen auf körperbezogene symptomatische Maßnahmen (Sondenernährung, Bettruhe, massive Sedierung) abgestellt und damit in bezug auf die Gewichtsentwicklung relativ gute Erfolge erzielt (Engel u. Meyer 1992).

Bereits diese knappen Überlegungen machen deutlich, daß eine Psychotherapie über Deutung und Einsicht nur dann greifen kann, wenn die Patientinnen mit einer **Änderung im Verhalten** reagieren. Das heißt die Motivationslage der Patientin muß sich dahingehend

179

verändert haben, daß sie ihr bisheriges, selbstschädigendes Verhalten einschränken oder aufgeben und durch ein lebensnäheres Verhalten ersetzen kann. Wenn die Einsicht in Motive, Widerstand und Konflikte erreicht ist, müßte dies (handlungspraktische bzw. verhaltensrelevante) Konsequenzen haben. Sollte dies nicht der Fall sein, erscheint es naheliegend, die therapeutischen Bemühungen um Veränderung direkt am Verhalten anzusetzen, sei es, daß man die Patientin zu einer Verhaltensänderung bringt, sei es, daß man stellvertretend für sie handelt (was dann oft die verzweifelten Mütter tun). Das Symptom und seine direkten **Folgen** stehen in der Verhaltenstherapie im Vordergrund der Behandlung, während die psychoanalytische Betrachtungsweise eher an den **Ursachen** der Störung interessiert ist. Dabei wird davon ausgegangen, daß langfristige unangenehme Konsequenzen des Symptoms (wie sie in den somatischen Konsequenzen wohl zu sehen sind) weniger verhaltensbestimmend wirken als kurzfristig angenehme Konsequenzen (wie Zuwendung, Eindruck von Eigenkontrolle, Erreichen des selbstgesteckten Ziels).

Behandlungsmittel und Behandlungstechnik (Fresubin®, Belohnung etc., unbewußte Bedeutung versus Verhaltens- und Lerneffekte)

Im folgenden soll unser konkretes therapeutisches Vorgehen in Bezug auf die symptomorientierten Maßnahmen sowohl aus psychoanalytischer wie aus verhaltenstherapeutischer Sicht beschrieben werden. Dabei ist uns deutlich geworden, daß alle Abläufe in der Klinik grundsätzlich aus beiden Perspektiven geschildert werden können, daß aber die Selbstverständlichkeit, mit der wir dies im klinischen Alltag tun, keineswegs gleich verteilt ist, weil unsere Abteilung psychoanalytisch ausgerichtet ist. Allerdings hat sich bei der Konzentration auf die Behandlung des Symptoms gezeigt, daß sich die Schwerpunkte des verhaltenstherapeutischen Denkens, die sowohl in bezug auf das leitende Erkenntnisinteresse wie auch auf die Konzeptualisierung von Kausalitäten und Konsequenzen deutliche Unterschiede erkennen lassen, auch für ein psychoanalytisches Behandlungskonzept nutzen lassen.

Die Aufrechterhaltung des Symptoms bedeutet, daß die Funktionen des Symptoms für den intrapsychischen Haushalt (**primärer Krankheitsgewinn**) zunächst die gleichen bleiben, aber es bedeutet auch, daß das Symptom seine Bedeutung für das Verhalten des Symptomträgers für sich allein und in der Interaktion bekommt oder beibehält (**sekundärer Krankheitsgewinn**). Wenn das Symptom nicht schon eine Bedeutung für die Beziehungsgestaltung und Interaktion hat (s. o.), dann bekommt es diese Bedeutung spätestens bei dem Kampf um das Symptom. Das Symptom wird zum Maßstab in der Ausübung von Macht und Kontrolle in der Interaktion, und solange sich am Symptom nichts ändert, ist es wie ein Leck in einem Boot. Das Schöpfen kann höchstens einen Zustand des labilen Gleichgewichtes erreichen, aber keine Besserung, solange das Leck nicht geschlossen oder wenigstens verkleinert ist. Hier haben alle Anstrengungen langfristig bestenfalls mildernden Charakter, aber die Heilung ist ausgeschlossen, solange die Patientin einen Zugang zum Leck verwehrt. Das Symptom hat nicht nur sein Eigenleben entwickelt, sondern die symptombezogene Zuwendung von außen kann es im ungünstigen Falle eher stabilisieren als beheben.

Ein wesentlicher Schwerpunkt der funktionalen Analyse (Bedingungsanalyse) in der Verhaltenstherapie liegt in der **Betrachtung der Konsequenzen**, die auf ein Fehlverhalten (Symptom) folgen. Hier ist einmal die positive Konsequenz (sogenannte positive Verstärkung) gemeint, die durch das Symptom hervorgerufen werden kann (analog dem sekundären Krankheitsgewinn), wie Zuwendung von der Familie, Anerkennung von Freundinnen für die Figur usw., aber auch der Wegfall unangenehmer Konsequenzen (sogenannte negative Verstärkung), wie die Übernahme bestimmter Pflichten, das Vermeiden von beängstigenden Situationen. Je stärker dann der Rückzug aus sozialen Situationen erfolgt, desto mehr stabilisiert sich ein selbstunsicheres Verhalten bzw. das symptombezogene Verhalten. Solange befürchtete negative Konsequenzen nicht überprüft werden, etabliert sich zunehmend das Vermeidungsverhalten. Dies gilt sowohl für den Umgang mit dem Essen als auch für den sozialen Rückzug. Aus der Verhaltenstherapie mit Kindern ist bekannt, daß selbst die Kritik von Eltern belohnend wirken kann, denn es handelt sich immerhin um eine Lenkung der Aufmerksamkeit auf das Symptom und seinen Träger. Bestrafung, wie sie sicher auch von vielen Eltern praktiziert wird, ist langfristig gar nicht oder nur sehr wenig wirksam, zumal es auch keine konsequente Bestrafung für das Hungern gibt, da das Symptom ja in einer nicht vorhandenen Aktivität (dem Essen) liegt und der Hunger bzw. der Kampf mit ihm von außen nicht erkennbar ist.

Symptomdokumentation

Ein wesentlicher Teil des verhaltenstherapeutischen Vorgehens besteht in der Anwendung eines Selbstkontrollprogramms mit zunehmender Übernahme der Selbstverantwortung, wobei zu Beginn der Behandlung zunächst noch der Fremdkontrolle ein größerer Stellenwert zukommt. Es wird ein **Therapievertrag** zu dem individuellen Selbstkontrollprogramm der Patientin aufgestellt, der folgende verhaltenstherapeutische Techniken beinhaltet:

Kontraktmanagement. Es wird ein Behandlungsvertrag abgeschlossen, in dem sowohl das individuelle Selbstkontrollprogramm als auch allgemeine Regeln genau vereinbart und durch Unterschriften von Patient und Therapeut bekräftigt werden. Hier wird ein Zielgewicht festgelegt und die Etappen, in denen dieses Ziel erreicht werden soll (500 bis

700 g Gewichtszunahme pro Woche). Die Konsequenzen, die bei eventueller Nichterfüllung des Vertrages von seiten der Patientin erfolgen, werden genau definiert und
vorher festgelegt. Die interessante Diskussion über die Beziehung zwischen »Kontraktmanagement« auf der einen und dem psychoanalytischen »Arbeitsbündnis« auf der anderen
Seite muß an anderer Stelle geführt werden.

Symptomdokumentation (Selbstkontrolltechnik »Monitoring«). Durch Führen eines
Tagebuches bzw. Eßprotokolls werden die aufgenommene Nahrungsmenge,
Symptomverhalten wie Eß- oder Brechanfälle so wie auch die damit in Zusammenhang
stehenden Bedingungen und Gefühle genau dokumentiert.

Operantes Vorgehen (Verstärkung). Ein Belohnungssystem mit Definition der positiven
und negativen Verstärker, die meist im Erlangen von zunehmend mehr Freiheiten bezüglich des gemeinsamen Stationslebens liegen, wird für die ganze Gruppe erarbeitet; es kann
auch individuelle Wünsche berücksichtigen. Diesem Vorgehen liegt ein Entwicklungs-
modell zugrunde, das den Patienten mit zunehmenden Fortschritten mehr Möglichkeiten
einräumt.

Stimuluskontrolle im Sinne von Stimuluseinengung: Festlegung von Ort und Zeitpunkt
sowie Häufigkeit und Stil der Nahrungsaufnahme. Die Patienten werden ermutigt, eine eigene »Eßkultur« zu entwickeln (Tisch decken, Servietten, Dekoration etc.).

Reaktionsverhinderung (»response prevention«) durch Fremdkontrolle: Verhinderung
von Erbrechen durch gemeinsame Aktivitäten wie Entspannung, Märchenerzählen oder
Lesen und Musikhören nach dem Essen. Verhindern einer Gewichtsabnahme könnte durch
exzessives Treppensteigen oder übertriebenen Sport zustandekommen.

Aktivitätsaufbau. Ziel ist nicht nur die Reduktion von ungesundem Verhalten, sondern
ebenso der Aufbau von wünschenswerten Verhaltensweisen.

Kognitive Techniken. In verhaltenstherapeutischer Terminologie formuliert kommen auch
kognitive Techniken bei uns zur Anwendung: Verzerrte, irrationale Kognitionen werden in
Frage gestellt und durch rationale ersetzt. (Beispielsweise wird das Alles-oder-Nichts-
Prinzip, wie es sich im Schwarz-Weiß-Denken zeigt, immer wieder in Frage gestellt, die
Wahrnehmung von Abstufungen und Schattierungen wird geübt.)

Die psychoanalytische Vorgehensweise in bezug auf die Symptome und die konkreten
Konsequenzen , die aus Patientenverhalten gezogen werden, ist weit weniger elaboriert und
weniger explizit. Die realen Konsequenzen finden zunächst viel weniger Interesse als die
inneren Veränderungen und die Bedeutung des Verhaltens für die therapeutische
Beziehung, sowohl zum Einzeltherapeuten wie auch innerhalb der Gruppe (im stationären

Behandlungsbereich, der ja verschiedene Bezugsgruppen bietet). So kann ein und die selbe Verhaltensweise (z.B. Übertretung einer Regel) je nach dem **Kontext** völlig konträre Bewertungen erfahren, abhängig davon, ob sie als Fortschritt gesehen (die Patientin wagt etwas) oder als Rückschritt (die Patientin kann sich nicht an Regeln halten) eingestuft wird. Wenn nur das Verhalten und nicht der Kontext bekannt ist, führt dies häufig zu Verwirrung - nicht nur bei den Patientinnen (warum darf die das, und ich nicht?) - sondern gelegentlich auch im Behandlungsteam. Hier lebt die psychoanalytische Betrachtungsweise von der Spannung zwischen Entfaltung der Individualität einerseits (welche notwendigerweise Einschränkungen der therapeutischen Einflußnahme mit sich bringt) und allgemeinverbindlichen Verhaltensregeln andererseits (die ein Einschreiten des Behandlungsteams erfordern).

Eine große behandlungstechnische Schwierigkeit sehen wir in der Bereitschaft der Patientinnen, **Einschränkungen von seiten des Behandlungsteams** weniger als Schutz vor der Selbstzerstörung, sondern eher als Bestrafung für unbotmäßiges Verhalten zu sehen. Mit Einschränkungen bietet das Team die Möglichkeit zu Über-Ich-Projektionen auf die Klinik bzw. ihre Mitarbeiter. Wir versuchen, dieser Tendenz zu begegnen, indem wir für die Patientinnen explizit machen, daß es weder unser Anliegen noch unser Recht ist, sie zu »bestrafen«, sondern daß wir mit dem Behandlungsauftrag auch die Verpflichtung übernommen haben, Schaden abzuwenden, auch und vor allem, wenn er von der Patientin selbst ausgeht. Das Mittel dazu sind Einschränkungen dort, wo sie notwendig sind, und wir sind jederzeit bereit, diese aufzuheben, wenn die Patientin verantwortungsvolle Handlungen zeigt. Allerdings begnügen wir uns auch hier nicht mit wohlklingenden Worten, sondern erwarten entsprechendes Verhalten. Selbstverständlich haben die Patientinnen die Möglichkeit, uns zu hintergehen, auch das sagen wir explizit. Wir wollen sie damit nicht zum Betrügen einladen, sondern wir wollen in der Machtfrage und damit für die Bereiche der Verantwortlichkeit rechtzeitig die Grenzen abstecken und der Idealisierung unserer Möglichkeiten entgegenwirken - dann müssen die Patientinnen unsere Macht und die eigene Ohnmacht nicht ganz so sehr fürchten.

Behandlungsvertrag

Neben dem Abschließen eines Therapievertrags (Kontraktmanagement) mit dem Therapeuten können die Patientinnen, wenn sie das durch den Therapeuten angeleitete Vorgehen verinnerlicht, bzw. sich am Modellcharakter des Vorgehens orientiert haben, auch untereinander auf freiwilliger Basis Verträge abschließen oder stützende Vereinbarungen treffen, wovon erstaunlicherweise durchaus des öfteren Gebrauch gemacht wird. Ein weiterer wesentlicher Baustein im symptomzentrierten Vorgehen ist das **Führen eines Eßprotokolls** (Tagebuch), wobei sich hier schon eine Kombination aus verhaltenstherapeutischer Technik und psychoanalytisch orientiertem Umgang damit verdeutlicht: Die Patientinnen bekommen vom Therapeuten ein Heft ausgehändigt, das als Eigentum des

Therapeuten deklariert wird und den Patientinnen sozusagen als Leihgabe vom Therapeuten zur Verfügung gestellt wird (Lacey 1986)[3]. Dieses Heft soll die Patientin möglichst immer bei sich tragen, um ihre Symptomatik genau zu registrieren. Dabei wird jeweils auf der linken Heftseite aufgelistet, welche Nahrung die Patientin zu sich nimmt, bzw. bei Bulimikern, ob ein Eßanfall erfolgt, was dabei gegessen wird, ob und wann erbrochen wird, ob und wieviel Laxanzien, Diuretika oder andere Medikamente eingenommen werden. Auf der rechten Seite werden die Gefühle aufgelistet, die die Patientin dabei wahrnimmt, und zwar im Fall von Bulimie jeweils vor, während und nach dem Eßanfall, vor und nach dem Erbrechen. Da die Patientinnen üblicherweise zunächst nicht in der Lage sind, diese Gefühle genauer zu beschreiben, werden sie angeleitet, die vorausgehenden Erlebnisse und Ereignisse bzw. die nachfolgenden Gedanken aufzuschreiben. Es ist dann ein Ziel der Therapie, die hinter dem Symptom liegenden Gefühle im Gespräch mit dem Therapeuten darüber gemeinsam kennenlernen und verstehen zu können. Durch die detaillierte Beobachtung und Interpretation von Auslösern für das Symptom und durch das schrittweise Erkennen seiner spezifischen innerseelischen Funktionen wird dem Symptom mit der Zeit sein automatischer Charakter genommen, und die Erörterung von Verhaltensalternativen wird zunehmend wichtiger, bzw. das Reden über die dahinterliegenden Gefühle tritt in der Behandlung zunehmend mehr in den Mittelpunkt.

In verhaltenstherapeutischer Terminologie formuliert, kann man durchaus behaupten, daß auch **kognitive Techniken** bei uns zur Anwendung kommen (wenngleich wir hier eher von psychoanalytischer Terminologie bzw. einem psychoanalytischen Verständnis Gebrauch machen): Negativ verzerrte, irrationale Kognitionen werden hinterfragt und durch rationalere ersetzt (beispielsweise das Schwarz-Weiß-Denken der Patientinnen wird immer wieder in Frage gestellt, die Wahrnehmung von Abstufungen und Schattierungen wird geübt).

Die therapeutische Zielsetzung in der psychoanalytischen Betrachtungsweise - mit der Verbesserung der Selbst**wahrnehmung** (das »beobachtende Ich« wird unterstützt), der Anregung von Differenzierungsprozessen und dem Herstellen von Verbindungen zwischen bislang unverbundenen Abläufen - unterscheidet sich hier inhaltlich nicht sehr von der Verhaltenstherapie. Allerdings erstreckt sich die Ausweitung des Verständnisses auch auf die unbewußten Anteile des Geschehens; das Verständnis wird damit anspruchsvoller. Die verhaltenstherapeutische Bescheidenheit scheint aber manchmal von Vorteil, wenn und weil das Verständnis der bewußten Abläufe rascher zu gewinnen ist. Der Nachteil dieser Beschränkung fällt aber dort ins Gewicht, wo der bewußte Aspekt der Verhaltensweisen lediglich zu Widersprüchen, nicht aber zu deren Auflösung führt und ein »tieferes Verständnis« (der unbewußten Motive bzw. Konflikte) auf der bewußten Ebene nicht zu gewinnen ist.

---

[3] H. Lacey, mündliche Mitteilung

Das Wiegen

Das Wiegen dient zunächst der Realitätsprüfung für die Patientin und das Behandlungsteam. Nun wissen wir aber, daß es Patientinnen gibt, die sich nicht nur täglich, sondern auch mehrfach täglich wiegen. Dies führt zur Frage: **Wieviel Realitätsprüfung ist noch realitätsgerecht?** In der stationären Psychotherapie kann diese Frage zwischen Wiegen ad libitum und totalem Wiegeverbot geregelt werden. Eine Untersuchung der Anzahl der dokumentierten Gewichtsangaben aus einer Zeit, in der dies noch nicht geregelt war, zeigte, daß es zwei Gruppen von Anorexiepatientinnen gab. Die eine Gruppe wurde fast täglich gewogen und zeigte eine gute Gewichtszunahme, die andere Gruppe wurde nur in größeren Abständen oder gar nicht (!) gewogen, und ihr Ergebnis war hinsichtlich der Gewichtsentwicklung unbefriedigend. Wir möchten den Patientinnen die Möglichkeit zur Realitätskontrolle nicht entziehen, wollen aber auch eine »Neurotisierung« des Wiegens vermeiden, damit nicht aus der Gewichtskontrolle selbst eine überwertige Idee wird. Wir haben uns deshalb zu zweimaligem Wiegen pro Woche entschlossen, wobei die Therapieplanung eine wöchentliche Überprüfung der Gewichtszunahme vorsieht. Ein Wiegetermin dazwischen dient der Orientierung für die Patientin, ob sie etwa im Trend liegt oder ob die Gewichtskurve nach unten zeigt. So haben wir einen »Orientierungstag« und einen »Konsequenzentag«, weil das Erreichen des vereinbarten Zielgewichtes positive, sein Verfehlen möglicherweise negative Konsequenzen hat. Dies ist lediglich eine pragmatische Entscheidung gewesen; ob ein anderes Vorgehen besser oder schlechter ist, wissen wir nicht.

Wir möchten damit verschiedene **Ziele** erreichen:

Das erste Ziel ist die **Verbesserung der Ernährungslage** und damit der körperlichen Situation. Bei entsprechendem Untergewicht haben die Patientinnen neben anderen körperlichen Veränderungen eine computertomographisch nachweisbare, aber reversible Minderung der Gehirnsubstanz und erkennbare zerebrale Funktionsstörungen, bei denen auch das Denken beeinträchtigt ist. Bruch weist ganz entschieden darauf hin, daß im Zustand des Hungerns weder eine psychologische Diagnostik noch eine therapeutische Arbeit möglich ist: »Mit einem Patienten, der hungert, kann man keine sinnvolle therapeutische Arbeit leisten. Ich setze Patienten, die zu mir zur Konsultation kommen, davon in Kenntnis, daß ich über ihre psychische Verfassung keinerlei stichhaltiges Urteil abgeben kann, solange sich die Ernährungsweise nicht bis zu einem gewissen Grad gebessert hat« (Bruch 1980).

Wenn mit Unterstützung von außen eine Gewichtszunahme und damit eine positive Veränderung möglich ist, so steht diese **positive Erfahrung** dem Gefühl von Hilflosigkeit und dem Ausgeliefertsein an die Erkrankung und/oder »höhere Mächte« entgegen. Die Patientinnen bekommen ein Gefühl dafür, daß sich etwas bewirken läßt. Sie können daran erkennen, daß sie den Gewichts- und damit den Krankheitsverlauf - wenn auch zunächst mit Unterstützung - selbst beeinflussen.

Bei dieser Gewichtszunahme kommt allerdings Angst auf, und diese ist das eigentliche Feld der **Psychotherapie**. Die Patientinnen neigen dann dazu, der Gewichtszunahme entgegenzuarbeiten, und spätestens dann wird für die Behandelnden und Patientinnen deutlich, daß sie ihren erklärten Absichten (zuzunehmen und gesund zu werden) teils unbewußt, teils aber auch bewußt entgegenwirken. Hier entfaltet sich im günstigen Falle ein Konflikt, der wiederum dem Verständnis und der Bearbeitung zugänglich ist, und die Patientinnen erkennen anhand der Gewichtskurve oft erstmalig, daß es so etwas wie einen »unbewußten Gegenwillen« (Freud 1901b) gibt, denn sie kommen ja mit guten Vorsätzen und besten Absichten in die Klinik.

Struktur und Regeln: Motivation, Ambivalenz und die »Grundsatzfrage«

Die Patientinnen haben während der gesamten Behandlung, insbesondere aber zu Beginn der Therapie, einen relativ festen Tagesplan. Es wird ihnen viel Struktur angeboten, andererseits bleibt aber auch noch genügend Raum zur freien Gestaltung, zum Ausprobieren des neu Erlernten, zum schrittweisen Übernehmen von mehr Selbstverantwortung und Selbstbestimmung - aber auch zum Erleben der eigenen Grenzen, zu dem Gefühl, daß sie die durch die »Pseudoautonomie« bestimmten Wünsche, die Möglichkeiten zur Selbstverantwortung und Selbstbestimmung zunächst überschätzen. Während anfangs die Fremdkontrolle durchaus einen breiten Raum einnimmt, ist es unser Ziel, die Restriktionen sukzessive zu lockern, um in Abhängigkeit von der Symptomreduktion die Eigenverantwortlichkeit zu fördern. Ganz am Ende des Aufenthaltes unterbleibt dann Fremdkontrolle weitgehend, beispielsweise gibt es keine Kontrolle der Nahrungseinnahme mehr.

Durch unsere relativ stark strukturierte Vorgehensweise bleiben nach unserer Beobachtung - dies mag überraschend klingen - mehr Möglichkeiten und Zeit für die Bearbeitung der den Symptomen zugrundeliegenden Konflikte. Technische Fragen - wann und was essen -, mit denen die Patientinnen sonst gerne ihre Zeit verbringen, sind weitgehend und grundsätzlich geregelt. So ist der Blick frei für die Reaktionen auf das Setting und den Umgang mit den Regeln auf seiten der Patientinnen. Hier ist uns wichtig, daß die Patientinnen die Regeln nicht nur als Einengung empfinden und deshalb bekämpfen müssen, sondern vor allem als Stütze sehen können und sie als Hilfe akzeptieren (Arbeitsbündnis!). Außerdem ist ein Klinikbetrieb ohne verläßliche Regeln nicht zu führen. Es ist ein Ziel, etwa in der zweiten Behandlungshälfte weniger über das Essen (die sachliche Realität), sondern mehr über die Gefühle und Konflikte (die emotionale Realität) zu reden. Hierbei wird auch für die Patientinnen deutlich, daß Macht und Kontrolle deshalb so wichtige Themen sind, weil sie die Voraussetzung für Autonomie darstellen, und daß ihre Symptome auch Ausdruck eines verzweifelten Rückzuges in die Destruktivität sind, weil Autonomie in einem konstruktiven Sinne nicht (mehr) möglich erscheint.

Eßbegleitung, Fresubin® und Sondennahrung

Für ein Element der Behandlung, das für beide Seiten (Patientinnen und Behandlungsteam) wichtig ist, hat sich das Stichwort »Eßbegleitung« eingebürgert. Darunter verstehen wir die Tatsache, daß regelmäßig eine Person des Behandlungsteams (meist eine Schwester, gelegentlich ein PJ-Student oder die Sozialpädagogin, selten einmal ein Arzt) an den Mahlzeiten der Eßgruppe an einem separaten Tisch im Aufenthaltsraum, entweder nur beobachtend oder auch selbst seine Mahlzeit einnehmend, teilnimmt. Auch dies hat eine Doppelfunktion. Zum einen erhält das Behandlungsteam auf diese Weise »objektive« Informationen über das Eßverhalten bzw. die aktuell aufgenommene Nahrungsmenge, zum anderen fühlen sich die Patientinnen dadurch entweder unterstützt oder verfolgt, je nach innerer Situation. Diese Erlebnisse miteinander und mit dem »Beobachter« kommen häufig in der Einzel- oder Gruppentherapie zur Sprache. Sie bilden neben der Realitätsprüfung einen wichtigen Stimulus für die innere Auseinandersetzung mit dem Essen und seinen Konsequenzen sowie mit der Therapie und ihren Anforderungen. Die Nähe zu den Patientinnen und ihrem Alltag wird als handgreiflicher Beweis für unser Engagement und unsere Entschlossenheit gewertet, eine Veränderung herbeiführen zu wollen, und dies wirkt der manchmal tiefgreifenden Resignation mancher Patientin wohltuend entgegen. Bemerkenswert und manchmal für alle Beteiligten schwer zu ertragen ist die oft zum Zerreißen gespannte, aggressiv aufgeladene Atmosphäre am Tisch, die sowohl von den Patientinnen wie auch den Beobachtern wahrgenommen und oft thematisiert wird. Die Konfrontation mit den eigenen Schwierigkeiten und Verhaltensweisen beim Essen, beobachtbar an den anderen, halten wir für einen wichtigen therapeutischen Einfluß in unserem Setting. Die Gruppe wirkt wie eine Lupe, unter der die persönlichen Schwierigkeiten jedes einzelnen wie in zehnfacher Vergrößerung (in der Regel besteht die Gruppe aus acht Patientinnen und zwei Therapeuten) sichtbar werden.

Bei ausbleibender Gewichtszunahme haben wir im Sinne einer vorbestehenden und verabredeten »Eskalation« von Therapiemaßnahmen den Einsatz von hochkalorischer Flüssigkeit zum Trinken (»Fresubin®«) zusätzlich zur üblichen Nahrungsaufnahme zwischen den Mahlzeiten vorgesehen. Die Durchführung sah zunächst so aus, daß wir den Patientinnen zunächst eine, später zwei (oder manchmal auch mehr) Flaschen Fresubin® täglich zur Verfügung gestellt haben. Manchmal führte dies zu einer Gewichtszunahme, manchmal auch nicht. In einigen Fällen stellte sich (oft erst im nachhinein) heraus, daß die Patientinnen diese »Zusatznahrung« heimlich in den Ausguß wandern ließen. Dies führte im Behandlungsteam zu zwei Veränderungen. Die erste lag darin, daß das Fresubin® in den Status eines »Medikaments« erhoben wurde und nur im Beisein eines Teammitgliedes eingenommen werden konnte. Dies führte zu fest verabredeten Terminen, an denen das Fresubin® getrunken werden mußte. Wir hatten aber bald den Eindruck, daß dieses Vorgehen eine »doppelte Botschaft« enthielt. Einerseits wurde die überwachte Einnahme des Fresubins® von vielen Patientinnen als »Bestrafung« und Zwang erlebt, andererseits wurde es als vermehrte Zuwendung und große Aufmerksamkeit oberflächlich verurteilt, aber insgeheim sehr genossen. Gelegentlich erklärte auch eine Patientin voller Überzeugung, sie könne nun »wegen des Fresubins®« nicht zunehmen, denn es hindere sie am sehnlich gewünschten normalen Essen.

Krankheit im Dienste der Autonomie

Zu Beginn der stationären Behandlung verbieten wir Kauf, Tausch oder Lagerung von Nahrungsmitteln, um einen den Behandlungszielen zuwiderlaufenden Mißbrauch der Nahrung zu erschweren. Wir wissen, daß die Patientinnen die Möglichkeit haben, uns zu hintergehen (im Klinikum ist ein Kiosk, in der Nähe ein großer Supermarkt) und zu »tricksen«, und sagen den Patientinnen dies auch. Wir vereinbaren mit den Patientinnen, daß gelegentliche überraschende Zimmerkontrollen möglich sind und im Bedarfsfall auch durchgeführt werden. Wir betonen dabei aber auch, daß wir die Therapie nicht aus der Position des Kriminalpolizisten (Über-Ich-Funktion) führen wollen, sondern daß diese und alle anderen Regelungen und Einschränkungen zu ihrem Schutz gedacht sind (s.o.). Wir bemühen uns, alle Regelverletzungen - große genauso wie kleine - gleichermaßen zu benennen (im Sinne eines unbestechlichen, beobachtenden Ich); ob sie aber Konsequenzen haben und welche, ist eine andere, zweite Frage, die wir nach Möglichkeit vorher und immer direkt mit den Patientinnen besprechen. Die vorherige Vereinbarung von möglichen Konsequenzen oder gar Restriktionen geschieht in der Absicht, diese wiederum nicht als »Bestrafung« erscheinen zu lassen, sondern mit dem Ziel, mehr noch positive, aber auch negative Konsequenzen von Verhalten sichtbar zu machen und - wo möglich - in die Interaktion zu bringen und dort einer weiteren Betrachtung und Bearbeitung zugänglich zu machen. Das heißt, daß wir bestrebt sind, den Beziehungsaspekt des Verhaltens in das Blickfeld zu rücken und z.B. Regelverletzungen als aggressiven Akt gegen die Therapeuten zu erkennen und zu thematisieren, um den bewußten und unbewußten Motiven für das Verhalten näher zu kommen.

Indem wir der Patientin von vornherein zugestehen, daß sie die Möglichkeit hat, uns zu hintergehen und die Regeln zu unterlaufen, möchten wir die Aufnahme eines Machtkampfes - soweit möglich - verhindern. Natürlich sind wir an der Einhaltung der Regeln interessiert und bemühen uns darum, aber wir können und wollen sie nicht erzwingen. Die Patientin ist der Auftraggeber für die Therapie, und wenn sie uns gleichzeitig daran hindert, diesen Auftrag auszuführen, müssen wir sie mit diesem Widerspruch konfrontieren, der ihr oft nicht bewußt ist. Der zweite wichtige Gesichtspunkt daran ist die Tatsache, daß die Patientin selbst das Tempo der Entwicklung, den Behandlungsfortschritt (oder Rückschritt) bestimmt und nicht wir, was gleichzeitig Angst und Wunsch ist. Hier möchten wir - möglichst von moralischen Werten freie - Ursache-Wirkungs-Sequenzen sichtbar machen (Fortschritt führt zu positiven, Rückschritt zu negativen Konsequenzen), wobei wir klar zu erkennen geben, daß wir aus therapeutischer Sicht die Fortschritte bevorzugen, aber die Entscheidung über die Ereignisse bei der Patientin bleibt. Wenn wir die

Rückschritte der Patientin als - wenn auch unerwünschte - eigene Entscheidung akzeptieren können, wachsen das Gefühl von Autonomie auf ihrer Seite und die Chance, positive Entwicklungen in Übereinstimmung mit uns anzustreben, ohne das Gefühl von Autonomie ernstlich in Gefahr zu bringen.

Mit dieser Betrachtungsweise erhoffen wir uns, daß das Verhalten in seiner Bedeutung relativiert wird und daß die Motive dafür wichtiger werden als die manifesten Handlungen. Hier entfernen wir uns von den Prinzipien der Verhaltenstherapie, denn das Verhalten verliert an Bedeutung, wenn das Bewußtsein für die »innere Haltung« zum Hauptthema wird, was letztlich unser Ziel in der Behandlung ist. Wir gehen davon aus, daß alle Verhaltensweisen eine Bedeutung und einen guten Sinn für die innere Ökonomie haben, auch wenn wir diese zunächst nicht erkennen können. Auch selbstschädigende Verhaltensweisen haben einen konstruktiven Aspekt, wenn sie eine (sozial unschädliche) Aggressionsabfuhr darstellen und das Gefühl von Unabhängigkeit herstellen, wenn auch um einen hohen Preis. Gerade wenn wir den Preis betrachten, den diese Patientinnen zu zahlen bereit sind, wird deutlich, um was für ein kostbares Gut es mit der Autonomiefrage geht und daß wir es uns weder leisten können noch wollen, lediglich »Verhaltens- oder Gewichtskosmetik« zu betreiben.

Fallbeispiel

Zur Veranschaulichung unserer Überlegungen möchten wir die Behandlung einer 32jährigen Anorexiepatientin darstellen, deren Symptomatik und Verhalten uns eine Charakterstruktur auf Borderline-Niveau annehmen ließ.

Symptomatik. Frau P. wurde wegen eines sehr ernsten Suizidversuches zunächst 2 Monate in einer Psychiatrischen Klinik und anschließend 4 Monate in unserer Abteilung im Rahmen unseres »Borderline-Programmes« behandelt. Während des Aufenthaltes in der Psychiatrie entwickelte sie eine ausgeprägte Anorexie, die sich anschließend durch eine bulimische Symptomatik einschließlich eines erheblichen Abführmittelabusus verschlimmerte. Im Vordergrund der ersten stationären Behandlung bei uns stand die Suizidalität, von der sich die Patientin bis zur Entlassung ausreichend distanzieren konnte. Ihre Anorexie wurde unter anderem durch Ernährung über eine Magensonde und mit hochkalorischer Nahrung behandelt, wobei der Schwerpunkt der ersten stationären Behandlung auf der Einzeltherapie lag und die Patientin zunächst nicht an unserem speziellen Behandlungs-Setting für Eßstörungen teilnahm. Bei der Entlassung wog Frau P. 45 kg. Ein Vierteljahr später kam sie stark abgemagert (36 kg) in eine Internistische Abteilung unserer Klinik und wurde von dort aus auf unsere Abteilung in das oben beschriebene Setting übernommen. Bei der Aufnahme wog sie 37,2 kg und betrieb einen erheblichen Laxantien-Abusus

(Laxoberal® 50-200 Tropfen sowie 20-30 Dragees Dulcolax® täglich). Sie gab Eßanfälle in Zeitabständen von 4 - 6 Wochen an, allerdings ohne Erbrechen. Bis vor einem Jahr hatte sie 61 kg gewogen, während der Pubertät gab es eine anorektische Phase (s.u.).

Biographie. Die Patientin ist das jüngste von sieben Kindern, die die Mutter alle von verschiedenen Männern empfangen hatte. Die Geschichte von Frau P. ist wie die ihrer Geschwister voll von Trennungserlebnissen und Hinweisen auf eine sadistische Mutterbeziehung. So berichtete sie, daß ein Bruder - aufgrund von Abtreibungsversuchen der Mutter - bei der Geburt stark behindert war und im Alter von 2 Jahren an den Folgen der Behinderungen starb. Frau P. erhielt von ihrer Mutter außerdem detaillierte Informationen über Abtreibungsversuche ihrer Mutter während der Schwangerschaft mit ihr. Der leibliche Vater von Frau P. verließ die Familie, als sie 2 Jahre alt war, der Stiefvater verließ die Familie in ihrem 5. Lebensjahr. Sie hatte guten Kontakt zu ihrer 6 Jahre älteren Schwester, die allerdings für 2 Jahre in ein Heim kam, als Frau P. 8 Jahre alt war. In ihrem 11. Lebensjahr wurde ihr 7 Jahre älterer Bruder, an dem sie sehr hing, bei einer Messerstecherei getötet. Während der Pubertät hatte sie eine längere anorektische Phase, die sie darauf zurückführte, daß ihre Mutter sie wiederholt als »fette Sau« beschimpfte. So versuchte sie durch Einnahme von Appetitzüglern und Abführmitteln den vermuteten Erwartungen der Mutter zu entsprechen.

Ihren ersten Geschlechtsverkehr erlebte die Patientin als »Katastrophe«, es habe ihr danach für lange Zeit »gereicht«. Während der folgenden rasch wechselnden Beziehungen erlebte sie viele Kränkungen und Zurückweisungen. Beruflich war sie als Kindergärtnerin erfolgreich und gut integriert. Zuletzt hatte sie eine langjährige Beziehung zu einem Mann, der sie für ihre Wahrnehmung völlig unerwartet und unverstehbar nach 10 Jahren plötzlich verließ. Als Reaktion auf diese Trennung unternahm sie den Suizidversuch.

Psychodynamische Überlegungen. In dieser Lebensgeschichte beeindrucken das Ausmaß an unverhohlener, tödlicher Aggression und die häufig sich wiederholenden Objektverluste, so daß die Entwicklung einer Objektkonstanz außerordentlich erschwert war. Im Selbstmordversuch zeigt sich ebenso wie in anderen selbstschädigenden Verhaltensweisen eine erhebliche Destruktivität, die wohl auch als Ausdruck der Identifikation mit der destruktiv agierenden Mutter zu verstehen ist. Die Eßstörung kann als Ausdruck einer internalisierten sadomasochistischen Beziehungsstruktur verstanden werden, wobei in dem Versuch, das böse internalisierte Objekt durch »Reinigungsmaßnahmen« loszuwerden, die Strafe für die aggressiven Wünsche in Gestalt der quälenden körperlichen Symptomatik gleichzeitig enthalten ist. Lebensgeschichtlich tritt die Anorexie jeweils im Zusammenhang mit realen oder phantasierten Trennungen auf.

Verhaltenstherapeutische Bedingungsanalyse. Bei genauer Exploration der ersten anorektischen Phase ergibt sich, daß die Patientin zu dieser Zeit eine schwere körperliche Erkrankung (Darminfektion) hatte und infolgedessen stark an Gewicht verlor. In dieser Zeit hatte sich die Mutter so viel wie sonst nie um die Patientin gekümmert und auch betont, um wieviel besser ihr die jetzt schlankere Figur der Patientin gefalle. Die Patientin lernte also, daß sie mit einem geringeren Körpergewicht und Krankheit die Zuwendung und Zuneigung der Mutter erlangen konnte. Dies bestätigte sich auch bei Gleichaltrigen, die sie für ihre schlanke Figur bewunderten. Dazu kommt, daß die Mutter selbst nach den Schilderungen der Patientin »trotz ihrer 7 Kinder eine Traumfigur hatte und von daher viele Verehrer«. Insofern fand wohl auch Modellernen statt: auch die Mutter erhielt aufgrund ihrer »guten Figur« Zuwendung. Die Probleme mit dem Eßverhalten verschwanden erst, als die Patientin in einer festen partnerschaftlichen Beziehung lebte und darüber offenbar genug Zuwendung für anderes als das Problemverhalten bekam. Überlegungen, die sich nicht nur auf das Verhalten, sondern auch auf begleitende oder vermittelnde Kognitionen beziehen, sollen hier nicht weiter dargestellt werden, zumal die Behandlung keine Verhaltenstherapie war, sondern psychoanalytisch orientiert, unter der oben begründeten besonderen Berücksichtigung der Symptome.

Behandlungsverlauf. Die Patientin wurde wie oben dargestellt nach dem Konzept der geschlossenen Eßgruppe, das jeweils zweimal wöchentlich psychoanalytische Gruppentherapie, Gestaltungstherapie, Einzeltherapie sowie die »Milieugruppe« (Büchele 1989) umfaßte, behandelt. Die Patientin zeigte sich zunächst sehr angepaßt und außerordentlich kooperativ, sie akzeptierte und reflektierte bereitwillig alle Interventionen und Deutungen der Therapeutin. »Druck auf das Symptom« hieß bei ihr das sofortige und vollständige Absetzen der Abführmittel, was die Patientin ebenfalls mit erstaunlicher Bereitwilligkeit akzeptierte. Als sie dann hochkalorische Nahrung zur Unterstützung der Gewichtszunahme zu sich nehmen mußte, war sie auch hierin bereitwillig und kooperativ, machte aber gleichzeitig durch ihre ausführlichen Beschwerdeschilderungen und zunehmenden Klagen deutlich, daß sie sich durch unsere Maßnahmen - die auf ihre Genesung ausgerichtet waren - gequält fühlte. Ihre Vorwürfe gingen dahin, daß die Therapeutin völlig ungerührt zusehe, wie die Patientin massive Magen-Darm-Beschwerden zu erdulden habe, und auch dann gelassen zusehen würde, wenn diese platzte. Die Therapeutin reagierte mit Schuldgefühlen, fühlte sich unempathisch und sadistisch mit ihren »Zumutungen« an die Patientin. Die therapeutischen Maßnahmen traten an die Stelle der von der Patientin erwarteten »Mißhandlungen« und bekamen damit eine wichtige und von der Patientin erwartete Bedeutung: sie wurde wieder gequält. Die Patientin hatte damit erreicht, die Behandlungsmaßnahmen in das von ihr erwartete Beziehungsmuster einzupassen und sich - mit einer gewissen Berechtigung - dagegen zu wehren. Erst als diese Beziehungskonstellation gedeutet und bearbeitet werden konnte, spielten sowohl die Abführmittel wie auch die offenen und versteckten Vorwürfe in der Behandlung eine geringere Rolle. Allerdings nahm die Patientin an Gewicht eher ab als zu. Erst als für sie sehr wichtige Aktivitäten (Ausgang, Gymnastik, Sport) in den Behandlungsvertrag als Verstärker für die Gewichtszunahme aufgenommen wurden, nahm sie jeweils so viel zu, wie sie für die Erlangung dieser Aktivitäten brauchte. Die Art der Belohnung und deren Reihenfolge konnte sie selbst bestimmen. Das Gefühl, die Kontrolle über den Körper und über ihre Aktivitäten sowie über den Behandlungsverlauf selbst in der Hand zu haben, wurde für sie offenbar wichtiger und wertvoller als das niedrige Körpergewicht allein. Damit entstanden eine Differenzierung der Ziele und Werte und eine Flexibilität in der Ausübung von Kontrolle in beide Richtungen, in die positive ebenso wie in die negative, die bisher vorherrschend war. Der Möglichkeit zur destruktiven Verarbeitung von Impulsen wurde die Möglichkeit zur konstruktiven Verarbeitung an die Seite gestellt, und die Patientin konnte wählen, in welche Richtung sie ihre Impulse lenken wollte. In ihrer Patientengruppe wurde sie bald zur Wortführerin, die den »Druck auf das Symptom« an andere weitergab und sich damit Anerkennung (aber auch Ablehnung) in der Gruppe verschaffte. Als sie ihre »magische Grenze« von 50 kg Gewicht überschritten hatte, wurde sie deprimiert und ängstlich, in der Einzeltherapie konnte sie ihre Probleme mit der Geschlechtsrolle viel gefühlsnäher besprechen, als es zu Beginn der Therapie möglich war. Dies verstärkte sich noch, als sich beim Erreichen von 52 kg die Menstruation wieder einstellte. Das regelmäßig geführte Symptomprotokoll half, Gefühle und Gedanken im Zusammenhang mit dem Auftreten der Symptome schneller und deutlicher zu erkennen. So wurde auch klar, daß der zweimalige Rückfall in den Abführmittelabusus mit Gefühlen von Enttäuschung und Wut gegenüber der Therapeutin zusammenhing. Die Patientin wurde nach 10 Wochen Behandlung mit einem Körpergewicht von 52 kg in die ambulante Behandlung entlassen. Ohne die strikte Beachtung des Symptoms hätte sie zwar sicher viele Einsichten gewonnen und wäre eine verständige Patientin gewesen - vermutlich mit weniger Schwierigkeiten in der therapeutischen Beziehung als so entstanden sind -, aber wahrscheinlich auch mit weniger Veränderungen auf der Symptom- und Verhaltensebene. Die Erkenntnisse allein sind folgenlos, wenn sie nicht mit Verhaltensänderungen einhergehen. Die Patientinnen können ihr Verhalten und damit viele Symptome von ihren Erkenntnissen nicht nur unbeeinflußt lassen, sondern diese auch dazu benutzen, die Symptomatik zu verfestigen. Hierzu die Feststellung einer Patientin mit Bulimie: »Ich habe in 1 1/2 Jahren Psychotherapie gemerkt, daß ich viel über mich gelernt habe, aber genau dieses Wissen hat das Symptom noch gesteigert. So wußte ich, o.k., ich fühle mich einsam. Durch dieses Verständnis hatte ich dann die Erlaubnis für meinen Freßanfall und habe ihn gut verstanden. Deshalb mußte ich da mehr Rückhalt in den Formalien haben und feste Punkte, um nicht so weiterzumachen. «

Die Fallbeschreibung und das kurze Zitat sollten deutlich machen, daß die Patientinnen sowohl die therapeutischen Maßnahmen wie auch die daraus gewonnenen Erkenntnisse zu ihrem Nachteil und zur Stabilisierung ihrer Erkrankung verwenden können. Die Aufmerksamkeit sowohl für das Symptom wie auch für seine intrapsychische und in der Beziehung erkennbare Verwendung kann die therapeutische Arbeit und ihre Ergebnisse zum beiderseitigen Wohle fördern. Die der Behandlung zugrundeliegenden Theorien müssen sich in der Praxis bewähren, und so erscheint es uns als eine gute Gelegenheit, am gleichen Symptom die theoretischen Betrachtungsweisen und die praktischen Konsequenzen der beiden Theorien (Verhaltenstherapie und Psychoanalyse) zu überdenken und zu prüfen, wie groß die jeweilige Reichweite der Konzepte in der klinischen Praxis ist.

Diskussion

Metzger hat auf die Gefahr hingewiesen, daß manche Vergleiche der beiden Theoriegebäude (Psychoanalyse und Verhaltenstherapie) auf eine unkritische Verwischung hinauslaufen, anstatt das Spezifische der Theorien zu verdeutlichen und klarzustellen (Metzger 1984). Es ist uns also ein besonderes Anliegen, nicht eine polypragmatische Verwirrung zu stiften, sondern gerade spezifische Denk- und Einsatzmöglichkeiten - sofern wir sie jeweils finden können - zu erarbeiten.

Ein grundlegendes behandlungstechnisches Problem liegt darin, zu erreichen, daß die mit der stationären Behandlung verbundenen Einschränkungen von den Patientinnen mehr als Unterstützung und weniger als Bestrafung angesehen werden können. Hier ist die Tragfähigkeit der Arbeitsbeziehung von entscheidender Bedeutung, und die Patientinnen müssen der Versuchung widerstehen, die einzelnen Elemente des Behandlungsangebotes masochistisch zu mißbrauchen.

Zweifellos wird die Übertragungs-Gegenübertragungs-Situation bei dem von uns versuchten Konzept relativ komplex (ist sie in ihren vielfältigen und widersprüchlichen Bedingungen überhaupt auflösbar?). Aufgrund der relativ starken Einengung der Patientinnen mit Fremdkontrolle zu Beginn der Therapie verschwindet zwar das Symptom schneller, was ein baldiges Aufkeimen regressiver Zuwendungswünsche erwarten läßt. Die Patientinnen haben aber hier das Problem, diese (regressiven) Bedürfnisse zu erkennen und zu ertragen. Erst recht haben sie Probleme, diese Bedürfnisse zu äußern, und sie zeigen daher häufig Reaktionen in Form von trotziger Zurückhaltung oder passiver Verweigerung (Abwehr der regressiven Wünsche, die sonst im Symptom gebunden sind). Die dahinter versteckten Erwartungshaltungen sind oft nur mit Hilfe der Gegenübertragung des Therapeuten zu erspüren und müssen von diesem thematisiert werden. Rückfälle, die auf Station vorkommen, helfen unter Umständen, diese Situation besser zu verstehen, da für die Patientinnen und möglicherweise auch für die Therapeuten Enttäuschungsgefühle und aggressive Regungen manifest und besser sichtbar werden. Auch hier ist es besonders wichtig, daß der Therapeut die Übertragung wahrnimmt, aufgreift, via Deutung verbalisiert und den Patientinnen damit Möglichkeiten zur Wahrnehmung der Affekte und zu Einsichten in die vorherrschenden Konflikte bietet. Am Beispiel der aktuellen Beziehung zwischen Patientin und Therapeut kommen häufig am deutlichsten und am unmittelbarsten die zentralen Konflikte in das Erleben der Patientin, die sonst nur unter deren Folgen leidet.

Ein Vorurteil gegenüber der Psychoanalyse ist die Meinung, sie würde nur »in der Vergangenheit wühlen«. Dies ist deshalb unzutreffend, weil die Gegenwart und vor allem die Zukunft das Hauptanliegen der Therapie darstellen. Die Vergangenheit ist nur insoweit von Bedeutung, als diese die aktuelle Situation und die Einschränkungen für die Zukunft geprägt hat, und erst das Verständnis dafür eröffnet neue Wege in die Zukunft, die bereits in der Gegenwart - im Hier und Jetzt - beschritten werden können.

Diese Möglichkeit des Vorgehens, das Einsetzen von und den entsprechenden Umgang mit Gegenübertragungsgefühlen hat der Verhaltenstherapeut nicht. Ein mögliches Problem in der Kombination von verhaltenstherapeutischen Techniken und psychoanalytischer Haltung sehen wir darin, daß die symptomorientierten Verhaltenstherapie-Techniken viel Handlung von seiten des Therapeuten und des Teams erfordern. Insofern besteht auch die Gefahr, daß der Patient seine Spannung eher in Handlung umsetzt statt darüber zu reden - also sein Symptom als Agierfeld benutzt. Andererseits ermöglicht auch die gemeinsame Reflexion des Agierens, sobald die Patientin dazu bereit ist, dem Analytiker ein Verstehen der Bedeutung des Symptoms, und dies kann zu den entsprechenden Deutungen führen. ' Wenn die Grenzen klar gezogen sind, ist auch für alle Beteiligten offensichtlich, wann sie überschritten werden. Der Unterschied zwischen Handeln und Agieren besteht darin, daß das Handeln bewußt, zielgerichtet und progressiv ist, während das Agieren unbewußt und diffus ist und sich als Ausdruck von Regression überwiegend schädlich auswirkt, aber auch die Chance zum Verstehen enthält (Bilger 1986).

Im ungünstigen Falle wird im Umgang mit Vereinbarungen und Regeln eine konfliktfreie Autodestruktivität sichtbar, die die weitere Behandlung grundsätzlich in Frage stellt. Wir halten es nicht für sinnvoll und nach schlechten Erfahrungen für aussichtslos, jemanden gegen seinen erklärten Willen oder auch nur ohne seine Mitarbeit behandeln zu wollen. Wenn schon nicht der Genesungswille überwiegt, so muß als Mindestanforderung ein Konflikt um die Veränderung erkennbar sein. Fehlt dieser oder überwiegt die Ablehnung, so empfehlen wir der Patientin den Abbruch der Behandlung und ihre Wiederaufnahme zu einem späteren Zeitpunkt, wenn Motivation und Kooperation deutlicher erkennbar sind. Bei oberflächlich angepaßten[4] und intellektualisierenden Patientinnen, die genau wissen, was Psychotherapeuten hören wollen (allerdings ohne Neigung, auf deren Vorstellungen einzugehen), ist die Gewichtskurve (und damit die körperliche Realität) ein gewichtiges Argument und eine anschauliche Möglichkeit, den »unbewußten Gegenwillen« (Freud 1901b) vor Augen zu führen und den Konflikt im Wortsinne »sichtbar« zu machen.

Die Betrachtung von »**Konsequenzen**« wird dadurch kompliziert, daß diese Konsequenzen sowohl auf der bewußten wie auch auf der unbewußten Ebene liegen und zunächst einmal für Patient und Therapeut unübersichtlich sind. Die bewußten Absichten des Therapeuten werden kompliziert durch unbewußte Aspekte auf seiten des Therapeuten (Gegenübertragung); die bewußten Aspekte auf seiten der Patientin werden ergänzt durch unbewußte Strebungen, die naturgemäß zunächst allen Beteiligten unbekannt sind. Weiter kompliziert wird die Situation in der stationären Therapie außerdem noch durch (unbewußte) Gruppenprozesse in der Patientinnengruppe und andererseits durch (unbewußte) Gruppenprozesse des Behandlungsteams. Die Fähigkeit von Anorexiepatientinnen, ein

---

[4] Bruch (1980, S. 162) erwähnt die »unglaubliche Nachgiebigkeit, mit der magersüchtige Patienten an die Behandlung herangehen, nachdem sie sich zeitlebens überangepaßt verhalten haben. Sie stimmen mit allem überein, was ihnen gesagt wird, gehen bereitwillig darauf ein, ja erfinden sogar Material, das der Therapeut ihrer Meinung nach hören möchte. Dies ist ein weiterer Grund dafür, warum eine auf Deutung beruhende Methode in solchen Fällen so unwirksam ist. Anorektiker pflichten allem bei, was man sagt, und zitieren es auch in einem anderen Zusammenhang, tatsächlich jedoch haben sie das Gefühl, daß es nichts zu bedeuten hat.«

Team zu spalten, sind hinlänglich bekannt und oft beklagt. Die Patientinnen haben außerdem die Möglichkeit, bei bekannten Konsequenzen (z.B. Ausgangsverbot) ihre Symptomatik so zu steuern, daß sie eine bewußt erwünschte Konsequenz damit indirekt herbeiführen und so das Behandlungsteam manipulieren können. Wenn die dahinterliegenden Absichten bewußt geheimgehalten werden (die Patiemtin will z.B. nicht nach Hause), dann sind bewußte von unbewußten Widerständen nicht mehr zu unterscheiden. Die Patientin kann dann ihre Abneigung, nach Hause zu gehen, hinter dem Ausgangsverbot der Klinik verstecken und damit wiederum ihre Angehörigen hinters Licht führen. Deshalb ist eine offene und ehrliche Kommunikation[5] gleichzeitig Behandlungsziel und Behandlungsvoraussetzung (Bruch 1980). Das Einhalten oder Übertreten von Regeln kann zur Differenzierung von bewußten und unbewußten Widerständen nützlich sein, weil sich die Patientin in jedem Einzelfalle prüfen und festlegen muß, ob sie etwas wirklich gewollt hat, oder ob sie sich insgeheim, aber bewußt vorgenommen hat, eine Regel zu mißachten. Anhand vieler solcher Beispiele lassen sich Tendenzen erarbeiten, ob eine Patientin ein Behandlungsziel nicht erreichen **kann** oder es nicht erreichen **will**. Wir wissen von den Möglichkeiten der Patientinnen, uns zu hintergehen und sagen dies auch offen, einerseits um der Idealisierung entgegenzuwirken, andererseits um der Patientin die Wahlfreiheit für ihr Handeln bewußtzumachen (sie ist weder gezwungen, zu täuschen, noch wird sie gezwungen, ehrlich zu sein).

Ein grundsätzliches Problem - nicht nur, aber auch bei unserem Vorgehen - ist es sicherlich, die **Autonomie** der Patientin ausreichend zu beachten, die Patientin einerseits nicht zu sehr einzuschränken, andererseits sie auch nicht zu überfordern, wenngleich bestimmte Freiheiten in Abhängigkeit von der Gewichtszunahme erst schrittweise erlangt werden. Ein weiteres Problem, jetzt wieder mehr aus psychoanalytischer Sicht formuliert, besteht darin, daß bei der Übernahme von zu viel Fremdkontrolle durch Therapeut und Team die Patientinnen ihr sadistisches Über-Ich auf den Therapeuten oder die Institution projizieren können. Es geschieht leicht, daß der Therapeut zu einem eher bestrafenden Verhalten verführt wird, in der Gegenübertragung dann mit Schuldgefühlen reagiert, die als externalisierte Schuldgefühle der Patientinnen verstanden werden können. Nach der Entlastung von Über-Ich-Druck durch Projektion können die Patientinnen umso fröhlicher ihrem Lustprinzip nachgehen. Wir müssen besonders darauf achten, daß die Patientinnen die Regeln und Empfehlungen nicht masochistisch mißbrauchen, indem sie durch übertriebene Folgsamkeit und um sich und uns etwas »zu beweisen«, letztlich autodestruktiv vorgehen, z.B. indem sie sich mit Gewalt eine Gewichtszunahme zumuten, der sie emotional nicht zustimmen können und der sie nicht gewachsen sind, also Pseudo-Fortschritt aus Unterwerfung anstelle von Ich-Reifung.

---

[5] H. Bruch (1980, S. 161): »Die Behandlung von Anorektikern bringt das große Problem mit sich, eine ehrliche, aufrichtige Kommunikation herzustellen. Als Patientengruppe sind sie manipulativ und arglistig, und in ihrem Bemühen, ein auf Gewichtszunahme abgestelltes Programm zum Scheitern zu bringen, scheuen sie vor nichts zurück.«

Mit der Betrachtung von Beziehungsaspekten in der Behandlung eröffnet sich die interaktionelle Perspektive der Erkrankung bzw. Symptomatik, der Weg für die Kollusion im Sinne von Willi ist frei (Willi 1975). Die Verheimlichung (der Symptomatik oder von bewußten Wünschen und Ängsten) kann als (unbewußter) Versuch verstanden werden, diese »Eskalation« der Erkrankung in den sozialen Bereich zu verhindern bzw. hintanzuhalten. Auf der anderen Seite ist genau dieses Verhalten der sicherste Weg, interaktionelle Konflikte zu provozieren - die Wiederkehr des Verdrängten ist erreicht. Ein weiteres Eingehen auf diese Aspekte der Erkrankung ist jedoch hier nicht möglich und wird an anderer Stelle erfolgen.

Psychopharmakologische Behandlung

K. Engel

Theoretische Einführung

Die Frage einer pharmakologischen Behandlung oder Mitbehandlung der Anorexie und Bulimie hängt von der ätiologischen Beurteilung beider Krankheitsbilder ab. Einerseits könnte von einem primären biologischen Geschehen ausgegangen werden, das dann kausal zu behandeln wäre, andererseits könnten sekundäre Symptome vorliegen, die einer symptomatischen Therapie zugänglich sind. Diese seit vielen Jahren stattfindende Diskussion soll hier nicht wiederholt werden, sondern nur die zentralen, somatischen Annahmen stichwortartig benannt werden, die für ein biologisches Geschehen angeführt werden. Zur Anorexie vertrat die biologisch orientierte Forschung zuletzt die »primäre hypothalamische Funktionsstörung« und für die Bulimie die »major affective disorder« mit den entsprechenden biologischen Mechanismen, die für diese Störungen angenommen werden. Auch wenn bisher ein primärer biologischer Defekt für beide Krankheitsbilder nicht überzeugend herausgearbeitet werden konnte - die unbestrittenen sekundären Symptome lassen wir hier beiseite - , möchten wir doch auf einige biologische Phänomene hinweisen, die mit psychosozialen Annahmen allein schwer erklärt werden können. Dabei beziehen wir uns auf Untersuchungen zur Anorexie, die erheblich fortgeschrittener als Studien zur Bulimie sind. Die somatisch orientierte Forschung geht von folgenden Erkenntissen aus:

- **Erheblich höhere parallele Erkrankungen bei einiigen Zwillingspaaren** - über 50% - gegenüber zweieiigen Zwillingen, oder Geschwistern; mit 3-9% (z.B. Fichter 1985, Schepank 1992).

- **Besondere Phänomene wie »early onset of amenorrhea«.** Der Zusammenhang zwischen monatlicher Regel und Körpergewicht zeigt bei Patientinnen mit Eßstörungen eine gewisse Gesetzmäßigkeit. Unabhängig von der Tatsache, daß aus verschiedenen Gründen auch bei normalgewichtigen Frauen Ammenorrhoen vorkommen können, tritt das Ausbleiben der Regel bei Patientinnen mit Eßstörungen normalerweise nach einem bestimmten Gewichtsverlust ein. Bei einem Teil der Patientinnen - je nach Stichprobe

20-30% - zeigt sich jedoch ein genau umgekehrtes Phänomen: erst fällt die monatliche Regel aus, und danach magern die Patientinnen ab. Auch hierfür werden biologische Gründe diskutiert (z.B. Vandereycken u. Meermann 1984; Hsu 1988).

- **Neuroanatomische Befunde.** Reizungen lateraler Regionen im Hypothalamus (ESLH - electrical stimulation of the lateral hypothalamic area) können zu Nahrungsverweigerung bis zum Tod durch Verhungern führen. Wesentliche Symptome der Anorexie wie Nahrungsverweigerung, Gewichtsverlust, Hyperaktivität und Amenorrhoe sind durch Reizungen bestimmter Hirnareale im Tierexperiment replizierbar und damit biologisch erklärbar (Zusammenfassung der kontroversen ESLH-Diskussion in Schallert 1988).

Aus diesen biologischen Phänomenen ließ sich jedoch keine kausale medikamentöse Therapie ableiten.

Stand der Wissenschaft: Literaturübersicht zur psychopharmakologischen Therapie der Anorexie und Bulimie

Die Frage einer kausalen Pharmakotherapie der Eßstörungen wird in den letzten Jahren nicht mehr diskutiert, wohl aber eine symptomatische Therapie, die an den manifesten Symptomen (z.B. Hyperaktivität) oder den angenommenen Beschwerden (abgewehrte Depression bei Bulimie) ansetzt.

Zur symptomatischen Therapie der Anorexia nervosa

In den vergangenen Jahrzehnten sind zur Behandlung der Anorexie beinahe alle in der Psychiatrie bekannten Therapieverfahren - von der Insulinkur bis zum Elektroschock - angewandt und in empirischen Untersuchungen als positiv wirksam bestätigt worden. Da diese Verfahren heute weder angewandt noch ernsthaft diskutiert werden, brauchen sie hier auch nicht mehr erneut aufgegriffen zu werden. Die pharmakologisch orientierte Therapie hat sich für die Anorexie vorwiegend auf die Behandlung der Hyperaktivität konzentriert. Hierbei kommen mittelpotente **Neuroleptika**, z.B. Phenothiazine, zur Anwendung. Die Dosierung richtet sich nach dem Gewicht der Patientin und dem Ausmaß der Hyperaktivität, unter der Voraussetzung, daß bei schweren Fallen die Patientin im Bett liegen bleibt und z.B. ausreichend Nahrung bzw. zusätzliche Flüssignahrung oder - wenn in lebenbedrohlichen Fällen notwendig - Sonden oder Infusion akzeptiert. Genutzt wird bei den Phenothiazinen (z.B. Atosil®) die angstreduzierende und sedierende Wirkung. Die Nebenwirkung der Gewichts- und Appetitzunahme ist erwünscht. Diskutiert wird auch eine direkte zentralnervöse Beeinflussung der angenommenen biologischen Veränderungen.

Unter der Hypothese, eine Überfunktion des zerebralen dopaminergen Systems sei für die wichtigsten Symptome der Anorexia nervosa verantwortlich, wurden selektive **Dopamin-Blocker-Medikamente** wie Pimozid® und Sulpirid® eingesetzt. Diese erbrachten nicht den gewünschten Erfolg (Vandereycken et al. 1982, 1984).

Die direkten depressiven Symptome bzw. die Interpretation der Anorexie als abgewehrte Depression ließen besonders in England den Einsatz trizyklischer **Antipressiva** wie Imipramin® und Clomipramin® versuchen. Kontrollierte Studien z.B. von Lacey u. Crisp (1980), konnten zwar einen Zuwachs von Hunger und Appetit zeigen, ergaben aber eher eine verminderte Gewichtszunahme. Der Einsatz von Antidepressiva wird zur Zeit nur bei schweren depressiven Symptomen, die **nach** einer Gewichtswiederherstellung anhalten, empfohlen.

Der Einsatz von **Appetit-Stimulanzien** ist obsolet, da sie die Gewichtsphobie eher verstärken.

Zur medikamentösen, symptomatischen Therapie der Bulimie

Die Literatur zur psychopharmakologischen Therapie der Bulimie ist in den letzten Jahren in raschem Wachstum begriffen. Huson und Harrison (1990) referieren in einem zusammenfassenden Artikel kontrollierte und über 50 unkontrollierte Studien, die über ein weites Feld der Medikation - schwerpunktmäßig antidepressiv, thymoleptisch - berichten. Unter den 19 kontrollierten Arbeiten verwendeten 10 Studien **Antidepressiva** und fanden - bis auf zwei Ausnahmen - eine signifikante Reduktion der depressiven und bulimischen Symptomatik (hier der Eßattacken). Ungeklärt ist bislang, ob **Thymoleptika** bei der Reduktion bulimischer Symptome über den gleichen Mechanismus wie bei den »major affective disorders«, oder auf eine davon unabhängige Art wirken (Blouin et al. 1987). Als Argumente für einen gemeinsamen Mechanismus bei thymoleptischen und antibulimischen Effekt werden aufgeführt:

- Dosis und Plasmalevel der Antidepressiva, die zur Behandlung der Bulimie notwendig sind, bewegen sich im selben Bereich wie bei der Behandlung der Depression (Hughes et al. 1986).
- Die Zeitkurven zur Erreichung der antibulimischen und antidepressiven Effekte scheinen parallel zu laufen (Pope u. Hudson 1986).
- Das Verhältnis zwischen der Verbesserung bulimischer und depressiver Symptome erreicht signifikante Korrelationen (Pope et al. 1983).

Neben den Studien mit Antidepressiva verwenden zwei kontrollierte Studien Carbamazeptin und Phenytoin (Kaplan et al. 1987; Wermuth et al. 1977), die insgesamt keine befriedigenden Ergebnisse erbrachten, obwohl einzelne Patientinnen gut ansprachen.

Die Untersuchungen mit **appetitdämpfenden Medikamenten**, z.B. Fenfluramin (Ong et al. 1983; Robinson 1985; Blouin et al. 1987), Naloxon (Mitchell et al. 1986), L-Tryptophan (Kruhn u. Mitchell 1985) und Lithium (Hsu et al. 1987) erbrachten entweder keine Reduktion der bulimischen und depressiven Symptome oder müssen wegen der geringen Fallzahlen sehr zurückhaltend beurteilt werden. Am einheitlichsten fiel die Reduktion der bulimischen Symptome mit Fenfluramin - 60 mg aus (Literatur s. o.).

In jüngster Zeit erregten Arbeiten zu dem in den Serotoninhaushalt eingreifenden **Fluoxetin** Aufmerksamkeit. Fluoxetin und seine Metaboliten blockieren die neuronale Serotonin-Wiederaufnahme. Serotonin ist an der Kontrolle des Eßverhaltens beteiligt, z.B. als wesentliche Komponente bei der Steuerung des Sättigungssystems im medialen Hypothalamus (Liebowitz et al. 1987). Biochemische Annahmen, tierexperimentelle Befunde und bisherige klinische Studien zur Fluoxetin-Behandlung faßt Walsh (1991) zusammen: z.B. erreichte Freeman et al. (1988), (Freeman 1991) und Trygstad (1991) mit einer 60-mg/Tag-Gabe von Fluoxetin eine deutliche Reduktion der Eßattacken. Eine an 13 Zentren in den USA und Canada durchgeführte kontrollierte Studie an insgesamt 442 Patientinnen erzielte ebenfalls mit einer 60-mg/Tag-Dosis von Fluoxetin (verglichen mit 20 mg/Tag und Placebo) in einer achtwöchigen Behandlung die besten Ergebnisse in der Reduktion der Eßattacken und des Erbrechens (Enas et al. 1989). Diskutiert werden derzeit Fragen zur Dauer der Behandlung, Langzeiteffekte nach Absetzen der Medikamentengabe, Nebenwirkungen (z.B. Schlaflosigkeit, Übelkeit, Schwitzen), Kombination mit Psychotherapie oder Einsatz der Medikamente nach dem Scheitern von psychotherapeutischen Ansätzen.

Fluoxetin ist seit kurzem auch in Deutschland unter dem Handelsnamen »Fluctin®« eingeführt, wird hier aber ausschließlich als Antidepressivum mit einer Tagesdosis von 20 mg empfohlen. Die Fülle der beschriebenen Nebenwirkungen ist beeindruckend. Eine Anwendung von Fluctin® zur Bulimiebehandlung ist in Deutschland bisher nicht zugelassen.

Bei den unkontrollierten Studien (Literatur s. Hudson u. Harrison 1990) überwiegen ebenfalls die Arbeiten mit trizyklischen Antidepressiva, die die Ergebnisse der kontrollierten Studien mit Antidepressiva als effektiver symptomatischer Therapie der Bulimie weiter stützen. Eine Beurteilung der empirischen Arbeiten muß methodenkritisch auf einige Schwächen der bisherigen Untersuchungen hinweisen. Mit Ausnahme der multizentrischen Studie zu Fluoxetin (Enas et al. 1989) weisen die Untersuchungen geringe Fallzahlen, hohe Abbrecherraten und kurze Behandlungszeiten auf. Die beträchtlichen Nebenwirkungen sind bei Fluoxetin besonders ausgepägt. Bei einer zusammenfassenden Würdigung kommen selbst Vertreter einer biologischen Betrachtung der Bulimie zu dem Urteil »der mögliche Nutzen von Antidepressiva in der Bulimiebehandlung ist kurzlebig« (Pirke u. Vandereycken 1988).

Indikation und Indikationsprobleme - Kontraindikation, Gefahren und Risiken

Aus den bisherigen empirischen Untersuchungen ergeben sich derzeit folgende Indikationen für eine medikamentöse Mitbehandlung:

für die Anorexie
- Phenothiazine (z.B. Atosil®) bei ausgeprägter Hyperaktivität, die so stark ist, daß somatotherapeutische (z.B. Maßnahmen zur Gewichtsverbesserung) und psychotherapeutische Bemühungen nicht fruchtbar werden können.
- Antidepressiva (z.B. Imipramin, Clomipramin) bei schweren depressiven Symptomen, die **nach** einer Gewichtswiederherstellung weiter anhalten.

für die Bulimie
- Antidepressiva, z.B. Imipramin und Desipramin (versuchsweise Fluoxetin) zur Reduktion der depressiven und bulimischen Symptome.

Neben den allgemeinen Gefahren und Risiken, die mit der Gabe der genannten Medikamente verbunden sind, sehen wir als wesentliche, spezifische Gefahr die **Relativierung** kausal ansetzender psycho-, familien- oder sozialtherapeutischer Behandlungsmaßnahmen. Selbstevident ist, daß z.B. eine Anorexie nicht so stark gedämpft werden darf, daß eine Problembearbeitung nicht mehr möglich ist. Aber auch eine zu frühe Reduktion der depressiven Symptome der Anorexie und Bulimie würde ohne entsprechende Problembearbeitung langfristig eher einer **Chronifizierung** Vorschub leisten.

Die Gefahr einer psychopharmakologischen Therapie der Eßstörungen besteht also im wesentlichen im Erzielen kurzfristiger symptomatischer Besserungen, die der Patientin und den Therapeuten die mühsame Problembearbeitung ersparen und damit das Gesamtkrankheitsgeschehen eher chronifizieren.

Hier kann ein pharmakologisches Eingreifen ähnliche Wirkungen wie die rasche Auffütterung einer Anorexiepatientin haben, die nach Beendigung der stationären Behandlung wieder zu ihrem Ausgangsgewicht zurückkehrt.

Ziele pharmakologischer Therapieansätze und ihre Einbindung in die tiefenpsychologische Therapie der Eßstörungen

Der Stand der Literatur und die Darstellung der Indikationen haben verdeutlicht, daß **eine kausale Pharmakotherapie der Eßstörungen nicht möglich ist**. Ziel der pharmakologischen Mitbehandlung ist die Vorbereitung und Begleitung der psychodynamischen Therapie. Oft sind z.b. schwere Anorexien zu Beginn einer stationären Behandlung so »überdreht« und kontraphobisch fixiert, daß sie sich weder auf somatotherapeutische Ansätze (z.B. lebenserhaltende Maßnahmen zur Gewichtsverbesserung) noch psychotherapeutische Problembearbeitung einlassen. Hier kann die pharmakologische Therapie hilfreich sein. Pharmakologische Hilfen können auch die auf der Station und in der Gruppe durch das Ansprechen der Probleme entstandenen übergroßen Spannungen mildern und so unter Umständen Therapieabbrüche vermeiden helfen. Die Pharmakotherapie wird dann zu einer »Reservemethode«, wenn psychotherapeutisch »nichts mehr geht«.

Aufwand und Dosierung

Die mittlere Dosis zur Dämpfung der Hyperaktivität bei Anorexiefällen liegt - je nach Größe und Gewicht - z. B. bei 300-500 mg/Tag Atosil®; die Dosis zur Behandlung der depressiven Symptome bei Bulimie wird mit durchschnittlich 200 mg/Tag Imipramin angegeben.

In der früheren Hamburger Behandlung (Engel et al. 1989) wurden Phenothiazine regelmäßig gegeben, meist in mittlerer Dosierung (um 300 mg/Tag), in einigen Fällen aber auch bis zu über 1000 mg/Tag. Ziel war, daß die Patientin die ebenfalls regelmäßig gegebene Sondenernährung akzeptierte. In den katamnestischen Untersuchungen korreliert regelmäßige Medikamenten- und Sondengabe mit guter Besserung. Da der Einfluß einzelner Faktoren bei einer über viele Jahre hinweg erfolgenden Katamnese (in der genannten Untersuchung bis zu 20 Jahre) schwer abschätzbar ist, die oben diskutierten Gründe jedoch gegen eine automatische und regelmäßige Medikamentengabe sprachen, sind wir von diesem Programm abgerückt und haben die psychotherapeutischen Elemente weiter verstärkt (Engel u. Wilfarth 1988). Zu einer medikamentösen Behandlung der Bulimie haben wir uns bisher nicht entschlossen.

Zusammenfassende Diskussion pharmakologischer Behandlungsansätze

Unsere kritischen Argumente zur Pharmakotherapie der Eßstörungen haben wir bei der Diskussion der bisherigen empirischen Arbeiten (Literaturübersicht) vorgebracht. Hier möchten wir abschließend diejenigen Aspekte unterstreichen, für die weitgehende Übereinstimmung gefunden wurde.

Hinsichtlich der medikamentösen Therapie der **Anorexie** ist derzeit die akzeptierte Standardmeinung, daß nur eine symptomatische, zusätzliche Behandlung, entweder der Hyperaktivität oder der depressiven Symptomatik nach Erlangen eines akzeptablen Gewichtes sinnvoll ist, d.h. im Einzelfall zusätzliche, gezielte symptomatische Behandlung.

Für die **Bulimie** scheint sich ebenfalls die Ansicht des sekundären Charakters der depressiven Symptome durchzusetzen, so daß auch hier allein eine auf den Einzelfall bezogene symptomatische Zusatztherapie sinnvoll ist.

Die klinische Entscheidung für eine pharmakologische Behandlung darf jedoch nicht dazu führen, die intrapsychische und familiäre Problembearbeitung zu vernachlässigen und etwa bestehende Strukturprobleme klinischer und ambulanter Behandlung, wie Mangel an Therapeuten, durch den Einsatz von Psychopharmaka auszugleichen. Der zusammenfassende pharmakologische Vorschlag müßte demnach heißen: symptomatische Behandlung im Einzelfall.

Bulimie:
Depressive und bulimische Symptome mit Antidepressiva angehen (Imipramin - etwa 200 mg/Tag, Desipramin, versuchsweise Fluoxetin 20 - 60 mg/Tag).

Anorexie:
Hyperaktivität mit Phenothiazinen (z.B. Atosil® - 300-500 mg/Tag) und depressive Symptome **nach** Gewichtsrestauration mit Antidepressiva (Imipramin, Clomipramin).

Suchttherapie

W. Haßfeld und D. Denecke

Theoretische Erfahrungen

Kurzbeschreibung des Verfahrens

Da eine unzureichende Beachtung der Eßstörungen als Suchterkrankung, besonders wenn sie auch gleichzeitig mit einer stoffgebundenen Abhängigkeit vergesellschaftet sind, alle therapeutischen Bemühungen zunichte werden läßt, rücken wir den Aspekt der Sucht als Antwort auf verschiedene Störungen aus dem Trieb- und (Über-)Ich-Bereich in den Vordergrund. Erst wenn der Patient die Suchterkrankung in ihrer unterschiedlichen Ausprägung sich auch emotional eingestehen und in sein Selbstbild integrieren kann, erfolgt die Arbeit an den Hintergründen der Suchterkrankung in der psychoanalytisch-interaktionellen Einzel- und Gruppenpsychotherapie, mit Übergängen in die tiefenpsychologisch fundierte Einzel- und Gruppentherapie (Göttinger Modell, s. Abb. 1). Die auslösende Situation ist vor allem am Beginn der akuten Phase, teilweise schon im Prodromalstadium (nach Jellinek) zu erkennen. Sie ist weniger markant bei Patienten und Patientinnen mit ausgeprägten strukturellen Ich-Störungen. Darüber hinaus ist die Behandlung entsprechend der polyvalenten Genese der Suchterkrankung multidisziplinär ausgerichtet und erfährt für eßgestörte Patientinnen eine spezielle zusätzliche Ausformung mit folgenden Maßnahmen:

- Eßgruppe.
- Körperorientierte Selbsterfahrung.
- Hilfen zur Selbststeuerung im Umgang mit Eßwaren.

Weitere Maßnahmen werden für die Belange der Patientinnen mit Eßstörungen modifiziert und variiert:

- Gestaltungstherapie mit Tonen, Batik und Malen.
- Arbeitstherapie, vorwiegend mit Tieren und Pflanzen.
- Entspannungstraining nach Jacobson oder Autogenes Training.
- Übergang in die L-Gruppe nach vier Monaten (Langzeit) bei gravierenden Persönlichkeitsstörungen, wie Borderline-Syndrom, pathologischer Narzißmus.

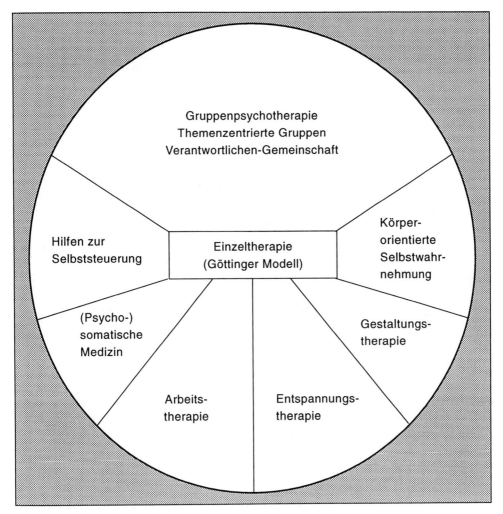

Abb. 1. Komponenten der Suchtbehandlung nach dem Göttinger Modell.

Phänomenologische Beobachtungen und theoretische Grundlagen

Patientinnen mit einer Eßstörung und einer stoffgebundenen Sucht zusammen mit Frauen, die ausschließlich an einer Alkohol-, Medikamenten- oder Drogenabhängigkeit leiden, in dem gleichen Setting zu behandeln, hat mehrere Hintergründe.

Phänomenologische Beobachtungen:

- Kennzeichen beider Abhängigkeiten, sowohl der stoffgebundenen als auch der Verhaltensabhängigkeit, ist der Kontrollverlust, der sich regelmäßig beim Bulimiesyndrom und seltener auch beim Anorexiesyndrom als Eßanfall bzw. -durchbruch manifestiert und eine Unlustspannung abführen soll. In der Jellinek-Terminologie handelt es sich um den »Typ des Erleichterungstrinkens« beim α/γ-Trinker. Bei der ausschließlichen Eßsucht mit Adipositas, die wir in diesem Zusammenhang nur am Rande erwähnen, handelt es sich gelegentlich um ein mehr oder weniger kontinuierliches Essen, das über den ganzen Tag verteilt ist und an das »Spiegeltrinken« des β/δ-Trinkers denken läßt. Eine eigentliche chronische Phase mit körperlicher Entzugssymptomatik wie bei der stoffgebundenen Sucht gibt es bei den Eßstörungen nicht.

- In einer Untersuchung von Pyle et al. (1983) mit stationär behandelten bulimischen Frauen berichteten 27% der Patientinnen über Alkoholprobleme. In unserer Klientel beträgt der Anteil der Frauen, die sowohl an einer stoffgebundenen Abhängigkeit als auch an einer Eßstörung leiden, ca. 15 - 20%.

- Bulimie, Anorexie und Eßsucht können sowohl mit einer Alkohol-, Medikamenten- als auch Drogenabhängigkeit vergesellschaftet sein (vgl. Tab. 1).

Theoretische Grundlagen:

Die Krankheitsbilder der Eßstörung und der stoffgebundenen Sucht treten in der Regel alternierend auf. Die Patientinnen können beim süchtigen Gebrauch eine Substanz gegen eine andere austauschen bzw. substituieren, z.B. Alkohol gegen Nahrung und umgekehrt. Diese Symptomverschiebung bzw. -austausch legt die Vermutung nahe, daß bei diesen Patientinnen, die sowohl Suchtmittelmißbrauch als auch Eßprobleme aufweisen, wenn nicht dynamisch dieselben, so doch zumindest ganz ähnliche Konflikte zugrunde liegen.

Wie positiv der Therapieverlauf im Hinblick auf Eßstörungen auch immer gewesen sein mag, wenn die **Krankheitseinsicht** in bezug auf stoffgebundene Suchtmittel bei der Patientin nicht erreicht wurde, d.h., wenn sich die Patientin mit der stoffgebundenen Abhängigkeit nicht identifizieren konnte, ist die Prognose äußerst zweifelhaft. Umgekehrt kann sicherlich auch eine mangelnde Bewältigung der Eßstörung die Suchtmittelabstinenz auf die Dauer gefährden. Suchteinsicht auf einem Gebiet der Sucht gilt aus der Sicht des abhängigen Menschen noch lange nicht generell für alle anderen Suchtfelder. Diese Zusammenhänge legen eine Konzeption und ein Setting für die Behandlung von Patientinnen mit kombinierter Suchtproblematik nahe, die beiden Ausprägungen der Sucht genügend Rechnung tragen.

In diesem Zusammenhang muß jedoch auch auf einen deutlichen **Unterschied in der Behandlung** von **stoffgebundener Sucht und Eßstörung** hingewiesen werden. Während bei der Behandlung von Patientinnen mit einer stoffgebundenen Sucht der Umgang mit Grenzen als Verhaltensnorm für eine stabile lebenslange Abstinenz eine wesentliche

Voraussetzung ist und ein kontrollierter Umgang mit psychotropen Substanzen nicht mehr möglich ist, müssen eßgestörte Patientinnen den kontrollierten Umgang mit Nahrungsmitteln anstreben.

Eine Abstinenz von Nahrungsmitteln, d.h. also Fasten, bringt die Spirale von Fasten und Eß-Brech-Anfällen erst recht wieder in Gang. Das Therapieziel ist also für beide Störungen unterschiedlich definiert, wenngleich vor der Behandlung Ähnlichkeiten bestehen mögen.[1]

Tab. 1. Übersicht über den Anteil der Verlaufsformen bei kombinierten Sucht- und Eßproblemen.

Verlauf	Anorexie-Syndrom	Bulimie-Syndrom	Anorektische und bulimische Eßstörung
Erst Eßstörung, dann Sucht	14 ≈ 78%	22 ≈ 45%	36 ≈ 54%
Parallele Entwicklung	3 ≈ 17%	12 ≈ 24%	15 ≈ 22%
Erst Suchtmittel, dann Eßstörung	1 ≈ 5%	15 ≈ 31%	16 ≈ 24%
Anzahl der Patientinnen	18 ≈ 100%	49 ≈ 100%	67 ≈ 100%

Literaturübersicht

Im Vordergrund der psychoanalytischen Erforschung der Suchterkrankung stand zunächst die **Triebpsychologie**. Freud diskutierte 1930 Schwankungen des normalen Seelenlebens mit erleichterter oder erschwerter Lustentbindung. Man könne sich dem Druck der Realität entziehen, um in einer eigenen Welt mit besseren Empfindungsbedingungen Zuflucht zu finden. Schon 1887 brachte er die stoffgebundene Abhängigkeit mit der masturbatorischen Erleichterung in Zusammenhang. Radow (1933) und Fenichel (1945) äußerten sich über die Suchterkrankung als Regression bis auf orale Fixierungen ähnlich. Zu ergänzen wäre in diesem Zusammenhang der Triebpathologie auch die enthemmende Wirkung von psychotropen Substanzen mit sedierender Wirkung. Aggressiv gehemmte und angepaßte Personen sind unter Suchtmitteleinfluß eher in der Lage, aggressive Impulse auszuleben. Bei zwanghaft strukturierten Alkoholkranken z.B. werden Affekte überhaupt gelockert und können zu einem Suchtverhalten im Sinne eines Spiegeltrinkens (δ-Alkoholismus n. Jellinek) führen.

---

[1] Zum Beispiel leben Alkoholkranke häufig über einen längeren Zeitraum in einem Zyklus von alkoholischen Exzessen und befristeter totaler Abstinenz.

In den letzten 20 Jahren rückte die Thematisierung der **Ich-Pathologie** in den Vordergrund. Die neueren Erkenntnisse werfen auch ein Licht auf die Genese der Suchterkrankung. Nach Wurmser (1974) substituiert der Gebrauch von Drogen und Alkohol eine defekte Ich-Abwehr. Kohut äußerte (1971) im Zusammenhang mit oraler Fixierung, pathologischer Überernährung und Fettleibigkeit, daß Kinder nicht nur die Nahrung selbst, sondern vor allem ein empathisch moduliertes Geben von Nahrung brauchen. Andernfalls zögen sie sich auf eine lustsuchende orale Stimulierung, auf depressives Essen zurück, ein Kristallisationspunkt für eine spätere Eßsucht. Wie bekannt, wurde die Suche nach einer spezifischen Struktur des suchtkranken Menschen aufgegeben. Die Suchterkrankung ist eher als eine sekundäre Antwort, als ein Selbstheilungsversuch oder nach Hänsel (1992) als ein Anknüpfungspunkt auf verschiedene Störungen im Bereich der Triebe, des Ichs wie auch des Über-Ichs aufzufassen. Kernberg (1983) differenziert deshalb die substituierende Wirkung des Suchtmittels in der Psychodynamik je nach Persönlichkeitsstruktur. Depressive erleben unter Alkoholeinfluß »ein subjektives Wohlbefinden und Hochgefühl, das unbewußt als Versöhnung und Wiedervereinigung mit einer verlorenen verurteilenden, aber jetzt doch verzeihenden Elternimago erscheint, die das unbewußte Schuldgefühl und die Depressionen hervorgerufen hatte ...«.

Der Suchtmitteleinfluß bei **Borderline**-Patienten bewirkt »ein Gefühl des Wohlbefindens und des Gutseins, das aber hier eher einer Aktivierung abgespaltener ›nur guter‹ Selbst- und Objektvorstellungen unter Verleugnung der ›nur bösen‹ bzw. ›nur schlechten‹ verinnerlichten Objektbeziehungen entspricht, also eine Flucht vor unerträglichen Schuldgefühlen oder ein Gefühl innerer Verfolgung darstellt«. Habermas (1990) diskutiert bei Bulimiepatientinnen Borderline-Züge, sicherlich in besonderem Maße, wenn die Bulimie mit einer stoffgebundenen Sucht kombiniert ist. Die bulimische Symptomatik sei anzusehen als ein strukturgebendes Verhalten, um dem inneren Leeregefühl zu begegnen bzw. die innere Leere zu füllen. Der Abwehrmechanismus der Spaltung solle jedoch nicht auf die Trennung der Nahrung in eine nur schlechte und eine nur gute bezogen werden.

Habermas (1987) diskutiert bei der **Bulimie** neben diesem geschilderten »Suchtpol« mit mehr oder weniger verminderter Impulssteuerung auch einen »anorektischen Pol«. Nach Willi (1992) handelt es sich bei den Bulimikerinnen mit einem ausgeprägten »anorektischen Pol« um Patientinnen mit einer Anorexia nervosa, die gelernt haben, daß kein Risiko einer Gewichtszunahme besteht, auch wenn sie größere Mengen essen, wenn sie nachher wieder erbrechen. Entsprechende Krankheitsverläufe sind ja relativ häufig zu beobachten.

Hänsel (1991a) differenziert das **Anorexie**syndrom in eine Untergruppe der Lebensverweigerung bzw. -verneinung bei depressiver Grundstimmung und eine weitere Untergruppe, die gekennzeichnet ist durch Wahrung der Autonomie mit trotziger Abgrenzung. Der Einstieg in die stoffgebundene Sucht ist von der Psychodynamik her schwerer verständlich als bei der Bulimie und kommt in der Tat auch statistisch gesehen viel seltener vor. Suchtmittel wie Psychostimulanzien, die z.B. häufig in Schlankheitsmitteln enthalten sind, dienen der Gewichtsreduktion mit Schlafverkürzung und Steigerung der körperlichen

Aktivität, sind allerdings auch mit der Komponente der Euphorisierung verbunden. Der relativ seltene Gebrauch von Alkohol, sedierenden Substanzen, Tranquilizern oder harten Drogen könnte im Sinne eines Antriebssprengstückes (Schultz-Hencke 1975) gesehen werden, wobei sich dann der Suchtmittelmißbrauch verselbständigt und zur Sucht führen kann.

Der Anorexia nervosa liegt im wesentlichen ein **narzißtischer Grundkonflikt** zugrunde. Kernberg (1983) sieht die Prognose bei einer stoffgebundenen Sucht bei Personen mit einem narzißtischen Grundkonflikt im Vergleich zu anderen Persönlichkeitsstrukturen eher eingeschränkt. In diesem Zusammenhang ist eine Mitteilung von Willi interessant, daß nach katamnestischen Untersuchungen ein Großteil der Anorexiepatientinnen nach verhaltenstherapeutisch ausgerichteter Behandlung einerseits die Gewichtsprobleme bewältigt, andererseits aber in depressive Verstimmungszustände abrutscht, als Ausdruck eines Leeregefühls. Engel beurteilte 1985 die Fähigkeit der anorektischen Patientin, sich von ihrer Ursprungsfamilie zu lösen und einen eigenen Lebensbereich aufzubauen, als prognostisch positives Kriterium.

Streeck hat 1982 ein idealtypisches Konstrukt entworfen, um in einer Beurteilungsskala die jeweilige **Ich-Organisation** beschreiben zu können. Heigl-Evers und Standke kamen 1988 anhand dieser Beurteilungsskala zu dem Ergebnis, daß bei Suchtkranken praktisch alle Ich-Funktionen defizitär sind, mit Ausnahme der intellektuellen Fähigkeiten. Im einzelnen waren es Merkmale der Objektkonstanz, der narzißtischen Gleichgewichtsregulation, der Realitätsprüfung, der Urteilsfindung, der Regressionsfähigkeit und der Kontrolle von Impulsen und Affekten. Dabei ist zu betonen, daß nach unseren Erfahrungen diese defizitäre Ich-Struktur nicht rein struktureller Genese, sondern in unterschiedlichem Maße auch funktioneller Art ist. Durch die Suchterkrankung selbst werden die Ich-Funktionen zusätzlich systematisch beeinträchtigt. Andererseits sprechen sie im Vergleich zu Ich-Defiziten nur struktureller Genese relativ positiv auf eine Therapie an. Kristal (1983) spricht von der heilenden, fürsorglichen Mutter, die der Suchtkranke aus seiner Selbstidentität entfernt. Damit verliert er einen wichtigen Teil der ihm zur Verfügung stehenden Möglichkeiten und Fähigkeiten sich selbst zu erhalten, zu heilen, zu trösten, sich anzuerkennen und zu akzeptieren.

Zu ähnlichen Ergebnissen kommen Brisman und Siegel (1984), gerade bei Bulimikerinnen. Horton et al. testeten 1974 die Fähigkeit der »Transitional relatedness« bei Bulimikerinnen. Diese Fähigkeit, Beziehungen aufnehmen zu können, um Sicherheit und Wohlbefinden herzustellen, Angst zu beseitigen und das narzißtische Gleichgewicht wiederherzustellen, ist bei Bulimikerinnen stark reduziert, im Gegensatz zu Personen einer Kontrollgruppe. Bulimikerinnen wählen als Konfliktverarbeitungsmodus viel mehr den pathologischen Gebrauch von Substanzen, wie Nahrung und gegebenenfalls eine psychotrope Substanz wie z.B. Alkohol. Ursache für diese Defizite ist neben einer verminderten Frustrationstoleranz auch die sehr reduzierte Fähigkeit, Signalangst wahrzunehmen. Ein konstruktiver Umgang schon mit der Signalangst mit dem Ziel, sich zu schützen, ist deshalb nicht möglich. Die dann auftretende Angst wird wie eine Überflutung, wie eine

Überwältigung erschreckend und grenzenlos erlebt und soll dann mit dem Eßdurchbruch abgewehrt werden. In Anlehnung an Arbeiten von Max Schur könnte der Kontrollverlust selbst infolge dieser emotionalen Überflutung als eine Ich-Regression anzusehen sein, mit fast völliger Suspension der Ich-Funktionen.

Kasuistik

Anamnese

Krankenschwester, 30 Jahre alt. Älteste von vier Geschwistern, versucht über Leistung die Anerkennung des Vaters zu erlangen; dieser hatte sich einen Jungen gewünscht.

Als Folge des sportlichen und beruflichen Ehrgeizes Zwölffingerdarmgeschwür mit 18 Jahren. Ab dem 21. Lebensjahr Fasten, Heißhungerattacken, Bulimie Spannungen zwischen ihr und den Eltern werden mit Alkohol »überwunden«. Trotz Freund zunehmende Alkoholexzesse sowie verstärkt Bulimie. Schließlich Suizidversuch und der Entschluß zur Therapie.

Behandlungsverlauf

Äußerlich machte Frau A. nicht den Eindruck, als bräuchte sie dringend stationäre Therapie. Ihre drahtige, sportliche Figur vermittelte eher, sie habe sich gut im Griff. Und doch: Aus ihren Gesten und Worten klang durch, wie sehr sie auf diesen Tag der Aufnahme hingelebt habe, da ihr Leben ein einziges Chaos gewesen sei und sie sich selbst nicht mehr habe ertragen können. Auf die Frage, was denn so schlimm sein, antwortete sie, sie halte ihr Fressen und Kotzen nicht mehr aus, mache sich und alle Beziehungen kaputt. Obwohl sie primär wegen ihrer Alkoholabhängigkeit aufgenommen wurde, litt sie fast ausschließlich unter ihrer Bulimie. Das Alkoholproblem sah sie für sich zunächst nur als am Rande vorhanden an, obwohl sie jedoch öfters am Arbeitsplatz aufgefallen war. Unter Alkohol- und Medikamenteneinfluß unternahm sie an ihrem Arbeitsplatz einen ernstzunehmenden Suizidversuch. Dieser war der Grund ihrer Einweisung in die Psychiatrische Klinik. Dort nahm sie den Kontakt zur Suchtberatungsstelle wieder auf, den sie vor einigen Jahren abgebrochen hatte. Erst jetzt erkannte sie ihre Ohnmacht sowohl der Bulimie als auch dem Alkohol gegenüber, und sie entschloß sich zu einer mehrmonatigen Therapie in einer Suchtklinik.

Durch ihre Suchtberaterin war sie auch gut informiert über das, was sie an »strenger« Hausordnung erwartete.

In den ersten Therapietagen war Frau A. zuversichtlich. Sie hatte keine Mühe, sich in die therapeutische Gemeinschaft einzuordnen. Das Gefühl, hier verstanden zu werden und auch offen über ihre Eßprobleme mit ihren Gruppenkolleginnen reden zu können, überwog.

Aber dies änderte sich dann schon bald. Nach der Anfangseuphorie kam sie zunehmend unter Druck. Alles wurde ihr zu eng. In der Arbeitstherapie sah sie wenig Sinn und wünschte sich mehr Bewegungsfreiheit.

Sie berichtete dann, seit sie in Therapie sei, würde sie nicht mehr exzessiv essen und erbrechen. Dies sei zwar einerseits ganz positiv, denn dies sei ja auch ihr Ziel, dahinter stünde aber ein innerer Zwang und die riesige Angst, entlassen zu werden, würde sie weiter spucken.

Als ich mit ihr spreche und ihr sage, daß ich nicht erwarte, daß sie ihre Bulimie sofort in den Griff bekommen müsse, sondern daß sie ja gerade deshalb hier in Therapie sei, um auch die entsprechenden Zusammenhänge zu erkennen und daß dies Zeit erfordere, ist sie erstaunt und erleichtert zugleich. Ihre Einschlafschwierigkeiten bessern sich danach spürbar. Nun ist sie auch bereit, zusätzlich zu ihrer Therapiegruppe in die Gruppe für eßgestörte Frauen zu gehen. Damit ist ein für sie wichtiger Schritt getan. Sie gibt sich als eßgestörte Patientin gegenüber der Hausgemeinschaft zu erkennen, was durchaus nicht einfach ist, da von vielen nicht eßgestörten Suchtkranken Unverständnis über diese Form der Sucht geäußert wird, zum Teil auch Abwertung wegen der Heimlichkeiten, die mit dem Essen und Erbrechen verbunden sind. Frau A. versteht selbst auch nicht, warum sie nicht vernünftig mit Eßwaren umgehen konnte, und schämt sich massiv, war doch in ihrem bisherigen Leben Leistung und »Sich-im-Griff-haben« sehr wichtig.

In den ersten Therapiewochen muß sich Frau A. intensiv mit der Entwicklung zur Abhängigkeit auseinandersetzen, auch mit den Umsteigemöglichkeiten und der Parallele zwischen Alkoholabhängigkeit und Bulimie. Schwerpunkt in den nächsten Wochen einzel- und gruppentherapeutischer Gespräche ist das Herausarbeiten der Zusammenhänge, die zur Bulimie bzw. zum Alkoholismus geführt haben. Mit großem Erschrecken erkennt sie mehr und mehr, wie sehr sie noch vom Vater abhängig ist, obwohl sie immer glaubte, ohne ihn gut leben zu können.

Diese sowie andere Erkenntnisse über sich selbst führen zunächst dazu, daß sie stark verunsichert ist, was sich in verstärkten Eßanfällen äußert. Anfangs ist sie zutiefst über die Rückfälle deprimiert, denkt an Suizid. Je mehr sie sich aber auf die Therapie einläßt, umso klarer wird es ihr, daß sie ihre inneren Spannungen und depressiven Zustände noch nicht auf andere Art lösen kann. Als nach ca. drei Monaten Bilanz über den bisherigen Therapieverlauf gezogen wird, kann sie deutlich ihre Angst zeigen, zu früh entlassen zu werden, weggeschickt zu werden, ohne daß sie stabil genug ist. Dieses alte Muster, als die Starke angesehen zu werden, das sie für sich und ihr Leben bisher übernommen hatte, an dem sie aber auch scheiterte, stellt sie nun in Frage und zeigt erstmals ihre weiche, verletzbare Seite.

Aufgrund des Chronifizierungsgrades sowohl der bulimischen Symptomatik als auch des Alkoholismus sowie der zentralen Verunsicherung der Patientin, ausgedrückt unter anderem in Suizidphantasien, nicht vollzogener Ablösung vom Vater und extremen Stimmungsschwankungen, war schon deutlich, daß vier Monate Therapie nicht ausreichen würden, um sie dauerhaft stabilisieren zu können. Zunächst wurde deshalb die Therapie auf sechs Monate verlängert. Mit dieser Verlängerung war der Wechsel in die Langzeitgruppe verbunden, in der analytisch interaktionell gearbeitet wurde. In dieser Gruppe mußte sie sich nicht nur mit weiteren eßgestörten Patientinnen auseinandersetzen, sondern auch mit anderen suchtmittelabhängigen Frauen, die aufgrund verschiedener Merkmale eine sechs- bis neunmonatige Therapie benötigten.

Zunächst hatte sie große Ängste und auch Widerstände, sich auf diese Gruppe einzulassen, sich zunehmend mehr von anderen mit ihrem eigenen Verhalten konfrontieren zu lassen. Aber schon bald merkte sie, daß die Probleme der anderen mit ihren eigenen durchaus vergleichbar waren. Ob es Alkohol oder Heroin oder auch Essen und Erbrechen waren, immer wieder erlebte sie auch bei anderen diese Mittel als »Spannungslöser«, um unerträglich erscheinende Zustände oder Situationen nicht ertragen zu müssen. Was sie zunächst rational in der themenzentrierten Großgruppe über die verschiedenen Suchtmittel aufgenommen hatte, erreichte sie nun durch das Beispiel der anderen auch emotional: Daß für sie das eine Mittel (Alkohol) durch das andere (Essen und Erbrechen) ausgetauscht werden konnte und daß hinter diesem Mißbrauch Reifungsdefizite lagen. Sie hatte für sich akzeptiert, dauerhaft alkoholabstinent leben zu müssen. Dagegen machte es ihr enorm zu schaffen, »normal« essen zu lernen.

Es bedeutete erhebliche Mühe, zunächst vorwiegend über Einzelgespräche, mehr und mehr die lebensgeschichtlichen und familiären Zusammenhänge zu erkennen, die schließlich zur Symptomatik führten. Lange Zeit war sie auf Stützung in diesem für sie dramatischen und frustrierenden therapeutischen Prozeß des Wiederholens und Durcharbeitens angewiesen (auf Einzelheiten kann hier nicht eingegangen werden). Zeiten der Hoffnungslosigkeit und des Resignierens wechselten mit optimistischen Augenblicken.

Insgesamt spielte das bulimische Symptom eine immer weniger wichtige Rolle, obwohl sie das Symptom lange behielt. Die Auseinandersetzung mit ihrem Gewordensein und mit wichtigen Bezugspersonen trat immer mehr in den Vordergrund. Hierzu benötigte sie mehr und mehr als Übungsfeld die Gruppe. Früher nicht ausgetragene verdeckte Geschwisterrivalitäten holte sie nach. In der Beziehung zum Einzeltherapeuten reinszenierte sie ihre Elternbeziehung. Es kam zu korrigierenden Neuerfahrungen, z.B. im Rahmen von mehreren Familiengesprächen, zur äußeren und auch zur inneren Ablösung vom Vater.

Parallel ging damit eine Veränderung ihres eigenen Körperbewußtseins einher. Sie entwickelte sich vom eher asexuellen Neutrum hin zu einer jungen Frau. Erst jetzt nach ca. sechs

Monaten war sie fähig, sich auf ihre aktuelle Beziehung zu ihrem Partner einzulassen. Sie erlebte sich hier nun nicht mehr als »Nichts«. Als sie schließlich die stationäre Therapie beendete, war sie soweit stabilisiert, daß sie mit Hilfe einer ambulanten Gruppe weitere Krisen bewältigen konnte. Die bulimische Symptomatik tritt nur noch ganz vereinzelt auf. Ihre lebensverneinende, zum Teil auch selbstzerstörerische Haltung kam bisher nicht mehr vor.

Spezifische Maßnahmen zur Therapie bei Eßstörungen mit stoffgebundenen Abhängigkeiten

Die Therapieordnung schützt einerseits vor Eßrückfällen, andererseits wird aber pathogenes Eßverhalten auch dosiert provoziert, um das Symptom zu verdeutlichen bzw. neue Lösungsstrategien zu erproben, z.B. bei der obligaten Teilnahme an der Tischgemeinschaft, Festen usw. Während beim Patienten mit Eßproblemen kontrolliertes Essen angesagt ist, muß der Patient mit stoffgebundenen Abhängigkeiten abstinent bleiben. Patienten erleben diese unterschiedliche Zielsetzung als Konflikt. Gegen die Tendenz Hungern oder Fressen wird zunächst Portionierung angeboten, jedoch kein Kalorienzählen. Unter Umständen werden latente Eßprobleme bei anderen Patienten aktiviert.

Für die **Stationsgruppe** findet in den ersten vier Wochen (3 x wöchentlich 60 Minuten) eine themenzentrierte Gruppe über Krankheitseinsicht und Motivation, Sucht und Abstinenz statt. Daran schließen sich Großgruppensitzungen zum Thema Suchtentwicklung und Eßproblematik an, Gemeinsamkeiten und Differenzierungen werden herausgearbeitet.

Neben der üblichen Gruppenpsychotherapie (2 x wöchentlich 90 Minuten) besteht eine halboffene **Gruppe** (Zu -und Abgang vierwöchentlich) **für Eßgestörte** (2 x wöchentlich 60 Minuten). Das Vorgehen ist fokussiert auf das Eßverhalten. Die Arbeitsweise des Gruppentherapeuten ist eher leiterzentriert, um weniger Übertragungsfläche anzubieten und das Risiko des Übertragungssplittings zwischen Eßgruppentherapeut und Stationstherapeut möglichst gering zu halten.

Kriterien für den Zeitpunkt der Zuweisung zur Eßgruppe:
- Bei florierender Symptomatik sofort nach der Aufnahme, um die weitere stationäre Therapie nicht zu gefährden.
- Wenn die Integration in die eigene Gruppe gelungen ist.
- Zu einem späteren Zeitpunkt, wenn das Symptom erst während der Behandlung auftritt.

- Zu früher Eintritt kann das Symptom überbetonen, zu später Eintritt kann zur Verleugnung führen.
- Der Austritt aus der Eßgruppe ist angezeigt, wenn erlernte Strategien ohne unterstützende Maßnahmen der Eßgruppe und deren Setting ausprobiert werden sollen.

Nach einem Bilanzgespräch (12. Behandlungswoche) in der Stationsgruppe wird die **weitere Therapie** nach den aus dem Therapieprozeß gewonnenen Erkenntnissen festgelegt:

- Vorbereitung der Entlaßphase mit der Frage der weiteren ambulanten Therapie.
- Weitere Gruppenpsychotherapie mit analytisch orientiertem Setting mit oder ohne begleitende Eßgruppe.
- Verlängerung der stationären Therapie in einer halboffenen Gruppe mit interaktioneller Psychotherapie, unter Beibehaltung oder Beendigung der Eßgruppe bzw. (unter Berücksichtigung weiterer Modalitäten, wie Portionierung des Essens) Versetzung innerhalb der Arbeitstherapie, z.B. in die Küche.

Eßstörungen in Kombination mit stoffgebundenen Abhängigkeiten (vor allem Drogenabhängigkeit) implizieren eine schwere »Beziehungsstörung« zur Arbeit (Leistung). In der Regel besteht keine ausreichende »Haftung« an den Arbeitsplatz und das Arbeitsgeschehen. Die Leistung ist in der Regel unlustbetont. Indiziert ist hier eine **Arbeitstherapie** (zehn Stunden wöchentlich) im Umgang mit lebendigen Wesen, z.B. mit Tieren oder Pflanzen, da hier eine höhere Affinität zu erwarten ist. Erst später kann die Indikation für eine Arbeitstherapie (Kochen für die Gemeinschaft) diskutiert werden.

Eßgestörte Patienten haben zur üblichen Sporttherapie noch eine **Körpertherapie** (60 Minuten wöchentlich). Regressive Verfahren werden vermieden, um Dekompensationen zu vermeiden. Das Ziel der Körpertherapie ist Wahrnehmung und Regulation von Körperfunktionen, z.B. Wärme- und Kälteempfinden, in der Hauptsache aber Hunger und Sättigung, Grenzerfahrung. Allein die Existenz der Eßgruppe »erlaubt« das Eßproblem, das nicht mehr schambelegt verdrängt bzw. verleugnet werden muß.

Einbindung in die analytische Therapie

Bei regredierten Patienten, die sehr zum Übertragungsagieren neigen und über eine nur sehr geringe Impulssteuerung verfügen, führt Kernberg »**technische Parameter**« ein. Zu diesen »Modifikationen der Technik« zählt eine klare Strukturierung bis hin zu Verboten; am effektivsten ist eine stationäre Behandlung mit klaren Absprachen. Auch beim suchtkranken Patienten liegen ähnliche Ich-Defizite vor, die allerdings zu einem großen Teil auch funktioneller Natur sind, nämlich Folge der süchtigen Fehlentwicklung. Neben mangelnder Impulskontrolle und Frustrationstoleranz steht das Übertragungsagieren im

Suchtverhalten eindeutig im Vordergrund. Im Zusammenhang mit den engsten Bezugs-personen des Patienten wird dieses Verhalten mit dem Begriff der Co-Abhängigkeit erfaßt. Aus den genannten Gründen ist bei stark ichregredierten, eßgestörten Frauen, die gleichzeitig auch an einer stoffgebundenen Suchterkrankung leiden, die Einführung techni-scher Parameter, zu denen vor allem auch die stationäre Behandlung mit klaren Absprachen (z.B. Eßvertrag) zählt, von grundlegender Bedeutung. Diese Parameter ermöglichen erst - wie Kernberg betont - eine analytisch orientierte Therapie und führen zu einer Ausweitung des Indikationsspektrums auch auf Suchterkrankungen.

Abweichend von dem Kernberg-Konzept der Deutung, abweichend auch von einem streng analytischen Vorgehen, das ein integriertes, zur therapeutischen Ich-Spaltung befä-higtes Ich zur Voraussetzung hat, ist zunächst der Umgang mit bewußten und vorbewußten Inhalten im Sinne eines Normenbildungsprozesses nach dem Prinzip Antwort gefragt. Der Therapeut steht dem Patienten als Hilfs-Ich zur Verfügung, im Sinne einer psychoanalyti-schen, interaktionellen Einzel- und Gruppentherapie (Göttinger Modell). Unter dem Einfluß dieses Vorgehens bessern sich die funktionellen Ich-Defizite häufig recht ein-drucksvoll, so daß auch unbewußte Konflikte, die sich z.B. in der Gruppe abbilden, im Sinne einer tiefenpsychologisch fundierten Therapie gedeutet werden können.

Kritische Diskussion des Verfahrens

Unter den Patientinnen mit Eßstörungen gibt es eine beachtliche Anzahl von Betroffenen mit zusätzlichen stoffgebundenen Abhängigkeiten. In einer Suchtfachklinik müssen Eßstörungen als eine zusätzlich behandlungsbedürftige Erkrankung im Therapie-Setting mitberücksichtigt werden. In Behandlungseinrichtungen für Eßstörungen wird die Sucht dagegen in der Regel als eine Komplikation angesehen, die keine spezifische Behandlung erfährt - als eine Komplikation wie beispielsweise sexuelle oder familiäre Störungen (Herzog, Deter u. Vandereyken 1992).

In unserer Klinik kommen Eßstörungen im Zusammenhang mit allen bekannten stoff-gebundenen Süchten vor. Die Skala der Eßstörungen reicht von hypophagen Reaktionen mit anorektischen Tendenzen, restriktiver Anorexie, klassischer Pubertätsmagersucht, bu-limischer Anorexie über Bulimia nervosa, klassischer Bulimie, Bulimie in Verbindung mit Adipositas bis zur Eßsucht und vorübergehendem süchtigem Eßverhalten mit hysterisch bedingtem Erbrechen. Die Skala der Persönlichkeitsstörungen, die mit Sucht und Eßstörung verbunden sind, ist ebenfalls weitgesteckt: Depressive Struktur auf mittlerem und niedrigem Organisationsniveau, häufig mit angstneurotischem Konfliktverarbeitungs-modus, zwangsneurotische, hysterische, schizoide Struktur, pathologischer Narzißmus, klassische Borderline-Persönlichkeitsstörung (im analytischen Sinne), schizotypische

Persönlichkeitsstörung (präpsychotische Struktur), vereinzelt affektive Psychosen und (selten) Psychosen aus dem schizophrenen Formenkreis.

Im individuellen Krankheitsverlauf (s. Tab. 1) entwickelte sich bei ca. 50% unserer Patientinnen zunächst die Eßstörung und danach die stoffgebundene Sucht, bei ca. 25% dagegen stand erst die Sucht und dann die Eßstörung im Vordergrund (nach Weglassen aller Suchtmittel steht die Eßstörung während der Behandlung ständig im Brennpunkt), und bei den restlichen 25% entstanden beide Krankheitseinheiten in etwa parallel (Hänsel 1985). Die Frage, in welchem Verhältnis die beiden Krankheitseinheiten zum Zeitpunkt der Behandlung zueinander stehen, kann angesichts der Variationsbreite der stoffgebundenen Süchte, der Eßstörung und der Persönlichkeitsstörung nicht generell, sondern nur individuell beantwortet werden. Am klarsten ist es bei Patientinnen mit Borderline-Persönlichkeitsstörung, Suchtmittelabhängigkeit und bulimischer Eßstörung. Hier haben Persönlichkeitsstörung, Eßstörung und Sucht eindeutige psychodynamische Zusammenhänge (vgl. Hänsel 1991b). In anderen Fällen können auf einer erlebnisnahen Ebene psychische Funktionen der Suchtmittel zur Kupierung der Eßstörung beschrieben werden. Bei restriktiver Anorexie und Alkoholabhängigkeit sind die Eßstörung und die Sucht jeweils mit komplementären Aspekten der Psychodynamik verbunden. Und schließlich gibt es Fälle, bei denen Sucht und Eßstörung in eine »gemeinsamen Endstrecke« der uniformen Affektkanalisierung bzw. des uniformen Agierens (Flucht vor jeglichen Affekten) eingemündet sind, so daß es unter pragmatischen Gesichtspunkten geboten erscheint, beide Störungen gemeinsam zu behandeln.

Die kurzfristige (Herzog, Deter u. Vandereyken 1992, S. 162) und die langfristige **Prognose** (Fichter 1985) ist bei Patientinnen mit Eßstörungen und Suchtmittelabhängigkeit ungünstiger als bei Patientinnen, die »nur« eßgestört sind. Ein wichtiges Therapieziel ist, daß der erlebnismäßige Zusammenhang zwischen Lebens- bzw. Beziehungskrisen, Eßverhaltensstörung und Suchtmittelwirkung soweit entkoppelt ist, daß selbst bei gelegentlichen Eßstörungsrückfällen kein Rückfall in die Sucht passiert. Auch wenn in der Therapie basale Strukturnachreifungen im narzißtischen System und Affektdifferenzierung bzw. Besserung der Affekttoleranz erreicht wurden, kann die Eßstörung noch mehrere Jahre bestehenbleiben bzw. in Krisenzeiten immer wieder aufbrechen. Um so wichtiger ist es, daß Patientinnen mit Eßstörungen und Suchtmittelabhängigkeit nach der stationären Therapie eine geeignete Nachsorgegruppe oder Selbsthilfegruppe finden. Erfahrungsgemäß zentrieren sich diese Gruppen aber entweder auf die Sucht oder auf die Eßstörung, niemals auf beide Krankheitsbilder gleichzeitig.

III. Ausblicke

Die Dimension der Zeit und Behandlungsziele bei Eßstörungen - Zeit- und Krisenerleben

G. Bergmann und W. Herzog

Die Zeit

In der ersten Szene der Begegnung mit eßgestörten Patient(inn)en überwiegt die Handlung - und damit die **Gegenwart**. Eßstörungen sind in der Eingangsszene aktuelle Erkrankungen, zeigen eine zeitliche Verdichtung auf die Gegenwart. Das führt dazu, daß die Vergangenheit in ihrer zeitlichen Ausdehnung nicht mehr hinreichend wahrgenommen wird. Sie sind Erkrankungen »unserer Zeit«. Diese Sichtweise zum »Sich-in-der-Welt-Befinden« mit dem Betonen der Gegenwart und der Handlung entspricht der aktuellen Zeit, den gesellschaftlichen Gegebenheiten. Eine Anerkennung der Vergangenheit in ihrer Ausdehnung und Bedeutung könnte den Patient(inn)en bereits das Maß an Gelassenheit - und damit Vertrauen - geben, welches wir vermissen, auch ausgedrückt in ihrer Psychopathologie (Unmittelbarkeit, Ungeduld, Frustrationsintoleranz etc.). Ebenso scheint ein Mangel ausgeprägten Erlebens von Erwartungen, also der **Zukunft** da vorzuliegen, wo Patient(inn)en in den Zyklus von Given-up und Giving-up (im Sinne von Engel und Schmale) in eine mit wenig Hoffnung und Erwartung geprägte Depression verfallen und keine Perspektiven im therapeutischen Gespräch erlebbar sind.

Die Krise

Das Zeiterleben ist eng mit dem Begriff der Krise verknüpft. Verzerrungen im Zeiterleben repräsentieren dann auch begrenzte Krisenerlebnisse und -bewältigung. Wir gehen davon aus, daß gerade die **Unfähigkeit zur Krise** und zur Bewältigung einer Krisensituation ein Merkmal der Eßstörung ist. Bereits Erickson (1956) definiert Krisen in folgender Weise:

- Entwicklungskrisen sind schwierige Lebenssituationen, die mit dem Entfaltungs- und Strukturierungsprozeß des Lebenslaufs in Beziehung stehen.
- Sie weichen vom gewöhnlich alltäglichen landes- und gruppenüblichen Verhalten der Menschen eines bestimmten Kulturkreises oder vom idealtypischen Muster oder Idealnormen des Lebenslaufs ab, sind existenzerschütternd und -bedrohend.
- Sie können zu einer Wende im Gang der Selbstwerdung führen, deren Ausgang zunächst noch unbestimmt ist.

Bei der **Anorexie** handelt es sich um einen permanenten, dem Tode sich nähernden Krisenzustand. Es ist eine sich zuspitzenden **Krise**, die in der subjektiven Erlebnisweise jedoch **nicht** als solche **erlebt** wird, sondern eher im Sinne des angestrebten Zustandes von Glück und Unendlichkeit. Von daher stellt der Weg der Anorexie ein zeitliches Kontinuum dar, ohne daß es mit einer krisenhaften Entwicklung zunächst verbunden wird.

Bei den **bulimischen** Entwicklungen ist zwar die **Wahrnehmung der Krise** als solche **leichter möglich**, es fehlen jedoch die adaptiven Funktionen des Ichs, um solche Krisensituationen - zunächst im Rahmen der internalisierten Konflikte, später im Rahmen des Symptoms vor Beginn der Symptomatik - selber angemessen zu bewältigen. Das Symptom könnte sogar selbst in der Weise gesehen werden, daß jede Freß-Brech-Attacke der inadäquate Versuch ist, eine Krise zu induzieren, um aus dieser Krise geläutert (im Sinne der »Krise als Chance«, v.Weizsäcker 1947) hervorzugehen. Das Kennzeichen dieser Art von Krise ist jedoch, daß es gerade nicht möglich ist, die unbewußten und beziehungsorientierten Konflikte affektiv und mit anderen Bewältigungsmöglichkeiten zu erleben.

Es ist Bestandteil der Vorstellung einer Krise oder Krisensituation, daß das Erleben von Endlichkeit, Ende, Unlösbarkeit mit »Nicht-mehr-Weitergehen« verknüpft ist. Die Gegenwart wird als zeitlos erlebt, ohne Zukunft, ohne Vergangenheit. Die zeitliche Dimension in der persönlichen Vorstellung hört auf. Dieses scheint umso ausgeprägter, als ein empirisch analytisches Denken mit einer Ursache-Wirkungs-Kette, die sich in einem zweidimensionalen Feld abspielt, das Denken in der Krise bestimmt. Die Patientin oder der Patient bemerkt allenfalls, daß ihr der Raum als dritte Dimension zur Verfügung steht, aber die vierte Dimension, die Zeit, geht verloren.

Wenn es aber richtig ist, daß eine Reduktion auf wenige Erlebnisdimensionen eine Krise verstärkt, eine Erweiterung sie vermindert, so gehört die vierte Dimension, die Zeit, eben gerade in den Erlebniskontext der Krise. Die Überwindung der Krise scheint also sehr eng damit verknüpft zu sein, daß weder gedanklich noch erlebnismäßig eine zeitliche Vorstellung integriert werden kann, die beinhaltet, daß es weitergeht, daß es kein Ende hat, daß keine Grenzen im Sinne des Aufhörens, des Nicht-mehr-Könnens, des Todes erlebt werden. Die Hypothese wäre, daß sich in einer von den Patienten so erlebten Krise oder vom Therapeuten so bezeichneten Krise ein früheres Trauma wiederholt. Dieses frühere Trauma war verbunden mit dem Erleben der Endlichkeit, des Nicht-mehr-Weitergehens (Loewald 1951/1982).

Das griechische Wort »Discrinein« heißt: Unterscheiden, entscheiden. Krise meint also den Gipfel einer Entwicklung, von dem aus sich die Entwicklung entweder zum Guten oder zum Schlechten wendet. Dieser »Umschlag« einer Entwicklung weist auf zwei wichtige Aspekte des Krisenbegriffs hin:

- Der Krise wird gewöhnlich der Charakter der Bedrohlichkeit zugesprochen, wir sprechen von Ehe-, Lebens- und Gesundheitskrisen usw.
- Es wird ein bestimmter Zeitpunkt im Verlauf einer Entwicklung durch die Krise in besonderer Weise charakterisiert.

Dies geschieht im Sinne der abendländischen Tradition, die Wende immer mit dem Merkmal der **Bedrohung** zu versehen. Selbst wenn in der unmittelbaren Krisensituation der Charakter der Bedrohung vorhanden ist, so ist damit nichts über den Ausgang zum Guten oder Bösen gesagt. Die Krise ist ein Augenblick, in dem die aktuelle Wahrnehmung plötzlich nicht mehr mit vertrauten Erlebnismustern übereinstimmt, eine Entwicklung, eine überraschende Wendung nimmt, woraus der Charakter der Bedrohlichkeit, wenigstens der Unsicherheit und gewöhnlich auch Angst, resultiert.

Charakteristisch für die genannte Situation erscheint, daß das Zeiterleben für den Betroffenen im Moment der Krise derartig verändert ist, daß es offensichtlich nur noch Gegenwart zu geben scheint. Die Vergangenheit, also die Entwicklung bis zum jetzigen Punkt, ist nicht entschlüsselbar und eine Zukunft und damit ein Ausweg aus der Krisensituation sind nicht sichtbar. Die Gegenwart kann in dieser Situation als bis zur Unerträglichkeit gedehnt erlebt werden.

Ebenso werden Krisen beschrieben, die besser Entwicklungs- oder Werdenskrise (v. Gebsattel) genannt werden, die E.H. Erickson mit seinem Begriff der **Reifungs- und/oder Identitätskrise** bezeichnet hat. Diesem Krisenbegriff kommt geradezu etwas Normales zu. Das beste Beispiel ist die Pubertätskrise, deren Eintritt wir eher begrüßen und deren Ausbleiben geradezu pathologisch erscheinen muß. Für die Anorexie ist dies offensichtlich, für die Bulimie könnte man von einer postpubertären Identitätskrise sprechen.

Die Krise hat eben nicht zuletzt auch den **Charakter einer Chance**. Wir finden dies auch im Rahmen von Familientherapien, bei denen nach einer familiären Krise wieder eine Weiterentwicklung innerhalb der Familie möglich ist. Auf die Gefahr hin, daß es gerade nicht zur Entstehung und Bewältigung einer Krise kommt, etwa bei extrem harmonisierenden Familien mit einem anorektischen Mitglied, sprechen wir nach Petzold von einem »Drama«, welches nicht zur Entwicklung kommt.

Anorexie und Bulimie

Die Initialsituation bei der Anorexie mit mangelndem oder gar nicht vorhandenem Leidensdruck führt dazu, daß eine **Intervention**, die **zu einer Krise** führt, lange nicht herbeigeführt wird. Dies wird dann durch extrem harmonisierende Familien unterstützt. In dem Maße, wie die Zeitbegrenzung durch den nahenden Tod, die mit zunehmender Gewichtsabnahme einhergeht, nicht mit antizipiert werden kann, in dem Maße kann keine Vorstellung zur Therapie und keine Krisenentwicklung erfolgen. Gerade das **Nichtwahrnehmen dieser zeitlichen Dramatik** ist ein Charakteristikum im Vorfeld der Anorexie.

Der **Rhythmus**, wie wir ihn in unserer Entwicklung wahrnehmen durch Tag und Nacht, Jahreszeiten usw. als äußere Erlebnisinhalte, stellt eine Ergänzung dar zum eigenen Rhythmus, der auch biologisch determiniert ist, insbesondere durch den Zyklus der Frau. Gerade bei der Anorexie geht aber mit dem Verlust der Zyklusblutung ein Aufheben dieses Rhythmus, dieses Zeiterlebens, einher. Er repräsentiert damit auf der Ebene der Zeit einen Moment der Regression, des Zeitlosen, des Unendlichen, des Unbegrenzten, des alle Wünsche Erfüllenden, des Nirwana. Dieses wird dann unterstützt durch die eigenen Aktivitäten im Sinne des Fastens. Narzißtische Größenphantasien, Omnipotenz-Phantasien werden unterstrichen - Phantasien, die sich dann auf die Ermächtigung des Zeiterlebens beziehen.

Bei den **chronischen Verläufen** der Anorexiepatient(inn)en entwickelt sich auch unter dem Eindruck von katamnestischen Beobachtungen der Eindruck, daß es nie zu einer **krisenhaften Entwicklung** gekommen ist, sei es im Sinne der weiblichen Identitätsbildung, sei es im Sinne der Beziehungskonflikte. Je länger diese Krise, die eine Verdichtung des Zeiterlebens zur Voraussetzung macht, hinausgeschoben wird, umso größer ist die Gefahr der Chronizität. Dies erklärt den Zusammenhang zwischen den Prädiktoren für die Chronizität, nämlich dem Auftreten der Erstmanifestation (im Sinne einer noch möglichen Alloplastizität und Krisenentwicklung), die nicht durch die langjährige Charakterfixierung und Krisenvermeidung geprägt ist, und dem Befund, daß je kürzer der Zeitraum zwischen Erstmanifestation und Therapiebeginn ist, desto günstiger der Verlauf ist. Je früher also durch die therapeutische Intervention eine Krise induziert werden kann, desto günstiger scheint der Verlauf unter dem Aspekt zu sein, daß dann zukünftige Krisen und das damit verbundene Zeiterleben wieder ermöglicht werden (Herzog 1992).

Bei der **chronischen Anorexie** mit kontinuierlicher Amenorrhoe finden wir dann im subjektiven Erleben, soweit es nicht durch körperliche Folgekomplikationen geprägt ist, eine Zufriedenheit, da das Ideal, nämlich die Ablehnung der weiblichen Rolle und damit das Ausscheiden aus dem mütterlichen Rhythmus, erreicht worden ist. Ein Erlebnis von zeitlicher Unendlichkeit kann damit verknüpft sein, die Anpassung an die sozialen Realitäten erfolgt ebenso unzureichend wie an die Realität der Zeit.

Bei der **Bulimie** wissen wir aus zahlreichen Untersuchungen, daß die durchschnittliche Zeitdauer bis zur Offenlegung der bulimischen Symptomatik ca. 6 bis 7 Jahre beträgt. Auch hier spiegelt sich ein verzerrtes Zeiterleben wider, wenn das sozial doch zeitweise erheblich eingeschränkte Leben als nicht zu gravierend angesehen und damit die Wahrnehmung einer Krisensituation verhindert wird. Gleichzeitig entsteht aber in periodischen Abständen (wie bei der Sucht) immer wieder das Gefühl, mittels eines Freß-Brech-Aktes eine Veränderung der Situation herbeizuführen. Die im Vorfeld der Freß-Brech-Attacken erlebten undifferenzierten Affektzustände werden durchbrochen durch den Anfall, der über eine Aufhellung des Affektes zu einer Krise führen soll. Die Zeit wird verdichtet mit dem Ziel, anschließend völlig gesund und konfliktfähig zu sein. Hier spielen Allmachtsphantasien eine bedeutende Rolle.

Wie bereits ausgeführt, ist unser Zeiterleben sehr eng gebunden an bestimmte **Rhythmen**: Tag und Nacht, Monatsablauf, Jahreszyklen. Auch die Essensaufnahme erfolgt einem Rhythmus entsprechend. Dieser kann sowohl unter physiologischen Bedingungen betrachtet als auch als wiederkehrendes Eß-Ritual verstanden werden. Durch die Aufhebung des Eß-Rhythmus geht ebenfalls ein Gefühl für die Zeit verloren: Die Anorexie, die in völliger Nahrungskarenz lebt, erlebt dieses regelmäßig wiederkehrende Ereignis nicht im Sinne eines Verlustes, oder es ist ihr als permanentes Ereignis präsent - in den Phantasien über das Essen, das Kalorienzählen, die ineffiziente Nahrungszubereitung und/oder die Versorgung der anderen mit Nahrung. So liegen die Erlebnisse von Zeitverzehr oder Zeitverschwenden eben dicht neben dem Erlebnis, aufgrund der (inadäquaten) Beschäftigung mit der Zeit zu nichts mehr zu kommen; das tägliche Leben ist durch die Beschäftigung mit dem Essen präokkupiert. Für den Bereich der Bulimie nimmt das in der Form Gestalt an, daß sich der gesamte Tagesablauf in der Nahrungsbeschaffung und Nahrungsaufnahme sowie im konsekutiven Erbrechen vollzieht.

Bei der anorektischen Form wird eben die Zeit des Fastens nicht genutzt, so wie es im klassischen Sinne als innere Einkehr während des Fastens gedacht war. In einer paradoxen Weise wird die Beschäftigung mit dem Essen erhöht.

Eine andere Veränderung des Zeitzusammenhanges betrifft auch das **Herausfallen aus einem sozialen Rhythmus**, die Bezüge zu der Peer-group oder die Unmöglichkeit, berufliche Aktivitäten aufzunehmen bzw. fortzusetzen. Sie stehen für die Loslösung aus einem sozialen Rhythmus, so daß eine Kontrolle des Zeiterlebens über den Bezug zur sozialen Umwelt nicht mehr möglich erscheint.

Sowohl die Bulimie als auch in besonderer Weise die Anorexie sind mit zunehmender Krankheitsdauer **von den Rhythmen des Lebens ausgeschlossen**: Die Pubertierende entwickelt sich nicht zur Adoleszentin, die Adoleszentin nicht zur Jugendlichen, die Jugendliche nicht zur jungen Frau. Phasen von realer Trennung können nicht erlebt werden, die Generativität, das Erleben von Generationenfolge als eine Möglichkeit menschlicher Fortentwicklung ist nicht mehr erlebbar.

Die Therapie

Wie gehen nun die Zeitdimension und das Krisenerleben in die Indikationsstellung und die praktische Therapieplanung mit ein? Für die Behandlung der **Anorexie** ergeben sich folgende **Rahmenbedingungen**:

- Die Krankheitseinsicht ist vorhanden, und die bisherige Krankheitsdauer sowie die Schwere sind gering, so daß eine ausschließlich ambulante Therapie möglich ist. Dieses kommt in der Anfangsphase der Anorexie eher seltener vor (50 bis 80 Stunden).

- Häufiger wird eine akute oder verzögerte Krisenentwicklung zur stationären Aufnahme führen. Der Erfolg einer stationären Psychotherapie wird dann nur in einer ambulanten Nachbehandlung gesichert werden können. Diese ist nach wie vor in vielen Bereichen noch quantitativ und qualitatitiv unzureichend gewährleistet. Die Krise des Wechsels vom stationären Setting in ein ambulantes Setting stellt dann selbst eine Chance dar und ist ein Kriterium für den weiteren Verlauf. Nach Entwicklung einer Krankheitseinsicht, einer erfolgreichen Krisenbewältigung sowie der Einstellung einer zeitlichen Dimension werden die Patientinnen mit einer Anorexie einer ambulanten, tiefenpsychologischen oder analytischen Einzelpsychotherapie mit mindestens einmal pro Woche stattfindendem Termin zugeführt. Die Frequenz ist hier neben den Merkmalen der Realitätsprüfung, des Ich-Funktionsniveaus und der Übertragungssituation auch durch die Kriterien des Zeiterlebens und der eigenen Fähigkeit zur Krisentoleranz bestimmt.

Bei den **Bulimie**patient(inn)en wäre unter dem Aspekt der Psychotherapieplanung und der Zeit zu unterscheiden zwischen:

a) Patient(inn)en, die ein höheres Funktionsniveau erreicht haben und bei denen ödipale Konfliktmuster dominieren: hier erscheint eine ambulante, wöchentliche, limitierte Psychotherapie möglich.

b) Patient(inn)en mit frühen Störungen im Sinne von Borderline-Persönlichkeit: abgesehen von Fragen zur inneren Ausgestaltung solcher Therapien ist auch hier eine kontinuierliche, aber längerdauernde und unter Umständen in größeren Intervallen erfolgende Behandlung angezeigt. Dies entspricht sehr viel eher den immanenten Behandlungszielen bei diesen Störungen. Die reale Versorgungssituation zeigt, daß dies von Ärzten mit verschiedenen Qualifikationen (Psychoanalyse, Psychotherapie, in Fortbildung dazu) und Psychologen bewältigt werden muß.

c) Bulimiepatient(inn)en mit schwereren, chronifizierten Suchtformen: Hier ist eine stützende individuelle Intervalltherapie, begleitet durch andere Maßnahmen wie Suchtberatung, Selbsthilfegruppen usw., anzustreben.

Bei den Patient(inn)en der Gruppe b und c ist im Rahmen der Behandlung der zeitliche Aspekt immer wieder hervorzuheben, sei es im Sinne des Settings oder im Rahmen der realen zeitlichen Planung und Perspektiven, um in Konfrontation mit dieser äußeren Realität (Zeit als Realität) sukzessive ein Bild der Zeit in die innere Realität zu integrieren.

Ergänzend sei in diesem Zusammenhang noch die Möglichkeit der Gruppentherapie erwähnt. Dies scheint für die ambulante Betreuung von Anorexiefällen nicht günstig zu sein. Für den Bereich der ambulanten Gruppenbehandlung von Bulimiepatient(inn)en liegen zwischenzeitlich zahlreiche Erfahrungen vor (Hartmann 1992; Schneider 1985; Stevens 1984), wobei hier Patient(inn)en mit frühen und späten Störungsanteilen durchaus gemischt behandelt werden können. Idealerweise wäre aber vor oder nach dieser ambulanten Gruppenbehandlung auch eine Einzeltherapie anzustreben.

Rohde-Dachser (1987) weist darauf hin, daß eine nicht kunstgerecht durchgeführte Psychotherapie immer eine solche ist, die den Patienten durch ein zu intensives zeitliches und emotionales Nähe-Angebot in eine dyadische Beziehung verstrickt, der er aufgrund seiner Ich-Ausstattung so nicht gewachsen ist. In aller Regel profitieren solche Patienten nachhaltig und auf Dauer von einem Sitzungsangebot, das niedrigfrequent ausgelegt ist (also vielleicht mit 2- bis 3wöchigen, aber durchaus auch noch weiter ausgedehnten Intervallen), dabei aber über einen sehr langen, vielleicht sogar unbefristeten Zeitraum aufrechterhalten wird.

Überspitzt formuliert könnte man sagen, daß die **Anerkennung der Zeit die Anerkennung der Begrenzung** ist. Diese Thematik spielt bei beiden Formen der Eßstörung eine große Rolle, denn beide Erkrankungen gehören eben nicht zu Unrecht zum Formenkreis der Sucht.

Bei Patient(inn)en mit Eßstörungen auf Borderline-Strukturniveau spielt die Zeit insofern eine Rolle, als daß vor allem gegenwartsbezogene Aspekte (Rohde-Dachser) im Vordergrund stehen: »Ärger, Langeweile, Anhedonie und Entfremdungsgefühle«. Dies kann dann dazu dienen, stärker angstbesetzte Affekte, wie z.B. Hoffnung, abzuwehren und zu überdecken. Gerade bei Bulimiepatient(inn)en gewinnt man dadurch den Eindruck, daß sie sich in einem Hier und Jetzt eingeschlossen fühlen, in einer endlosen, bedeutungslosen, objektlosen Gegenwart.

Der Prozeß

Bei der Beschreibung der **psychodynamischen Therapie** von Eßstörungen spielt die Dimension der Zeit noch in einem anderen Zusammenhang eine Rolle:

Sowohl Anorexie als auch Bulimie zeichnen sich insgesamt eher durch einen langwierigen Behandlungsverlauf aus. Hierbei sind eingeschlossen: die Phasen von Nichttherapie, die Abbruchphasen, die stationäre Therapie - die zeitlich gesehen eher ein kurzes Maß darstellt, selbst wenn sie 3 oder 6 Monate dauert - und die ambulante Therapie. Die Beendigung der Therapiezeit wird nicht nur durch die Symptombeendigung, sei es konstante Gewichtszunahme bzw. Gewichtserhalt, sei es Reduktion von Eß-Brech-Attacken, bestimmt.

Bei der **Anorexie** hat dies unter anderem damit zu tun, daß initial über eine längere Zeit eine Krankheitssituation vorliegen kann, ohne daß eine Krankheitseinsicht besteht. Des weiteren kann es aufgrund von Spaltungsprozessen immer wieder zu Abbruchsituationen mit dem Team oder dem behandelnden Therapeuten kommen. Ambivalente Haltungen nicht nur der Betroffenen, sondern auch der Eltern, beeinflussen den Prozeß mit.

Bei der **Bulimie** ist zwar die Zeitdauer bis zur Eröffnung des Problems eher länger, dann besteht aber häufiger bereits ein Konfliktbewußtsein, und eine Bereitschaft zur prozessualen Mitarbeit scheint eher gegeben. Impulshafte Durchbrüche bei mangelnder Affektsteuerung, häufige instabile und invariante Beziehungen oder gar die Prädominanz des Suchtsymptoms (inklusive Laxanzien, Alkohol oder Drogenabusus) können zu Unterbrechungen des angestrebten Therapieprozesses führen. Diese Veränderungen der realen Zeitbedingung resultieren aus der mangelnden Konsistenz des Zeiterlebens im Subjekt. Gefühle sind da oder nicht da, es ist kein Prozeß des Kommens und Gehens im Rahmen der Präokkupation mit den jeweiligen Inhalten, sei es anorektischer oder bulimischer Art. Ein Zeiterleben, welches prozeßhaften, modulierenden Charakter hat, ist nicht mehr möglich. Es gibt nur noch Anfang und Ende, Höhen und Tiefen, alles oder nichts - so bei der Bulimie. Es gibt nur den sehnsüchtigen, zeitüberdauernden Triumph über das Hungergefühl in den Anfangsphasen der Anorexie. Es gibt nur das zeitüberdauernde verzerrte Körperbild bei der restriktiven Form der Anorexie.

Für die **therapeutische Planung** hat die Kenntnis um die prozeßhaften Abläufe, wie oben beschrieben, eine große Bedeutung. Es gilt nämlich bei der Begegnung mit diesen Patient(inn)en zu überprüfen, an welchem Zeitpunkt der Behandlung bzw. der Krankheitsgeschichte man sich befindet, wieviele Vortherapien bereits erfolgten, **wieviele weitere Therapeuten** zu erwarten sind und welches **meine** therapeutische Aufgabe **zum jetzigen Zeitpunkt** ist. In Kenntnis der eigenen Größenphantasien und Allmachtsphantasien, die aus der Gegenübertragungssituation entstehen können, muß die Therapeutin oder der Therapeut wissen, daß die Aufgabenstellungen unter Umständen auf einen bestimmten Zeitraum begrenzt sind. Anders ist es, wenn man sich bei dieser Zeitanalyse insofern am Ende befindet, als daß nunmehr eine stabile Beziehung eingegangen worden und eine kontinuierliche ambulante Therapie gewährleistet ist.

Die Therapeutin oder der Therapeut haben eben dann für diesen Zeitpunkt zu bestimmen, welches die begrenzten und adäquaten Therapieziele für diesen Moment sind. Es kann bei der **Anorexie** in der Phase einer extremen Untergewichtigkeit offensichtlich sein, daß das Erreichen eines minimalen Körpergewichts angezeigt ist und sich die psychotherapeutischen Kontakte dementsprechend gestalten. Es kann aber auch sein, daß wir der Patientin oder dem Patienten in einer Phase begegnen, wo die Verzerrung des Körperbildes und des Körperselbstgefühls so im Vordergrund stehen, daß dadurch alle weiteren Schritte unmöglich werden. Es kann sein, daß latent oder manifest keine eindeutige Haltung aller Familienmitglieder zu einer Behandlungsnotwendigkeit besteht oder daß Familiengeheimnisse oder Familienmythen so dominierend sind, daß die Patientinnen, in diesen Loyalitäten verstrickt, sich nicht weiter bewegen können.

Für die **Bulimie** kann das heißen, daß das Ausmaß der Sucht einen solchen Grad erreicht hat, daß Impulskontrolle, Affektkontrolle oder der Bereich der letztlich noch autonomen Ich-Funktion so gestört sind, daß ein psychotherapeutisches Vorgehen im engeren Sinn zu diesem Zeitpunkt nicht möglich ist. Es kann sein, daß so viele reale Ereignisse in den konfliktbehafteten, grenzüberschreitenden Familien gegeben sind, daß die Bemühungen um einen therapeutischen Prozeß im Sinne einer Veränderung des Selbst gar nicht möglich sind. Oder es kann sein, daß die Erinnerung an reale (oder auch phantasierte) sexuelle Traumen so überwiegt, daß ein Prozeß, der andere Entwicklungslinien verfolgt, sich gar nicht in Bewegung setzen kann.

Diese Randbedingungen müssen bei der Therapieplanung berücksichtigt werden. Daß in dem Moment, in dem wir als therapeutisch Tätige angesprochen werden, wir auch bereits wirksam sind, sei es in der dyadischen Form oder in der Gruppenbeziehung, ist gerade bei diesen Patient(inn)en mit ihren abnormen zeitlichen Verläufen und abnormem inneren Zeiterleben häufig eine Illusion und entsprechend zu berücksichtigen.

In unterschiedlicher Weise liegt bei beiden Erkrankungen ein Verführungspotential in dem Sinne vor, daß man das Gefühl entwickelt, man sei die oder der einzige und wirkliche Behandelnde in dem ganzen Geschehen.

Zuletzt stellt sich die Zeit selbst im Verlauf der Erkrankung als **gesellschaftlich-historische Dimension** dar. Hierzu hat insbesondere Habermas (1990) ausführlich Stellung genommen. Was die Anorexia nervosa zumindest in ihrer klassischen Ausprägung als restriktive Form betrifft: es gibt vergleichbare hohe Zahlen in allen Gebieten der westlichen Zivilisation (inklusive Australien und Neuseeland), was aus psychiatrischer Sicht zu vielfältigen Spekulationen Anlaß gibt. Nicht berücksichtigt seien hierbei sogenannte Endemie-Gebiete im Sinne einer »Kopierung der Tat«. Für die Bulimie in ihren verschiedensten Varianten und Facetten scheint die Morbiditätsziffer über verschiedene Kulturen hinweg nicht so stabil zu sein. Sie wurde ebenfalls bereits in früheren Jahrhunderten beschrieben. Es gibt im Rahmen der westlichen Wohlstandsgesellschaft sowie der künstlichen normativen Wertsetzungen, wie sie insbesondere durch die verschiedenen Arten der Medien propagiert werden, von den jeweiligen Zeitströmungen abhängige Verläufe.

Es bleibt die Überlegung, ob es ein Ausdruck der aktuellen kulturhistorischen Zeitsituation ist, daß alles erreicht werden muß, daß Leistung maximiert werden muß und daß dazu jedes Mittel recht ist. Es ist zu fragen, inwieweit in diesem Zusammenhang die Freß-Brech-Attacke auch die Funktion eines Dopingmittels hat und inwieweit die anorektische Entwicklung selbst ein Dopingäquivalent hin zu einem Allmachtsgefühl darstellt.

Es kommt, wie wir es bereits aus der Beschreibung vieler anderer medizinischer Krankheitsbilder (z.B. Tuberkulose, Hysterie) kennen, zu einem sogenannten **Gestaltwandel** des Krankheitsbildes. Dies beginnt bei der leicht übergewichtigten Ausgangssituation mit Freß-Brech-Attacken und der Entwicklung von bulimischer Phasen nach vorheriger anorektischer Entwicklung, geht über zu einer Phase von Bulimie in Kombination mit Laxanzien oder Drogen sowie Alkohol und reicht bis hin zu bulimischen Episoden, die in eine schwere Suchtproblematik eingebettet sind - im Extremfall bis hin zur stoffgebundenen Sucht in Form von verschiedensten Drogen (multi impulsive disorder). Hier kann dann sogar die Beschaffungssituation das Krankheitsbild dominieren.

Das Zeit- und Krisenerleben von Patient(inn)en mit Anorexie und Bulimie ist somit vielfältig gestört. Der »**Kairos**« - im Sinne des günstigen Augenblicks - zur Entwicklung und Bewältigung einer Krise wurde nicht genutzt. K. Jaspers hat dies zusammengefaßt: »Krise heißt im Gange der Entwicklung der Augenblick, in dem das Ganze einem Umschlag unterliegt, aus dem der Mensch als ein Verwandelter hervorgeht, sei es mit neuem Ursprung eines Entschlusses, sei es ihm verfallen sein«.

Langzeitverlauf und Prognose

W. Herzog, D. Munz und H.-Ch. Deter

In der wachsenden Zahl publizierter Verlaufsstudien zur Anorexie (Steinhausen et al. 1991; Herzog et al. 1992) und zur Bulimie (Hartmann et al. 1992) drückt sich in zunehmendem Maße ein Beitrag zum Verständnis der Krankheitsbilder, ihrer Prognose und der Wirksamkeit der therapeutischen Ansätze aus. Allerdings zeigen viele dieser Studien eine erhebliche Problematik ihrer methodischen Ansätze (Vandereycken u. Meermann 1992; Herzog u. Deter 1994). Unbehandelte Anorexie- und Bulimiepatientinnen zeigten durchweg einen wesentlich schlechteren Verlauf als behandelte (Cremerius 1978; Hartmann et al. 1992). Da Langzeitstudien bislang nur für die Anorexia nervosa vorliegen, liegt der Schwerpunkt bei der folgenden Zusammenfassung von Verlaufsergebnissen bei behandelten Anorexiepatientinnen.

Der Verlauf der Kernsymptomatik

Die auf das Essen bezogene Symptomatik von Anorexia-nervosa-Patientinnen drückt sich in den physiologischen Kernvariablen des Körpergewichtes, des Menstruationsstatus und in pathologischen Verhaltensweisen, wie zum Beispiel selbstinduziertem Erbrechen, Laxanzienabusus und Bulimie, aus.

Es zeigte sich, daß das **Verlaufsergebnis** in hohem Maße von der Dauer des Katamneseintervalls abhing. Wurden die von Morgan und Russell (1975) auf der Grundlage physiologischer Kernvariablen des Gewichtes[1] und der Menstruation entwickelten Verlaufskategorien verwendet, so ergab sich ein **guter Verlauf**, also eine gleichzeitige Normalisierung der Menstruation und des Gewichtes, in den mittelfristigen Verlaufsuntersuchungen mit einer Katamnesedauer von fünf bis acht Jahren in 36% (Hall et al. 1984) bis 58% der Fälle (Morgan 1983). Dieser Anteil stieg in den Langzeituntersuchungen mit einer Katamnesedauer von mindestens neun Jahren auf bis zu 76% (Theander 1985) an. Ein **schlechter Verlauf** oder eine chronische Anorexie mit Amenorrhoe und einem erniedrigten Gewicht von unter 85% des alters- und größennormierten Normalgewichtes fanden sich bei den mittelfristigen Verlaufsuntersuchungen in 19% (Hsu 1979; Morgan

---

[1] über einen Zeitraum von mindestens sechs Monaten.

1983) bis 29% der Fälle (Morgan u. Russel 1975). Der Anteil der Patientinnen mit schlechtem Verlauf nahm bei den Langzeitverlaufsuntersuchungen ab: Im Extremfall beschrieb Theander nur noch 5% anorektische Patientinnen in seiner Verlaufsuntersuchung nach durchschnittlich 33 Jahren; nach zweijähriger Katamnese waren nur 15% gesundet gewesen. Jenseits einer Katamnesedauer von 12 Jahren wurden Besserungen zwar immer unwahrscheinlicher, kamen jedoch auch nach 30 Jahren noch vereinzelt vor. Rückfälle wurden in eigenen Untersuchungen bei 20% der Nachuntersuchten dokumentiert (Deter u. Herzog 1994).

Beim Vergleich der Verlaufsergebnisse von Patient(inn)en **unterschiedlicher Abteilungen** schien die Prognose in der Kinder- und Jugendpsychiatrie (Remschmidt et al. 1988) besser zu sein als bei den erwachsenen Anorektikerinnen aus psychiatrischen oder psychosomatischen Abteilungen; lediglich ein extrem frühes Erkrankungsalter war mit einer schlechteren Prognose verbunden. Männliche Anorexiepatienten zeigten ähnliche Verlaufsergebnisse wie Anorexia-nervosa-Patientinnen (Burns u. Crisp 1984; Andersen 1992).

Die Diagnose der **Bulimia nervosa** war in älteren Langzeitverlaufsstudien mit nosologischen Problemen verbunden, da diese Diagnosen erst ab 1980 Verbreitung fanden und für frühere Studien retrospektiv gestellt werden mußten. Den Angaben zufolge entwickelten sich bei 7 bis 40% der Anorexiepatientinnen im mittel- bis langfristigen Verlauf Bulimien.

Mortalität und Todesursachen

Die in der Literatur angegebenen **prozentualen Mortalitätsraten** bei Follow-up-Untersuchungen schwanken zwischen 0% und 18% (Theander 1985). Mit zunehmender Katamnesedauer wird ein Anstieg der prozentualen Mortalitätsraten beobachtet: Während die prozentualen Mortalitätsraten bei den mittelfristigen Verlaufsuntersuchungen mit durchschnittlichen Katamnese-Intervallen von fünf bis acht Jahren unter 5% lagen, steigen sie bei einer Katamnesedauer von 20 Jahren auf 15% (Russel 1992) und bei einer durchschnittlichen Katamnesedauer von 33 Jahren auf 18% (Theander 1985). Die optimistische Einschätzung von Hall (1984), daß die Mortalitätsraten bei Anorexie heutzutage 5% nicht überschreiten, wurde bislang für den Langzeitverlauf nicht bestätigt.

In jüngerer Zeit wurden in einigen Studien **standardisierte Mortalitätsraten** angegeben, die die tatsächliche Sterblichkeit auf die in der spezifischen Stichprobe zu erwartende beziehen. So fand Patton (1988) bei einer großen Stichprobe von 481 Anorexiepatientinnen einen Rohwert der Mortalität von 3,3% bei 7,6jährigem mittlerem Katamneseintervall. Dies entsprach einer sechsfach gegenüber der Normalbevölkerung erhöhten Mortalität. Für Patientinnen mit einem besonders niedrigen Gewicht (unter 35 kg) lag das Mortalitätsrisiko 15fach höher.

Als **Todesursachen** anorektischer Patientinnen wurden in einem Drittel bis zur Hälfte der Fälle direkte Suizidhandlungen angegeben (Theander 1985; Patton 1988; Herzog et al. 1992). Infekte, insbesondere oft klinisch leicht zu übersehende Pneumonien und Arrhythmien, oft auf der Grundlage von Elektrolytentgleisungen (z.B. durch Erbrechen oder Laxanzeinabusus), stellen weitere häufige Todesursachen dar.

Zusammenfassend zeigte sich sowohl beim Vergleich von Studien mit verschieden langer Katamnesedauer als auch bei Längsschnittuntersuchungen (z.B. Theander 1985 sowie Morgan u. Russel 1975; Russell 1992) ein »Polarisierungseffekt« (Meyer et al. 1986a, 1986b): Mit zunehmender Katamnesedauer stiegen sowohl der Anteil von Patientinnen mit gutem Verlauf als auch die prozentuale Mortalität.

Psychosoziale Befunde

Die eingangs erwähnten methodischen Probleme - vor allem Unterschiede im Studien-design und in den Verlaufskriterien - erschweren einen Vergleich der Katamnesestudien, besonders im Bereich der psychosozialen Befunde. In der 12-Jahres-Katamnese der **Heidelberg-Mannheim-Studie** (Deter u. Herzog 1994; Herzog 1993) wurden deshalb standardisierte Untersuchungsinstrumente eingesetzt. Hier führte das Urteil der klinischen Fallkonferenz zu einer differenzierteren und ungünstigeren Beurteilung als die Morgan-Russell-Verlaufskategorien: Durch Vergleich mit einer repräsentativen epidemiologischen Untersuchung der Großstadtbevölkerung (Schepank 1987) konnte bei 40% der Patientinnen von einem günstigen Verlauf ausgegangen werden. Eindeutig schlechte Verläufe wurden demgegenüber bei 26% der Patientinnen beschrieben: Dies betraf Verstorbene (10,7 %), chronisch anorektische (10,7%) und in der Mehrzahl auch bulimische Patientinnen sowie chronische Psychosen (4,7 %; Schizophrenien: n = 3, Manien: n = 1). Die verbleibenden 34% der Nachuntersuchten zeigten einen mittleren Verlauf, entweder mit einer Restsymp-tomatik der Anorexia nervosa, die jedoch nicht das Vollbild der Anorexia nervosa erreichte, bzw. einer psychischen Störung, die als Syndrom-Shift anzusehen war (je 17 %). Syndrom-Shifts innerhalb der Familie (Erkrankung eines Familienmitglieds nach Besserung oder Gesundung der Index-Patientin) wurden ebenfalls beobachtet.

Die Klassifikation der Fallkonferenz unterschied sich bei 44% der Patientinnen von den bislang akzeptierten Morgan-Russell-Kriterien. Diese bieten somit keine hinreichende Grundlage für die Verlaufsbeurteilung der Anorexia nervosa und bedürfen einer Ergänzung durch weitere Untersuchungsebenen.

Eine ergänzende Beschreibungsebene ist die Dokumentation der psychodynamischen bzw. psychiatrischen **Komorbidität** durch international verwendete diagnostische Klassifikationsschemata. In der Heidelberg-Mannheim-Sudie wurden mittels ICD-9-Klassifikation psychische Diagnosen mit einem Beschwerde-Schwere-Score nach Schepank (1987) 2 bei 53% der Nachuntersuchten berichtet: Es handelte sich um Psychosen bei 5%, Neurosen bei 4%, Persönlichkeitsstörungen bei 16%, funktionelle Störungen bei 1% und Eßstörungen bei 27% der Nachuntersuchten (Herzog 1993). Halmi et al. (1991) gaben die psychiatrische Komorbidität nach DSM-III-R wie folgt an: **Akute Schizophrenien** wurden in bis zu 5% (Halmi et al. 1991) der Nachuntersuchten diagnostiziert. Frühere Berichte, die zum Teil im Verlauf bei mehr als 10% der Patientinnen Schizophrenien angaben (Hawley 1985), bestätigten sich bei den hier verglichenen großen Stichproben nicht und scheinen auf Selektionseffekten beruht zu haben. Das Life-time-Risiko für Schizophrenie wurde bei Anorexia-nervosa-Patientinnen mit 6,5% angegeben.

Psychotische Episoden sollen, insbesondere bei der Borderline-Persönlichkeitsstörung, anamnestisch häufiger vorkommen.

Vereinzelt (bis 1,6%) fanden sich akute **manische Psychosen**. Das Life-time-Risiko betrug 3%. Am häufigsten wurden ausgeprägte **Depressionen** (ca. 30% zum Katamnese-zeitpunkt, Life-time-Risiko für Major Depression 68%), **Zwangssymptome** (10 bis 20%, Life-time-Risiko etwa 25%) und **stofflich gebundener Mißbrauch** berichtet.

Grobe Anhaltspunkte über die **soziale Integration** ließen sich anhand des Familienstandes und des Anteils von ehemaligen Anorexia-nervosa-Patientinnen gewinnen, die eigene Kinder geboren haben. Der Anteil verheirateter Patientinnen reichte bis knapp über 40%, der Anteil der Patientinnen, die eigene Kinder geboren hatten, bis 47%. Der Anteil der Verheirateten dürfte deutlich unter dem der Normalbevölkerung gelegen haben (Engel et al. 1992).

Zusammenfassend dürften bei den Studien, die den Minimalbedingungen genügten, etwa 40% der Patientinnen geheilt gewesen sein und damit weder eine Eßstörung noch eine Komorbidität im Sinne nennenswerter psychodynamischer oder psychopathologischer Befunde aufgewiesen haben. Bei einem Anteil von ca. 20% der Patientinnen schienen sich die physiologischen Parameter Gewicht und Menstruation zwar normalisiert zu haben, wobei jedoch weiterhin behandlungsbedürftige psychische Symptome vorlagen.

Die Fragen von Syndrom-Shifts (von der Anorexie zu anderen psychischen Störungen) und des Zusammenhangs der Eßsymptomatik mit der psychischen Symptomatik im Langzeitverlauf bedürfen einer weiteren Klärung.

Prädiktoren des Langzeitverlaufs

Die Suche nach Prädiktoren eines günstigen bzw. ungünstigen Verlaufs der Anorexia nervosa stellt ein Hauptmotiv für die Durchführung der äußerst zeitaufwendigen Verlaufsuntersuchungen dar. Andererseits ist die Aussagekraft von Prädiktor-Untersuchungen des Langzeitverlaufes limitiert: Mit zunehmender Katamnesedauer wird im Leben der nachuntersuchten Patientinnen eine wachsende Zahl von Faktoren wirksam, die die Verläufe mitbestimmen. Diese Faktoren lassen sich nicht vollständig kontrollieren. Verlaufsunterschiede auf eine Gruppe von Variablen zurückzuführen, die vor mehr als zehn Jahren erhoben wurden, muß risikoreich bleiben: Selbst wenn Prädiktoren isoliert werden können, stellt sich die Frage nach der Wertigkeit der Befunde. Die folgenden Prädiktoren ließen sich bei mehreren Studien finden:

Eine **längere Erkrankungsdauer bei Erstaufnahme** und ein **höheres Alter bei Krankheitsbeginn** erwiesen sich sowohl bei zwei Dritteln der Studien, die die methodischen Minimalanforderungen erfüllten, als auch bei einer breiteren Analyse (Steinhausen et al. 1991) als Prädiktoren eines weniger günstigen Verlaufs. Für die Beziehung zwischen Erkrankungsalter und Verlaufsergebnis wurde eine U-förmige Kurve vorgeschlagen, mit schlechten Verlaufsergebnissen bei präpubertärem und besonders spätem Erstmanifestationsalter (Bryant-Wangh et al. 1988; Russel 1992).

Wurden im klinischen Urteil **gestörte familiäre Beziehungen** und **prämorbide Entwicklungsstörungen** gefunden, so erwiesen sich auch diese Befunde als negative Prädiktoren.

Weniger eindeutig als die obengenannten Faktoren scheint das **Ausmaß des Gewichtsverlustes** mit der Prognose verbunden zu sein. Währen die oben erwähnte Untersuchung von Patton (1988) vor allem einen extremen Gewichtsverlust (< 35 kg) als einen Faktor auswies, der mit einer erhöhten Mortalität verbunden ist, wird bei den hier analysierten Studien ein hochgradiger Gewichtsverlust nur zweimal explizit als negativer Prädiktor angegeben. Remschmidt und Müller (1987) wiesen andererseits darauf hin, daß eine ausgeprägte, zu schnelle Gewichtszunahme[2] ein negativer Prädiktor war. Insgesamt scheint das Gewicht für sich allein genommen bei der Beurteilung der Langzeitprognose kein nützlicher Parameter für die Langzeitprognose zu sein.

Bei der Heidelberg-Mannheim-Sudie konnten erstmals auch klinisch-somatische Variablen in eine Prädiktoranalyse eingeschlossen werden. Diese erwiesen sich durch ihre enge Verknüpfung mit anorektischen Verhaltensweisen (extremes Fasten, Häufigkeit des Erbrechens) als wertvolle Verlaufsindikatoren: Ein chronisch anorektischer Verlauf wurde am besten durch das Serumkreatinin, ein letaler Verlauf durch das Serumalbumin vorhergesagt. Die Relevanz bekannter psychosozialer Prädiktoren (Dauer der Erkrankung, familiäre Störung, Laxanzienabusus und Erbrechen) konnte bestätigt werden.

---

[2] vor dem Ablauf von 7 Wochen

W. Herzog, D. Munz und H.-Ch. Deter

Der Verlauf der Bulimie

Langzeitkatamnesen bulimischer Patientinnen liegen bislang noch nicht vor. Einige Trends zeichnen sich jedoch ab: Eine Katamneseuntersuchung zwei Jahre nach stationärer, verhaltenstherapeutisch orientierter Behandlung bei Bulimiepatientinnen mit durchschnittlich achtjährigem Krankheitsverlauf (Fichter et al. 1992) ergab bei 36% weiterhin die DSM-III-R-Diagnose Bulimie, bei 5% die Doppeldiagnose Bulimie und Anorexie. Ein niedriges Gewicht zu Beginn der Behandlung - z.B. eine Bulimarexie - ging mit einer schlechteren Prognose als eine Bulimie mit 34%, das einer Borderline-Persönlichkeitsstörung mit 8% angegeben. Eine Komorbidität - wie z.B. Depression, Angststörungen, stofflich gebundener Mißbrauch oder Persönlichkeitsstörungen - verschlechtert die Prognose.

Die Effekte ambulanter Kurzzeittherapie wurden von Hartmann et al. (1992) in einer Meta-Analyse untersucht. Die Autoren konnten keine Überlegenheit eines spezifischen Therapieansatzes demonstrieren. Hier erwiesen sich die Anzahl der Therapiesitzungen in Kombination mit einem beziehungsorientierten Therapieansatz als gutes Maß zur Vorhersage des Therapieerfolges. Betont wurde die Notwendigkeit der Symptomorientierung. Eine Mindesttherapiedauer von einem Jahr wird bei stärkeren Ausprägungen der Erkrankung für notwendig gehalten.

Während über den Verlauf der Bulimie weitere längerfristige Untersuchungen notwendig sind, kann aus klinischer Sicht als zentrale Aufgabe zukünftiger systematischer Untersuchungen zum Behandlungserfolg die Bildung von Subgruppen von Anorexie- und Bulimiepatientinnen und die Untersuchung der Differentialindikation bei der Behandlung dieser Subgruppen angesehen werden. Hier dürfen von der MZ-ESS (Multizenterstudie »Eßstörungen«) interessante Ergebnisse erwartet werden.

IV. Therapieführer

Wegweiser für stationäre analytische Psychotherapie von Eßstörungen

D. Munz und C. Krüger

Vorbemerkung

Die klinischen und wissenschaftlichen Diskussionen bei den »Planungsforen Psychodynamische Therapie von Eßstörungen« im Rahmen der Multizentrischen Studie »Therapieaufwand und -erfolg bei der Psychodynamischen Therapie von Eßstörungen« verdeutlichten, daß die verschiedenen Einrichtungen neben vielen gemeinsamen Therapieansätzen auch spezifische Behandlungsangebote machen. Ein Grund ist darin zu sehen, daß die verschiedenen klinischen Einrichtungen auf verschiedenem Hintergrund arbeiten: sie sind psychosomatische oder psychotherapeutische Abteilungen von Allgemeinkrankenhäusern, Inneren Kliniken oder Psychiatrischen Kliniken, Psychosomatische und/oder Psychotherapeutische Abteilungen an einer Universität, Spezialkrankenhäuser für Psychotherapie und/oder Psychosomatik, Spezialkliniken für Eßstörungen oder psychosomatische Rehabilitationskliniken (vgl hierzu: Neun 1990). Ein weiterer Grund mag sein, daß die Kliniken im Laufe der Jahre bei größer werdender Zahlen von Patient(inn)en mit Eßstörungen oft nicht umhinkamen, die Psychotherapie für dieses Krankheitsbild zu reflektieren und nach unterschiedlichen theoretischen und praktischen Überlegungen unterschiedliche Schwerpunkte setzten. In den Diskussionen bei den Planungsforen wurde deutlich, daß diese Spezifika bisher nicht in einer Übersicht dargestellt wurden. Dies wollen wir mit diesem Therapieführer beginnen, gleichzeitig wissend, daß dieser Überblick nicht vollständig sein kann.

Ziel des Therapieführers

Wir wollen den Lesern die Möglichkeit anbieten, sich rasch über die Kliniken einen Überblick zu verschaffen, die auf psychodynamischer Grundlage Patient(inn)en mit Eßstörungen behandeln. Wir können hierbei keinen Anspruch darauf erheben, daß wir alle Kliniken erfaßt haben. In diesen Führer wurden die Kliniken aufgenommen, die sich im Sommer 1992 bereit erklärt haben, an der Multizentrischen Studie teilzunehmen und die in den Führer aufgenommen werden wollten.

Aktualisierung des Therapieführers

Gleichzeitig haben wir geplant, diesen Therapieführer regelmäßig zu aktualisieren und zu erweitern. Die Forschungsstelle für Psychotherapie Stuttgart wird diesen Führer überarbeiten, Neuzugänge aufnehmen und diese in einer Neuauflage publizieren.

Hierzu bitten wir alle, die an einer Aufnahme in diesen »Therapieführer für Eßstörungstherapie« interessiert sind, entsprechend der in diesem Führer vorgesehenen Gliederung ihre klinikspezifischen Angaben sowie die eine Seite umfassende Beschreibung der Einrichtung vorzulegen. Diese Unterlagen schicken Sie an: Forschungsstelle für Psychotherapie; »Therapieführer«; Christian-Belser-Str. 79a; 70597 Stuttgart.

Konzept des Therapieführers

Grundlage des Therapieführers ist eine Umfrage bei allen an der Planung der Multizentrischen Eßstörungsstudie beteiligten Klinken. Diese basierte auf einem Fragenkatalog, der an der Poliklinik für Psychosomatische Medizin und Medizinischen Psychologie der Technischen Universität München (Klinikum rechts der Isar) entwickelt wurde, um Patienten je nach Indikation an verschiedenen Kliniken weiterzuvermitteln.

Für den vorliegenden Therapieführer haben wir diesen Fragenkatalog etwas modifiziert, wobei wir uns auch vom Verzeichnis für Psychosomatische Einrichtungen, herausgegeben von Neun (1990) anregen ließen. Erfragt haben wir neben Anschrift und Telefonnummer der Klinik den Träger und den Leiter der Klinik. Spezifisch für Eßstörungen erfragten wir den/die Leiter der Spezialstation/en und den für Eßstörungstherapie zuständigen Ansprechpartner. Neben der **Art und Größe** der Klinik erfragten wir auch die möglichen **Kostenträger** für die Behandlung.

Für Patient(inn)en und ambulant behandelnde oder beratende Therapeut(inn)en kann das **Durchschnittsalter** der an einer Klinik behandelten PatientInnen, noch mehr aber die mittlere **Behandlungsdauer** dort, bedeutsam sein.

Neben der Zusammenfassung der verschiedenen angebotenen **Therapieverfahren** erschien uns wichtig, ob eine internistische und/oder psychiatrische Therapie verfügbar ist. Weiterhin erfragten wir, ob und welche **Aufnahmebedingungen**, beispielsweise Minimalgewicht, regionale Einschränkungen, Vorgespräche unter anderem an die Patienten gestellt werden und ob bestimmte **Ausschlußkriterien** bestehen. Wichtig erschien uns auch, ob die Einrichtung die Möglichkeit hat, den Patienten eine **Nachbetreuung** in irgendeiner Form anzubieten. Zusätzlich haben wir die Möglichkeit bereitgestellt, die Einrichtung in freier Form auf einer Seite darzustellen.

Wir hoffen, daß dieser »Therapieführer« eine Anregung ist, mehr Transparenz für alle Beteiligten zu schaffen, um so die Entscheidung für eine bestimmte Klinik im Beratungsgespräch zu erleichtern.

52074 Aachen

Medizinische Fakultät der Rhein.-Westf. Technischen Hochschule Aachen
Klinik für Psychosomatik und Psychotherapeutische Medizin

Pauwelsstrasse 30

Tel.: 0241/8 08 01 35 (Ambulanz)

Art der Klinik: Universitätsklinik

Träger: Land Nordrhein-Westfalen

Leiter der Klinik: Prof. Dr. med. E. R. Petzold

Kostenübernahme durch: alle Kassen bzw. Sozialamt

1 Station mit 16 Betten

Behandelt werden Patienten im Alter von 18 bis 70 Jahren mit Psychosomatosen, funktionellen und psychovegetativen Krankheitsbildern, Persönlichkeitsstörungen, Neurosen, somatopsychischen Krankheiten, Schmerzpatienten.

Behandlung von Eßstörungen:

Leiter der Spezialstation: Frau Dr. med. F. Ludwig-Becker

Ansprechpartner für Eßstörungen: Frau Dr. med. F. Ludwig-Becker (Tel.: 0241/ 8 08 87 31 oder. 8 08 84 07)

Durchschnittlich werden 2 Eßstörungspatienten im Alter von 19 bis 35 Jahren behandelt.

Behandlungsdauer bei Eßstörungen zwischen 8 und 16 Wochen.

Aufnahmebedingungen und Aufnahmemodus:
- Minimalgewicht: Normalgewicht minus 30%
- geringes Suizidrisiko
- evtl. mehrere Vorgespräche; orientierende Familiengespräche
- Mitarbeit der Familie ist sehr erwünscht
- deutliche Bereitschaft zur Auseinandersetzung mit intrapsychischen und interaktionellen Prozessen

Ausschlußkriterien: psychotische Dekompensation, akute Suizidalität, somatische Notfallbehandlung

Therapieverfahren: analytische Einzeltherapie, analytische Gruppentherapie, verhaltensmodifizierende Maßnahmen, Familientherapie, Paartherapie, Konzentrative Bewegungstherapie, Entspannungstraining, Körperwahrnehmungstherapie, Gestaltungstherapie, Musiktherapie, Sozialtherapie, Familienrekonstruktion, therap. Rollenspiel, Bibliotherapie, Tanztherapie. Internistische Behandlung möglich, gegebenenfalls auch in internistischer Abteilung.

Nachstationäre Behandlung:
- Eine Nachbehandlung wird in der Regel vor Therapieabschluß nicht fest vereinbart.
- Nach stationärer Therapie vereinbarte Weiterbehandlung bei niedergelassenen Therapeuten.
- Ambulante Einzeltherapie seitens der Einrichtung möglich.
- Angebot des autonomen Patientenforums (14tägig), begleitet vom Pflegepersonal der Station.
- Familientherapie möglich.

Die Klinik für Psychosomatik und Psychotherapeutische Medizin ist als selbständige Einheit des Aachener Klinikums im März 1991 eröffnet worden. Für die Patientenversorgung stehen ein poliklinischer und ein stationärer Bereich mit 16 Betten zur Verfügung. Behandelt werden Patienten des gesamten Spektrums psychosomatischer und somatopsychischer Störungen, eine Schwerpunktbildung findet sich z.B. bei den Eßstörungen, Angsterkrankungen, Schmerzsyndromen und sexuellen Funktionsstörungen.

Die Behandlung erfolgt auf der Grundlage psychoanalytisch-tiefenpsychologischer Konzepte, die durch systemische und verhaltenstherapeutische Überlegungen ergänzt sind und im Rahmen der Simultandiagnostik und Simultantherapie realisiert werden.

Die poliklinischen Erstgespräche haben einen diagnostischen Schwerpunkt und prüfen die Indikation/Motivation zu einem ambulanten/stationären psychotherapeutischen Verfahren. Bei gegebener Indikation besteht die Möglichkeit, die Wartephase bis zur stationären Aufnahme zu überbrücken. Ein Liaison-Dienst wird zur Zeit für die Bereiche Dermatologie, Gynäkologie, Innere Medizin, Neurologie und Urologie aufgebaut.

Das Basiskonzept der Station zielt tiefenpsychologisch-psychodynamisch orientiert auf eine erste, gründende Motivationsarbeit, da sehr vielen Patienten ihre eigenen Konflikte und Probleme verborgen sind. Einzelgespräche werden durch ein breites Angebot an verbalen und präverbalen Gruppentherapien ergänzt, z.B. Musiktherapie, Tanztherapie, Ergotherapie. Paar- und Familiengespräche sowie die Familienrekonstruktion ergänzen das Therapieangebot. Bei somatischer Exazerbation bzw. psychischer Dekompensation ist dank der Nähe der anderen Kliniken eine entsprechende direkte Verlegung möglich. Dabei ist eine weitere konsiliarische psychotherapeutische Betreuung selbstverständlich.

Die Behandlungsziele sind individuell, ohne den Erkrankungskontext zu vernachlässigen: Bewußtwerden der persönlichen und interaktionellen Problematik und Entwicklung von Lösungsmöglichkeiten, Begrenzung der Symptomatik und Optimierung der Lebensziele, Aufhebung von Kommunikationsblockaden, psychosomatische Stabilisierung.

88321 Aulendorf

Schussentalklinik

Postfach 11 51

Tel.: 07525/932727-2726
FAX: 07525/93-2222

Art der Klinik: Fachkrankenhaus für Psychosomatik, Rehabilitationszentrum für Innere Medizin, zugelassen für stationäre Krankenhausbehandlung und AHB-Reha-Maßnahmen

Träger: HK-Klinik GmbH (als gemeinnützig anerkannt)

Leiter der Klinik: Dr. Glettler, Medizinischer Direktor

Kostenübernahme durch: alle Krankenkassen, Beihilfe, Rentenversicherungsanstalten (§ 109 und §111 SGB V, § 39 SGB V).

260 Betten (182 Vorsorge Rehabilitation, 78 Krankenhausbehandlung)

Behandelt werden Patienten mit Neurosen, Psychosen in Remission, klassischen psychosomatischen Erkrankungen wie Colitis ulcerosa, Morbus Crohn, Ulcus ventriculi, funktionelle Störungen etc.

Behandlung von Eßstörungen:

Ansprechpartner für Eßstörungen: Dr. med. Schlachter (Tel. 07525/932810) und Dr. med. Glettler (Tel. 07525/932800)

Durchschnittlich werden 5 bis 10 Eßstörungspatienten zwischen dem 20. und dem 40. Lebensjahr behandelt.

Behandlungsdauer bei Eßstörungen zwischen 8 und 12 Wochen, in Einzelfällen länger.

Aufnahmebedingungen und Aufnahmemodus:
Der Patient sollte in der Lage sein, elementare Tätigkeiten selbständig auszuführen, z.B. Essen im Speiseraum, Körperpflege, etc. Es darf kein aktuelles Suizidrisiko bestehen, in Einzelfällen findet ein ambulantes Vorgespräch statt.

Abgesehen von intensivmedizinischer Behandlung ist eine internistische Begleittherapie gewährleistet.

Ausschlußkritierien: lebensgefährliche Zustände, die intensivmedizinische Behandlung erfordern, aktuelle Suizidalität, floride Psychosen, Suchterkrankungen

Therapieverfahren: tiefenpsychologische fundierte Einzel- und Gruppentherapie, Katathymes Bilderleben und verhaltenstherapeutische Ansätze, Konzentrative Bewegungstherapie, Entspannungstraining, Gestaltungstherapie, Musiktherapie, themenzentrierte Gruppenangebote.

Nachstationäre Behandlung:
Vor- bzw. nach stationärer Therapie (fest) vereinbarte Weiterbehandlung bei niedergelassenen Therapeuten.

Wir arbeiten tiefenpsychologisch fundiert mit teilweise verhaltenstherapeutischen Ansätzen.

Neben tiefenpsychologisch fundierter Einzel- und/oder Gruppentherapie, Katathymem Bilderleben, themenzentrierter Gesprächsgruppe und Informationsveranstaltungen nutzen wir die Möglichkeiten unserer kreativen Angebote wie: Gestaltungstherapie, Musiktherapie, Bewegungstherapie. Ergänzend arbeiten wir mit den Entspannungsmethoden des Autogenen Trainings und der Muskelrelaxation nach Jacobson.

Unsere Psychosomatik ist in drei Fachabteilungen aufgegliedert:

Psychosomatik I
Allgemeine Psychosomatik, Krisenintervention, neurotische Störungen
Psychosomatik II
Gerontopsychosomatik, psychiatrische Störungen, Schmerzsyndrome (Kopfschmerz, Migräne)
Psychosomatik III
Internistische Psychosomatik, Schwerpunkt Gastroenterologie/Psychoonkologie, Stoffwechselstörungen

Patienten mit **Eßstörungen** (Bulimie, Anorexie, Adipositas) werden in den Abteilungen Psychosomatik I und Psychosomatik III behandelt. Abgesehen von der Durchführung von Reha-Maßnahmen ist unsere Fachklinik für diesen Bereich zur Durchführung von **Akut- und Krankenhausbehandlung** zugelassen.

57319 Bad Berleburg

Klinik Wittgenstein
Krankenhaus für sozialpsychiatrische, psychosomatische und psychoanalytische Medizin
mit Tagesklinik Netphen

Sählingstr. 60

Tel.: 02751/810

Art der Klinik: Krankenhaus für sozialpsychiatrische, psychosomatische und psychoanalytische Medizin

Träger: Ev. Johanneswerk

Leiter der Klinik: Dr. Dr. med. W. Ruff

Kostenübernahme durch: alle Krankenkassen

9 Stationen plus Tagesklinik mit insgesamt 170 Betten

Behandelt werden Patienten ab dem 18. Lebensjahr mit allen psychischen Erkrankungen (psychosomatische Krankheiten, Neurosen, Psychosen, Persönlichkeitsstörungen auf den entsprechenden Abteilungen) außer Suchtkrankheiten.

Behandlung von Eßstörungen:

Leiter der Spezialstation: Dr. med. R. Mersmann

Ansprechpartner für Eßstörungen: Aufnahmebüro, Herr Aderhold (Tel.: 02751/81-402)

Durchschnittlich werden 8 Eßstörungspatienten ab dem 18. Lebensjahr behandelt.

Behandlungsdauer bei Eßstörungen zwischen 10 und 24 Wochen.

Aufnahmebedingungen und Aufnahmemodus:
* Minimalgewicht (30 % unter Normalgewicht)
* kein akutes Suizidrisiko; als Absicherung Suizidpakt (Verpflichtung der Patienten, sich bei Suizidgedanken bzw. Suizidabsichten um ein Notgespräch zu bemühen)

Falls notwendig:

- Alkoholpakt
- Medikamentenpakt
- 4tägige stationäre Voruntersuchung vor der Aufnahme zur Behandlung

Ausschlußkriterien: akute Suizidgefahr, Alkohol- und/oder Medikamentenabhängigkeit

Therapieverfahren: tiefenpsychologisch fundierte Einzeltherapie, interaktionelle Gruppentherapie (in homogener Gruppe), verhaltensmodifikatorische Maßnahmen, Paartherapie, Entspannungstraining, Körperwahrnehmungstherapie, Gestaltungstherapie, Sozialtherapie, Rollenspiel, internistische Therapie verfügbar, gegebenenfalls auch in geschlossenen Akutbettzimmern

Nachstationäre Behandlung:
Ambulante Einzeltherapie bzw. ambulante Gruppenpsychotherapie seitens der Einrichtung möglich.

Zur Behandlung werden Patienten mit Bulimia nervosa, Anorexia nervosa und anderen psychogenen Eßstörungen (z.B. Adipositas) aufgenommen. Während einer 4tägigen stationären Voruntersuchung werden die Differentialindikation und Motivation zur Therapie geprüft. Die spätere Behandlung von eßgestörten Patienten besteht aus drei zeitlich aufeinanderfolgenden Phasen mit einem jeweils eigenen Schwerpunkt:

1. Erweiterte Diagnostik
Es wird eine ausführliche Eßanamnese erhoben. In Gesprächen mit der Familie werden die Befürchtungen bezüglich der Eßstörung und ihrer Folgen besprochen und gleichzeitig die intrafamiliären Interaktionsstile beobachtet.

2. Differenzierung kognitiver Funktionen
Die Patienten werden angeleitet, ihre Eßgewohnheiten bewußter wahrzunehmen, um deren Bedeutung bzw. Ersatzfunktionen besser zu verstehen. Sie werden darin unterstützt, ihre Hunger- und Sättigungsgefühle differenziert wahrzunehmen und von anderen Bedürfnissen zu unterscheiden; ferner sollen sie ihre Fähigkeiten zum Genießen kennenlernen. Ein weiterer Schwerpunkt liegt auf der Verbesserung der Selbstwahrnehmung des eigenen Körpers und gegebenenfalls der Korrektur des eigenen Körpererlebens.

Ziel dieser Phase ist es, einen Zusammenhang zwischen Eßproblematik und persönlicher Konfliktdynamik zu erkennen. Dazu finden zwei interaktionell strukturierte Gruppenbehandlungen pro Woche statt, ferner psychotherapeutische Einzelgespräche und Gruppensitzungen zum Austausch von Informationen über die Möglichkeit zur Änderung des Eßverhaltens. Begleitend werden Übungskurse zur Förderung der Körperwahrnehmung angeboten.

3. Tiefenpsychologische Psychotherapie
Diese bis zu 14wöchige Behandlungsphase ist fakultativ, weil sie nicht für alle Patienten geeignet ist. Sie kann durch ambulante Psychotherapie ersetzt werden und ist als Intervalltherapie auch zu einem späteren Zeitpunkt in der Klinik möglich.

36251 Bad Hersfeld

Klinik am Kurpark
Psychosomatische Fachklinik

Am Hainberg 10 - 12

Tel.: 06621/170-0

Art der Klinik: Reha- und Kurklinik

Träger: Wigbertshöhe Krankenhausgesellschaft mbH & Co. KG

Leiter der Klinik: Dr. med. M. Rassek und Dr. med. R. von Trott zu Solz

Kostenübernahme durch: alle Krankenkassen und Rentenversicherungsträger mit Ausnahme der BfA

Behandelt werden Patienten mit Neurosen, Persönlichkeitsstörungen, sexuellen Verhaltensabweichungen, Suchtmittelmißbrauch ohne Abhängigkeit, psychosomatischen Störungen und psychogenen Reaktionen.

Behandlung von Eßstörungen:

Ansprechpartner für Eßstörungen: Dr. med. R. von Trott zu Solz (Tel. 06621/170-119)

Durchschnittlich werden 5 Eßstörungspatienten zwischen dem 17. und dem 40. Lebensjahr behandelt.

Behandlungsdauer bei Eßstörungen zwischen 6 und 16 Wochen.

Aufnahmebedingungen und Aufnahmemodus:
Therapiemotivation einschließlich der Bereitschaft bzw. Fähigkeit zur Teilnahme an Gruppen. Vorgespräch erwünscht, aber nicht absolut erforderlich, das gleiche gilt für die

Teilnahme der Familie an der Therapie. Zuweisung durch niedergelassene Ärzte oder den Rentenversicherungsträger.

Ausschlußkriterien: vital bedrohliches Untergewicht, mangelnde Therapiemotivation, Unfähigkeit zur Abstinenz von Suchtmitteln, akute Psychosen.

Therapieverfahren: analytische Einzeltherapie, analytische Gruppentherapie, verhaltensmodifikatorische Maßnahmen, Familientherapie, Paartherapie, Konzentrative Bewegungstherapie, Entspannungstraining, Körperwahrnehmungstherapie, Gestaltungstherapie, Musiktherapie, Tanztherapie, physikalische Therapien, Sozialberatung, internistische Therapie verfügbar, psychiatrische Behandlung möglich

Nachstationäre Behandlung:
Vor bzw. nach stationärer Therapie (fest) vereinbarte Weiterbehandlung bei niedergelassenen Therapeuten, Nachsorgegruppe.

Die Klinik am Kurpark ist eine psychosomatische Fachklinik, in der Patienten mit Neurosen, Persönlichkeitsstörungen, funktionellen Störungen, Schmerzsyndromen und psychosomatischen Krankheiten im engeren Sinne behandelt werden. Die Klinik verfügt über 64 Betten bzw. Behandlungsplätze, die sich in 42 Einzelzimmer und 11 Doppelzimmer aufteilen. Für Akutfälle besteht ein "Krisenzimmer" mit 2 Plätzen. Die Therapiedauer beträgt je nach Indikation zwischen 4 und 12 Wochen, evtl. auch länger. Das Therapiekonzept ist analytisch orientiert, das therapeutische Team setzt sich zusammen aus 2 Leitenden Ärzten (ein Facharzt für Innere Medizin, Psychotherapie, Psychoanalyse, ein Facharzt für Psychiatrie, Psychotherapie, Psychoanalyse), 4 Assistenzärzten und 2 Psychologen, 7 Krankenschwestern bzw. Pflegern, Therapeuten für Gestaltungstherapie, Musiktherapie, Bewegungstherapie, Tanztherapie, Sport, Krankengymnastik, einer Masseurin und Bademeisterin. sowie 1 Sozialarbeiter. Für den medizinischen Bereich im engeren Sinne verfügt die Klinik über ein Labor, ein spezielles Untersuchungszimmer mit EKG, Ergometer, Spirometer und Notfallausstattung, für die physikalische Therapie stehen Fango- und Massagekabinen, medizinische Wannenbäder, Vierzellenbad und Unterwassermassage zur Verfügung.

Zum Ablauf der Behandlung
Nach der Erhebung einer gründlichen tiefenpsychologischen Anamnese und der somatischen Diagnostik wird der Patient in der Regel einer Therapiegruppe zugeteilt, die fünfmal pro Woche zusammenkommt, dreimal im Rahmen einer analytischen Gruppentherapie, zweimal im Rahmen einer Kreativtherapie. Diese Gruppen sind heterogen zusammengesetzt; es wird jedoch darauf geachtet, daß nach Möglichkeit wenigstens zwei Patienten mit ähnlichen Krankheitsbildern in einer Gruppe sind. Die meisten Patienten nehmen an ein bis zwei weiteren Kreativgruppen teil, dazu kommen sportliche Aktivitäten, Entspan-

nungstherapien, Gymnastik und physikalische Therapien. Je einmal pro Woche finden für alle Patienten eine sogenannte medizinische Aufklärung und eine Großgruppe statt, in der sämtliche Patienten und das therapeutische Team der Klinik zusammenkommen. Einzelkontakte mit dem Therapeuten finden regelmäßig bei Visiten und Sprechstunden statt, dazu kommen je nach Bedarf vereinbarte Einzelgespräche sowie Familien- und Paargespräche. Als ständig erreichbarer Ansprechpartner steht den Patienten das Pflegepersonal zur Verfügung.

79189 Bad Krozingen

Werner-Schwidder-Klinik
Fachklinik für Psychosomatische Medizin und Psychotherapie

Kirchhofener Str. 4

Tel.: 07633/2092

Art der Klinik: Klinik in freier Trägerschaft

Träger: Team-Management-Gesellschaft im Gesundheitswesen, Wiesbaden

Leiter der Klinik: Prof. Dr. med. Ulrich Rosin

Kostenübernahme durch: alle Kassen und Rentenversicherungsträger

5 Stationen mit 61 Betten

Behandelt werden Patienten im Alter von 17 bis 70 Jahren mit somatoformen Störungen, funktionellen und psychovegetativen Krankheitsbildern, akuten Belastungsreaktionen und Anpassungsstörungen, Angst- und phobischen Störungen, dissoziativen Störungen, Eßstörungen, Schlafstörungen, Persönlichkeitsstörungen.

Behandlung von Eßstörungen:

Ansprechpartner für Eßstörungen: Dr. phil. Dipl.-Psych. I. Gitzinger.

Durchschnittlich werden 10 Eßstörungspatienten im Alter von 17 bis 35 Jahren behandelt.

Behandlungsdauer bei Eßstörungen zwischen 6 und 30 Wochen.

Aufnahmebedingungen und Aufnahmemodus:
- Indikationsstellung durch einweisende Ärztin/Arzt.
- Möglichkeit eines ambulanten Vorgespräches unter - insbesondere bei Adoleszenten - Einbeziehung der Eltern.
- Bei vorausgegangenen, gescheiterten Therapien besteht die Notwendigkeit eines ambulanten Vorgespräches.
- Keine Limitierung beim Aufnahmegewicht; wenn das vereinbarte Minimalgewicht unterschritten wird, erfolgen zuvor besprochene Auflagen.

Ausschlußkriterien:
- psychotische Dekompensation
- akute Suizidalität
- letale Gefährdung durch somatischen Gesamtstatus

Therapieverfahren: Analytische Einzeltherapie, analytisch-interaktionelle Gruppentherapie als zentrale Bestandteile der Behandlung. Weiterhin Aufnahmegruppe, Stationsgruppen, erlebniszentrierte Gymnastik, Eutonie, Konzentrative Bewegungstherapie, Tanztherapie, Autogenes Training, Gestaltungstherapie, prozeßbegleitende Eltern-, Familien- und Paartherapie.

Nachstationäre Behandlung:
Vorbereitung auf die ambulante Nachbehandlung; wir bemühen uns stets um ein Vermitteln an niedergelassene Psychotherapeuten. - Eine ambulante Nachbehandlung seitens der Klinikmitarbeiter ist leider nicht möglich.
Die Werner-Schwidder-Klinik wurde 1979 als Fachklinik für Psychosomatische Medizin und Psychotherapie eröffnet. Es stehen 61 Betten zur Verfügung. Ambulanzgespräche finden ausschließlich im Vorfeld sowie im Hinblick auf stationäre Behandlung statt. Behandelt werden Patienten mit somatoformen Störungen, funktionellen und psychovegetativen Krankheitsbildern, akuten Belastungsreaktionen und Anpassungstörungen, Angst- und phobischen Störungen, dissoziativen Störungen, Eßstörungen, Schlafstörungen, Persönlichkeitsstörungen.

Die Therapien sind psychoanalytisch orientiert, ausgerichtet auf das Konzept der psycho-bio-sozialen Gesamtbehandlung, einschließlich körperorientierter und systemischer Ansätze. Die Indikation ist adaptiv, nicht selektiv, individuumzentriert, multifokal und verlaufsorientiert. Die Integration der teils heterogenen Ansätze im Team hat einen hohen Stellenwert.

Es geht einerseits um die psychoanalytisch konzipierte Förderung des Nachreifens entwicklungsbedingt defizienter Ich-Funktionen mit dem Ermöglichen einer personalen Beziehung. Andererseits handelt es sich darum, nach dem Durchbrechen selbstdestruktiver Eßzirkel mit Stabilisation der Selbstwertregulation die individuell zu ermittelnden Ressourcen, auch im sozialen Umfeld zu fördern. Daneben geht es um umstrukturierendes

Aufarbeiten der spezifischen Konfliktkonstellationen im »Dreieck der Einsicht« von Symptomatik, sozialem und therapeutischem Feld, mittels dosiert-regressionsfördernder Klärung und partieller Umstrukturierung.

Die internistisch-medizinische Behandlung erfolgt hausintern durch Konsiliarärzte. Bei vitaler Gefährdung Vereinbarung von Auflagen. In Zusammenarbeit mit der Inneren Abteilung der Universitätsklinik Freiburg sowie Inneren Abteilungen umliegender Kreiskrankenhäuser besteht die Möglichkeit der zeitlich befristeten Verlegung der Patienten mit Rückübernahmemöglichkeit. Weitere psychotherapeutische Betreuung während internistisch-stationärer Behandlung ist in enger Zusammenarbeit mit diesen Abteilungen gewährleistet.

32545 Bad Oeynhausen

Klinik am Korso - Fachzentrum für gestörtes Eßverhalten

Ostkorso 4

Tel.: 05731/18 10

Art der Klinik: Spezialklinik

Träger: Klinik am Korso GmbH & Co.

Leiter der Klinik: Dr. med. Georg Ernst Jacoby

Kostenübernahme durch: sämtliche Kassen und Rentenversicherungen

92 Betten

Behandelt werden nur eßgestörte Patient(inn)en.

Ansprechpartner für Eßstörungen: Dr. med. Georg Ernst Jacoby (Tel.: 05731/18 10)

Durchschnittlich werden 92 Eßstörungspatienten zwischen dem 18. und dem 60. Lebensjahr behandelt. Altersmedian ca. 25 Jahre.

Behandlungsdauer bei Eßstörungen zwischen 8 und 20 Wochen, durchschnittlich 12 Wochen.

Aufnahmebedingungen und Aufnahmemodus:

- 18 Jahre
- Minimalgewicht von ca. 34 kg bei Durchschnittsgröße
- Vorgespräch erforderlich
- Erforderlich sind weiterhin Motivation und eine basale Gruppenfähigkeit.

Ausschlußkriterien: akute Suizidgefährdung, akute Psychosen; Patienten, die unter Vormundschaft bzw. Pflegschaft stehen.

Therapieverfahren: analytische Einzeltherapie, analytische Gruppentherapie, verhaltensmodifikatorische Maßnahmen, Familientherapie, Paartherapie, Konzentrative Bewegungstherapie, Entspannungstraining, Körperwahrnehmungstherapie, Gestaltungstherapie, Psychodrama, Sozialtherapie, Informationsgruppen, Eß- und Ernährungsgruppen inklusive Lehrküche durch Ökotrophologinnen, Tanztherapie, Bioenergetik, internistische Therapie verfügbar, psychiatrische Behandlung möglich.

Nachstationäre Behandlung:

- Vor stationärem Therapieabschluß wird die Kontaktaufnahme der Patienten mit einer Selbsthilfegruppe oder psychotherapeutischen Beratungsstelle am Wohnort zumeist dringend empfohlen.
- Realitätstraining als Therapiebestandteil. Im Rahmen des Realitätstrainings werden zumeist ambulante therapeutische Kontakte hergestellt.
- Ehemaligentreffen, einmal jährlich.

Die Klinik am Korso ist eine Spezialeinrichtung zur Behandlung von Patienten mit gestörtem Eßverhalten. Es stehen 92 Behandlungsplätze für Patienten mit Bulimia nervosa, Anorexia nervosa und psychogener Adipositas zur Verfügung.

Die Kosten für die ca. 12wöchige stationäre Behandlung werden von den Krankenkassen und den Rentenversicherungen übernommen.

Der Therapie geht ein ambulantes Erstgespräch zur Prüfung der Indikation und Motivation voraus.

Die Therapie erfolgt nach einem festgelegten Therapieplan vor allem in Gruppen. Patienten und therapeutisches Team bilden eine »therapeutische Gemeinschaft«. Dabei wird ein tiefenpsychologisches Verständnis des Krankheitsgeschehens und der therapeutischen Interaktion zugrundegelegt. Auf dieser Basis werden Elemente verschiedener Therapieformen zu einem multimodalen Vorgehen aufeinander abgestimmt. Viele der angewandten Therapieverfahren entstammen der humanistischen Psychologie. Weitere integrale Therapiebestandteile sind ein Angehörigenseminar, etwa in der Mitte der Behandlungszeit, sowie ein Realitätstraining als »Generalprobe« für die Entlassung. Symptombezogene Therapieelemente sind Gewichtsverträge, Eß-Tagesberichte sowie die Ernährungstherapie mitsamt dem praktischen Üben in der Lehrküche. Dem Suchtcharakter der Eßstörungen wird Rechnung getragen durch eine anfängliche 14tägige Kontaktsperre, die der Entwöhnung, Umstellung und Selbstbesinnung dient.

Da wir in der Klinik keine ambulante Nachbetreuung durchführen können, legen wir größten Wert auf Kontakte mit ambulanten Therapeuten, psychosozialen Diensten und Selbsthilfegruppen.

Rückmeldungen über den weiteren Werdegang unserer Patienten und über den Therapieerfolg bekommen wir bei Ehemaligentreffen und durch unsere regelmäßigen katamnestischen Untersuchungen.

88427 Bad Schussenried

Psychiatrisches Landeskrankenhaus
Bereich Psychotherapie

Klosterhof 1

Tel.: 07583/330

Art der Klinik: Krankenhaus

Träger: Land Baden-Württemberg, Ministerium für Arbeit, Gesundheit und Sozialordnung

Leiter der Klinik: Dr. med. Hans-Otto Dumke, Arzt für Neurologie und Psychiatrie

Kostenübernahme durch: alle Krankenkassen

1 Station mit 14 Betten

Behandelt werden Patienten mit Identitäts- und Loslösungsproblematik in der Adoleszenz, Neurosen und Phobien, Borderline-Syndrom, nicht manifestierten Abhängigkeiten von Alkohol, Medikamenten und Drogen, Sexualstörungen und psychogenen Reaktionen, Eßstörungen.

Behandlung von Eßstörungen:

Leiter der Spezialstation: Georg Kranz, Arzt für Psychiatrie, Psychoanalyse, Psychotherapie

Ansprechpartner für Eßstörungen: Georg Kranz (Tel. 07583/33-535)

In den letzten 12 Jahren wurden pro Jahr durchschnittlich 5 Patienten mit Eßstörungen behandelt. Die Behandlungsdauer lag zwischen 4 Wochen und 11 Monaten.

Aufnahmebedingungen und Aufnahmemodus:
Individueller Behandlungsauftrag für wenigstens 4 Wochen, der im Vorgespräch erarbeitet wird.

Ausschlußkriterien: Nicht behandelt werden Charakterneurosen, manifeste Abhängigkeit von Alkohol, Medikamenten, Drogen sowie Psychosen und Personen unter 18 Jahren.

Therapieverfahren: analytisch orientierte Einzel- und Gruppentherapie, themenzentrierte Interaktion, verhaltensmodifikatorische Maßnahmen, milieutherapeutische Elemente durch gemeinsame Unternehmungen und tägliche Stationsrunde im Rahmen partieller Patientenselbstverwaltung der Station, Entspannungstraining, Gestaltungs-, Musik-, Reit- und Sporttherapie, Bogenschießen, internistische Therapie verfügbar, psychiatrische Behandlung möglich, gegebenenfalls auch in geschlossener Abteilung.

Nachstationäre Behandlung:
- Nach stationärer Therapie wird eine vereinbarte Weiterbehandlung bei niedergelassenen Therapeuten angestrebt.
- Ambulante Einzeltherapie seitens der Einrichtung ist begrenzt möglich.
- Therapeutische Wohngemeinschaft.

Allgemeines: Auf der offenen gemischtgeschlechtlichen Psychotherapiestation mit 14 Betten werden psychoneurotische, -vegetative, -somatische und -reaktive Störungen einschließlich Eßstörungen behandelt. In geringerem Umfang kommen auch frühe Störungen (Borderline-Syndrom, narzißtische Grundstörungen) und nicht manifeste Abhängigkeiten von Alkohol oder Medikamenten zur Aufnahme. Die Behandlungsdauer beträgt wenigstens 4 Wochen, durchschnittlich 12 Wochen.
Da diese Erkrankungen mit dem eigenen Erleben und Verhalten, der Verarbeitung von Kummer, Sorge, Enttäuschung, Kränkungen und Schuld, den psychischen Anlagen und dem sozialen Umfeld zusammenhängen, wird hier die aktive Mitarbeit des Patienten unter der Fragestellung gefordert, warum er mit seiner Lebensführung zu diesem Zeitpunkt und mit diesen Symptomen erkrankt ist.

Therapieziel: Ziel der analytischen Therapie ist es, die unbewußt wirksamen Mechanismen für den Patienten erfahrbar zu machen, die ihn immer wieder veranlassen, seine ihn krankmachende Situation herzustellen. Durch Verdeutlichung der unbewußten Konflikte soll der Patient in die Lage versetzt werden, sich der Konfliktsituation zu stellen und für sich andere Lösungsmöglichkeiten zu erarbeiten, damit die Symptombildung zur Erreichung eines innerseelischen Gleichgewichts nicht mehr notwendig ist.

Therapieangebot: Zur Verdeutlichung der Konflikte bieten wir Psychodiagnostik (Szeno-, Gießen-, Neigungsstruktur-, Rorschachtest usw.). Das Behandlungsangebot umfaßt Einzel- und Gruppentherapie (tiefenpsychologisch fundierte Gruppe, interaktionelle Gruppe, medienpädagogische Gruppe, Stationsrunde), Gestaltungs-, Musik-, Reit- und Physiotherapie, außerdem Schwimmen, Sport, Bogenschießen und gemeinsame Unternehmungen der Patienten.

Personelle Ausstattung: Das Team besteht aus 6 Pflegekräften, 1 Sozialarbeiterin halbtags, 1 Diplom-Psychologen, 1 Assistenzarzt und dem Leiter des Bereichs Psychotherapie.

Die Aufnahme erfolgt entweder direkt durch Einweisung von niedergelassenen Ärzten nach einem Aufnahmegespräch oder als Verlegung von den anderen Aufnahmestationen des Hauses.

34537 Bad Wildungen-Reinhardshausen

Parkland-Klinik
Abteilung für psychogene Eßstörungen

Im Kreuzfeld 6

Tel.: Sekretariat: 05621/706-669

Art der Klinik: Fachklinik für psychosomatische Erkrankungen

Träger: Parkland-Klinik GmbH & Co. Betriebs-KG

Leiter der Klinik: Dr. med. E. Hillenbrand, Chefarzt

Kostenübernahme durch: BfA, LVA, alle Kassen, Selbstzahler

9 Stationen mit insgesamt 240 Betten

Behandelt werden Patienten mit psychosomatischen Erkrankungen, neurotischen Erkrankungen, psychovegetativen Erkrankungen, frühen Persönlichkeitsstörungen.

Behandlung von Eßstörungen:

Leiter der Spezialstation: Dr. med. A. Schreiber, Oberärztin

Ansprechpartner für Eßstörungen: Dr. A. Schreiber (Tel. 05621/706-669) und Dipl.-Psych. I. Künzl (Tel. 05621/706-661)

Durchschnittlich werden 10 Eßstörungspatienten zwischen dem 18. und dem 35. Lebensjahr behandelt.

Behandlungsdauer bei Eßstörungen: 12 und 14 Wochen.

Aufnahmebedingungen und Aufnahmemodus:
Vorgespräch zur Abklärung der persönlichen Einstellungen und Erwartungen der Patienten
Bei Entscheidung für Aufnahme Festlegung eines individuellen Minimalgewichtes, das bei Beginn der Behandlung bestehen und auch während des gesamten Aufenthaltes nicht unterschritten werden sollte.

Ausschlußkriterien: akute Psychosen; Alkohol- und Drogenabhängigkeit, akute Suizidalität

Therapieverfahren: analytische Gruppentherapie, Familiengespräche, Paargespräche, Bewegungstherapie, Entspannungstraining, Körperwahrnehmungstherapie, Sozialtherapie, Kreativangebote, Bogenschießen, Gymnastik, Ernährungsberatungsgruppe, internistische Therapie verfügbar.

Nachstationäre Behandlung:
- Keine Nachbetreuung-Behandlung möglich.
- Nach stationärer Therapie (fest) vereinbarte Weiterbehandlung bei niedergelassenen Therapeuten.

Wir behandeln auf einer speziellen Station (27 Betten) junge Erwachsene mit Anorexie, Bulimie, Eßsucht, daneben auch Patienten mit anderen Reifungsstörungen.
   Kernstück des **Behandlungssettings** ist das Zusammenwirken von psychoanalytisch-interaktioneller Gruppentherapie, Bewegungstherapie, Entspannungsverfahren (PMR, AT) sowie regelmäßigen, indikationsgerecht zusammengestellten Ernährungsberatungsgruppen; im weiteren gehören kreativ-therapeutische Angebote, freie sportliche und balneo-physikalische Maßnahmen, Körperwahrnehmungsübungen, Schwimmen, Bogenschießen und angeleitete Freizeitangebote.

Die **Gruppentherapie** umfaßt abwechselnd 2x wöchentlich je 90 Min. verbale Gruppe und 2x wöchentlich je 90 Min. Bewegungstherapie. Die Leitung wird im verbalen Teil von einem Therapeutenpaar durchgeführt mit dem Ziel, den Patienten ein symbolisches Elternpaar zur Verfügung zu stellen, Identifizierungs- und Triangulierungsprozesse zu fördern und um im Hinblick auf eine auch familienorientierte Sichtweise, Probehandeln zu ermöglichen.

Die **Bewegungstherapie** unter Leitung einer Bewegungstherapeutin bildet einen eigenständigen Symbolisierungs- und Übergangsraum, der u.a. auch für Spaltungsprozesse offen ist. Unabhängig von den therapeutischen Beziehungen besteht der Kontakt zu einem Stationsarzt, der die Behandlung auf medizinischem Gebiet übernimmt und über die Einhaltung der Setting- und Gewichtsgrenzen wacht.

Das **Team** besteht aus 3 Pflegekräften, 1 Diplom-Psychologin, 2 Assistenzärzten, 1 Bewegungstherapeutin (halbtags), 1 Arzt im Praktikum sowie der Leiterin der Spezialstation (anteilig).

Behandlungsziele sind eine Anbahnung von Separation auf dem Boden einer differenzierteren Körper-, Selbst- und Objektwahrnehmung, und im weiteren eine Entwicklungsförderung der gestörten weiblichen Identität.

14193 Berlin (Grunewald)

Privatklinik für Psychogene Störungen
Fachkrankenhaus für Psychotherapie und Psychosomatik

Höhmannstr. 2

Tel.: 030/826 20 66

Art der Klinik: Fachklinik der Regelversorgung

Träger: C.-S. Wiegmann

Leiter der Klinik: Dr. med. H. Kallfass, leitender Arzt

Kostenübernahme durch: Krankenkassen

53 Betten

Behandelt werden Patienten zwischen dem 18. und 60. Lebensjahr aus der Gruppe neurosenpsychosomatische Erkrankungen und strukturelle Störungen

Behandlung von Eßstörungen:

Ansprechpartner für Eßstörungen: Dr. Stäbler-Lehr

Durchschnittlich werden 10 % als Eßstörungspatienten zwischen dem 20. und 40. Lebensjahr behandelt

Behandlungsdauer bei Eßstörungen zwischen 8 Wochen und 7 Monaten

Aufnahmebedingungen und Aufnahmemodus:
Indikationsstellung durch den einweisenden Arzt (Allgemeinmedizin mit Psychotherapie oder Psychiater). Körperlicher Zustand so, daß keine internistische Notfallbehandlung erforderlich

Ausschlußkritierien: Psychosen, schwere internistische Begleiterkrankungen, ausgeprägte sekundäre Sucht

Therapieverfahren: analytische Einzeltherapie, analytische Gruppentherapie, verhaltensmodifikatorische Maßnahmen, Familien- und Paartherapie, Konzentrative Bewegungstherapie, Bewegungstherapie, Entspannungstraining, Körperwahrnehmungstherapie, Gestaltungstherapie, internistische Therapie verfügbar (konsiliarisch), psychiatrische Behandlung möglich.

Nachstationäre Behandlung:
• Keine Nachbetreuung/behandlung möglich.
• Nach stationärer Therapie (fest) vereinbarte Weiterbehandlung bei niedergelassenen Therapeuten.

12200 Berlin (Steglitz)

Klinikum Benjamin Franklin der Freien Universität Berlin
Abteilung für Psychosomatik und Psychotherapie

Hindenburgdamm 30

Tel: 030/8445-3996

Art der Klinik: Universitätsklinik

Träger: Freie Universität Berlin

Leiter der Klinik: Prof. Dr. med. H.H. Studt

Kostenübernahme durch: Krankenkassen

1 Station mit 13 Betten

Behandelt werden Patienten zwischen dem 16. und dem 60. Lebensjahr; Diagnosegruppen wechselnd (Psychosomatosen 30 %, funktionelle Störungen 50 %, Psychoneurosen 10-20%).

Behandlung von Eßstörungen:

Ansprechpartner für Eßstörungen: Dr. med. Werner Köpp (Tel. 030/8445-3996)

Durchschnittlich werden 4 Eßstörungspatienten zwischen dem 17. und dem 35. Lebensjahr behandelt.

Behandlungsdauer bei Eßstörungen zwischen 4 Wochen und 5 Monaten.

Aufnahmebedingungen und Aufnahmemodus:
Aufnahmegespräch erforderlich; dabei dann Klärung der Aufnahmebedingungen (keine Aufnahme von Patienten, die bereits bei der Aufnahme vital gefährdet sind - z.B. Infusionen zur Ernährung benötigen).

Ausschlußkritierien: akute Psychosen, schwere Suizidalität, aktuell notwendige intensivmedizinische Betreuung

Therapieverfahren: analytische Einzeltherapie, analytische Gruppentherapie, verhaltensmodifikatorische Maßnahmen, familien- und paartherapeutische Gespräche, Konzentrative
Bewegungstherapie, Entspannungstraining, Körperwahrnehmungstherapie, Gestaltungstherapie, internistische Therapie verfügbar

Nachstationäre Behandlung:
- Nach stationärer Therapie (fest) vereinbarte Weiterbehandlung bei niedergelassenen
  Therapeuten.
- Bis zum Beginn der ambulanten Therapie bei einem niedergelassenen Therapeuten
  werden nach Abschluß der stationären Behandlung überbrückende ambulante
  Gespräche durch die Klinik angeboten.

Die Abteilung ist eine von sechs Abteilungen der Medizinischen Klinik im Universitätsklinikum Benjamin Franklin der FU Berlin. Im Klinikum sind sämtliche medizinischem
Disziplinen vertreten. Das Konzept der Abteilung ist psychoanalytisch orientiert, schließt
aber - insbesondere bei psychogenen Eßstörungen - verhaltensmodifikatorische Elemente
mit ein. Weiterhin besteht die Möglichkeit, Familie oder Partner der Patient(inn)en mit in
die Therapie einzubeziehen.

Die stationäre Psychotherapie ist durch die gleichzeitige Anwendung verschiedener
Therapieverfahren (analytisch orientierte Einzel- und Gruppentherapie, konzentrative
Bewegungstherapie, Gestaltungstherapie, Entspannungsübungen und bei Bedarf medizinische Maßnahmen) gekennzeichnet. Sie ist dadurch besonders intensiv. Meistens ersetzt sie
jedoch keine ambulante Psychotherapie, sondern bereitet die Patienten eher darauf vor.
Manchmal kann es auch sinnvoll sein, eine laufende ambulante Psychotherapie zu unterbrechen und zwischenzeitlich stationär fortzusetzen. Dies ist besonders bei Eßstörungen
häufiger der Fall.

Die ärztlichen Mitarbeiter sind in der Regel Internisten oder Nervenärzte und gleichzeitig Psychoanalytiker bzw. in fortgeschrittener psychoanalytischer Weiterbildung. Die stationäre Aufnahme erfolgt ausschließlich nach ambulanten Vorgesprächen, die von niedergelassenen Ärzten (Überweisung) oder den Ärzten des Klinikums (Konsiliaruntersuchung)
veranlaßt werden können. Zwar besteht die Möglichkeit einer Mitbehandlung durch andere
Fachdisziplinen, jedoch steht die Psychotherapie im Vordergrund der stationären
Behandlung. Grundsätzlich sollen die Patienten in der Lage sein, an den therapeutischen
Sitzungen teilzunehmen. Daher werden bettlägrige Patienten nicht aufgenommen.
Ambulante Psychotherapien können von Mitarbeitern der Klinik nicht durchgeführt wer-
den; jedoch besteht die Möglichkeit, im Rahmen von Beratungsgesprächen bei der
Vermittlung von niedergelassenen Psychotherapeuten behilflich zu sein.

14109 Berlin-Wannsee

Kliniken im Theodor-Wenzel-Werk
Innere Abteilung/Psychosomatik

Hohenzollernstaße 15-19

Tel.: 030/8109-0

Art der Klinik: Innere Abteilung

Träger: Theodor-Wenzel-Werk

Leiter der Klinik: Dr. B. Foth

Kostenübernahme durch: Krankenkassen

2 Stationen mit 60 Betten, davon 30 für psychosomatisch Erkrankte

Behandelt werden Patienten vom 17. bis zum 97. Lebensjahr mit psychosomatischen und Alterserkrankungen

Behandlung von Eßstörungen:

Ansprechpartner für Eßstörungen: Dipl.-Psych. Norbert Kemper (Tel. 030/8109-2570 oder -2120)

Durchschnittlich werden etwa 10 Patientinnen mit Eßstörungen ab dem 16. Lebensjahr behandelt.

Die Behandlungsdauer bei Eßstörungen wird individuell vereinbart; in der Regel zwischen 3 und 15 Wochen.

Aufnahmebedingungen und Aufnahmemodus:
Im Versorgungsrahmen unserer Inneren Abteilung ist eine unmittelbare Aufnahme auch bei krisenhafter Zuspitzung mit erheblichem Untergewicht nach Rücksprache möglich.
Erfahrungsgemäß tragen Vorgespräche entscheidend zur Abklärung eines beabsichtigten Behandlungsaufenthaltes bei, wenn die Patienten nicht bereits schon in ambulanter Behandlung sind und vom behandelnden Arzt/Therapeuten eine Überleitung zu uns erfolgt. Ansonsten streben wir im Rahmen eines Konzeptes der stationären psychosomatischen Grundversorgung einen möglichst niedrigschwelligen Aufnahmemodus an.

Ausschlußkritierien: akute Psychosen, schwere Suizidalität, Abhängigkeit von harten Drogen

Therapieverfahren: internistische Diagnostik und Therapie (inkl. evtl. notwendiger Sondenernährung), Krisenintervention mit stützenden Gesprächen, Visitengespräche, tiefenpsychologisch fundierte Einzeltherapie, Gruppentherapie, Körperwahrnehmungstherapie (Gymnastik, Entspannung), Krankengymnastik, Massagen und Bäder, Ergotherapie, Musiktherapie, Belastungsausgänge, Familiengespräche auf Wunsch der Patientin, Kontaktvermittlung zu Selbsthilfeeinrichtungen (»Dick und Dünn«) und therapeutischen WGs

Nachstationäre Behandlung:
Während des stationären Aufenthaltes erfolgt eine intensive Abklärung eventuell notwendiger Anschlußbehandlungen (Fachkliniken, ambulante Psychotherapie, usw.), bis zu deren Beginn wir nach der Entlassung leider nur begrenzte Kapazitäten der Überbrückungshilfe bereitstellen können und an Selbsthilfegruppen, Hausärzte usw. verweisen.

Die Innere Abteilung der Kliniken im Theodor-Wenzel-Werk liegt in Berlin-Wannsee in einer Wohngegend, umgeben von Wald und Seen. Aufgeteilt in 3 Schwerpunkte der Krankenversorgung Innere Medizin/Geriatrie, Psychosomatik und Entwöhnungsbehandlungen (Alkohol) finden die Patienten mit Eßstörungen keine homogene Betroffenengruppe von Patienten vor, sondern ein weites Spektrum von Menschen mit unterschiedlichen Biographien, Krankheiten und Verhaltensweisen. Ein seit etwa 10 Jahren entwickelter Ansatz einer integrativen Medizin in unserem Haus zielt auf die gleichwertige Berücksichtigung und Behandlung der psychosomatischen Erkrankungen bei den Patienten.

Die Umsetzung des integrativen Konzeptes orientiert sich an einem gewachsenen Anspruch eines respektvollen Umgangs zwischen Behandelnden und Behandlern. Auf Seiten der Mitarbeiter wächst durch ein tiefenpsychologisches Verstehen der Krankheiten die Basis für eine teils regressionsfördernde als auch behutsam konfrontierende Atmosphäre im Umgang mit eßgestörten Patientinnen.

Durch ein ausgewogenes Verhältnis zwischen Gespräch (Einzel- und Gruppentherapie) und Bewegungsbehandlung (BT, Musiktherapie usw.) wird eine positive Veränderung u.a. im Selbstwerterleben, Körperbilderleben und Gewichtstolerierung angestrebt.

Die Mitarbeiter des Teams sind Krankenschwestern, Ärztinnen in psychotherapeutischer Weiterbildung, Krankengymnastinnen, eine Ergotherapeutin, eine Körpertherapeutin, ein Musiktherapeut, ein Oberarzt und ein Psychologe.

Um besser abschätzen zu können, ob die Neuaufnahme einer Patientin sinnvoll ist, ist uns daran gelegen, in einem Vorgespräch die Patientin über den Ablauf, Zeitdauer und Inhalte der Behandlung zu informieren, um dann gemeinsam eine Entscheidung treffen zu können.

16321 Bernau-Waldsiedlung

Brandenburg Klinik
Abteilung für Psychotherapie und Psychosomatik

Brandenburg Allee 1

Tel: 033397/33101

Art der Klinik: Rehabilitationsklinik

Träger: Unternehmensgruppe Michels Kliniken

Leiter der Klinik: Dr. med. Dr. phil. J. Münch

Kostenübernahme durch: Krankenkassen, LVA Berlin, Brandenburg; BfA
5 Stationen mit insgesamt 120 Betten

Behandelt werden Patienten zwischen dem 20. und dem 60. Lebensjahr aus dem gesamten Spektrum der psychoneurotischen und psychosomatischen Störungen

Behandlung von Eßstörungen:

Ansprechpartner für Eßstörungen: Dipl.-Psych. A. Karutz (Tel. 033397/33176)

Durchschnittlich werden 2 bis 3 Eßstörungspatienten zwischen dem 20. und dem 50. Lebensjahr behandelt.

Behandlungsdauer bei Eßstörungen zwischen 6 Wochen und 3 Monaten

Aufnahmebedingungen und Aufnahmemodus:
kein festgelegtes Minimalgewicht; ein Aufnahmegespräch ist wünschenswert, um Aufnahmebedingungen im Einzelfall abzustimmen und fest zu verabreden; Einbeziehung der Familie ist im Einzelfall möglich.
 Die Patient(inn)en müssen hinsichtlich ihrer Kooperationsbereitschaft und Therapiemotivation soweit sein, daß stabile Absprachen und verbindliche Regelungen möglich sind (paktfähig).

Ausschlußkritierien: Bedarf an intensiver medizinischer Betreuung, akutes Suizidrisiko

261

Therapieverfahren: analytische Einzeltherapie, analytische Gruppentherapie, verhaltens-modifikatorische Maßnahmen, Familientherapie, Paartherapie, Konzentrative Bewegungs-therapie, Entspannungstraining, Körperwahrnehmungstherapie, Gestaltungstherapie, soziale Betreuung, internistische Therapie verfügbar, psychiatrische Behandlung möglich

Nachstationäre Behandlung:
- Vor bzw. nach stationärer Therapie (fest) vereinbarte Weiterbehandlung bei niederge-lassenen Therapeuten.
- Ambulante Einzeltherapie bzw. ambulante Gruppentherapie seitens der Einrichtung möglich.

Die Abteilung für Psychotherapie und Psychosomatik ist Teil eines größeren Rehabilita-tionsklinikums, das die Indikationsbereiche Orthopädie, Neurologie, Kardiologie sowie Pädiatrische Onkologie einschließt. Die sich hieraus ergebenden Möglichkeiten zur fachübergreifenden Kooperation werden oft genutzt.

Die Unterbringung der Patienten erfolgt dezentral in Einzelhäusern in einem offenen Parkgelände. Die Häuser sind zu Stationen zusammengefaßt mit je 24 Betten. So entsteht in einem relativ überschaubaren Rahmen die Möglichkeit zu intensivem sozialen Austausch. Die offene Struktur setzt auf seiten der Patienten allerdings relativ hohe Therapie-motivation voraus.

Das Konzept der Abteilung ist psychoanalytisch orientiert, wobei andere Verfahren, insbesondere aus der Verhaltenstherapie, im Einzelfall einbezogen werden. Ein Schwerpunkt des Behandlungsangebotes liegt ferner im Bereich der körperbezogenen und gestalterischen Therapieverfahren. Partner und Familienangehörige können in die Therapie einbezogen werden. Hierfür bestehen spezielle Vereinbarungen mit den Kostenträgern.

In der stationären Psychotherapie entstehen durch den gemeinsamen Einsatz verschie-dener Verfahren in der Einzel- und Gruppensituation und insbesondere auch durch den Kontakt der Patienten untereinander vielfältige Anregungen zum Überdenken der eigenen Situation und zum Erproben neuer Verhaltensweisen. Dies ist besonders deswegen günstig, weil für die Mehrzahl unserer Patienten die stationäre Psychotherapie der erste Kontakt mit psychotherapeutischen Möglichkeiten überhaupt bildet und dann oft als Einstieg in eine längerfristige ambulante Behandlung am Heimatort dient. Es kann aber auch sinnvoll sein, eine bereits laufende ambulante psychotherapeutische Behandlung in stationärer Form fort-zusetzen bzw. eine stationäre Phase zwischenzeitlich durchzuführen. Dies hat sich insbe-sondere bei psychogenen Eßstörungen bewährt.

74321 Bietigheim-Bissingen

Krankenhaus Bietigheim
Bereich für Psychosomatische Medizin

Riedstr. 12

Tel.: 07142/79-0 oder -4301

Art der Klinik: Allgemeinkrankenhaus

Träger: Kliniken Ludwigsburg-Bietigheim GmbH

Ärztlicher Direktor: Prof. Dr. D. Hey

Verwaltungsleiter: M. Klammroth

Kostenübernahme durch: Krankenkassen

18 Stationen mit insgesamt 465 Betten

Behandelt werden Patienten ab dem 18. Lebensjahr mit unter anderem funktionellen Beschwerden, Konversionssyndromen, chronischen Darmerkrankungen, allen Körperkrankheiten, bei denen eine stationäre Psychotherapie begleitend oder schwerpunktmäßig indiziert ist.

Behandlung von Eßstörungen:

Der Bereich Psychosomatik ist der Fachabteilung Innere I (Prof. Dr. med. D. Busch) angegliedert. Es stehen derzeit 6 Betten zur Verfügung.

Leiter des Bereichs für Psychosomatische Medizin: Dr. med. E. Semm

Ansprechpartner für Eßstörungen: Dr. med. E. Semm (Tel. 07142/79-4301) und M. Rößiger (Tel. 07142/79-4302)

Durchschnittlich werden 2 bis 3 Eßstörungspatienten zwischen dem 18. und dem 30. Lebensjahr behandelt.

Behandlungsdauer bei Eßstörungen zwischen 2 und 12 Wochen

Aufnahmebedingungen und Aufnahmemodus:
In der Regel Vorgespräch, aber in Ausnahmefällen ist auch eine Direkteinweisung möglich. Der Patient erhält Information über die therapeutischen Angebote und soll sich hierfür entscheiden. Die Therapie orientiert sich an Gewichtszunahme, diesbezüglich wird mit dem Patienten eine individuelle Vereinbarung getroffen. Es wird ein Minimalgewicht definiert, bei Unterschreiten dieses Minimalgewichtes erfolgt Sondenkost; gegebenenfalls auch Verlegung auf die internistische Intensivstation, wenn hierfür eine medizinische Indikation gegeben ist. Bei akuter Suizidalität erfolgt Verlegung in die Psychiatrische Klinik. Ansonsten orientiert sich die Therapie an den Gegebenheiten der Akutklinik.

Ausschlußkriterien: im Vordergrund stehende Sucht, z.B. Polytoxikomanie; akute Suizidalität

Therapieverfahren: analytisch orientierte Einzeltherapie, analytisch orientierte Gruppentherapie, Konzentrative Bewegungstherapie, Gestaltungstherapie, internistische Therapie verfügbar, psychiatrische Behandlung möglich

Nachstationäre Behandlung:
- Eine sich unmittelbar anschließende Psychotherapie/Psychoanalyse ist nur bei entsprechend vorhandener Kapazität möglich.
- Eine Nachbehandlung wird in der Regel vor Therapieabschluß nicht fest vereinbart.
- Katamneseprojekt (1/4 Jahr, 1/2 Jahr, 1 Jahr nach Abschluß der Therapie Wiedereinbestellung des Patienten - Bestandsaufnahme).
- Gegebenenfalls Vermittlung von weiterführenden, z.B. ambulanten/stationären Therapien.

Das Krankenhaus Bietigheim ist ein Krankenhaus der Regelversorgung mit den Fachabteilungen Innere Medizin I und II (Gastroenterologie, Kardiologie), Allgemeinchirurgie, Unfallchirurgie, Gynäkologie und Geburtshilfe, Anästhesie, Radiologie und den Belegabteilungen HNO, Augenheilkunde sowie Mund-, Kiefer- und Gesichtschirurgie.
Der Bereich Psychosomatik besteht seit dem 1.3.1988 - formal wurde er der Abteilung Innere I/Gastroenterologie angegliedert; die Tätigkeit umfaßte ursprünglich den Liaison- und Konsiliardienst auf den Stationen. Seit dem 1. Oktober 1989 stehen dem Bereich 6 eigene Betten auf einer internistisch-gastroenterologischen Station zur Verfügung; die Station versteht sich als eine psychosomatische Station. Es findet eine enge Zusammenarbeit mit den Kollegen der Internistischen Abteilung und dem Pflegeteam statt (unter anderem Stationsrunden, Fortbildungen etc.). Die dem Bereich Psychosomatik zur Verfügung stehenden Betten werden teilweise durch akute Direktaufnahme von außen nach Absprache mit dem diensthabenden internistischen Kollegen, teilweise nach ambulanten Vorgesprächen per Überweisung durch Haus- bzw. Fachärzte belegt. Diagnosespektrum

sowie Verweildauer stehen in enger Beziehung zu den Anforderungen, die an ein Allgemeinkrankenhaus der Regelversorgung gerichtet werden - somit sind weder Diagnosegruppen noch Therapiezeiträume scharf definiert. Neben der Behandlung der 6 Patienten auf der psychosomatischen Station umfaßt die Tätigkeit des Bereiches Psychosomatik nach wie vor Liaison- und Konsiliardienst im ganzen Haus, vornehmlich auf den internistischen Stationen.

Das Therapieangebot des Bereiches Psychosomatik umfaßt: Somatotherapie, analytisch orientierte Einzel- und Gruppentherapie, Konzentrative Bewegungstherapie, Gestaltungstherapie - hierfür stehen 4 Arztstellen sowie 2 halbe Stellen für die Spezialtherapien zur Verfügung.

Die im Rahmen des Allgemeinkrankenhauses zur Verfügung stehende Verweildauer beeinflußt Behandlungsschwerpunkte und Behandlungsziele; so versteht sich die Therapie als eine Art Krisenintervention mit einem fokalen Ansatz im Hier und Jetzt. Der stationäre Aufenthalt dient zunächst der positiven psychosomatischen Diagnostik und gegebenenfalls auch der Vermittlung ambulanter und/oder weiterführender stationärer Therapien in entsprechenden Einrichtungen.

53105 Bonn

Klinik und Poliklinik für Psychosomatische Medizin und Psychotherapie der Rheinischen Friedrich-Wilhelms-Universität

Sigmund-Freud-Str. 25

Tel.: 0228/287-5919/5256

Art der Klinik: Spezialklinik

Träger: Universität Bonn

Leiter der Klinik: Prof. Dr. R. Liedtke

Kostenübernahme durch: Krankenkassen

1 Station mit 10 Betten

Behandelt werden Patienten zwischen dem 16. und dem 70. Lebensjahr; Diagnosegruppen: wechselnd (Psychosomatosen 20 %, funktionelle Störungen 60 %, Psychoneurosen 20 %)

Behandlung von Eßstörungen:

Leiter der Spezialstation: Prof. Dr. R. Liedtke

Ansprechpartner für Eßstörungen: Dipl.-Psych. S. Büsing, Dr. G. Schilling (Tel.: 0228/287-6299)

Ambulant werden jährlich ca. 45 Eßstörungspatienten untersucht bzw. behandelt. Stationär werden durchschnittlich 25 Eßstörungspatienten pro Jahr zwischen dem 16. und dem 40. Lebensjahr behandelt.

Stationäre Behandlungsdauer bei Eßstörungen zwischen 4 Wochen und 4 Monaten

Aufnahmebedingungen und Aufnahmemodus:
Ambulantes diagnostisches Vorgespräch (1 bis 3 Gespräche) ist erforderlich. Eine medikamentöse Zusatzbehandlung, inklusive Psychopharmaka-Therapie stellt keine Kontraindikation dar.

Ausschlußkritierien: vitale Gefährdung, Suizidalität, akute Psychosen

Therapieverfahren: analytische Gruppentherapie, analytisch orientierte Einzeltherapie, verhaltensmodifikatorische Maßnahmen in Einzel- und Gruppenform, Entspannungstraining, Körperwahrnehmungstherapie, Gestaltungstherapie

Nachstationäre Behandlung:
Weiterbehandlung in der eigenen Poliklinik oder bei niedergelassenen Therapeuten

Die Klinik und Poliklinik für Psychosomatische Medizin und Psychotherapie bildet eine selbständige Einheit innerhalb des Zentrums »Innere Medizin« der Rheinischen Friedrich-Wilhelms-Universität Bonn.

Die stationäre Psychotherapie integriert psychoanalytische und verhaltenstherapeutische Verfahren und beinhaltet folgende Therapieelemente: Analytische Gruppentherapie, analytisch orientierte Einzeltherapie, verhaltensmodifikatorische Maßnahmen in Einzel- und Gruppenform, Entspannungstraining (progressive Relaxation und autogenes Training), Körperwahrnehmungstherapie, Gestaltungstherapie. Weiterhin besteht die Möglichkeit, den Lebenspartner bzw. die Familie in dieTherapie einzubeziehen.

In der Klinik arbeiten z.Zt. insgesamt 6 Ärzte und 5 Diplom-Psychologen. Die ärztlichen Mitarbeiter sind Ärzte für Psychiatrie, Neurologie oder Psychotherapeutische Medizin und Psychoanalytiker bzw. in fortgeschrittener psychoanalytischer Ausbildung. Die Diplom-Psychologen sind entweder psychoanalytisch oder verhaltenstherapeutisch qualifiziert.

Die stationäre Aufnahme erfolgt nach ein bis drei ambulanten diagnostischen Vorgesprächen, die von niedergelassenen Ärzten oder von den Ärzten des Klinikums veranlaßt werden können. Da sämtliche medizinischen Disziplinen im Klinikum vertreten sind, besteht grundsätzlich die Möglichkeit einer Mitbehandlung durch andere Fachrichtungen. Eine medikamentöse Zusatzbehandlung, inkl. einer Therapie mit Psychopharmaka, stellt keine Kontraindikation für eine Behandlung dar.

Relevante Ausschlußkriterien sind: Vitale Gefährdung, manifeste Suizidalität und akute Psychosen.

Eine ambulante Nachbetreuung wird entweder über die eigene Poliklinik bzw. bei einem niedergelassenen Psychotherapeuten vereinbart.

44287 Dortmund

Abteilung Psychotherapie und Psychosomatik der
Westfälischen Klinik für Psychiatrie

Marsbruchstr. 179, Postfach 41 03 45

Tel: 0231/4 50 33 97

Art der Klinik: Spezialbereich für Psychosomatik und Psychotherapie

Träger: Landschaftsverband Westfalen-Lippe

Leiter der Klinik: Prof. Dr. P.L. Janssen

Kostenübernahme durch: Krankenkassen

2 Stationen mit insgesamt 42 Betten

Behandelt werden Patienten im Alter von ca. 30 Jahren; psychosomatische Patienten, z.B. Schmerzkranke, und psychoneurotische Patienten, die z.B. unter Zwängen oder Ängsten leiden.

Behandlung von Eßstörungen:

Leiter der Spezialstation: Prof. Dr. med. Dr. phil. K. Engel

Ansprechpartner für Eßstörungen: Prof. Dr. med. Dr. phil. K. Engel (Tel. 0231/4503397)

Durchschnittlich werden 6 Eßstörungspatienten zwischen dem 20. und dem 30. Lebensjahr behandelt.

Behandlungsdauer bei Eßstörungen zwischen 4 und 24 Wochen, maximal 52 Wochen.

Aufnahmebedingungen und Aufnahmemodus:
Telefonische Anmeldung; Absprache eines Termins für ein Vorgespräch; keine prinzipiellen Vorbedingungen.

Ausschlußkriterien: Adipositas, Psychosen, akute Sucht

Therapieverfahren: analytische Einzeltherapie, analytische Gruppentherapie in homogener Gruppe, verhaltensmodifikatorische Maßnahmen, Konzentrative Bewegungstherapie, Gestaltungstherapie, Sozialtherapie, Übung sozialer Kompetenzen, internistische Therapie verfügbar, psychiatrische Behandlung möglich

Nachstationäre Behandlung:
- Vor stationärem Therapieabschluß ist die Kontaktaufnahme der Patienten mit der psychotherapeutischen Beratungsstelle am Wohnort verpflichtend.
- Vor bzw. nach stationärer Therapie (fest) vereinbarte Weiterbehandlung bei niedergelassenen Therapeuten.
- Ambulante Einzeltherapie seitens der Einrichtung möglich.
- Selbsthilfegruppen.

Der Bereich Psychotherapie und Psychosomatik ist seit etwa vier Jahren an der Westfälischen Klinik für Psychiatrie Dortmund ausgebaut worden, mit dieser noch formal verbunden, aber so in zwei separaten Häusern untergebracht, daß praktisch eine eigenständige Klinik entstanden ist. Diese ist insgesamt psychoanalytisch orientiert und gliedert sich in zwei Psychotherapiestationen mit 20 bzw. 22 Betten. Jede Station betreut ihre Patienten in drei Gruppen, von denen einige für verschiedene Krankheitsbilder offen sind, andere sich auf einen Schwerpunkt konzentriert haben. So die Gruppe für Eßstörungen (Bulimie und Anorexie), die durchschnittlich aus sechs Patienten besteht. Anlaß zur stationären Aufnahme sind in der Regel schwere Symptome - z.B. der ambulant nicht mehr zu steuernde Wechsel von Eßattacken und Erbrechen - oder eine so schwere soziale Desintegration, daß eine zeitweilige stationäre Behandlung notwendig wird.

Die Therapiedauer entspricht der individuellen Situation, in der Regel drei bis sechs Monate. Die Probleme der Patienten werden in einer fortlaufenden Gruppe (viermal pro

Woche) durchgearbeitet und mit Einzelgesprächen ergänzt. Neben fakultativen Angeboten wie Sport und Diätberatung wird die Gruppenpsychotherapie durch Gestaltungstherapie, Konzentrative Bewegungstherapie und Übung sozialer Kompetenzen erweitert. Besonderen Wert legen wir auf die Bearbeitung der früheren und derzeitigen Beziehungskonstellation - siehe Artikel in diesem Buch - mit der auch eine reale Auseinandersetzung stattfinden soll, z.B. durch Gespräche mit der Familie oder die Beurlaubung von Samstag auf Sonntag.

Ziel der stationären Behandlung ist, die inneren Konflikte besser zu verstehen und so weit von den Beschwerden um Gewicht und Essen frei zu werden, daß entweder ein tragfähiges soziales Netz aufgebaut werden kann oder eine ambulante Weiterbehandlung möglich erscheint.

45147 Essen

Klinik für Psychotherapie und Psychosomatik
Rheinische Landes- und Hochschulklinik
Universitätsklinikum Essen

Virchowstr. 174

Tel.: Ambulanz: 0201/7227-384

Art der Klinik: Universitätsklinik

Träger: Landschaftsverband Rheinland, Universität Essen, Land NRW

Leiter der Klinik: Prof. Dr. W. Senf

Kostenübernahme durch: Krankenkassen

2 Stationen mit insgesamt 30 Betten sowie eine Institutsambulanz

Behandelt werden Patienten ab dem 18. Lebensjahr ohne Altersbegrenzung mit psychosomatischen Erkrankungen, Neurosen, Persönlichkeitsstörungen. Behandlungsschwerpunkt auch Gerontopsychosomatik.

Behandlung von Eßstörungen:

Leiter der Spezialstation: Dr. med. St. Herpertz

Ansprechpartner für Eßstörungen: Dr. med. St. Herpertz (Tel. 0201/7227-223)

Es werden maximal 3 Anorexiepatientinnen gleichzeitig behandelt, bei Bulimiepatientinnen gibt es keine Begrenzung.

Behandlungsdauer bei Eßstörungen: mindestens 3 Monate.

Aufnahmebedingungen und Aufnahmemodus:
Gravierende internistische/neurologische (Sekundär)erkrankungen sollten nicht vorliegen. Das Minimalgewicht sollte nicht geringer als 50 % des idealen Körpergewichts sein. Eine medikamentöse Zusatzbehandlung kann in Einzelfällen stattfinden.
  Es finden zwei ambulante Vorgespräche in unserer klinischen Ambulanz statt. In diesen beiden Gesprächen wird das Therapiekonzept mit dem Patienten besprochen. Die wesentlichen Kriterien des Therapiekonzeptes wie auch die Behandlungsziele werden in einem Vertrag festgelegt. Der Vertrag wird zusammen mit dem Stationsarzt ausführlich besprochen. Es besteht die Möglichkeit, daß der Patient vor seiner stationären Aufnahme die Station kennenlernen kann.
Vor der stationären Aufnahme findet ein Familiengespräch statt.

Ausschlußkriterien: Eßstörungen mit massiven internistischen/neurologischen Sekundärsyndromen, vitale Gefährdung durch die Eßstörung, Suizidgefährdung

Therapieverfahren: analytische Einzeltherapie, tiefenpsychologisch fundierte Gruppentherapie, verhaltensmodifikatorische Maßnahmen, Konzentrative Bewegungstherapie, sozialarbeiterische Betreuung, Kochgruppen

Nachstationäre Behandlung:
Eine gruppenpsychotherapeutische poststationäre Behandlung wird mit Beginn des Jahres 1996 angeboten.

Ambulantes Therapieangebot für bulimische Patientinnen:
Es werden in dieser ambulanten Therapieeinheit maximal 10 Patientinnen mit Bulimia nervosa behandelt. Das ambulante Therapiekonzept umfaßt eine symptomzentrierte Einzeltherapie und eine tiefenpsychologisch fundierte, interaktionelle Gruppenpsychotherapie. Sie dauert 30 Wochen bei einer Frequenz von 1 Therapieeinheit (Einzel-, Gruppentherapie) pro Woche.

Die Klinik für Psychotherapie und Psychosomatik der Rheinischen Landes- und Hochschulklinik Essen umfaßt 2 Stationen mit insgesamt 30 Betten sowie eine Institutsambulanz.

Das Behandlungskonzept ist vorwiegend tiefenpsychologisch orientiert. Entsprechend dem Krankheitsbild und dem seelischen Konflikt des Patienten findet die Behandlung statt. Die einzelnen Settings umfassen durchschnittlich 6 bis 8 Patienten.

Für alle vier Settings bilden die Konzentrative Bewegungstherapie und Gestaltungstherapie das Angebot an Spezialtherapien. Eine internistische und nervenärztliche Versorgung der Patienten ist durch die entsprechenden Fachärzte ebenso gewährleistet wie eine sozialtherapeutische Behandlung durch eine Sozialarbeiterin.

Neben der Fokaltherapie mit einem höherfrequenten Einzeltherapieangebot und einer Behandlung von 6 Wochen ist die durchschnittliche stationäre Therapiedauer auf 3 Monate ausgerichtet. Je nach individuellen Erfordernissen ist auch eine Verlängerung möglich.

Eßgestörte Patientinnen werden in einem strukturierten Eßprogramm behandelt. Vor Therapiebeginn wird bei anorektischen Patientinnen ein vertraglich festgelegtes Zielgewicht (Idealgewicht nach Broca -10 %) festgelegt. Die Gewichtszunahme erfolgt im Rahmen eines 4-Stufen-Programms, welches die sukzessive Steigerung des Therapieangebotes und der individuellen Möglichkeiten der Patientinnen vorsieht. Bei Patientinnen mit einer Bulimia nervosa wird ebenfalls ein Basisgewicht vor der stationären Aufnahme vertraglich festgelegt. Das individuelle Basisgewicht orientiert sich zum einen nach dem Idealgewicht nach Broca, zum anderen an dem prämorbiden Gewichtsverlauf (Gewicht vor Beginn der Bulimia nervosa). Das strukturierte Eßprogramm bei bulimischen Patientinnen beinhaltet einen 3-Stufen-Plan mit sukzessiver Steigerung der individuellen Möglichkeiten der Patientinnen abhängig vom Verlauf der bulimischen Eßstörungssymptomatik.

Das stationäre Psychotherapieangebot umfaßt eine kombinierte Einzel- und Gruppentherapie, als nonverbale Therapieverfahren kommen die Konzentrative Bewegungstherapie und die Gestaltungstherapie zur Anwendung; neben einer internistischen Betreuung erfahren die Patientinnen eine ausführliche Ernährungsberatung. Außerdem finden wöchentlich organisierte Nahrungsmitteleinkäufe und Kochgruppen statt.

73730 Esslingen

Psychosomatische Klinik der Städtischen Krankenanstalten
Esslingen

Hirschlandstr. 97

Tel.: 0711/31 03-31 01

Art der Klinik: Städtisches Krankenhaus

Träger: Stadt Esslingen

Leiter der Klinik: Chefarzt Dr. med. E. Gaus

Kostenübernahme durch: Krankenkassen

2 Stationen mit insgesamt 36 Betten

Behandelt werden Patienten aller Altergruppen mit allen Formen psychosomatischer Erkrankungen, insbesondere internistisch-psychosomatische Erkrankungen.

Behandlung von Eßstörungen:

Leiter der Spezialstation: Dr. med. E. Gaus

Ansprechpartner für Eßstörungen: Dr. med. E. Gaus (Tel. 0711/31 03-3100) und OA Dr. med. Bürner (Tel. 0711/31 03-3103)

Durchschnittlich werden 10 bis 12 Eßstörungspatienten zwischen 12 und 20 Jahren (Station für Kinder und Jugendliche) und ab 20 Jahren (Erwachsenenstation) behandelt.

Behandlungsdauer bei Eßstörungen zwischen 6 und 26 Wochen.

Aufnahmebedingungen und Aufnahmemodus:
Die Aufnahme erfolgt nur nach Vorgespräch auf Überweisung. Da alle Möglichkeiten pädiatrischer und internistischer Behandlungen im Krankenhaus verfügbar sind, gibt es kein Minimalgewicht für die Aufnahme. Freiwilligkeit ist erforderlich. Psychiatrische Behandlungsmöglichkeiten sind verfügbar. Falls möglich, sollte vor der stationären Aufnahme ein Gespräch mit Einschluß der Familienangehörigen stattfinden.

Ausschlußkriterien: Suizidalität (da eine geschlossene Unterbringung in der Klinik nicht möglich ist); primäre Suchterkrankungen (Alkohol, Drogen)

Therapieverfahren: analytische Einzeltherapie, analytische Gruppentherapie, verhaltensmodifikatorische Maßnahmen, Familientherapie, Paartherapie, Entspannungstraining, Körperwahrnehmungstherapie, Gestaltungstherapie, Musiktherapie, Sozialtherapie, Gymnastik, Schwimmen, internistische Therapie verfügbar

Nachstationäre Behandlung:
- Nach stationärer Therapie (fest) vereinbarte Weiterbehandlung bei niedergelassenen Therapeuten.
- Ambulante Einzel- und Gruppentherapie seitens der Einrichtung möglich.

Die Psychosomatische Klinik der Städtischen Krankenanstalten Esslingen (akademisches Lehrkrankenhaus der Universität Tübingen) verfügt als psychosomatische Einrichtung an einem Allgemeinkrankenhaus im stationären Bereich über eine Station für Erwachsene mit 24 Betten und eine Kinder- und Jugendlichenstation mit 12 Betten in der Kinderklinik. Behandelt werden Patienten mit allen Formen psychosomatischer Erkrankungen. Eßstörungen stellen dabei, insbesondere in der Kinder- und Jugendlichenstation, einen Schwerpunkt dar.

Entsprechend der Einbindung in ein Krankenhaus der Zentralversorgung mit allen Möglichkeiten pädiatrischer, internistischer und chirurgischer Therapie und der Ausbildung der ärztlichen Mitarbeiter in der Organmedizin und den psychotherapeutischen Methoden können auch körperlich Schwerkranke aufgenommen werden.

Die psychosomatische Behandlung erfolgt nach einem psychoanalytischen Konzept mit intensiver Einzelpsychotherapie, zusätzlich Klein- und Großgruppenbehandlung. Die verbalen Therapieformen werden ergänzt durch Angebote kreativer therapeutischer Verfahren wie verschiedene Formen der Gestaltungstherapie (freies Malen, Märchenmalen, Arbeiten mit Ton), Musiktherapie (»rezeptive« und »aktive« Musiktherapie), Bastel- und Werktherapie, soziale Aktivitäten, Gymnastik und Sport. Daneben werden körperorientierte Verfahren wie Entspannungstherapien und Tanztherapie angewandt.

Insbesondere bei eßgestörten Patienten sind auch Elemente in das therapeutische Vorgehen einbezogen, deren Ziel eine direkte Veränderung des Verhaltens und des zugrundeliegenden gestörten Selbstkonzeptes ist. Soweit realisierbar, werden Ehepartner und bei Kindern und Jugendlichen die Familie in die Behandlung mit einbezogen.

Ein großer Teil der Patienten kommt aus der Stadt und dem Kreis Esslingen bzw. der Region Stuttgart. Die Behandlungsdauer variiert zwischen 4 bis 6 Wochen und einem halben Jahr, je nach Ausmaß und Schwere der Erkrankung. Bei stark chronifizierten Erkrankungen kann eine Behandlung in Intervallen sinnvoll sein. In begrenztem Maß ist eine ambulante Nachbehandlung in der Klinik möglich (Einzel- und Gruppentherapie).

60596 Frankfurt/Main

Klinikum der Johann-Wolfgang-Goethe-Universität
Psychosomatische Bettenstation (Haus 17)

Theodor-Stern-Kai 7

Tel.: 069/63 01 76 15

Art der Klinik: Universitätsklinik

Träger: Land Hessen

Leiter der Klinik: Prof. Dr. G. Overbeck

Kostenübernahme durch: Krankenkassen

1 Station mit 14 Betten

Behandelt werden Patienten ab dem 18. Lebensjahr mit psychosomatischen Krankheiten und neurotischen Störungen.

Behandlung von Eßstörungen:

Leiter der Spezialstation: Prof. Dr. G. Overbeck

Ansprechpartner für Eßstörungen: Dr. A. Stirn (Tel. 069/63 01 55 35) und Dr. med. R. Grabhorn (Tel. 069/63 01 54 13)

Durchschnittlich werden 3 bis 5 Eßstörungspatienten gleichzeitig behandelt.

Die Behandlungsdauer bei Eßstörungen beträgt 12 Wochen.

Aufnahmebedingungen und Aufnahmemodus:
ambulantes Vorgespräch, kein Suizidrisiko, keine vitale Gefährdung

Ausschlußkriterien:
Andere Süchte (Alkohol, Medikamente), durch körperlichen Zustand bettlägerige Patienten.

Therapieverfahren: analytische Einzeltherapie, analytische Gruppentherapie, verhaltens-modifikatorische Maßnahmen, Konzentrative Bewegungstherapie, Entspannungstraining, Gestaltungstherapie, Musiktherapie, Sport, Bibliotherapie, internistische Therapie verfügbar, psychiatrische Behandlung möglich

Nachstationäre Behandlung:
Eine Nachbehandlung wird in der Regel vor Therapieabschluß nicht fest vereinbart.

Die medizinische Grundversorgung erfolgt durch den Stationsarzt und das Krankenpflege-personal. Fachspezifische Erfordernisse werden konsiliarisch abgedeckt.

Der Schwerpunkt der Behandlung liegt auf psychotherapeutischen Verfahren. Die Aufarbeitung pathogener Konflikte geschieht überwiegend in psychoanalytisch orientierter Einzel- und Gruppentherapie. Zur Aktivierung psychischer Prozesse kommen flankierend verschiedene Formen der Gestaltungstherapie (z.B. Maltherapie, plastisches Arbeiten u.a.), körperbezogene Therapieverfahren (z.B. Autogenes Training, Konzentrative Bewegungs-therapie, Musiktherapie und Bibliotherapie, Märchengruppe und kreatives Schreiben) zur Anwendung. Die Erfahrungen mit den verschiedenen Behandlungsmethoden werden in Sitzungen des therapeutischen Teams zu einem integrierten Behandlungskonzept zusam-mengeführt. Die maximale Behandlungsdauer beträgt 12 Wochen.

79100 Freiburg

Georg-Groddeck-Klinik

Mercystr. 22

Tel.: 0761/70 87 10

Art der Klinik: Rehabilitationsklinik für Psychosomatische und Psychotherapeutische Medizin

Träger: GPP GmbH

Leiter der Klinik: Dr. med. Cl. Kemmerich

Kostenübernahme durch: Krankenkassen

39 Betten

Behandelt werden Patienten ab dem 16. Lebensjahr. Es handelt sich hierbei um Psychosomatosen, Psychoneurosen und Boderline-Störungen, Nachbehandlung von Psychosen sowie Folgen sexuellen Mißbrauchs und Gewalt.

Behandlung von Eßstörungen:

Ansprechpartner für Eßstörungen: Dr. med. von Stackelberg (Tel. 0761/70 87 163)

Durchschnittlich werden 3 bis 5 Eßstörungspatientinnen im Altersbereich zwischen 16 und 50 Jahren behandelt.

Behandlungsdauer bei Eßstörungen zwischen 3 und 6 Monaten

Aufnahmebedingungen und Aufnahmemodus:
Ein Vorgespräch ist erforderlich; hierbei werden der Therapieplan sowie die verhaltensmodifikatorischen Maßnahmen und gewichtsabhängige Verlegungsgrenzen besprochen.

Ausschlußkritierien: Vitale Gefährdung, akute Psychosen, Suizidalität, schwere Zwänge sowie alle übrigen Suchterkrankungen

Therapieverfahren: tiefenpsychologisch fundierte Einzeltherapie, tiefenpsychologisch fundierte Gruppentherapie, verhaltensmodifikatorische Maßnahmen, Familientherapie, Paartherapie, konzentrative Bewegungstherapie, Entspannungstraining, Körperwahrnehmungstherapie, Gestaltungstherapie, eine internistische sowie psychiatrische Begleitbehandlung ist verfügbar.

Nachstationäre Behandlung:
In der Regel wird vor Therapieabschluß eine Nachbehandlung nicht fest vereinbart; eine Weiterbehandlung nach Therapieabschluß im ambulanten Setting wird in der Regel initiiert und erreicht.

Die Georg-Groddeck-Klinik ist eine psychotherapeutische psychosomatische Klinik in Trägerschaft einer GmbH. Das Klinikgebäude ist eine renovierte Villa aus der Gründerzeit und liegt in einem reizvollen Stadtteil von Freiburg. Sie verfügt über insgesamt 39 Betten, die sich auf Ein- bis Vierbett-Zimmer aufteilen.

Das integrative Behandlungskonzept der Klinik umfaßt im Rahmen der verbalorientierten Einzel- und Gruppentherapie tiefenpsychologische, verhaltenstherapeutische und gestalttherapeutische Therapieansätze. Weiterhin sind die Patientinnen und Patienten in ein Behandlungsprogramm mit intensiver Körperarbeit (konzentrative Bewegungstherapie, Körperwahrnehmung, Entspannungsverfahren, sportlich aktivierende Verfahren) und

Gestaltungstherapie eingebunden. Ein wesentliches therapeutisches Element stellt der Realitätsbezug im Umgang miteinander dar, der durch die Präsenz und kotherapeutische Funktion des Stationsteams und die Möglichkeit zur Auseinandersetzung innerhalb der gut überschaubaren Gemeinschaft der Patientinnen und Patienten hergestellt werden kann.

Das Klinikteam unter Leitung eincs Facharztes für Neurologie und Psychiatrie - Psychotherapie - Psychoanalyse - setzt sich aus drei ärztlichen und zwei psychologischen Mitarbeitern und Mitarbeiterinnen, drei Körpertherapeutinnen, zwei Gestaltungstherapeutinnen sowie Krankenschwestern und -pflegern (mit fortgeschrittener oder abgeschlossener Zusatzausbildung) zusammen. Es besteht ein festes internes wie externes Supervisions- und Weiterbildungsangebot.

Die Aufnahme erfolgt sowohl in Form von Übernahme aus anderen Kliniken als auch über Zuweisung über niedergelassene Kolleginnen und Kollegen. Bei den eßgestörten Patientinnen und Patienten handelt es sich nicht selten um einen psychotherapeutischen Erstkontakt. In der Regel erfolgt vor Aufnahme ein Vorgespräch, oftmals unter Anwesenheit eines Mitarbeiters oder einer Mitarbeiterin aus dem Stationsteam. Eine kontinuierliche ambulante Nachbehandlung kann von seiten der Klinik nicht geleistet werden. Es ist jedoch überwiegend möglich, eine ambulante Weiterbehandlung zu vermitteln bzw. in die Wege zu leiten.

79104 Freiburg

Klinikum der Albert-Ludwigs-Universität
Psychiatrische Universitätsklinik
Abteilung Psychotherapie und Psychosomatische Medizin

Hauptstr. 8

Tel.: 0761/270-6847 oder -6841

Art der Klinik: Universitätsklinik

Träger: Land Baden-Württemberg

Leiter der Klinik: Prof. Dr. M. Wirsching

Kostenübernahme durch: Krankenkassen

2 Stationen mit insgesamt 23 Betten

Behandelt werden Patienten ab dem 17. Lebensjahr mit neurotischen und Persönlichkeitsstörungen

Behandlung von Eßstörungen:

Leiter der Spezialstation: Ltd. OA Dr. T. Herzog

Ansprechpartner für Eßstörungen: Ltd. OA Dr. T. Herzog (Tel. 0761/270-6866), Dipl.-Psych. A. Sandholz (Tel. 0761/270-6847)

Behandlungsdauer bei Eßstörungen zwischen 12 Wochen und 24 Wochen

Aufnahmebedingungen und Aufnahmemodus:
ambulante Vordiagnostik und Information über Behandlungskonzept, bei anorektischen Patientinnen Behandlungsvereinbarungen

Ausschlußkritierien: Psychosen, Suchterkrankungen (wenn diese im Vordergrund stehen), akute Suizidalität

Therapieverfahren: analytische Einzeltherapie, analytische Gruppentherapie, verhaltensmodifikatorische Maßnahmen, Familientherapie, Paartherapie, Konzentrative Bewegungstherapie, Entspannungstraining, Gestaltungstherapie, Sozialtherapie, internistische Therapie verfügbar, psychiatrische Behandlung möglich, störungsspezifische integrierte Therapieprogramme jeweils für Anorexie und Bulimie

Nachstationäre Behandlung:
* Nachbehandlung wird im Rahmen der stationären Behandlung geplant.
* Ambulante Einzel- und Gruppentherapie bzw. Familien-/Paartherapie seitens der Einrichtung möglich.
* Ambulante Eßbegleitung.

Aufgaben und Angebote
Zwei Stationen, Familien- und Paartherapie, Poliklinik, Eßstörungsambulanz mit Kassenermächtigung, Schmerzambulanz, Konsil-/Liaisondienst, Supervisionen für Pflegepersonal, Unterricht und Forschung; ärztliche Weiterbildung

Therapiekonzept
psychodynamische/tiefenpsychologische Grundorientierung, verhaltenstherapeutische Zusatzinterventionen vor allem bei eßgestörten Patienten, systemische Familientherapie. Die stationäre Psychotherapie ist charakterisiert durch eine Behandlungskombination verschiedener Therapieverfahren (analytische Einzel- und Gruppentherapie, Konzentrative

Bewegungstherapie, Gestaltungstherapie, verhaltensmodifizierende Maßnahmen, Sozialtherapie). Die Versorgung ist überwiegend regional, weshalb in der Regel keine langen Wartezeiten bestehen. Die Aufnahme erfolgt meist über Vorgespräche in der Poliklinik oder über den Konsildienst.

Ambulante Therapie ist besonders entwickelt im Bereich Bulimie (methoden-kombinierende Kurztherapie), es besteht die Möglichkeit der nachstationären Weiterbehandlung von Anorexie und Bulimie.

47608 Geldern

Gelderland-Klinik
Klinik für Psychotherapie und Psychosomatik

Clemensstraße 1

Tel: 02831/1370

Art der Klinik: Rehabilitationsklinik

Träger: Caritas Trägergesellschaft Trier e.V.

Leiter der Klinik: Dr. med. G.H. Paar

Kostenübernahme durch: BfA, LVA, Krankenkassen

3 Stationen mit insgesamt 160 Betten

Behandelt werden Patienten zwischen dem 18. und dem 65. Lebensjahr mit neurotischen Erkrankungen, funktionellen Störungen, psychosomatischen Krankheitsbildern, inadäquater Verarbeitung von Erkrankungen, psychosozialen Krisensituationen, Persönlichkeitsstörungen.

Behandlung von Eßstörungen:

Leiter der Spezialstation: Dr. med. G.H. Paar

Ansprechpartner für Eßstörungen: OA K.P. Krieger (Tel. 02831/137-401)

Durchschnittlich werden 30 Eßstörungspatienten pro Jahr zwischen dem 18. und dem 40. Lebensjahr behandelt.

Behandlungsdauer bei Eßstörungen ca.12 Wochen.

Aufnahmebedingungen und Aufnahmemodus:
in der Regel Vorgespräch, festgelegtes Minimalgewicht, Bereitschaft zu einem spezifischen Behandlungsvertrag

Ausschlußkriterien: hohes Suizidrisiko, manifestes Suchtverhalten, ansonsten typische Psychotherapierichtlinien

Therapieverfahren: analytische Gruppentherapie in bedarfsweise homogener Gruppe, Gestaltungstherapie, Diätberatung, Pflegegespräche und -visiten, stationsärztliche Behandlung

Nachstationäre Behandlung:
Nach stationärer Therapie (fest) vereinbarte Weiterbehandlung bei niedergelassenen Therapeuten.

Die Gelderland-Klinik verfügt über 160 Betten. Behandelt werden Patienten, die von Rentenversicherungsträgern und Krankenkassen zu Heilmaßnahmen und zu medizinisch notwendigen psychosomatischen Behandlungen mit einer Dauer zwischen 6 und 12 Wochen eingewiesen werden. Der Ärztliche Leiter ist Psychoanalytiker und hat die Berechtigung zur vollständigen Weiterbildung für den Zusatztitel Psychotherapie in Zusammenarbeit mit der Köln-Düsseldorfer Arbeitsgemeinschaft für Psychoanalyse e.V. Ferner besitzt er eine Weiterbildungsanerkennung für 1 1/2 Jahre Innere Medizin.

Einem bio-psycho-sozialen Vorverständnis folgend arbeitet das Therapeutenteam unterschiedlicher psychosozialer Kompetenz in einem analytisch-psychotherapeutischen Konzept integrativ zusammen. Die Gelderland-Klinik nimmt Patienten mit neurotischen und ich-strukturellen Erkrankungen, funktionellen Störungen, psychosomatischen Krankheitsbildern, reaktiven Störungen bei organischen Erkrankungen und mit chronisch-psychogenen Schmerzzuständen auf. Alle Patienten werden allgemein-internistisch versorgt. Darüber hinaus werden ihnen Einzel- und Gruppenpsychotherapie, Kreativ- und Bewegungstherapie in Gruppen angeboten, ergänzt durch Diät- und sozialmedizinische Beratung sowie Entspannungsverfahren und krankengymnastische Maßnahmen. Der Aufnahme folgend wird für jeden Patienten ein individueller Behandlungsplan aufgestellt. Neben Krankenvorgeschichte und Befunden der Aufnahmeuntersuchung werden das Erstinterview, die testpsychologischen Befunde sowie die Eingangsszenen in den verschiedenen Therapien berücksichtigt. Die dreimal in der Woche stattfindenden Konferenzen haben sowohl diagnostische wie auch therapeutische Funktionen. Die Diagnosekonferenz stellt eine fokaltherapeutische Arbeitshypothese auf und formuliert Behandlungsziele. Diese Annahmen werden in den regelmäßigen Verlaufskonferenzen überprüft und in den verschiedenen therapeutischen Feldern weiterverfolgt. In den Konferenzen sind Psychoanalytiker als interne Berater anwesend, ferner nehmen externe Supervisoren regelmäßig an den Teamkonferenzen teil. Zusätzlich finden in wöchentlichem Wechsel durch die beiden Psychoanalytiker (Ärztl. Leiter, Ltd. Psychologin) Supervisionen im Gruppensetting hinter dem Einwegspiegel statt.

35394 Gießen

Funktionsbereich Psychotherapie am Psychiatrischen Krankenhaus Gießen
zugleich Akad. Lehrkrankenhaus der Justus-Liebig-Universität Gießen

Licher Str. 106

Tel.: Haus 1: 0641/403-378, Tel.: Haus 3: 0641/403-368

Art der Klinik: Fachklinik für Psychiatrie, Suchterkrankungen und Psychotherapie

Träger: Landeswohlfahrtsverband Hessen (LWV)

Leiter der Klinik: Prof. Dr. med. H. Woelk

Kostenübernahme durch: Krankenkassen

Insgesamt 385 Betten, integrierte Tagesklinik und Institutsambulanz, Funktionsbereich Psychotherapie 44 Betten.

Behandelt werden Patienten zwischen dem 20. und dem 45. Lebensjahr mit neurotischen, psychosomatischen, Borderline- und psychotischen Erkrankungen (ohne akute Symptomatik).

Behandlung von Eßstörungen:

Leiter der Spezialstation: Dr. med. F.G. Plaum

Ansprechpartner für Eßstörungen: Frau OA Reisig (Tel. 0641/403-218)

Durchschnittlich werden 6 Eßstörungspatienten mit einem mittleren Alter von 28 Jahren behandelt.

Behandlungsdauer bei Eßstörungen zwischen 16 und 28 Wochen.

Aufnahmebedingungen und Aufnahmemodus:
Vor der Aufnahme erfolgt in jedem Fall eine psychotherapeutische Voruntersuchung (Erstinterview). Ein evtl. vorhandenes Suizidrisiko muß gering sein. Der FB Psychotherapie kann überregional aufnehmen. In der Regel ist eine Aufnahme ohne längere Wartezeit möglich.

Ausschlußkriterien: ausgeprägte akute Entzugsproblematik; frei florierende psychotische Problematik

Therapieverfahren: analytische Einzeltherapie, analytische Gruppentherapie, Familientherapie, Paartherapie, Konzentrative Bewegungstherapie, Gestaltungstherapie, Sozialtherapie, internistische Therapie verfügbar, psychiatrische Behandlung möglich

Nachstationäre Behandlung:
Ambulante Einzeltherapie bzw. ambulante Gruppentherapie seitens der Einrichtung möglich.

37075 Göttingen

Abteilung Psychosomatik und Psychotherapie
im Zentrum Psychologische Medizin der Georg-August-Universität

von-Siebold-Str. 5

Tel: 0551/39 67 07

Art der Klinik: Krankenhaus der Regelversorgung

Träger: Land Niedersachsen

Leiter der Klinik: Prof. Dr. med. U. Rüger

Kostenübernahme durch: Krankenkassen

1 Station mit 15 Betten

Behandelt werden Patienten ohne grundsätzliche Altersbegrenzung mit funktionellen Störungen, Psychsomatosen im engeren Sinne, Neurosen und Persönlichkeitsstörungen.

Behandlung von Eßstörungen:

Leiter der Spezialstation: Dr. med. H. Schauenburg

Ansprechpartner für Eßstörungen: Dr. med. H. Schauenburg (Tel. 0551/39 67 04) und Dr. med. Ch. Hermann (Tel. 0551/39 6722)

Durchschnittlich werden 2 bis 3 Eßstörungspatienten zwischen dem 17. und dem 35. Lebensjahr behandelt.

Behandlungsdauer bei Eßstörungen zwischen 8 und 24 Wochen.

Aufnahmebedingungen und Aufnahmemodus:
Minimalgewicht (ca. 30 % unter Normalgewicht); ein geringes Suizidrisiko wird akzeptiert, gegebenenfalls auch notwendige Zusatzmedikation. Keine regionalen Einschränkungen. Vorgespräch grundsätzlich erforderlich. Soweit nötig, wird in den meisten Fällen auch die Familie mit einbezogen.

Ausschlußkriterien: Keine grundsätzlichen. Stärkere Suizidalität: hier steht die geschlossene Abteilung der Psychiatrischen Klinik zur Vorbehandlung zur Verfügung.

Therapieverfahren: analytisch orientierte Einzeltherapie, analytisch orientierte Gruppentherapie, Familientherapie, Konzentrative Bewegungstherapie, Entspannungstraining, Körperwahrnehmungstherapie, Gestaltungstherapie, Sozialtherapie, internistische Therapie verfügbar, psychiatrische Behandlung möglich, gegebenenfalls auch in geschlossener Abteilung

Nachstationäre Behandlung:
* Ambulante Einzel- bzw. Gruppentherapie seitens der Einrichtung möglich.
* Die nach der Entlassung weiterführende und von der Abteilung angebotene analytische Gruppenpsychotherapie findet dann in homogenen (bezogen auf die Erkrankung) Gruppen mit eßgestörten Patientinnen statt.

Die Abteilung verfügt über eine Station mit 15 Betten. Das Aufnahmespektrum umfaßt Patienten mit psychosomatischen Erkrankungen, funktionellen und psychoneurotischen Beschwerdebildern sowie Persönlichkeitsstörungen. Die Aufnahmeindikation wird nach einem ambulanten Vorgespräch gestellt. Das Behandlungskonzept ist psychodynamisch orientiert, dabei werden drei in Zielsetzung und Vorgehensweise unterschiedliche Behandlungsmöglichkeiten angeboten:

1. Eine in der Regel etwa zwölfwöchige stationäre psychotherapeutische Behandlung mit dem Ziel einer eingehenden Durcharbeitung der der Erkrankung zugrundeliegenden pathogenen Konflikte bzw. persönlichkeitsstrukturellen Besonderheiten. In der ersten vierwöchigen Behandlungsphase stehen therapeutische Einzelkontakte (psychoanalytisch orientierte Einzelgespräche, gestaltungstherapeutische Aktivitäten und Körperwahrnehmungsübungen) im Mittelpunkt der Arbeit, während in der zweiten Behandlungsphase an die Stelle des Einzel- das Gruppensetting tritt. Diese Behandlung kann gegebenenfalls über 12 Wochen hinaus verlängert werden.

2. Eine stationäre Kurzzeitbehandlung von 2 bis 6 Wochen Dauer: Hier wird geprüft, ob sich innerhalb einer relativ kurzen Zeit im Rahmen eines fokalen Vorgehens bereits neue Entwicklungstendenzen bei den Patienten mobilisieren lassen, die dann in eigener Regie oder mit therapeutischer Hilfe ambulant weitergeführt werden können, oder ob eine längerdauernde stationäre Psychotherapie (s. o) notwendig ist.

3. Eine Krisenintervention von 4 bis 6 Wochen Dauer: Ziel dieser Therapie ist es, in einer aktuellen Lebenskrise ein verlorenes Gleichgewicht wieder herzustellen. Eine längere stationäre Psychotherapie kann sich unmittelbar oder später an diesen Aufenthalt anschließen.

Zur Vorbereitung der Entlassung kann die letzte Phase der Therapie als tages- oder nachtklinische Behandlung durchgeführt werden. Als generelle ambulante Nachbehandlungsmöglichkeit wird eine tiefenpsychologisch fundierte Gruppenpsychotherapie angeboten. Für Patienten mit Eßstörungen steht eine ambulante Gruppe zur Verfügung (homogene Zusammensetzung).

87730 Grönenbach

Klinik für Psychosomatische Medizin Grönenbach

Sebastian-Kneipp-Allee 4

Tel.: 08334/981-100, -300

Art der Klinik: Rehabilitationsklinik

Träger: Bad Berleburger Kurklinikbetriebs-GmbH & Co. KG

Leiter der Klinik: Dr. med. Konrad Stauss; Dr. med. Jürgen Klingelhöfer

Kostenübernahme durch: Krankenkassen, Rentenversicherungsträger
2 Häuser mit insgesamt 140 Betten

Behandelt werden Patienten zwischen dem 18. und dem 60. Lebensjahr mit Sucht-erkrankungen, Eßstörungen, Persönlichkeitsstörungen, Psychoneurosen, Psychosomatosen und funktionellen Störungen

Behandlung von Eßstörungen:

Ansprechpartner für Eßstörungen: Frau Gisela Gebert

Durchschnittlich werden 140 Eßstörungspatienten pro Jahr behandelt.

Behandlungsdauer bei Eßstörungen ca. 12 Wochen.

Aufnahmebedingungen und Aufnahmemodus:
Vor der stationären Aufnahme, im Rahmen der Vorbetreuung, muß ein ausführlicher Anamnesefragebogen ausgefüllt und eine Situationsschilderung erstellt werden. Gege-benenfalls kann ein ambulantes Vorgespräch durchgeführt werden. Anorexiepatienten, die durch sehr starkes Untergewicht vital gefährdet sind, müssen zuerst auf einer internen Station aufgefüttert werden.

Ausschlußkritierien: akute Psychosen, schwere Suizidalität

Therapieverfahren: Beide Häuser arbeiten nach dem Prinzip der therapeutischen Gemeinschaft. Die tiefenpsychologisch orientierte Psychotherapie ist vorwiegend gruppen-zentriert. Eßgestörte Patienten nehmen an indikationsspezifischen Zusatzgruppen teil (Eßsuchtgruppe, Eßmarathon). Dieses Angebot wird flankiert durch Körpertherapie-gruppen, Selbsthilfegruppen, Kreativitätstherapie und themenzentrierte Gruppen. Wenn notwendig werden familien- und paartherapeutische Gespräche angeboten.

Nachstationäre Behandlung:
Besuch der Selbsthilfegruppen, wenn notwendig ambulante Weiterbetreuung bei einem niedergelassenen Therapeuten

39340 Haldensleben

Landeskrankenhaus Haldensleben
Funktionsbereich Psychotherapie

Kiefholzstr. 4

Tel.: 03904/75206

Art der Klinik: Klinik für Psychiatrie und Psychotherapie

Träger: Land Sachsen-Anhalt

Leiter der Klinik: PD Dr. med. A Genz

Kostenüberübernahme durch: Krankenkassen

10 Stationen mit insgesamt 130 Betten

Behandelt werden Patienten zwischen dem 17. und dem 65. Lebensjahr mit Neurosen und Persönlichkeitsstörungen

Behandlung von Eßstörungen:

Leiter der Spezialstation: PD Dr. med. A Genz

Ansprechpartner für Eßstörungen: Dipl.-Med. Jendrny (Tel. 03904/75376)

Durchschnittlich werden 5 Eßstörungspatienten zwischen dem 18. und dem 35. Lebensjahr behandelt.

Behandlungsdauer bei Eßstörungen zwischen 8 und 26 Wochen.

Aufnahmebedingungen und Aufnahmemodus:
Untergewicht nicht unmittelbar lebensbedrohlich, geringes Suizidrisiko, Medikamenten und spezielle Psychopharmaka möglich, keine regionalen Einschränkungen, Gespräche mit der Familie werden angeboten.

Ausschlußkriterien: lebensgefährdendes Untergewicht

Therapieverfahren: analytische Einzeltherapie, analytische Gruppentherapie, verhaltens-modifikatorische Maßnahmen, Konzentrative Bewegungstherapie, Entspannungstraining, Gestaltungstherapie, Musiktherapie, Sozialtherapie, Puppenspiel, Maltherapie, internistische Therapie verfügbar, psychiatrische Behandlung möglich, gegebenenfalls auch in geschlossener Abteilung

Nachstationäre Behandlung:
Ambulante Einzeltherapie seitens der Einrichtung möglich.

06112 Halle/Saale

Klinik und Poliklinik für Psychotherapie und Psychosomatik
der Martin-Luther-Universität Halle-Wittenberg

Julius-Kühn-Str. 7

Tel: 0345/5 57 36 46

Art der Klinik: Universitätsklinik

Träger: Martin-Luther-Universität Halle Wittenberg

Leiter der Klinik: Prof. Dr. med. E. Fikentscher

Kostenübernahme durch: Krankenkassen

Station mit 12 Betten, Tagesklinik mit 6 Plätzen

Behandelt werden Patienten zwischen dem 18. und 60. Lebensjahr. Diagnosegruppen: Psychoneurosen 30 %, Psychosomatosen und funktionelle Störungen 40 %, Persönlichkeitsstörungen 30 %.

Behandlung von Eßstörungen:

Leiter der Spezialstation: OA Dr. med. T. Konzag

Ansprechpartner für Eßstörungen: OA Dr. med. U. Bahrke (Tel.: 0345/5 57 36 46)

Durchschnittlich werden 2 bis 3 Eßstörungspatienten zwischen dem 18. und dem 30. Lebensjahr behandelt

Behandlungsdauer bei Eßstörungen zwischen 6 Wochen und 5 Monaten

Aufnahmebedingungen und Aufnahmemodus:
Ambulantes Vorgespräch und dreitägige stationäre diagnostische Probephase

Ausschlußkritierien: akute Suizidalität, akute Psychose, aktuell notwendige intensivmedizinische Betreuung

Therapieverfahren: analytische Einzeltherapie, analytische Gruppentherapie, verhaltensmodifikatorische Maßnahmen, Konzentrative Bewegungstherapie, Entspannungstraining, Körperwahrnehmungstherapie, Gestaltungstherapie, Musiktherapie, Sozialtherapie, psychiatrische Behandlung möglich, gegebenenfalls auch in geschlossener Abteilung

Nachstationäre Behandlung:
* Vor bzw. nach stationärer Therapie (fest) vereinbarte Weiterbehandlung bei niedergelassenen Therapeuten.
* Notfalls ambulante Weiterbehandlung in der Poliklinik.

Die Klinik und Poliklinik für Psychotherapie und Psychosomatik ist Teil der Medizinischen Fakultät der Martin-Luther-Universität Halle-Wittenberg. Sie ist in einen ambulant-konsiliarischen und einen stationär-teilstationären Bereich gegliedert.

Das Konzept der Klinik ist tiefenpsychologisch orientiert, schließt aber, gerade auch bei Eßstörungen, verhaltensmodifikatorische Elemente mit ein. Im Einzelfall besteht die Möglichkeit, die Familie der Patienten mit in die Therapie einzubeziehen.

In der stationären dreitägigen diagnostischen Vorphase der Behandlung wird von dem betreuenden Einzeltherapeuten gemeinsam mit dem Patienten ein individuelles Therapiekonzept erarbeitet. In der Regel setzt sich dieses vereinbarte Therapiekonzept (tiefenpsychologische Einzel- und Gruppentherapie) aus körperorientierten Therapieformen (Entspannungsverfahren, Körperwahrnehmungsübungen, Tanztherapie, Physiotherapie usw.) sowie kreativitätsfördernden Therapieformen (Gestaltungstherapie, Musiktherapie) zusammen. Bei eßgestörten Patienten werden verhaltenstherapeutische Behandlungselemente, wie Gewichtskontrolle, Essensplan etc. von Beginn an in die Therapievereinbarung einbezogen. Die stationäre Psychotherapie wird von uns als Therapieetappe in einem längeren Therapieprozeß aufgefaßt. Deshalb ist häufig eine sich anschließende ambulante Psychotherapie erforderlich.

Die therapeutischen Mitarbeiter sind in der Regel Psychiater und Psychologen mit abgeschlossener psychotherapeutischer Weiterbildung.

Die stationäre Aufnahme erfolgt nach einem ambulanten Vorgespräch mit einem Therapeuten der Ambulanz der Klinik. Die Überweisung kann durch jeden niedergelassenen Arzt, aber auch durch stationär arbeitende ärztliche Kollegen erfolgen. Grundsätzlich sollen die Patienten in der Lage sein, an den therapeutischen Sitzungen teilzunehmen. Daher werden bettlägrige Patienten nicht aufgenommen. Nach abgeschlossener stationärer Behandung erfolgt in der Regel eine ambulante Weiterbehandlung durch einen niedergelassenen Psychotherapeuten.

06110 Halle/Saale

St. Elisabeth-Krankenhaus Halle/Saale
Abteilung Psychotherapie und Psychosomatik

Mauerstr. 5-10

Tel.: 0345/83 11 14

Art der Klinik: Allgemein-Krankenhaus

Träger: Katholische Wohltätigkeitsanstalt zur hl. Elisabeth
Regionalverwaltung Halle

Leiter der Klinik: Dr. Ch. Wuttke

Kostenübernahme durch: Krankenkassen

15 Stationen mit insgesamt 400 Betten

Behandelt werden Patienten zwischen dem 8. und dem 60. Lebensjahr mit psychoneurotischen, funktionellen und psychosomatischen Störungen.

Behandlung von Eßstörungen:

Leiter der Spezialstation: Dr. med. J. Piskorz

Ansprechpartner für Eßstörungen: Dr. med. J. Piskorz (Tel. 0345/83 11 14)

Durchschnittlich werden 1 bis 3 Eßstörungspatienten zwischen dem 18. und dem 50. Lebensjahr behandelt.

Behandlungsdauer bei Eßstörungen zwischen 8 und 20 Wochen.

Aufnahmebedingungen und Aufnahmemodus:
Minimalgewicht ca. 30 kg; geringes Suizidrisiko; im allgemeinen ambulantes Vorgespräch nach schriftlicher Anmeldung; medikamentöse Zusatzbehandlung bzw. Psychopharmaka werden von Fall zu Fall entschieden; regionale Einschränkungen bestehen nicht; nach Möglichkeit werden mit dem Lebenspartner bzw. bei noch in Herkunftsfamilien wohnenden Patienten mit den Eltern ein oder mehrere Gespräche geführt; eine gewisse Behandlungsmotivation wird vorausgesetzt.

Ausschlußkriterien: akutes Suizidrisiko; sehr schlechter Allgemeinzustand; floride, sogenannte endogene Psychosen

Therapieverfahren: tiefenpsychologisch fundierte Gruppentherapie, verhaltensmodifikatorische Maßnahmen, Paartherapie, Konzentrative Bewegungstherapie, Entspannungstraining, Körperwahrnehmungstherapie, Gestaltungstherapie, Musiktherapie, Katathymes Bilderleben, internistische Therapie verfügbar

Nachstationäre Behandlung:
Eine Nachbehandlung wird in der Regel vor Therapieabschluß nicht fest vereinbart.

1982 wurde am St. Elisabeth-Krankenhaus Halle die jetzige Abteilung für Psychotherapie und Psychosomatik eröffnet. Ziel war und ist es, in enger Zusammenarbeit mit den anderen Abteilungen unseres Allgemeinkrankenhauses Psychotherapie einerseits als gesonderte Fachdisziplin zu betreiben, andererseits den fachübergreifenden Aspekt einer psychosomatischen Betrachtungsweise in der Medizin im Auge zu haben. Das bedeutet, daß durch unsere Abteilung neben der abteilungsinternen psychotherapeutischen Arbeit auch der nervenärztliche und psychotherapeutische Konsiliarbereich für das übrige Krankenhaus abgedeckt wird und daß wir eng mit der inneren (und fallweise der chirurgischen) Abteilung unseres Hauses zusammenarbeiten.

Auf unserer Station mit 18 Betten arbeiten wir nach tiefenpsychologisch fundiertem Konzept in 2 diagnoseinhomogenen offenen Gruppen. Der einzelne Patient ist 8 bis 12 Wochen zur stationären Behandlung bei uns.

Das wöchentliche Gruppentherapie-Programm beinhaltet neben der täglichen Gesprächsgruppe einen umfangreichen nonverbalen Therapieteil.

Darüber hinaus besteht für die Patienten der Auftrag, die sogenannte »therapiefreie« Zeit teilweise als Gruppe eigenständig zu strukturieren. Therapeutische Wochenendbeurlaubungen im Abstand von 14 Tagen dienen dazu, den Realitätsbezug im Auge zu behalten.

Die Gruppen sind geschlechtsinhomogen und umfassen das Alter von 18 bis 50 (bis 60) Jahren. Die Aufnahme der Patienten erfolgt nach schriftlicher Anmeldung durch den Vorbehandelnden über ein ambulantes Vorgespräch, das dem Abschluß einer Behandlungsvereinbarung dient. Kontraindikationen sehen wir in sogenannten endogenen Psychosen deutlicher Ausprägung, in akuter Suizidalität sowie in klarer Mittelabhängigkeit.

22559 Hamburg

Abteilung für Psychosomatik und Schmerztherapie des
Krankenhauses Rissen der DRK-Schwesternschaft

Suurheid 20

Tel.: 040/8191-455 und -428

Art der Klinik: eigenständige Abteilung, integriert in das Allgemein-Krankenhaus Rissen

Träger: DRK-Schwesternschaft

Leiter der Klinik: Prof. Dr. Dr. St. Ahrens

Kostenübernahme durch: Krankenkassen, Privatkassen

2 Stationen mit 50 Betten

Behandelt werden Patienten zwischen dem 18. und dem 75. Lebensjahr mit Psychosomatosen, funktionellen psychovegetativen Störungen sowie Psychoneurosen und somatopsychischen Erkrankungen.

Behandlung von Eßstörungen:

Ansprechpartner für Eßstörungen: Dr. Homann (Tel. 040/8191-428)

Durchschnittlich werden 10-15 % als Eßstörungspatienten behandelt.

Behandlungsdauer bei Eßstörungen maximal 12 Wochen.

Aufnahmebedingungen und Aufnahmemodus:
Das therapiefähige Minimalgewicht bei durchschnittlicher Körpergröße (170 cm) ist mit 45 kg angesetzt (analog 160 cm/38 kg, 180 cm/51 kg). Patienten mit weitergehendem Untergewicht können in der gastroenterologischen Abteilung des Krankenhauses medizinisch behandelt werden, z.B. durch Sondenernährung.

Ausschlußkritierien: floride Sucht, z.B. gegenüber Alkohol und Medikamenten; eine aktuelle Suizidalität darf nicht vorliegen

Setting und Therapieverfahren: Die Patienten sind integriert in die beiden Stationen. Sie nehmen, wie die anderen Patienten auch, an den allgemeinen Veranstaltungen der Station teil und haben in aller Regel analytisch orientierte Einzeltherapie 2 mal pro Woche und KBT in Gruppe oder Einzelsitzungen, ebenfalls 2 mal pro Woche. Weitere Therapiemaßnahmen: verhaltensmodifikatorische Maßnahmen, Entspannungstraining; Musiktherapie, Kunsttherapie, Sozialtherapie.

Die Besonderheiten der Störung werden in Eßvisiten besprochen, insbesondere auch der regelhaft abzuschließende Eßvertrag mit dem Zusammenhang zwischen der Gewichtsentwicklung und Sanktionen. Die Patienten sind für die Eßvisiten in stationsbezogenen Gruppen zusammengefaßt.

Nachstationäre Behandlung:
Eine regelrechte Nachbetreuung findet nicht statt. Häufiger wird das weitere Procedere aber über sporadische Kontakte geregelt.

Das Behandlungsspektrum der Abteilung umfaßt psychosomatische Erkrankungen aus dem Bereich der Inneren Medizin (z.B. Bronchialasthma, Magengeschwüre sowie chronisch entzündliche Darmerkrankungen), körperliche Beschwerden ohne nachweisbare organische Ursache (z.B. Herzangst, Störungen des Magen-Darm-Traktes), Eßstörungen (z.B. Magersucht, Eßsucht, Fettsucht) sowie seelische Erkrankungen einhergehend mit körperlichen Beschwerden (entsprechende Angsterkrankungen und Depressionen) und chronische Schmerzzustände (z.B. Migräne, Schmerzen des Bewegungsapparates).

Die Behandlung erfolgt nach einem integrativen Konzept, welches mit jedem Patienten gemeinsam entwickelt wird. Neben der erforderlichen ärztlichen Behandlung kommen Psychotherapie, Körpertherapie (Konzentrative Bewegungstherapie, Feldenkrais), und kreative Therapien (Kunst- und Musiktherapie), Physiotherapie und Krankengymnastik zur Anwendung. Akupunktur und Manualtherapie ergänzen die Behandlung von Schmerzpatienten. Ärzte verschiedener Fachrichtungen (Internisten, Neurologen, Psychiater), Diplom-Psychologen, spezifisch ausgebildete Therapeuten der Körper- und kreativen Therapien und das Krankenpflegepersonal, welches durch ein Bezugspflegesystem die Patienten individuell während des Aufenthaltes begleitet, teilen sich die als gemeinsam verstandene Arbeit. - Jeder Aufnahme geht ein ambulantes Gespräch voraus, um die Notwendigkeit und die Möglichkeiten der Behandlung persönlich zu klären.

Darüber hinaus ist die Abteilung zuständig für den neurologischen Konsiliardienst und die psychosomatische Mitbehandlung von Patienten der anderen Abteilungen unseres Hauses. Zur Abteilung gehören die Stationen P1 und P2 mit insgesamt 50 Betten.

30625 Hannover

Abteilung Psychosomatik und Psychotherapie im Zentrum
Psychologische Medizin der Medizinischen Hochschule Hannover

Konstanty-Gutschow-Str. 8

Tel: 0511/532-6569, FAX: 0511/532-3190

Art der Klinik: Universitätsklinik

Träger: Land Niedersachsen

Leiter der Klinik: Abteilungsleiter Prof. Dr. med. F. Lamprecht

Kostenübernahme durch: Krankenkasse

1 Station mit 14 Betten

Behandelt werden Patienten zwischen dem 20. und 45. Lebensjahr.

Behandlung von Eßstörungen:

Ansprechpartner für Eßstörungen: Dr. W. Lempa (Tel. 0511/532-2046)

Stationäre Psychotherapie bei Eßstörungen: In zwei halboffenen Gruppen mit zusammen 14 Patienten verschiedener Diagnosegruppen zwischen dem 18. und 45. Lebensjahr. Behandlungsdauer 8 bis 9 Wochen.

Aufnahmebedingungen und Aufnahmemodus:
Keine anderweitige Abhängigkeitserkrankung; keine Psychose oder hirnorganische Störung; regionale Einschränkungen bestehen nicht; es werden vor der stationären Aufnahme 1 bis 5 ambulante Vorgespräche in der psychosomatischen Poliklinik mit dem

behandelnden ärztlichen oder psychologischen Gruppentherapeuten geführt; bei Magersuchtpatienten Einwilligung zu Zusatzernährung bis zum vereinbarten Mindestgewicht; bei
Bulimiepatienten keine besonderen Aufnahmebedingungen.

Ausschlußkriterien: Bei extremem Untergewicht zunächst Aufnahme auf der internistischen Abteilung zur Stoffwechselregulierung, Sonden- oder parenteraler Ernährung, später
Übernahme auf die psychosomatische Station.

Therapieverfahren: analytische Gruppentherapie, regelmäßige Einzelgespräche, verhaltensmodifikatorische Maßnahmen, Entspannungstraining, körpertherapeutische Gruppen
(u.a. Körperwahrnehmungstraining), Tanz- und Bewegungsgruppe, Gestaltungstherapie,
Interaktionsgruppe, Visiten, »Zimmerrunde«, Stationsrunde, internistische Therapie durch
den Stationsarzt, physikalische Therapie und weitere Fachdisziplin im Hause verfügbar,
psychiatrische Behandlung im Klinikum möglich.

Nachstationäre Behandlung:
- Eine Nachbehandlung wird in der Regel bei Abschluß der stationären Psychotherapie
  vereinbart.
- Ambulante Einzel- bzw. Gruppentherapie seitens der Einrichtung teilweise möglich.
- Ambulante Nachgespräche in der psychosomatischen Poliklinik.

Die psychosomatische Station der Medizinischen Hochschule Hannover umfaßt 14
Behandlungsplätze und ist besetzt mit sieben Pflegekräften mit sozialpsychiatrisch-psycho-
therapeutischer Zusatzausbildung und externer Supervision. Die behandelnden Ärzte und
Psychologen sind psychoanalytisch weitergebildet. Die ärztlich-internistische Betreuung
erfolgt durch einen Stationsarzt. Nach Vorgesprächen in der Psychosomatischen Poliklinik
werden monatsweise kleine Gruppen von Patienten in die halboffenen Gruppen aufgenommen. Die Therapie wird in Gruppen zu je sieben (bzw. 8 und 6) Patienten durchgeführt, wobei jeweils ein Arzt oder Psychologe für eine Gruppe zuständig ist. Die Gruppen
sind keine symptomzentrierten Gruppen, sondern enthalten neben Patienten mit
Eßstörungen auch Patienten mit Angststörungen, psychosomatischen Organerkrankungen
oder Psychoneurosen. Den Kern des integrativen Behandlungskonzeptes bilden die psychoanalytisch orientierten, dreimal pro Woche unter Leitung des Arztes oder Psychologen
stattfindenden Gruppentherapiesitzungen. Daneben werden regelmäßig Einzelgespräche
angeboten. Gestaltungstherapie, Körperwahrnehmungstraining, Tanz und Bewegung,
Interaktionsübungen und Sport bilden den zweiten Schwerpunkt des Behandlungsangebotes
und werden von den Pflegekräften der Station geleitet. Bei den »Visiten« und in der
Zimmerrunde besteht die Möglichkeit zu Gesprächen im kleineren Kreis. Bei Bedarf
werden Familien- oder Paargespräche vereinbart. Die Behandlung eßgestörter Patienten
bildet einen Schwerpunkt der Klinik. Das psychoanalytische Behandlungskonzept wird

kombiniert mit psychoedukativen Maßnahmen und verhaltenstherapeutischen Ansätzen: Bulimie-PatientInnen zeichnen die Art und Häufigkeit ihrer Eß-Brech-Anfälle, begleitenden Gedanken, Gefühle und Auslöser auf. Sie werden angeleitet, vor und anstelle eines Bulimieanfalls Einzelgespräche zur Erarbeitung alternativer Bewältigungs-möglichkeiten wahrzunehmen. Magersüchtige Patientinnen erhalten kontrollierte Zusatz-ernährung, die sie mehrmals täglich im Beisein eines Therapeuten einnehmen, bis das vor Therapiebeginn vereinbarte Mindestgewicht erreicht ist. Die Therapieergebnisse werden im Rahmen von Forschungsvorhaben erfaßt, die gute Ergebnisse in der Effektevaluation zur Therapie der Bulimie und der Anorexia nervosa erbracht haben.

30559 Hannover

Klinik für Psychosomatische Medizin im Krankenhaus der
Henriettenstiftung
Akademisches Lehrkrankenhaus der Medizinischen Hochschule

Schwemannstr. 19

Tel.: 0511/289 31 31

Art der Klinik: Allgemeinkrankenhaus der Maximalversorgung, akademisches Lehrkran-kenhaus

Träger: Henriettenstiftung, Hannover

Leiter der Klinik: Dr. med. Wolfgang Kämmerer

Kostenübernahme durch: Krankenkassen

1 Station mit 27 Betten

Behandelt werden Patienten ab 17 Jahren mit psychosomatischen Krankheiten sowie neurotischen Persönlichkeits- bzw. Verhaltensstörungen.

Behandlung von Eßstörungen:

Leiter der Spezialstation und Ansprechpartner für Eßstörungen: Dr. med. Wolfgang Kämmerer (Tel. 0511/289 31 31)

Durchschnittlich werden 6 bis 8 Eßstörungspatienten zwischen dem 17. und dem 30. Lebensjahr behandelt.

Die stationäre Behandlung bei Eßstörungen erfolgt zumeist einmalig, in schweren oder chronifizierten Fällen als Intervalltherapie über mehrere Jahre, stationäre Phase beim ersten Mal ca. 12 Wochen, später zwischen 4 und 8 Wochen.

Aufnahmebedingungen und Aufnahmemodus:
Keine grundsätzlichen Einschränkungen; jedoch wird die Aufnahme in ambulanten und/oder konsiliarischen Vorgesprächen (ca. 3 bis 4, gegebenenfalls auch über einen großen Zeitraum bis zu 2 Jahren) vorbereitet. Grundsätzlich wird die Familie der Patientin vor der Aufnahme zu mindestens einem Gespräch gebeten, gelegentlich (selten) auch noch einmal nach der Entlassung. Häufiger wird die Patientin mit ihrer Familie in eine ambulante Familientherapie in Hannover vermittelt. Sondenernährung und medikamentöse Zusatzbehandlung erfolgen je nach klinischem Bild, im Prinzip jedoch eher zurückhaltend. Die Erarbeitung einer psychologischen Therapiemotivation erscheint uns wichtiger als ein Minimalgewicht. Als Klinik in einem Akutkrankenhaus müssen wir auch (zumindest konsiliarisch) tätig werden, wenn eine Therapiemotivation oder ein Minimalgewicht nicht vorliegt.

Ausschlußkriterien: psychotische oder grenzpsychotische Dekompensation, akute Suizidalität, Drogen- oder Alkoholmißbrauch, jedoch nicht Laxanzienabusus

Therapieverfahren: analytische Einzeltherapie, analytische Gruppentherapie, Familientherapie, Konzentrative Bewegungstherapie, Körperwahrnehmungstherapie, Gestaltungstherapie, Psychodrama, Musiktherapie, Sozialtherapie, internistische Therapie im Rahmen des Allgemeinkrankenhauses

Nachstationäre Behandlung:
Nachbehandlung wird in der Regel vor Therapieabschluß nicht fest vereinbart, jedoch ist ambulante Gruppentherapie seitens der Einrichtung möglich. Teilweise wird auch vor bzw. nach stationärer Therapie Weiterbehandlung bei niedergelassenen Therapeuten vermittelt.

Die Klinik ist als internistisch-psychosomatische Abteilung in ein Akademisches Lehrkrankenhaus (630 Betten) integriert. Konsiliardienst und Ermächtigungsambulanz ermöglichen eine intensive Zusammenarbeit mit den klinischen wie niedergelassenen Kollegen und ambulanten Einrichtungen. Das Konzept der Station lehnt sich an den Typ B psychosomatischer und psychotherapeutischer Stationen der Psychiatrie-Enquete des Deutschen Bundestages von 1975 an. Pro Jahr werden etwa 150 Patienten mit durchweg somatischen Beschwerden in Gruppen (à 13/14 bzw. 6/7 Patienten) behandelt. Alle

Mitarbeiter sind in psychotherapeutischer oder analytischer Weiterbildung, das Pflege-personal mit dem Schwerpunkt auf nonverbalen Therapien. Wir arbeiten mit einem fokaltherapeutischen Konzept: das somatische Leitsymptom wird mit dem zentralen Affekt und der (zumeist unbewußten) Konfliktdynamik vor seinem biographischen Hintergrund zum Fokus verknüpft. Szenischem Verstehen und interaktioneller Bcziehungsklärung im Zusammenhang mit der Wahrnehmung der körperlichen Befindlichkeit kommt eine zen-trale Bedeutung zu. Die nonverbalen Therapien helfen, die Beschwerden in ihrem affekti-ven Zusammenhang zu erleben. Diese werden durch Gespräche ergänzt. Der Fokus wird in Zweitsichten von allen Mitarbeitern und dem Oberarzt bzw. Chefarzt erarbeitet und vom Oberarzt über die Behandlung hinweg supervidiert. Die Interventionen werden an der Veränderung der körperlichen Befindlichkeit überprüft: die Symptomatik bessert sich, wenn die darin ausgetragenen Affekte und Konflikte in einer vertrauensvollen Beziehung in Worte übersetzt werden können. Die interaktionelle Beziehungsklärung wird in diesem Kontext durch die Gruppen- und Einzeltherapien (Meeting, Musiktherapie, Mal- und Gestaltungstherapie, Familienskulpturgruppe, Bewegungstherapie, Qigong, Soziotherapie, Einzelgespräche und therapeutische Visiten) vertieft. Die Länge der Therapieabschnitte richtet sich nach der Belastbarkeit des Patienten und danach, ob die stationäre Behandlung in ambulante Maßnahmen eingebettet ist. Wir selbst können nur begrenzt eine ambulante Vorbereitung (Einzel-/Familiengespräche) bzw. Nachbetreuung (offene Gruppe, Autogenes Training) anbieten. Die Intervalltherapie hat sich gerade für schwer und chronisch Kranke und besonders für eßgestörte Patienten bewährt.

69115 Heidelberg

Medizinische Klinik der Universität Heidelberg,
Abt. Innere Medizin II

Bergheimerstr. 58

Tel.: 06221/56 8669

Art der Klinik: Medizinische Universitätsklinik mit psychosomatisch-psychotherapeuti-scher Station

Träger: Land Baden-Württemberg

Leiter der Klinik: Prof. Dr. med. P. Hahn

Kostenübernahme durch: alle Kostenträger

3 Stationen mit insgesamt 42 Betten

Behandelt werden Patient(inn)en zwischen dem 18. und dem 60. Lebensjahr im Psycho-therapiebereich und zwischen dem 20. und dem 90. Lebensjahr im allgemein-inter-nistischen Bereich.

Behandlung von Eßstörungen:

Leiter der Spezialstation: Priv. Doz. Dr. med. G. Bergmann

Ansprechpartner für Eßstörungen: Priv. Doz. Dr. med. W. Herzog (Tel.06221/56 8738). Durchschnittlich werden 120 Eßstörungspatient(inn)en (inklusive Ambulanz) ab dem 18. Lebensjahr behandelt.
Behandlungsdauer bei Eßstörungen zwischen 2 und 24 Wochen.

Aufnahmebedingungen und Aufnahmemodus:
Vorgespräch in der Ambulanz erforderlich (gegebenenfalls ambulantes Familiengespräch vorher)

Ausschlußkriterien: akute Psychosen und Restzustände; akute Suizidalität

Therapieverfahren: analytische Einzeltherapie, analytische Gruppentherapie, verhaltens-modifikatorische Maßnahmen, Familientherapie, Paartherapie, Konzentrative Bewegungs-therapie, Gestaltungstherapie, Sozialtherapie, Familienstammbaum, Familienskulptur, internistische Therapie verfügbar, psychiatrische Behandlung möglich, gegebenenfalls auch in geschlossener Abteilung

Nachstationäre Behandlung:
*   Wöchentliche Nachbetreuung möglich.
*   Nach stationärer Therapie (fest) vereinbarte Weiterbehandlung bei niedergelassenen Therapeuten erwünscht.
*   Im Einzelfall ambulante Einzeltherapie seitens der Einrichtung möglich.

Die Abteilung Allgemeine Klinische und Psychosomatische Medizin und die Sektion Klinische Psychosomatik an der Medizinischen Universitätsklinik Heidelberg entwickelten sich in der Tradition der anthropologischen Medizin in Heidelberg, die sich besonders mit dem Namen V. v. Weizsäcker, dem Gründer der Abteilung, verbindet. Im Spektrum psychosomatischer Kliniken ist die Besonderheit der Abteilung die vollständige Integration in eine internistische Universitätsklinik.

Anorexie- sowie Bulimie-Patient(inn)en bilden wegen ihrer hohen Morbidität und Mortalität eine große Subgruppe der behandelten Patienten. Der langjährige Therapieschwerpunkt »Eßstörungen« ermöglicht die Evaluation des Behandlungsverlaufs und -erfolges. Neben der Therapie extrem kachektischer Patient(inn)en sowie der Differentialdiagnose und -therapie begleitender komplexer Krankheitsbilder (z.B. Diabetes mellitus, Morbus Crohn und andere schwerwiegende Zweiterkrankungen), entwickelte sich die Familientherapie von Anorexie- und Bulimie-Patient(inn)en zu einem Schwerpunkt der Behandlung.

So bilden bei allen eßgestörten Patient(inn)en neben den tiefenpsychologisch-orientierten Verfahren orientierende und fortlaufende stationäre und ambulante Famlientherapien einen festen Bestandteil des Therapiesettings. Dies ist unabdingbar, insbesondere für jüngere Patient(inn)en. Heftige Auseinandersetzungen um die »richtige« Therapie, gelegentlich auch im therapeutisch-institutionellen Umfeld, können häufig bei »nicht therapierbaren« Patient(inn)en auf latente familiäre Konflikte hinweisen. Nicht selten macht eine begrenzte Familienorientierung und gegebenenfalls -therapie die angestrebte längerfristige Einzelbehandlung erst möglich. Bei primär nicht therapiewilligen Patient(inn)en werden Familiengespräche auch in der ambulanten Vorphase geführt. Die stationäre Psychotherapie eßgestörter Patient(inn)en erfolgt gezielt in inhomogenen Gruppen, also zusammmen mit anderen psychosomatisch-psychotherapeutischen Patienten der Station mit einem breiten Alters- und Diagnosespektrum. Für Anorexie- und Bulimiepatient(inn)en gibt es jedoch auch eine Gruppe, die den spezifischen Umgang mit dem Symptom und verhaltensmodifikatorische Maßnahmen zum Gegenstand hat.

Die Weiterbetreuung umfaßt neben dem Angebot einer Nachbetreuungsgruppe die Hilfe bei der Suche nach ambulanten Therapeuten und in Einzelfällen eine ambulante Familientherapie.

69115 Heidelberg

Psychosomatische Universitätsklinik Heidelberg

Thibautstr. 2

Tel.: 06221/56 5888

Art der Klinik: Universitätsklinik

Träger: Land Baden-Württemberg

Leiter der Klinik: Prof. Dr. med. G. Rudolf

Kostenübernahme durch: Krankenkassen, beihilfeberechtigte Patienten

1 Station mit 22 Betten

Behandelt werden Patienten zwischen dem 18. und dem 60. Lebensjahr mit psychosomatischen und psychogenen Erkrankungen.

Behandlung von Eßstörungen:

Leiter der Station: Dr. med. G.H. Seidler

Ansprechpartner für Eßstörungen: Dr. med. G.H. Seidler (Tel. 06221/56-5801)

Durchschnittlich werden 7 Eßstörungspatienten zwischen dem 18. und dem 30. Lebensjahr 12 Wochen lang behandelt.

Aufnahmebedingungen und Aufnahmemodus:
internistisch stabil, nicht sondenernährungspflichtig, nicht parenteral substitutionsbedürftig, kein Suizidrisiko, keine medikamentöse Zusatzbehandlung, keine Psychopharmakabehandlung, Zugang über die Ambulanz der Klinik

Ausschlußkriterien: Lebensalter unter 18 Jahren, Tablettenabhängigkeit mit Suchtcharakter, manifeste Psychosen, manifeste Suizidalität

Therapieverfahren: analytische Einzeltherapie, analytische Gruppentherapie, Konzentrative Bewegungstherapie, Körperwahrnehmungstherapie, Gestaltungstherapie, Musiktherapie

Nachstationäre Behandlung:
- Eine Nachbehandlung wird in der Regel vor Therapieabschluß nicht fest vereinbart.
- Ambulante Einzeltherapie seitens der Einrichtung möglich.

Auf der 22-Betten-Station der Psychosomatischen Universitätsklinik Heidelberg befinden sich regelmäßig etwa zu einem Drittel Patientinnen mit Eßstörungen. Der Zugang erfolgt in der Regel über die Ambulanz der Klinik. In einer aus Ambulanz und Station gemeinsam gebildeten Indikationskonferenz wird über die Aufnahme und den Behandlungsplan entschieden.

Das Behandlungskonzept ist psychoanalytisch fundiert, im therapeutischen Team werden integriert: therapeutische Visiten, psychoanalytisch orientierte Einzel- und Gruppentherapie, Gestaltungs-, Bewegungs- und Musiktherapie sowie Sozialtherapie.

Für Patientinnen mit Anorexia nervosa wird ein gegenüber der Behandlung der anderen Patientinnen modifiziertes Behandlungsverfahren realisiert: Nach Vorgesprächen in der Ambulanz findet ein Gespräch mit einer Schwester und einem Arzt auf der Station statt; dabei wird der Behandlungsplan erläutert. Dieser sieht eine Strukturierung des Tagesablaufs und eine Reglementierung der Nahrungsaufnahme bis zum Erreichen eines Basisgewichtes vor. Die Verabredungen werden in vertraglicher Form festgehalten, und den Patientinnen wird eine Woche Bedenkzeit gegeben, in der die Zustimmung zu der Verabredung geprüft werden kann. Das unter der Verantwortung der Schwestern durchgeführte Eßprogramm (verbindliche Mahlzeiten auf dem Zimmer, täglich 12 600 kJ bzw. 3000 kcal Schonkost nach Vorschlag der Diätassistentin, Ruhezeit nach den Mahlzeiten, regelmäßiges Wiegen) und die damit verbundenen Strukturierungen werden in Abhängigkeit vom Erreichen bestimmter Gewichtsmarken gelockert, und das Therapieangebot wird intensiviert (Teilnahme an Gruppenpsychotherapie und KBT-Gruppe, häufigere bzw. längere Einzeltherapiesitzungen). Im Vorfeld der Entlassung werden individuelle Indikationen zur ambulanten Weiterbehandlung ausgesprochen.

Bei Bulimia nervosa werden in Abhängigkeit vom jeweiligen Schweregrad der Erkrankung zusätzlich zu den Routinetherapieprogrammen strukturierende Interventionen verabredet (Zuordnung einer Bezugsschwester, Führung eines »Eß-Tagebuchs«). Die durchschnittliche Behandlungsdauer beträgt 12 Wochen.

07740 Jena

Abteilung Internistische Psychotherapie der Klinik für Innere Medizin der Friedrich-
Schiller-Universität Jena

Dornburger Str. 159

Tel.: 03641/637790-92

Art der Klinik: Universitätsklinik

Träger: Freistaat Thüringen

Leiter der Klinik: Prof. Dr. med. habil. H. Bosseckert

Kostenübernahme durch: Krankenkassen, in Ausnahmefällen Sozialamt

1 Station mit 9 Betten

Behandelt werden Patienten zwischen dem 18. und dem 70. Lebensjahr mit psychosomatischen Erkrankungen.

Behandlung von Eßstörungen:

Leiter der Spezialabteilung: Dr. med. Margit Venner

Ansprechpartner für Eßstörungen: Dr. med. Margit Venner (Tel. 03641/637790-92)
Durchschnittlich werden 4 Eßstörungspatient(inn)en zwischen dem 16. und dem 50.
Lebensjahr pro stationärer Gruppe behandelt.

Die stationäre Therapie bei Eßstörungen dauert 7 Wochen bei ambulanter Vor- und Nachbehandlung.

Aufnahmebedingungen und Aufnahmemodus:
Patient(inn)en werden zunächst ambulant diagnostiziert und in Therapie genommen. Bei
vitaler Bedrohung zunächst Behandlung auf einer internistischen Station mit psychotherapeutischer Begleitung; keine Psychopharmakabehandlung; die stationäre Gruppenpsychotherapie erfolgt in einem geschlossenen Setting ohne Besuchszeiten und
Beurlaubungen; in die Vor- und Nachbehandlung werden die Angehörigen einbezogen.

Ausschlußkriterien: Wenn Patient Therapie verweigert oder wenn wegen Asozialität (Diebstahl, Alkoholismus) die Behandlung in einer internistischen Klinik nicht möglich ist.

Therapieverfahren: analytische Einzeltherapie, analytische Gruppentherapie, verhaltensmodifikatorische Maßnahmen, Familientherapie, Paartherapic, Entspannungstraining, Körperwahrnehmungstherapie, Gestaltungstherapie, Psychodrama, kommunikative Bewegungstherapie, körperliche und sportliche Konditionierung, Maltherapie, internistische Therapie verfügbar, psychiatrische Behandlung möglich, gegebenenfalls auch in geschlossener Abteilung

Nachstationäre Behandlung:
- Vor bzw. nach stationärer Therapie (fest) vereinbarte Weiterbehandlung bei niedergelassenen Therapeuten.
- Ambulante Einzeltherapie bzw. Gruppentherapie seitens der Einrichtung möglich
- Ambulante Vor- und Nachbehandlung ist auch in der Institutsambulanz der Abteilung üblich.

Die Abteilung Internistische Psychotherapie ist eine selbständig arbeitende Abteilung der Klinik für Innere Medizin der Friedrich-Schiller-Universität Jena. Folgende Aufgaben werden durch die Mitarbeiter der Abteilung in der Klinik realisiert:
- hochspezialisierte Psychotherapie psychosomatisch Kranker (ambulant, stationär und in Gruppen)
- Konsiliardienste
- Liaisondienste
- psychotherapeutische Aus- und Weiterbildung
- studentische Ausbildung im Fach Psychosomatik/Psychotherapie durch Vorlesungen, Seminare und fakultative Veranstaltungen

Die frühe psychische Störung und die chronische körperliche Erkrankung des psychosomatisch Kranken machen eine langfristige psychotherapeutische Behandlung notwendig. Sie umfaßt in unserem Modell 3 Phasen:

Eine ambulante Vorphase, die stationäre Gruppentherapie und die sich daran anschließende Nach- oder Weiterbehandlungsphase.

In der ambulanten Vorbereitungsphase müssen die Indikationen zur stationären Gruppenpsychotherapie geprüft und die Voraussetzungen dazu auf seiten des Patienten entwickelt werden (Minimalkonsens zwischen Patient und Therapeut über die Psychogenese der Erkrankung und das anzustrebende Behandlungsziel: ein für die Therapieanforderungen ausreichender körperlicher Zustand).

Die stationäre Gruppenpsychotherapie ist analytisch orientiert. Die Patienten werden in geschlossenen, symptomheterogenen Gruppen 7 Wochen stationär aufgenommen. Eine verbindliche Hausordnung sichert nicht nur den organisatorischen Ablauf, sondern gibt den

Patienten überhaupt erst die Möglichkeit, sich in den psychotherapeutischen Prozeß hinein-zubegeben. Neben dem Gruppenprozeß geben wir den Patienten durch die Vermittlung des Autogenen Trainings ein Mittel zur vegetativen Regulierung in die Hand.

In der Abschlußphase der stationären Therapie helfen Sachinformationen zur Krankheit, zur psychischen Störung, zum Umgang mit Medikamenten, die Angst vor der Erkrankung zu reduzieren und die Compliance zu verbessern.

Der stationären Gruppenpsychotherapie folgt eine individuell abgestimmte Weiter-behandlung, damit der psychosomatisch Kranke die in der stationären Therapie, gewisser-maßen im Experiment, gewonnenen Erfahrungen in seine eigene Realität umzusetzen lernt.

24105 Kiel

Klinik für Psychotherapie und Psychosomatik
im Klinikum der Christian-Albrechts-Universität zu Kiel

Niemannsweg 147

Tel.: 0431/597-2652

Art der Klinik: Spezialklinik für Psychotherapie und Psychosomatik

Träger: Land Schleswig-Holstein

Leiter der Klinik: Prof. Dr. H. Speidel

Kostenübernahme durch: alle Krankenkassen
1 Station mit 8 Betten

Behandelt werden Patienten zwischen dem 18. und dem 50. Lebensjahr mit Neurosen, narzißtischen Störungen, Borderline-Störungen, psychosomatischen Krankheitsbildern ohne dringenden internistischen Handlungsbedarf.

Behandlung von Eßstörungen:

Ansprechpartner für Eßstörungen: Dr. C. Böhme-Bloem (Tel. 0431/597-2653)

Durchschnittlich werden 3 Eßstörungspatienten zwischen dem 18. und dem 40. Lebensjahr behandelt.

Behandlungsdauer bei Eßstörungen (wie bei den anderen Patienten) zwischen 12 und 28 Wochen.

Aufnahmebedingungen und Aufnahmemodus:
Psychotherapierbarkeit muß gegeben sein, Minimalgewicht von ca. 40 kg, kein Suizidrisiko, Gruppenfähigkeit und Introspektionsfähigkeit werden in Vorgespräch geklärt.

Ausschlußkritierien: Alkoholabhängigkeit oder andere Abhängigkeit

Therapieverfahren: analytische Gruppentherapie, verhaltensmodifikatorische Maßnahmen, Körperwahrnehmungstherapie, Gestaltungstherapie, Sozialtherapie, Tanztherapie

Nachstationäre Behandlung:
* Nach stationärer Therapie (fest) vereinbarte Weiterbehandlung bei niedergelassenen Therapeuten.
* Ambulante Einzel- bzw. Gruppentherapie in Einzelfällen seitens der Einrichtung möglich.

Die Klinik für Psychotherapie und Psychosomatik hat neben einer Ambulanz und einem Konsiliar-Liaison-Dienst eine kleine stationäre Einheit mit 8 Behandlungsplätzen für Erwachsene beiderlei Geschlechts zwischen 18 und 50 Jahren.

Schwere (ambulant nicht behandelbare) neurotische Störungen, narzißtische und Borderline-Störungen werden gemeinsam im Setting einer »halboffenen« Gruppe (ein ausscheidender Patient wird durch einen neuen ersetzt) über einen Zeitraum von drei bis sieben Monaten behandelt. Der Minimalzeitraum von drei Monaten wird selten in Anspruch genommen und reicht auch nach der Art der Gruppenentwicklung selten aus. Zu den genannten Störungen gehören auch Eßstörungen unterschiedlicher Struktur sowie psychosomatische Krankheitsbilder ohne dringenden internistischen Behandlungsbedarf. Bei der Gruppenzusammensetzung ist uns Heterogenität wichtig, daher können nur zwei bis drei Eßstörungen zur gleichen Zeit Aufnahme finden.

Die Indikation wird in einem oder mehreren Vorgesprächen geklärt. Der Patient bekommt außerdem Gelegenheit, Räume und Stationsordnung kennenzulernen. Die Patienten sind in Zwei- und Dreibettzimmern untergebracht, die als Schlafzimmer um einen zentralen Tages- und Wohnraum angeordnet sind.

Zentraler Therapieinhalt sind eine fünfmal wöchentlich stattfindende psychoanalytisch orientierte Gruppentherapie, ein festes Programm von Gestaltungs-, Mal-, Tanz- und Spieltherapie, Frühgymnastik sowie eine festgefügte Reihe von sozialtherapeutischen Unternehmungen, teils mit Mitgliedern des Teams, teils innerhalb der Gruppe.

Aus den Therapieinhalten wird deutlich, daß der Patient gruppenfähig sein muß. Die offene Stationsstruktur nach Art der Wohngruppe, macht die Aufnahme von Patienten mit

Überwachungsbedarf (akute Suizidalität, Abhängigkeit von Alkohol, Medikamenten oder Drogen) unmöglich.

Eine ambulante Nachbehandlung bzw. die Aufnahme einer ambulanten Psychotherapie nach der stationären Phase wird in vielen Fällen befürwortet, in einzelnen Fällen auch von der Klinik begleitet. Wichtigstes Behandlungsziel für alle Patienten ist die Fähigkeit zur autonomen Lebensgestaltung.

78126 Königsfeld/Schwarzwald

Michael-Balint-Klinik
Fachklinik für Psychosomatik und Ganzheitsmedizin

Hermann-Voland-Str. 10

Tel.: 07725/9320

Art der Klinik: Kranken- und Rehabilitationskrankenhaus

Träger: Dr. med. W. Rother, Direktor

Leiter der Klinik: Chefarzt Dr. med. J. Kasper

Kostenübernahme durch: Krankenkassen
3 Stationen mit insgesamt 102 Betten

Behandelt werden Patienten mit psychosomatischen Erkrankungen, Identitätsbeeinträchtigungen nach schweren Erkrankungen, neurotische und psychoreaktive Erkrankungen, Borderline, narzißtische Störungen, nicht akute Psychosen.

Behandlung von Eßstörungen:

Leiter der Spezialstation: leitender Psychologe G. Braun

Ansprechpartner für Eßstörungen:
Dipl.-Psych. H. Kögel (Tel. 07725/932-472)
Dipl.-Psych. U. Deynet (Tel. 07725/932-473)

Durchschnittlich werden 6 bis 8 Eßstörungspatienten ab dem 17. Lebensjahr behandelt.

Behandlungsdauer bei Eßstörungen mindestens 6 Wochen.

Aufnahmebedingungen und Aufnahmemodus:
Minimalgewicht: BMI = 13, geringes Suizidrisiko, meist Fragebogen zu Gewicht und Eßverhalten, Vorgespräch

Ausschlußkritierien: Komoribidität mit akuter Psychose, Suchterkrankung, Verwahrlosung, akute Suizidalität, Pflegebedürftigkeit

Therapieverfahren: analytische Einzeltherapie, Gruppentherapie, verhaltensmodifikatorische Maßnahmen, Entspannungstraining, Körperwahrnehmungstherapie, Gestaltungstherapie, Musiktherapie, Sozialtherapie, Ernährungsberatung, Lehrküche

Nachstationäre Behandlung:
Nach stationärer Therapie (fest) vereinbarte Weiterbehandlung bei niedergelassenen Therapeuten.

Mit ihrem ganzheitsmedizinischen Konzept will die Michael-Balint-Klinik den erkrankten Menschen in seiner psychischen, somatischen und sozialen Dimension erfassen und einen individuellen Weg zur Besserung oder Wiederherstellung der Gesundheit finden. Die Diagnostik und Therapie richtet sich sowohl auf somatische wie psychosoziale Aspekte, die gewählte Therapie ist individuell und kann aus verschiedenen Elementen bestehen. Psychotherapeutische Hauptverfahren sind tiefenpsychologisch fundierte und analytische Einzel- und Gruppentherapie, bei speziellen Krankheitsbildern werden aber auch verhaltenstherapeutische und kognitive Verfahren durch entsprechend ausgebildete Therapeuten eingesetzt. Klassische Homöopathie, Phytotherapie und naturheilkundliche Verfahren stellen eine wichtige Ergänzung zur schulmedizinischen Therapie dar, ohne daß sich die verschiedenen Ansätze gegenseitig ausschließen. Das therapeutische Team setzt sich aus Fachärzten verschiedener Richtungen (Psychiater, Neurologen, Internisten, Allgemeinmediziner, Kinder- und Jugendpsychiater) und Diplom-Psychologen zusammen.

In der Behandlung von Patienten mit Eßstörungen wird zum einen die Persönlichkeit und das soziale/familiäre Umfeld einbezogen, zum anderen ist das Vorgehen symptomorientiert. In den therapeutischen Einzelgesprächen und in speziellen Gruppentherapien werden besonders die psychodynamischen Zusammenhänge herausgearbeitet, während in Veranstaltungen wie Ernährungsberatung und Lehrküche die Eßsymptomatik im Vordergrund steht. Speziell für die Eßpatienten sind folgende Gruppen eingerichtet: Interaktionelle Gesprächstherapie (einmal wöchentlich), Körperwahrnehmungstherapie (einmal wöchentlich), Gestaltungstherapie (zweimal wöchentlich).

Die stationäre Aufnahme erfolgt nach einem Vorgespräch, in dem die Eigenmotivation und Gefährdungsaspekte geprüft werden, und nach Ausfüllen eines Fragebogens zu

Gewichts- und Eßverhalten. Die Klinikregeln und Bedingungen zur Gewichtszunahme werden entweder bereits im Vorgespräch oder nach der Aufnahme erläutert und festgelegt. Die Familie soll frühzeitig in die Behandlung miteinbezogen werden.

Während des stationären Aufenthaltes wird zusammen mit dem Sozialarbeiter die berufliche Rehabilitation und soziale Reintegration (z.B. über therapeutische Wohngruppen) geklärt und vorbereitet.

04107 Leipzig

Klinik und Poliklinik für Psychotherapie und Psychosomatische Medizin der Universität Leipzig

Karl-Tauchnitz-Str. 25

Tel.: 0341/9718858 (Aufnahme)

Art der Klinik: Universitätsklinik

Träger: Freistaat Sachsen

Leiter der Klinik: Prof. Dr. med. Michael Geyer

Kostenübernahme durch: Krankenkassen

2 Stationen mit insgesamt 16 Betten und 18 tagesklinische Behandlungsplätze

Behandelt werden Patienten zwischen dem 18. und dem 65. Lebensjahr mit Persönlichkeitsstörungen, neurotischen Störungen, psychosomatischen Störungen, Psychosen im Intervall, Süchten und abnormen Reaktionen.

Behandlung von Eßstörungen:

Ansprechpartner für Eßstörungen: Dr. Ute Uhle (Tel. 0341/9718857)

Durchschnittlich werden 5 Eßstörungspatienten zwischen dem 18. und dem 29. Lebensjahr behandelt.

Behandlungsdauer bei Eßstörungen zwischen 12 und 32 Wochen.

Aufnahmebedingungen und Aufnahmemodus:
Gewicht über 30 kg; sonst keine Einschränkungen; Überweisung durch Fachärzte für
Psychiatrie und Neurologie, Innere Medizin, Psychotherapie und Allgemeinmedizin; medi-
kamentöse Zusatzbehandlung, wenn erforderlich; keine regionalen Einschränkungen; keine
Vorgespräche erforderlich; keine Anforderungen an eine Mitarbeit der Familie.

Ausschlußkriterien: keine

Therapieverfahren: analytische Einzeltherapie, analytische Gruppentherapie, verhaltensmodifikatorische Maßnahmen, Paartherapie, Kommunikative Bewegungstherapie, Entspannungstraining, Körperwahrnehmungstherapie, Gestaltungstherapie, psychiatrische
Behandlung möglich

Nachstationäre Behandlung:
*   Nach stationärer Therapie (fest) vereinbarte Weiterbehandlung bei niedergelassenen
    Therapeuten.
*   Ambulante Einzeltherapie seitens der Einrichtung möglich.
*   Selbsthilfegruppen.

Die Klinik gehört zu den ältesten Gründungen im Bereich der stationären Psychotherapie
(seit 1953). Ursprünglich wurde in der Klinik eine Art Pawlow-orientierter Verhaltenstherapie durchgeführt. In den sechziger Jahren wandelte sich dieses Konzept in Richtung
einer sogenannten kommunikativen Psychotherapie, die alle Bestandteile moderner
stationärer Therapien anbot.

Seit den siebziger Jahren entwickelte sich das Behandlungskonzept zunehmend in die
Richtung einer psychoanalytisch fundierten stationären Psychotherapie. Innerhalb dieses
Konzeptes gab es jedoch stets Möglichkeiten der Kombination mit verhaltenstherapeuti-
schen, gesprächstherapeutischen, körpertherapeutischen und suggestiven Verfahren.

Der Charakter der Einrichtung ist wesentlich geprägt durch ihre Eigenschaft als Aus-
und Weiterbildungseinrichtung. Seit 1978 werden Fachärzte für Psychotherapie in drei- bis
fünfjährigen Ausbildungsgängen weitergebildet. Darüber hinaus ist die Klinik
Hospitationseinrichtung für Ärzte zur Weiterbildung zur Zusatzbezeichnung Psychotherapie sowie zur Weiterbildung klinischer Psychologen als Fachpsychologen für Psychotherapie.

Die Einrichtung diente seit ihrem Bestehen als eine Leiteinrichtung der Psychothera-
pieforschung der damaligen DDR. Derzeit bestehen enge Kooperationsbeziehungen in der
Forschung mit der Psychotherapieabteilung der Universität Ulm (Prof. Kächele), der
Psychologischen Fakultät der Universität des Saarlandes (Prof. Krause), der Psycho-
somatischen Klinik der Universitätsklinik Essen (Prof. Senf) und der Psychosomatischen
Klinik der Universität Göttingen (Prof. Cierpka).

04289 Leipzig

Park-Krankenhaus Leipzig-Dösen der
Städtischen Klinik Leipzig-Südost
Abteilung Psychotherapie

Chemnitzer Straße 50

Haus B 3/IV

Tel.: 0341/8642076

Art der Klinik: Städtische Klinik, psychotherapeutische Abteilung

Träger: Stadt Leipzig

Ärtzlicher Leiter des Park-Krankenhauses: Leitender Chefarzt Doz. Dr. med. habil. F. Liebold

Kostenübernahme durch: Krankenkassen

1 Station mit 10 Betten plus 12 Tagesklinikplätze

Behandelt werden Patienten zwischen dem 18. und 55. Lebensjahr. Die Diagnosegruppen sind: neurotische, psychosomatische und funktionelle Störungen, akute und chronische Konfliktreaktionen, Persönlichkeitsstörungen

Behandlung von Eßstörungen:

Leiter der Abteilung Psychotherapie: OA Dr. M. Goyk (Tel. 0341/8642076)

Durchschnittlich werden 1 bis 2 Eßstörungspatienten zwischen dem 18. und dem 40. Lebensjahr behandelt.

Behandlungsdauer bei Eßstörungen zwischen 4 Wochen und 4 Monaten.

Aufnahmebedingungen und Aufnahmemodus:
Aufnahmegespräch erfolgt, darin auch Absprache der Aufnahmebedingungen (unter anderem soll keine unmittelbare vitale Gefährdung, kein hohes Suizidrisiko bestehen).

Ausschlußkritierien: akute Psychosen

Therapieverfahren: analytische Einzeltherapie, analytische Gruppentherapie, verhaltens-modifikatorische Maßnahmen, Familien- und Ehepaargespräche, Konzentrative Bewe-gungstherapie, Entspannungstraining, Körperwahrnehmungstherapie, Gestaltungstherapie, Rollenspiel, Musiktherapie, Sozialtherapie, Maltherapie, kommunikative Bewegungs-therapie, Yoga, internistische Therapie verfügbar, psychiatrische Behandlung möglich, gegebenenfalls auch in geschlossener Abteilung

Nachstationäre Behandlung:
- Nach stationärer Therapie (fest) vereinbarte Weiterbehandlung bei niedergelassenen Therapeuten.
- Ambulante Einzeltherapie bzw. ambulante Gruppentherapie seitens der Einrichtung möglich.

Die Abteilung für Psychotherapie des Park-Krankenhauses Leipzig-Dösen ist eng an die drei weiteren Abteilungen der Klinik für Psychiatrie angebunden, hat sich jedoch über die Jahre einen gewissen selbständigen Status bewahrt. Die Zusammenarbeit funktioniert auch mit anderen Fachdisziplinen (Innere Medizin, Chirurgie, Anästhesie und Intensivtherapie, Röntgeninstitut, Kinder- und Jugendneuropsychiatrie) reibungslos, ebenso wie mit ortho-pädischen Fachkollegen (das Park-Krankenhaus hat sich unlängst mit der Klinik für Orthopädie und Rehabilitation »Dr. Georg Sacke« zu einer Verwaltungseinheit als Städtische Klinik Leipzig-Südost zusammengeschlossen); notwendige Konsultationen in anderen Fachbereichen sind durch lange Zusammenarbeit gebahnt und erfolgen durch Überweisungen.

Das Konzept der Abteilung ist psychoanalytisch begründet (tiefenpsychologisch fun-diert), verhaltenstherapeutische Elemente werden aber nach Bedarf mit einbezogen. Die stationäre Behandlung integriert u.a. Einzel- und Gruppentherapie, konzentrative und kommunikative Bewegungstherapie, Gestaltungstherapie, Entspannungsverfahren, Musik- und Maltherapie, Yoga. Medizinische Maßnahmen werden je nach Notwendigkeit vorge-nommen.

Das Mitarbeiterteam der Abteilung besteht aus einem Facharzt für Neurologie/ Psychiatrie/Psychotherapie (Leiter), zwei langjährig psychotherapeutisch erfahrenen und analytisch geschulten Psychologen, in der Regel einem Arzt in Weiterbildung, einer Bewegungstherapeutin, einer Gestaltungstherapeutin, sieben Krankenschwestern, einer Sekretärin und einem Hausmeister.

Die stationäre Aufnahme erfolgt nach ambulanten Vorgesprächen; sie können von nie-dergelassenen Ärzten (Überweisung) oder Ärzten des Klinikums (Konsiliaruntersuchung) veranlaßt werden. Eine regionale Aufnahmebegrenzung existiert nicht.

23538 Lübeck

Medizinische Universität, Bereich Psychosomatik/Psychotherapie in der
Klinik für Innere Medizin

Ratzeburger Allee 160

Tel.: 0451/500-2307

Art der Klinik: Spezialklinik

Träger: Land Schleswig-Holstein

Leiter des Bereichs: PD Dr. G. Jantschek

Kostenübernahme durch: Krankenkassen

1 Station mit 27 Betten

Behandelt werden Patienten zwischen dem 15. und dem 65. Lebensjahr mit entzündlichen Darmerkrankungen, funktionellen Beschwerden und chronischen Schmerzzuständen.

Behandlung von Eßstörungen:

Ansprechpartner für Eßstörungen: PD Dr. G. Jantschek (Tel. 0451/500-2307)

Durchschnittlich werden 10 bis 15 Eßstörungspatienten zwischen dem 15. und dem 40. Lebensjahr behandelt.

Behandlungsdauer bei Eßstörungen zwischen 4 und 12 Wochen.

Aufnahmebedingungen und Aufnahmemodus: Vorgespräch erforderlich

Ausschlußkriterien: Psychosen; schwere Abhängigkeit von Drogen und Alkohol

Therapieverfahren: analytische Einzeltherapie, analytische Gruppentherapie, Familientherapie, Paartherapie, Konzentrative Bewegungstherapie, Musiktherapie, Autogenes Training, internistische Therapie, psychiatrische Behandlung durch Konsiliararzt möglich

Nachstationäre Behandlung:
Ambulante Einzeltherapie seitens der Einrichtung teilweise möglich.

Die Klinik arbeitet nach einem integrierten psychosomatischen Modell, d.h., körperliche und seelische Therapien werden (je nach Krankheit des Patienten) kombiniert angewendet und ergänzen einander. Mit diesem Konzept ist es möglich, auch Patienten mit lebensbedrohlichen Eßstörungen, erheblichem Untergewicht und eventuell zusätzlichen anderen inneren Erkrankungen zu behandeln. Somit liegt ein Schwerpunkt der Therapie in der Verbesserung des körperlichen Zustandes, mit dem Ziel der Gewichtszunahme und der Normalisierung des Eßverhaltens. Gleichzeitig beginnt die Psychotherapie, die sich aus einer Kombination von Einzel- und Gruppentherapien zusammensetzt und sich am tiefenpsychologischen Ansatz orientiert.

Jeder Patient erhält einen Einzeltherapeuten (Arzt oder Psychologen), der mit ihm etwa 2 bis 3 Gespräche pro Woche führt. Darüber hinaus nimmt jeder Patient an einer oder mehreren Gruppentherapien teil. Diese setzen sich aus einer Gesprächsgruppe, Musiktherapie, Kunsttherapie und Konzentrativer Bewegungstherapie zusammen. In der assoziativen Mal- und Tontherapie erleben die Patienten durch die Darstellung spontaner Einfälle und Empfindungen einen averbalen Zugang zu unbewußten Vorgängen, die anschließend in der Einzeltherapie besprochen werden. Zu dem Gesamtkonzept der Klinik gehören auch die körperbezogenen Therapien, die aus einer individuell abgestimmten Krankengymnastik, progressiver Relaxation nach Jacobson, dem Autogenen Training und dem Tanzen bestehen. Besonders bei jugendlichen Patienten bemühen wir uns sehr um die Einbeziehung der Angehörigen im Familien- und Paargespräch. Je nach Krankheit und Krankheitsstadium wird die Kombination der einzelnen Therapieformen nach Indikation, Vorerfahrung und speziellem Bedürfnis des Patienten abgestimmt.

Die Behandlung dauert in der Regel 6 bis 8 Wochen, in denen die dargestellten Therapien relativ intensiv stattfinden. Psychotherapeutisch verstehen wir die stationäre Zeit als eine Möglichkeit, die zugrundeliegenden Konflikte zu erkennen und wenigstens ansatzweise zu bearbeiten. Fast allen eßgestörten Patienten raten wir dringend zur ambulanten Fortsetzung der Psychotherapie im Anschluß an den Klinikaufenthalt, bei einigen können wir ambulant die Zwischenzeit überbrücken, bis ein Therapieplatz gefunden ist.

23714 Malente

Curtius-Klinik
Fachklinik für Psychosomatik und Psychotherapie

Neue Kampstr. 2

Tel.: 04523/407-0

Art der Klinik: Rehabilitationsklinik

Träger: Curtius Klinik GmbH & CoKG

Leiter der Klinik: Dr. med. E. Wilke

Kostenübernahme durch: Krankenkassen, LVA, BfA

7 Stationen mit 132 Betten

Behandelt werden Patienten zwischen dem 16. und 80. Lebensjahr. Diagnosegruppen wechselnd: a) organische Krankheiten bei deren Entstehung und in deren Verlauf psychische oder soziale Faktoren mitwirken, b) funktionelle Störungen, d.h. Störungen der Tätigkeit und Regulation einzelner Organe oder Organsysteme; c) neurotische Erkankungen, vor allem mit begleitenden organbezogenen Beschwerden

Behandlung von Eßstörungen:

Ansprechpartner für Eßstörungen:
Dr. med. E. Wilke (Tel. 04523/407-501)
K. Langner (Tel. 04523/407-502)
J. Sieben (Tel. 04523/407-407)

Durchschnittlich werden 20 bis 40 Eßstörungspatienten ab dem 16. Lebensjahr behandelt.

Behandlungsdauer bei Eßstörungen zwischen 6 und 12 Wochen.

Aufnahmebedingungen und Aufnahmemodus:
Die Indikation für eine Aufnahme stellt entweder ein psychotherapeutisch geschulter Arzt oder sie wird während eines Aufnahmegespräches gestellt.

Ausschlußkritierien: akute Psychosen, schwere Suizidalität, Drogen- oder Alkohol-abhängigkeit, jünger als 16 Jahre, Notwendigkeit einer intensivmedizinischen Behandlung

Therapieverfahren: analytische Einzeltherapie, analytische Gruppentherapie, verhaltens-modifikatorische Maßnahmen, Familientherapie, Paartherapie, Konzentrative Bewegungs-therapie, Entspannungstraining, Gestaltungstherapie, Musiktherapie, Katathymes Bilder-leben in Einzel- und Gruppentherapie, internistische Therapie verfügbar, psychiatrische Behandlung möglich

Nachstationäre Behandlung:
Keine Nachbetreuung/-behandlung möglich.

Das Behandlungskonzept ist psychoanalytisch orientiert; bei Patienten mit Eßstörungen fließen auch verhaltensmodifikatorische Elemente ein. So sind neben den analytisch ausge-bildeten Psychotherapeuten verhaltenstherapeutisch ausgebildete Mitarbeiter im Team in-tegriert. Die häufig notwendige Einbeziehung der Familie der Patienten ist durch syste-misch geschulte Mitarbeiter gewährleistet.

Neben analytisch orientierten Einzeltherapien kommen verschiedene Gruppentherapien zum Einsatz: Themenzentrierte Interaktionsgruppe, Konzentrative Bewegungstherapie, Körpertherapien, Musiktherapie und Gestaltungstherapie. Ein Schwerpunkt bildet die Katathym-imaginative Psychotherapie (KiP) sowohl als Einzeltherapie als auch im Einzelsetting. Die Verhaltenstherapie findet in den eigens für Eßgestörte eingerichteten Gruppen (Bulimiegruppe, Reduktionsgruppe) ihre Anwendung.

Im therapeutischen Team arbeiten Therapeuten verschiedener Fachrichtungen zusam-men: Ärzte mit abgeschlossener Facharztausbildung, Ärzt und Psychologen mit abge-schlossener psychotherapeutischer bzw. psychoanalytischer Weiterbildung. Zum Team ge-hören darüberhinaus die Krankenschwestern und Pfleger, Krankengymnasten, Masseure, Musik- und Gestaltungstherapeuten und Diätassistentinnen.

Aus therapeutischen Gründen ist es wünschenswert, daß die eßgestörten Patienten sich bereits in ambulanter Behandlung befinden. Dies ist häufig nicht möglich, da erst durch eine stationäre Therapie die Motivation für eine länger andauernde ambulante Therapie geweckt wird. Auf jeden Fall ist es wünschenswert, daß die Patienten nach Entlassung hier aus der Klinik die Möglichkeit haben, weiter psychotherapeutisch ambulant behandelt zu werden. Da wir mit sehr vielen ambulant arbeitenden Therapeuten in gutem Kontakt ste-hen, sind wir gerne bei der Vermittlung von Psychotherapieplätzen behilflich.

81545 München

Städtisches Krankenhaus Harlaching, Abteilung für Psychosomatische Medizin und Psychotherapie

Sanatoriumsplatz 2

Tel.: 089/642435-226

Art der Klinik: Allgemeinkrankenhaus

Träger: Stadt München

Leiter der Klinik: Prof. Dr. M. von Rad

Kostenübernahme durch: alle Kassen

3 Stationen mit insgesamt 60 Betten

Behandelt werden Patienten mit psychosomatischen und psychoneurotischen Krankheitsbildern sowie somatopsychische Erkrankungen

Behandlung von Eßstörungen:

Leiter der Spezialstation: Dr. R. Schors

Ansprechpartner für Eßstörungen: Dr. R. Schors (Tel. 089/642435-225 oder -212)

Durchschnittlich werden pro Jahr ca. 50 Eßstörungspatienten zwischen dem 16. und dem 45. Lebensjahr behandelt.

Die Behandlungsdauer bei Eßstörungen ist für 10 Wochen geplant und beträgt durchschnittlich 60 Tage.

Aufnahmebedingungen und Aufnahmemodus:
Vorgespräch erforderlich; Bereitschaft zur Gewichtszunahme bzw. zur Aufgabe des Erbrechens

Ausschlußkriterien: Alkoholismus, Psychosen, Drogensucht

Therapieverfahren: analytische Einzeltherapie, analytische Gruppentherapie in homogener Gruppe, verhaltensmodifikatorische Maßnahmen, Familientherapie, Paartherapie, Konzentrative Bewegungstherapie, Entspannungstraining, Körperwahrnehmungstherapie, Sozialtherapie, internistische Therapie verfügbar, psychiatrische Behandlung möglich

Nachstationäre Behandlung:
- Keine Nachbetreuung/-behandlung möglich.
- Nach stationärer Therapie (fest) vereinbarte Weiterbehandlung bei niedergelassenen Therapeuten.
- Vermittlung einer ambulanten Therapie wird unterstützt.

Die Abteilung hat ein psychoanalytisches Behandlungskonzept, das entsprechend den Notwendigkeiten der stationären Behandlung und des persönlichen Behandlungszieles individuell gestaltet wird. Ziel aller Therapiemaßnahmen ist neben der Normalisierung von Gewicht und Eßverhalten ein Verständnis der (unbewußten) Bedeutung des Symptoms und der darunterliegenden ungelösten Konflikte.

37124 Rosdorf

Klinik für Psychotherapie und psychosomatische Medizin »Tiefenbrunn«

Tel.: 0551/5005-0

Art der Klinik: Krankenhaus der Regelversorgung

Träger: Niedersächsisches Landesamt für zentrale soziale Aufgaben

Leiter der Klinik: Prof. Dr. med. U. Streeck

Kostenübernahme durch: Krankenkassen, Selbstzahler, BfA

9 Stationen mit insgesamt 176 Betten

Behandelt werden Patienten zwischen dem 6. und dem 63. Lebensjahr mit Neurosen, Persönlichkeitsstörungen, Borderline-Syndrom, Psychosen und körperlichen Syndromen.

Behandlung von Eßstörungen:

Ansprechpartner für Eßstörungen: Dr. Bielstein (Aufnahmeärztin), Frau Wodtke (Aufnahmesekretärin), telefonisch über die o.g. Nummer zu erreichen.

Durchschnittlich werden 40 bis 45 Patienten mit Eßstörungen (Erwachsene, Kinder und Jugendliche) behandelt.

Die Behandlungsdauer, auch bei Eßstörungen, beträgt in der Regel zwischen 3 und 4 Monaten, wird jedoch dem individuellen Verlauf angepaßt.

Aufnahmebedingungen und Aufnahmemodus:
Die Anmeldung erfolgt per Arztbrief. Ambulante Vorgepräche werden nach Bedarf durchgeführt. Bei der Aufnahme muß die Kostenfrage geklärt sein, beispielweise durch eine Kostenübernahmeerklärung der zuständigen Krankenkasse oder eine von der Kasse abgestempelte Krankenhauseinweisung.
Anorektische Patienten sollten ein Mindestgewicht von minimal 30 % unter Normalgewicht einhalten können.

Ausschlußkriterien: Nicht behandelt werden akut fremd- und selbstgefährdende Zustände (z.B. akute Psychosen, immanente Suizidalität, floride Suchterkrankungen mit dem Risiko körperlicher Entzugserscheinungen, internistische Krisen).

Therapieverfahren: Psychoanalytisch fundierte Einzel- und Gruppengesprächstherapie, Familien- und Paartherapie, verhaltensmodifizierende Maßnahmen, Soziotherapie (z.B. Sozialtraining, Freizeitpädagogik, Arbeits-, Schul- und Studienversuche); Ernährungsberatung, Beschäftigungs- und Gestaltungstherapie, diverse Formen der Körperwahrnehmung und Körperselbsterfahrung, Autogenes Training, Gymnastik, Sport, Physiotherapie, internistisch und psychiatrische Mitbehandlung sind im Haus routinemäßig verfügbar.

Nachstationäre Behandlung:
Eine vorab vereinbarte Nachbehandlung ist in den meisten Fällen wünschenswert, wird jedoch nicht zur Aufnahmebedingung gemacht. Eine solche Nachbehandlung wird in fast allen Fällen empfohlen und gegebenenfalls vorstrukturiert. Alternativ kann eine Intervallbehandlung hier, z.B. nach Ablauf eines Jahres, empfohlen werden.

In »Tiefenbrunn« kommen für den stationären Bereich modifizierte psychoanalytische und tiefenpsychologische Konzepte nach dem Prinzip der Fokaltherapie zur Anwendung. Nach der Diagnostik (tiefenpsychologische Anamnese, psychosomatische Anamnese, eingehende körperliche Untersuchung, evtl. ergänzt durch organmedizinische Spezialuntersuchungen, Sozialanamnese) wird zu Beginn der Behandlung in der sogenannten Zweitsicht ein Fokus erarbeitet, der eine Kooperation zwischen Patient, Therapeut und Komplementärtherapeuten sowie der Station ermöglicht. Dieser Ansatz ermöglicht, die gerade bei Eßstörungen wesentlichen Verhaltensphänomene in die Arbeit an inneren Konflikten zu integrieren, aber auch, übende und verhaltensmodifizierende Techniken so einzusetzen, daß sie zu den sichtbar gewordenen Konflikten passen. Ein besonderer Schwerpunkt für Eßstörungen ist bei diesem Ansatz unser Angebot an Körperarbeit: Atemgymnastik, Rhythmik, Tanz und Bewegung, Pantomime, Körperselbsterfahrung als Gruppen- und Einzelmethode, mit dem Ziel, das in die Eßstörung hineinverwobene Körperselbstbild erfahrbar und die damit verbundenen Emotionen und Affekte zugänglich zu machen. Eher übenden und verhaltensmodifizierenden Charakter haben Ernährungsberatung und Kochgruppe, wobei es darum geht, Auswege aus rigidem Eßverhalten und starrer Vermeidung von Nahrung überhaupt bzw. bestimmten Ernährungsgewohnheiten zu finden. Für Probleme und Störungen, die häufig im Zusammenhang mit Eßstörungen auftreten, wie z.B. Selbstverletzungsneigung, Sexualstörungen, psychosenahe und psychotische Krankheitsbilder, schwerste Kontaktstörungen oder Diabetes mellitus, ist im Rahmen differenzierter Mitbehandlungsmöglichkeiten gesorgt. Neben der Arbeit an inneren Konflikten und am Verhalten sowie den Zusammenhängen dazwischen wird bei Eßstörungen der sozialen Komponente dieser Krankheitsbilder dadurch Rechnung getragen, daß wir in größerem Umfang differenzierte Formen der Gruppentherapie sowie intensive Einbeziehung der Angehörigen in Form von Familien- und Paartherapie anbieten. Je nach Indikation können Patienten in »Tiefenbrunn« an einer analytischen, tiefenpsychologischen oder interaktionellen Kurzgruppentherapie (in der Regel 24 Sitzungen mit 1 1/2 Stunden Dauer) teilnehmen. Die Familien- bzw. Paartherapie bekommt dann eine besondere Bedeutung, wenn es um die Funktion der Symptomatik in einem Beziehungssystem geht, was für Eßstörungen in besonderem Maße gilt.

88348 Saulgau

Klinik Am schönen Moos
für Psychosomatik und Psychotherapie

Am schönen Moos 7

Tel.: 07581/507-252

Art der Klinik: Spezialklinik

Träger: Büro Maag, Sigmaringen

Leiter der Klinik: CA Dr. B. Michelitsch

Kostenübernahme durch: BfA, alle Kassen

6 Stationen mit insgesamt 100 Betten

Behandelt werden Patienten mit Psychoneurosen, funktionellen Störungen, Psychosomatosen

Behandlung von Eßstörungen:

Ansprechpartner für Eßstörungen: Dr. U. Ritter (Tel. 07581/507-265)

Durchschnittlich werden 2 bis 3 Eßstörungspatienten zwischen dem 20. und dem 40. Lebensjahr behandelt.

Behandlungsdauer bei Eßstörungen zwischen 8 Wochen und 5 Monaten.

Aufnahmebedingungen und Aufnahmemodus: keine Vorbedingungen, gelegentlich ambulantes Vorgespräch

Ausschlußkritierien: Sucht, Psychose, Suizidalität, vitale Gefährdung

Therapieverfahren: analytische Einzeltherapie, analytische Gruppentherapie, Paartherapie, Konzentrative Bewegungstherapie, Entspannungstraining, Körperwahrnehmungstherapie, Gestaltungstherapie, Musiktherapie, internistische Therapie verfügbar, psychiatrische Behandlung möglich

Nachstationäre Behandlung:
Ambulante Einzel- bzw. Gruppentherapie seitens der Einrichtung möglich.

19017 Schwerin

Nervenklinik Schwerin
Klinik für Neurosen und psychosomatische Erkrankungen

Wismarsche Straße 393-395

Tel.: 0385/520-3391

Art der Klinik: Spezialklinik

Träger: Stadt Schwerin

Leiter der Klinik: Dr. Fuchs

Kostenübernahme durch: Krankenkassen

2 Stationen mit insgesamt 48 Betten und 6 Tagesklinikplätze

Behandelt werden Patienten zwischen dem 16. und dem 60. Lebensjahr mit primären Neurosen (Psychoneurosen), Persönlichkeitsstörungen, psychosomatischen Erkrankungen, funktionellen Störungen und Borderline-Störungen.

Behandlung von Eßstörungen:

Ansprechpartner für Eßstörungen: MR Dr. Gunia, Dr. Haase (Tel. 0385/520-3391, -3400)

Durchschnittlich werden 23 Eßstörungspatienten pro Jahr zwischen dem 16. und dem 32. Lebensjahr behandelt.

Behandlungsdauer bei Eßstörungen zwischen 5 Wochen und 4 Monaten.

Aufnahmebedingungen und Aufnahmemodus:
Die Klinik für Neurosen und psychosomatische Erkrankungen verfügt über eine Institutsambulanz, die mit 2 psychotherapeutisch ausgebildeten Fachkräften (1 Arzt, 1 Psychologe) besetzt ist. Hier vorklinische Diagnostik, Elterngespräche und Terminabsprachen für die Aufnahme. Durch enge Kooperation mit neurologischer Intensivstation und Psychiatrie bestehen keine Ausschluß-Aufnahmebedingungen

Ausschlußkritierien: akute Psychosen

Therapieverfahren: analytische Einzeltherapie, analytische Gruppentherapie, verhaltens-modifikatorische Maßnahmen, Familientherapie, Entspannungstraining, Körperwahr-nehmungstherapie, Gestaltungstherapie, internistische Therapie verfügbar

Nachstationäre Behandlung:
* Nach stationärer Therapie (fest) vereinbarte Weiterbehandlung bei niedergelassenen Therapeuten.
* Ambulante Einzeltherapie / ambulante Gruppentherapie seitens Einrichtung möglich.

Die Klinik für Neurosen und psychosomatische Erkrankungen ist eine selbständige Klinik innerhalb der Nervenklinik (Klinikum) Schwerin. Bei überwiegend tiefenpsychologischem Therapieansatz und psychoanalytischer Orientierung werden die Patienten in etwa gleichen Anteilen in Einzel- und Gruppentherapie behandelt. Über Krisenintervention, Borderline-Störungen, Psychoneurosen bis hin zu psychosomatischen Erkrankungen und psychischen Sekundäranteilen bei organischen Erkrankungen wird die gesamte Palette von Leiden mit Psychotherapiezugang behandelt. Die Klinik arbeitet im Schichtdienst und kann so auch suizidale Patienten gut betreuen. Neben geschultem medizinischen Personal arbeiten 3 Alternativtherapeuten, 3 Psychologen und 3 Ärzte in der Klinik. Der Chefarzt ist zur Weiterbildung für 3 Jahre ermächtigt. Alle überwiesenen Patienten werden in der Institutsambulanz untersucht, teilweise motivierend vorbehandelt und auch später nachbe-handelt. Es werden dort Angehörigengespräche geführt und terminliche Vereinbarungen getroffen. Bei den Eßstörungen hat sich im Laufe der Jahre eine Stufen- und Intervallbehandlung bewährt. Nach Klinikerstaufnahme Beginn mit Einzelpsychotherapie und losem Gruppenverband in einer unstrukturierten offenen Gruppe. Die Zielstellung ist dabei, das Problembewußtsein zu erreichen, eine Reifung zu forcieren und zur Bearbeitung frühkindlicher Muster der Ursprungsfamilie zu gelangen. Dann folgen eine gewisse »Versetzung« in eine strukturierte offene Gruppe und der Fortführung der Einzel-gesprächstherapie. Damit ist ein Therapieabschluß möglich oder es folgt in zeitlicher Differenz eine analytische dynamische Gruppenpsychotherapie in geschlossener Gruppe mit Bearbeitung aktueller Beziehungen und deren Störung. Die Gruppe läßt Spielraum für Intendierungen im Sinne nachholender Enwicklung, Regressionen und gefühlsmäßiger Resonanzbildung. Wichtig ist hierbei, daß alle Zusatz- oder Kombinationstherapien dem Gruppenverlauf angepaßt werden und einer täglichen Teamsitzung unterliegen. Solche Zusatztherapien sind: Kommunikative Bewegung, Sport-, Tanz- und Musiktherapie, Reiten, therapeutisches Schwimmen und weitere Verfahren zur Körperorientierung, dazu Verhaltensstrategien, Maltherapie und Gestaltung sowie psychodramatische Verfahren. Im Anschluß an die Klinikbehandlung folgen einjährige Therapiebegleitung als Einzel- oder Gruppentherapie.

79837 St. Blasien

Hochschwarzwaldklinik St. Blasien
Haupthaus: Psychosomatische Abteilung
Friedrichshaus: Psychosoziale Abteilung
Waldeck: Jugendlichenabteilung für psychosomatische Erkrankungen

Albtalstr. 32

Tel.: 07672/4160, Fax 416100

Art der Klinik: Rehabilitationsklinik

Träger: Horst Rothmeier

Leiter der Klinik: Dr. med. Volker Zimmermann

Kostenübernahme durch: alle gesetzlichen Krankenkassen und Rentenversicherungsträger, alle privaten Versicherungen

1 Station mit 13 Betten

Behandelt werden Patienten zwischen dem 15. und 60. Lebensjahr mit psychosomatischen
Erkrankungen sowie Alkohol- und/oder medikamentenabhängige Männer (Abteilung
Friedrichshaus)

Behandlung von Eßstörungen:

Leiter der Spezialstationen: OA H. Otto (Haupthaus), Soz.-Päd. G. Vogelbusch
(Friedrichshaus), Dipl.-Psych. A. Eulenburg (Waldeck)

Ansprechpartner für Eßstörungen: Dr. med. V. Zimmermann, OA H. Otto, Dipl.-Psych.
A. Eulenburg

Durchschnittlich werden Eßstörungspatienten behandelt: Haupthaus: 1 bis 2 pro Jahr zwischen dem 24. und 50. Lebensjahr; Waldeck: 25 pro Jahr zwischen dem 15. und dem 24.
Lebensjahr;

Behandlungsdauer bei Eßstörungen durchschnittlich 6 Monate.

Aufnahmebedingungen und Aufnahmemodus:
Minimalgewicht: 25 % unter Idealgewicht, normale Laborwerte, vorherige Kostenzusage, möglicherweise Vorgespräche

Ausschlußkritierien: Akute Suizidgefährdung, akute Psychosen, vorwiegende Drogenabhängigkeiten, Hospital- und Pflegefälle

Therapieverfahren: tiefenpsychologisch fundierte und analytische Einzel- und Gruppentherapie, Konzentrative Bewegungstherapie, Entspannungstraining, Körperwahrnehmungstherapie, Gestaltungstherapie, Sozialtherapie, Eßbegleitung, Eßgruppe.

Erwachsene: Behandlung in serbokroatischer Heimatsprache.
Jugendliche: Schulbesuch möglich.
Internistische Therapie verfügbar; psychiatrische Behandlung möglich.

Nachstationäre Behandlung:
- Keine Nachbetreuung/-behandlung möglich.
- Nach stationärer Therapie (fest) vereinbarte Weiterbehandlung bei niedergelassenen Therapeuten.

Hochschwarzwaldklinik St. Blasien
Fachklinik für Psychosomatische Medizin seit 1972

1. Haupthaus: 45 Betten, Einzel- und Doppelzimmer, überwiegend mit eigener Naßzelle. Bewegungsbad, Gymnastik- und Turnhalle, Caféteria.

Aufnahme finden: klassische psychosomatische Erkrankungen, überwiegend seelisch bedingte Funktionsstörungen des Herz- und Kreislaufsystems, der Atmung und Verdauung, psychogene Frauenleiden, funktionelle Gang- und andere Bewegungsstörungen, alle Formen der Eßstörungen, akute neurotische Störungen (z.B. depressive Neurosen, Angstneurosen, Zwangsneurosen, Phobien und Konversionsneurosen, daneben auch Borderline-Störungen), diffuse Störungen des vegetativen Nervensystems, Erschöpfungssyndrome, Leistungsversagen.

2. Friedrichshaus: Abteilung für suchtkranke Männer

3. Waldeck Jugendlichenabteilung: (15 bis 24 Jahre), 21 Betten in einer alten Villa
Aufnahme finden: neben Erkrankungen wie im Haupthaus (s.o.) Schulleistungsversagen, Lernstörungen, adoleszente Identitäts- und Reifungskrisen

Therapieverfahren: tiefenpsychologisch fundierte und analytische Einzel- und Gruppen-therapie. Ergänzende Verfahren wie Konzentrative Bewegungstherapie und Gestaltungs-therapie. Ausgedehnte balneologische und bewegungstherapeutische Maßnahmen sowie Entspannungsübungen: Atemgymnastik, Rhythmik, Entspannungstraining nach Jacobson. Im Haupthaus: Behandlung in serbokroatischer Heimatsprache möglich. In der Jugendlichenabteilung ist Schulbesuch und Schulfremdprüfung möglich.

Aufnahmebedingungen: Bericht des einweisenden Arztes und Kostenzusage des Kosten-trägers. In Einzelfällen Vorgespräche.

79837 St. Blasien

Kohlwald-Klinik
Fachklinik für Psychosomatik und Psychotherapie

Johann Rothmeier Str. 10

Tel.: 07672/4830

Art der Klinik: Rehabilitationsklinik

Träger: Rothmeier GmbH & Co. KG

Leiter der Klinik: Dr. med. H. Reiff

Kostenübernahme durch: LVA-Baden und alle Krankenkassen

111 Betten

Behandelt werden Patienten zwischen dem 18. und dem 70. Lebensjahr; Diagnose-gruppen: Erschöpfungsreaktionen, funktionelle Beschwerden, akute und chronische neurotische Entwicklung, Partnerschafts- und Familienprobleme, Verlustreaktionen, Psychosomatosen und körperliche Krankheiten mit nachfolgenden seelischen Reaktionen

Behandlung von Eßstörungen:

Ansprechpartner für Eßstörungen: Dr. med. G. Francke (Tel.: 07672/4830)
Durchschnittlich werden 20 Eßstörungspatienten jährlich zwischen dem 18. und dem 50.

Durchschnittlich werden 20 Eßstörungspatienten jährlich zwischen dem 18. und dem 50. Lebensjahr behandelt.

Behandlungsdauer bei Eßstörungen zwischen 6 Wochen und 3 Monaten.

Aufnahmebedingungen und Aufnahmemodus:
Die Indikation zur stationären Behandlung muß durch den behandelnden Arzt bzw. durch den Medizinischen Dienst der Krankenkasse gestellt werden. Bei der Indikationstellung bzw. bei der Zuweisung zu unserer Klinik muß auf die Rehabilitationsfähigkeit der Patienten geachtet werden.

Ausschlußkritierien: Begleitende Suchterkrankungen, akute Psychosen, vitale Gefährdung

Therapieverfahren: analytische Einzeltherapie, analytische Gruppentherapie, verhaltensmodifikatorische Maßnahmen, Konzentrative Bewegungstherapie, Entspannungstraining, Gestaltungstherapie, Physiotherapie, internistische Therapie verfügbar, psychiatrische Behandlung möglich

Nachstationäre Behandlung:
* Keine Nachbetreuung/- behandlung möglich.
* Im Laufe der stationären Behandlung wird dem Patienten die Notwendigkeit einer längerfristigen ambulanten Weiterbehandlung nahegebracht. Vor der Entlassung Hilfestellung bei der Kontaktaufnahme zu einem niedergelassenen Psychotherapeuten.

Die Kohlwald-Klinik ist eine 1984 neu erbaute psychosomatische Fachklinik für 111 Patienten, die hier in 87 Einzel- und 12 Doppelzimmern komfortabel untergebracht sind. So wie im Hause der Verzicht auf die Gliederung in Stationen und der hotelartige Charakter der Anlage die Selbständigkeit der Patienten betonen, so weist auch die landschaftlich sehr reizvolle Umgebung des Hochschwarzwaldes auf den Erholungswert des Aufenthaltes hin. Ungeachtet dieser Annehmlichkeiten stehen den Patienten umfangreiche therapeutische Möglichkeiten zur Verfügung: für die psychotherapeutische und somatische Seite der Behandlung elf Ärzte mit abgeschlossener oder fortgeschrittener psychotherapeutisch-psychoanalytischer Weiterbildung (davon vier entsprechend weitergebildete Fachärzte) und zwei psychoanalytisch weitergebildete Diplom-Psychologen. Die körperorientierte und kreativ-gestaltende Psychotherapie erfolgt durch die entsprechenden Spezialtherapeuten als konzentrative Bewegungstherapie und Gestaltungstherapie. Die physikalische Abteilung mit ihren fünf Fachkräften (zwei Gymnastiklehrerinnen, drei medizinische Bademeister und Masseure) bietet auch räumlich und apparativ sämtliche Möglichkeiten aktivierender, übender und entspannender Behandlung (Schwimmbad und

Gymnastikhalle eingeschlossen). So arbeitet die Kohlwald-Klinik mit dem heute üblichen Standard stationärer psychosomatischer Therapie mit der Kombination von verstehenden und übenden Verfahren auf tiefenpsychologischer Grundlage: von der intensiven tiefenpsychologisch fundierten Einzel- und Gruppentherapie über indikationsbezogene Gruppen (u.a. Schmerzgruppe, Raucherentwöhnung) bis hin zur verhaltens- und symptomorientierten Biofeedback-Behandlung und Autogenem Training. Ähnlich wie bei den eßgestörten adipösen Patienten, die ca. 10 % unserer Klientel ausmachen und die mit einer zum Teil verhaltensorienierten Einzel- und Gruppentherapie sowie diätetisch behandelt werden, ist die Klinik vorzugsweise für solche eßgestörte Patienten geeignet, die die therapeutischen Möglichkeiten trotz des offenen Rahmens für sich zu nützen vermögen. Also realtiv selbständige Patienten, die bei einem protrahierten Krankheitsverlauf in eine akute Krise geraten sind, oder bei denen in einer stationären Vorphase die Grundlage für eine ambulante Psychotherapie geschaffen werden soll, und solche, bei denen die zweitweise Trennung aus dem häuslichen Milieu einen stabilisierenden Effekt verspricht.

79837 St. Blasien

Weissenstein-Klinik St. Blasien
Fachklinik für Psychosomatische Erkrankungen

Johann Rothmeier Str. 14

Tel.: 07672/4820

Art der Klinik: Rehabilitationsklinik

Träger: Weissenstein-Klinik GmbH + Co. Grundstücks und Beteiligungs KG

Leiter der Klinik: Dr. med. Dipl.-Psych. D. Volz

Kostenübernahme durch: LVA-Baden, BfA, alle Kassen (nach vorheriger Kostenübernahmeerklärung)

120 Betten

Behandelt werden Patienten zwischen dem 18. und 70. Lebensjahr mit sogenannten psychovegetativen Syndromen, psychosomatischen Krankheiten, vorwiegend psychoneurotischen Syndromen und psychiatrischen Erkrankungen.

Behandlung von Eßstörungen:

Ansprechpartner für Eßstörungen: Dr. med. Rolf Gneiting

Durchschnittlich werden jährlich 25 Eßstörungspatienten zwischen dem 18. und 50. Lebensjahr behandelt.

Behandlungsdauer bei Eßstörungen zwischen 6 Wochen und 6 Monaten.

Aufnahmebedingungen und Aufnahmemodus:
keine

Ausschlußkritierien: vitale körperliche oder psychische/suizidale Gefährdung, notwendige intensivmedizinische Betreuung, akute Psychosen

Therapieverfahren: psychoanalytisch orientierte Einzel-/Gruppengespräche, psychoanalytisch orientierte Gestaltungstherapie, psychoanalytisch orientierte Musiktherapie, Konzentrative Bewegungstherapie, verhaltensmodifikatorische Maßnahmen, fakultativ Paar- u./o. Familientherapie, internistisch begleitende Behandlung möglich, gegebenenfalls diäthetische, balneologische, gymnastische Behandlung, Diätberatung

Nachstationäre Behandlung:
Vermittlung in ambulante psychotherapeutische Behandlung oder Vergabe von entsprechenden Adressen

In der Weissenstein-Klinik St. Blasien werden stationäre Heilbehandlungen für Versicherte der Bundesversicherungsanstalt für Angestellte, der Landesversicherungsanstalt Baden, Versicherte der Krankenkassen und Privatpatienten durchgeführt.

Zum Indikationsbereich gehören psychosomatische Erkrankungen, vorwiegend psychische Erkrankungen sowie vorwiegend organische Erkrankungen, bei denen psychische Faktoren eine mitbedingende oder begleitende Rolle spielen. Zuweisung und Aufnahme erfolgt u.a., wenn ambulante Behandlungsmöglichkeiten nicht gegeben sind oder wegen des Schweregrades der Erkrankung nicht ausreichen oder wenn eine Entfernung vom Heimatort therapeutisch als hilfreich oder notwendig angesehen wird.

Das psychoanalytisch orientierte psychosomatische Behandlungskonzept der Klinik wird vertreten von Ärzten für Psychiatrie, Neurologie, Innere Medizin, Gynäkologie und nicht spezialisierten Ärzten, z.T. mit abgeschlossener psychoanalytischer oder psychotherapeutischer Weiterbildung, z.T. in entsprechender Weiterbildung befindlich. Es verbindet die notwendige allgemeine und fachspezifische medizinische Diagnostik und Therapie mit der psychotherapeutischen Reflexion und Bearbeitung der krankheitsrelevanten Konfliktdynamik, die sich im Klinikalltag wie in den therapeutischen Beziehungen darstellt bzw. reinszeniert.

Neben den für die stationäre Psychotherapie besonders geeigneten Modifikationen wie Kurz-, Fokal-, konfliktzentrierte Psychotherapie im Einzel- und Gruppen-, gegebenenfalls im Paar- und Familiensetting gehören zur Psychotherapie auch Stationsgruppen, psychotherapeutische Visiten und balneologische Anwendungen sowie Diätberatung, die unter Berücksichtigung psychodynamischer Gesichtspunkte eingesetzt werden. Verhaltensmodifikatorische Aspekte sind in diesem Konzept berücksichtigt. Die Behandlung erstreckt sich je nach Indikation von 6 Wochen bis zu ca. 6 Monaten. Eine oft erforderliche oder wünschenswerte weitergehende ambulante psychotherapeutische Behandlung wird, wenn möglich, hier vorbereitet oder von hier aus eingeleitet.

07646 Stadtroda

Landesfachkrankenhaus für Psychiatrie und Neurologie
Abteilung für Psychotherapie und Psychosomatik

Bahnhofstr. 1a

Tel.: 036428/56-234 oder -331

Art der Klinik: Spezialklinik

Träger: Ministerium für Gesundheit und Soziales, Erfurt

Leiter der Klinik: CA Dr. med. Amlacher

Kostenübernahme durch: Krankenkassen

460 Betten

Behandelt werden Patienten zwischen dem 18. und dem 65. Lebensjahr mit Psychosomatischen Erkrankungen und funktionellen Störungen

Behandlung von Eßstörungen:

Ansprechpartner für Eßstörungen: CA Dr. Bartuschka (Tel. 036428/56-234)

Durchschnittlich werden 10 bis 12 Eßstörungspatienten zwischen dem 18. und dem 50. Lebensjahr behandelt.

Behandlungsdauer bei Eßstörungen zwischen 3 und 8 Monaten.

Aufnahmebedingungen und Aufnahmemodus:
Aufnahmegespräch, dabei Klärung der individuellen Aufnahmebedingungen, keine Aufnahme bei aktueller vitaler Gefährdung, Einbeziehung der Familie während der Therapie erwünscht

Ausschlußkritierien: akute Psychose, schwere Suizidalität, aktuelle manifeste Abhängigkeit (Alkohol/Drogen), aktuelle notwendige intensivmedizinische Betreung

Therapieverfahren: analytische Einzeltherapie, analytische Gruppentherapie, verhaltensmodifikatorische Maßnahmen, Familientherapie, Paartherapie, Konzentrative Bewegungstherapie, Entspannungstherapie, Gestaltungstherapie, Musiktherapie, Sozialtherapie, internistische Therapie verfügbar, psychiatrische Behandlung möglich, gegebenenfalls auch in geschlossener Abteilung

Nachstationäre Behandlung:
* Nach stationärer Therapie (fest) vereinbarte Weiterbehandlung bei niedergelassenen Therapeuten
* Ambulante Einzeltherapie seitens der Einrichtung möglich

Die Abteilung für Psychotherapie und Psychosomatik am Landesfachkrankenhaus für Psychiatrie und Neurologie Stadtroda ist eine der fünf bestehenden Abteilungen. Im Bereich Psychiatrie gibt es eine Suchtstation und eine forensische Station. Das Besondere der Einrichtung für dieses Fachgebiet ist, daß eine Innere Abteilung angegliedert ist und somit eine gute Zusammenarbeit für spezielle internistische bzw. internistisch-psychosomatische Fragestellungen ermöglicht wird.

Wir behandeln Persönlichkeitsstörungen, Neurosen, Psychosomatische Erkrankungen und funktionelle Störungen. Das Konzept der Abteilung ist psychoanalytisch orientiert, vorwiegend auf Gruppenarbeit ausgerichtet. Eine Kombination mit verschiedenen Therapieverfahren ist möglich.

So bieten sich bei Eßstörungen evtl. verhaltenstherapeutische Programme an, eine Familien- oder Paartherapie wird den Patientinnen therapiebegleitend empfohlen.

In der stationären Psychotherapie laufen analytisch orientierte Einzel- und Gruppengespräche, begleitend dazu kommunikative Bewegungs-, Musik-, Ergo- und Gestaltungstherapie. Ein Entspannungsverfahren kann erlernt werden. Medizinische Maßnahmen erfolgen bedarfsgerecht und individuell.

Wir verstehen eine stationäre Psychotherapie als Grundsteinlegung für eine sich daran anschließende langfristige ambulante Psychotherapie bzw. in akuten Phasen als Krisenntervention. Die stationäre Maßnahme erfolgt nach einem ambulanten Vorgespräch. In Ausnahmefällen (z.B. bei akuter Indikation) ist eine direkte Übernahme nach Anmeldung des behandelnden Therapeuten bzw. einer einweisenden Einrichtung möglich.

Einweisungsmodalitäten: Einweisungsschein oder Verlegungsbrief bei Verlegung aus anderen Einrichtungen. Die Mitarbeiter der Abteilung sind Nervenärzte, Internisten und Psychologen. Die Ärzte haben eine Zweitfacharztanerkennung für Psychotherapie, Zusatzbezeichnung Psychotherapie oder Psychoanalyse.

79780 Stühlingen

Hans-Carossa-Klinik
Klinik für Psychiatrie, Psychosomatik
und Psychotherapeutische Medizin

Hauptstr. 19

Tel.: 07744/930-0

Art der Klinik: Fachklinik, zugelassenes Krankenhaus nach § 108.3/109 SGB V

Träger: Klinik für Psychiatrie, Psychosomatik und Psychotherapeutische Medizin Stühlingen GmbH

Leiter der Klinik: Dr. med. A. Habbaba

Kostenübernahme durch: Krankenkassen, private Krankenversicherungen, Beihilfe

36 Betten

Behandelt werden Patienten ab dem 18. Lebensjahr mit Neurosen, Persönlichkeitsstörungen, psychosomatischen Erkrankungen, nicht floriden Psychosen.

Behandlung von Eßstörungen:

Ansprechpartner für Eßstörungen: A. Hakuba, Ärztin für Psychotherapie (Tel. 07744/930-0)

Durchschnittlich werden 6 Patientinnen mit Eßstörungen zwischen dem 18. und dem 40. Lebensjahr behandelt.

Behandlungsdauer: zwischen 6 und 12 Wochen.

Aufnahmebedingungen und Aufnahmemodus:
Minimalgewicht: 3/4 Idealgewicht, geringes Suizidrisiko

Ausschlußkritierien: Schwere Suizidalität, akute Psychosen, aktuell notwendige intensivmedizinische Betreuung

Therapieverfahren: Analytische und interaktionelle Einzel- und Gruppentherapie, Verhaltenstherapie einzeln und in der Gruppe, Konzentrative Bewegungstherapie, Entspannungstraining, Körperwahrnehmungstherapie, internistische und psychiatrische Behandlung

Nachstationäre Behandlung:
Weiterbehandlung bei niedergelassenen Therapeuten am Wohnort des Patienten

Die Hans-Carossa-Klinik befindet sich in privater Trägerschaft und ist als Basisklinik anerkannt. Die Aufnahme erfolgt nach schriftlicher Anmeldung des niedergelassenen Arztes, wobei eine Krankenhauseinweisung nötig ist. Unter Umständen ist mit einer mehrwöchigen Wartezeit zu rechnen. Behandelt werden psychosomatische Erkrankungen im engeren Sinne, funktionelle Störungen ohne und mit organischem Substrat sowie Folgezustände von Überlastungssituationen, von persönlichen und familiären Krisen.

Ansatzpunkt ist ein integratives Modell, indem tiefenpsychologische und verhaltenstherapeutische Elemente im individuellen Therapieplan berücksichtigt werden.

Das stationäre Angebot erstreckt sich auf verbale, nonverbale und körperlich orientierte Methoden. Bei der Gestaltung der individuellen Therapiepläne wirken sowohl ärztliche und nichtärztliche Psychotherapeuten als auch Mitarbeiter aller klinischen Bereiche mit.

Angeboten werden: Einzeltherapie, Gruppentherapie (analytisch, analytisch-interaktionell und verhaltenstherapeutisch), Großgruppen, Konzentrative Bewegungstherapie, Entspannungsverfahren u.a. progressive Muskelrelaxation nach Jacobson, Bewegungstherapie, Gestaltungs- und kreative Werktherapie, terraingestufte Belastung, balneophysikalische Maßnahmen.

In geringerem Umfang findet eine Einbindung familiärer Bezugspersonen, zumeist in der Form gemeinsamer therapeutischer Gespräche statt. Eine besondere Sensibilität gilt Folgen sexuellen Mißbrauches, die in geschlechtsspezifischer Gruppenpsychotherapie ihren besonderen Niederschlag findet.

70597 Stuttgart

Psychotherapeutische Klinik

Christian-Belser-Str. 79

Tel.: 0711/67 81-201

Art der Klinik: Krankenhaus für analytische Psychotherapie und Psychosomatik

Träger: Psychotherapeutisches Zentrum e.V.

Leiter der Klinik: Dr. med. Günter Schmitt

Kostenübernahme durch: alle Krankenkassen

15 Stationen mit insgesamt 102 Betten

Behandelt werden ohne Altersbegrenzung Patienten ab dem 17. Lebensjahr mit Psychoneurosen, Persönlichkeitsstörungen, psychosomatischen und funktionellen Erkrankungen sowie reaktiven Störungen.

Behandlung von Eßstörungen:

Leiter der Spezialabteilung: Dr. med. Hannelore Stenzel, Dr. Dietrich Munz

Ansprechpartner für Eßstörungen: Dr. med. Günter Schmitt

Durchschnittlich werden 25 Eßstörungspatienten ab dem 17. Lebensjahr behandelt.

Die Behandlungsdauer bei Eßstörungen beträgt durchschnittlich 20 Wochen, abhängig von der medizinischen Notwendigkeit.

Aufnahmebedingungen und Aufnahmemodus:
Minimalgewicht, ausführlicher Arzt- und Selbstbericht sowie Berichte über Vorbehandlungen, in Einzelfällen Vorgespräch, anzunehmende Motivation und Offenheit für analytisch orientierte Therapie

Ausschlußkriterien: Psychosen, Abhängigkeitserkrankungen, schwere Psychosomatosen, Anfallsleiden, rollstuhlabhängige Patienten; akute Suizidgefährdung

Therapieverfahren: analytische Einzeltherapie; analytische Gruppentherapie in homogenen Gruppen, Familientherapie, Körperwahrnehmungstherapie einzeln und in Gruppen, Gestaltungstherapie, Psychodrama, Musiktherapie, Sozialtherapie, therapeutischer Arbeitsversuch, Atemarbeit und Eutonie, Sport, internistische Therapie verfügbar, psychiatrische Behandlung möglich

Nachstationäre Behandlung:

- Keine Nachbetreuung/-behandlung seitens der Klinik möglich.
- Nachbehandlung wird in der Regel vor Therapieabschluß nicht fest vereinbart.
- Nach stationärer Therapie (fest) vereinbarte Weiterbehandlung bei niedergelassenen Therapeuten.
- In der Regel werden Empfehlungen ausgesprochen, evtl. auch die Wiederaufnahme im Sinne einer Intervalltherapie vereinbart.

Die Psychotherapeutische Klinik ist ein Krankenhaus für analytische Psychotherapie und Psychosomatik gem. § 108 (2) SGB-V. Das Indikationsspektrum umfaßt Psychoneurosen, Persönlichkeitsstörungen, psychosomatische und funktionelle Erkrankungen sowie reaktive Störungen. Nicht aufgenommen werden Psychosen und Abhängigkeitserkrankungen. Die Klinik verfügt über 102 Betten. Den Kernbereich der Behandlung bildet die analytische Einzel- oder Gruppentherapie, flankiert von Psychodrama, Gestaltungs- und Ausdruckstherapie, Sozialtherapie, meist kombiniert mit therapeutischem Arbeitsversuch, Musiktherapie, Sporttherapie, Atemarbeit mit Eutonie, Sandbild nach Kalff auf der Basis eines integrativen Behandlungskonzeptes. Eßgestörte Patient(inn)en werden je nach Indikation einzeln, hauptsächlich jedoch in homogener Gruppentherapie behandelt. Die Gruppentherapie findet täglich als Doppelstunde statt, so daß sich, verbunden mit den anderen Verfahren, ein intensives Therapieprogramm ergibt. Die analytische Psychotherapie wird von 10 ärztlichen und 5 psychologischen Psychoanalytikern durchgeführt, die ihre Ausbildung an Weiterbildungsinstituten abgeschlossen haben. Hinzu kommen ein Funktionsarzt für Klinische Medizin und eine Assistenzärztin, welche der Aufnahmeabteilung zugeordnet ist. Die Spezialtherapeut(inn)en verfügen über eine entsprechende Ausbildung. Der Funktionsbereich Pflege ist auf die psychotherapeutische Arbeit abgestimmt. Die Behandlungszeit liegt bei ca. 5 bis 6 Monaten. Die homogenen Gruppen für Eßgestörte werden als offene Gruppen geführt. Die Eßgestörten essen gemeinsam, was wichtige Selbstkontrollmöglichkeiten der Gruppe eröffnet. Zusatzernährung wird nur in Einzelfällen, unter kontrollierten Bedingungen verordnet. Während der Behandlungszeit besteht in der Klinik Alkoholabstinenz. Angehörige werden zur therapeutischen Arbeit hinzugezogen. In einer speziellen Abteilung für ältere Patient(inn)en, die ebenfalls in einer homogenen analytischen Gruppe behandelt werden, spielen integrative Ausdrucktherapie und Psychodrama eine besondere Rolle. Von besonderer Bedeutung ist die Verbindung mit der Forschungsstelle für Psychotherapie, Stuttgart (Leiter: Prof. Dr. med. Horst Kächele).

88271 Wilhelmsdorf

Fachkrankenhaus Höchsten

Riedhauser Str. 57-93

Tel.: 07555/809-0

Art der Klinik: Fachkrankenhaus für suchtkranke Frauen

Träger: Zieglersche Anstalten e.V.

Leiter der Klinik: Dr. Haßfeld

Kostenübernahme durch: BfA, LVAs, Krankenkassen, Sozialhilfeträger

8 Stationen mit insgesamt 80 Betten

Behandelt werden Patientinnen zwischen dem 18. und dem 60. Lebensjahr mit Alkohol-, Medikamten-, Drogen- und Nikotinabhängigkeit, auch in Verbindung mit Eßstörungen, Neurosen, Persönlichkeitsstörungen, funktionellen Störungen psychischen Hintergrunds sowie psychogenen Reaktionen.

Behandlung von Eßstörungen in der Regel in Verbindung mit der Therapie einer stoffgebundenen Abhängigkeit.

Leiter der Spezialstation: Dipl.-Psych. J. Denecke

Ansprechpartner für Eßstörungen: Dipl.-Psych. J. Denecke (Tel. 07555/809 141) und Dr. D. Hänsel (Tel. 07555/809 130)

Im Durchschnitt werden 8-12 Patienten zwischen 18. und 40. Lebensjahr behandelt.

Behandlungsdauer bei Eßstörungen zwischen 16 und 36 Wochen.

Aufnahmebedingungen und Aufnahmemodus:
Anmeldung und Abklärung über Suchtberatung (psychosoziale Beratungsstelle bzw. Arztpraxis). Vorgespräch meistens erforderlich, Abstinenz von Suchtmitteln und während der Therapie auch von Nikotin. Bei Anorexia nervosa: Minimalgewicht von 30 % unter Normalgewicht. Bei länger bestehender Partnerschaft Anreise des Partners zu einem einwöchigen Paarseminar.

Ausschlußkriterien: Fehlen jeglicher Motivation zur Behandlung, unterschrittenes Minimalgewicht bei Anorexia nervosa von 30 % unter Normalgewicht.

Therapieverfahren: analytische Einzeltherapie, analytische Gruppentherapie, Paartherapie, Körperwahrnehmungstherapie, Gestaltungstherapie, Psychodrama, Eßgruppe, internistische Therapie verfügbar, psychiatrische Behandlung möglich

Nachstationäre Behandlung:
Vor stationärem Therapieabschluß Kontaktaufnahme der Patientinnen mit psychotherapeutischer Beratungsstelle am Wohnort; Selbsthilfegruppe verpflichtend.

Etwa 1/3 aller Patientinnen des Fachkrankenhauses Höchsten sind eßgestört. Jede sechste bis achte Patientin leidet neben der stoffgebundenen Abhängigkeit an einer Bulimie oder an einer Anorexia nervosa. Diese eßgestörten Frauen erfahren eine zusätzliche spezielle Therapie. Andererseits werden die eßgestörten Patientinnen in eine Stationsgruppe mit anderen suchtkranken Frauen eingebunden, um nicht das Bewußtsein einer besonders hervorgehobenen Patientengruppe zu fördern. In ähnlicher Weise können auch eßgestörte Patientinnen ohne stoffgebundene Abhängigkeit integriert werden, wenn sie im Rahmen unseres Settings auf Suchtmittel während des Heilverfahrens völlig verzichten.

Voraussetzungen zur stationären Therapie:
Ambulant wird die Patientin von einem Mitarbeiter einer psychosozialen Beratungsstelle oder von einem Arzt für das stationäre Heilverfahren motiviert, unter besonderer Berücksichtigung der Karenz von psychotropen Substanzen einschließlich Nikotin. Ein Vorstellungsgespräch mit Patientenführung in unserer Klinik kann dazu beitragen, daß Widerstände und Projektionen abgebaut werden und die Eigenmotivation gestärkt wird.

Therapeutisches Setting:
Neben dem üblichen Therapieprogramm für Suchtpatientinnen findet eine Gruppe für Eßgestörte statt, und zwar zweimal 90 Minuten pro Woche. Immer wiederkehrende Themen sind Frausein, Stimmungsschwankungen, Riesenerwartungen, Sexualität einschließlich Inzest etc. Die Gruppe ist offen, die Therapie psychoanalytisch-interaktionell. Einmal wöchentlich ist der Gruppentherapie eine Körpertherapie vorgeschaltet, mit dem Ziel einer verbesserten Körperwahrnehmung und -akzeptanz sowie der Beobachtung von Körpersignalen und deren Regelfunktionen. Die Einzeltherapie von 50 Minuten pro Woche wird regelmäßig durchgeführt, bei strukturell ichgestörten Frauen häufiger. In der Arbeitstherapie wird der Umgang mit Tieren und Pflanzen gefördert. Von Bedeutung sind ebenfalls Gestaltungs- und Sporttherapie. Die Nahrung wird als portioniertes Essen gereicht. Die Nachsorge erfolgt in der Regel in therapeutisch begleiteten Wohngruppen.

Literatur

Alvin J (1988) Musik und Musiktherapie für behinderte und autistische Kinder. Fischer, Stuttgart

American Psychiatric Association (APA) (1987) Diagnostic and Statistical Manual of Mental Disorders, Third Edition, Revised (DSM IIIR). Washington DC, deutsch: Diagnostisches und Statistisches Manual Psychischer Störungen: DSM III-R, deutsche Bearbeitung von Wittchen HU, Saß H, Zaudig M und Köhler K. Beltz, Weinheim Basel, 1989

Andersen AE (1990) Das reflektierende Team. Modernes Lernen, Dortmund

Andersen AE (1992) Follow-up of males with eating disorders. In: Herzog W, Deter HC, Vandereycken W (eds): The Course of Eating Disorders - Long-term Follow-up Studies of Anorexia and Bulimia Nervosa. Springer, Berlin Heidelberg New York Tokyo, 53-68

Andersen AE, Mickalide AD (1983) Anorexia in the male: an undiagnosed disorder. Psychosomatics 24: 1067-1075

Backmund H, Gerlinghoff M (1976) Anorexia nervosa. Bedrohliche neurologische Komplikationen durch Hypophosphatämie. Nervenarzt 57: 542-4

Bader A, Navratil L (1976) Zwischen Wahn und Wirklichkeit. Bucher, Luzern

Balint M (1970) Therapeutische Aspekte der Regression. Klett, Stuttgart

Bardwick J (1971) Psychology of Women: A Study of Bio-Social Conflicts. Harper & Row, New York

Becker H (1988a) Konflikt- und symptomzentriertes Psychotherapiekonzept bei Patientinnen mit Anorexia nervosa. In: Becker H, Senf W (Hrsg) Praxis der stationären Psychotherapie. Thieme, Stuttgart, 208-213

Becker H (1988b) Konzentrative Bewegungstherapie. In: Stolze H (Hrsg) Die konzentrative Bewegungstherapie. Springer, Berlin Heidelberg New York Tokyo, 2. Aufl.

Becker H, Lüdeke H (1978) Erfahrungen mit der stationären Anwendung psychoanalytischer Therapie. Psyche 32: 1-20

Becker H, Senf W (1988) Praxis der stationären Psychotherapie. Thieme, Stuttgart

Becker H. (1990) Konzentrative Bewegungstherapie. Thieme, Stuttgart

Bender W (1979) Psychodrama-versus-Freizeitgruppe: Effekte einer 25-stündigen Gruppenpsychotherapie bei psychiatrischen Patienten. Fortschr Neurol Psychiatr 47: 641-658

Benedetti G (1975) Psychiatrische Aspekte des Schöpferischen und schöpferische Aspekte der Psychiatrie. Vandenhoeck & Ruprecht, Göttingen

Bergmann G, Kröger F, Petzold E (1990) Stationäre Psychotherapie und Familientherapie - ein Widerspruch? In: Hellwig A, Schoof M (Hrsg) Psychotherapie und Rehabilitation in der Klinik. Vandenhoeck & Ruprecht, Göttingen, 75-87

Bernstein DA, Borkevec TD (1987) Entspannungs-Training. Handbuch der progressiven Muskelentspannung. Pfeiffer, München

Beumont P (1992) Menstrual Disorder and other Hormonal Disturbances. In: Herzog W, Deter HC, Vandereycken W (eds.) The Course of Eating Disorders. Long Term Follow-up Studies of Anorexia and Bulimia Nervosa. Springer, Berlin Heidelberg New York Tokyo, 257-272

Bilger A (1986) Agieren: Problem und Chance. Forum Psychoanal 2: 294-308

Binder H, Binder K (1989) Autogenes Training - Basispsychotherapeutikum. Dtsch Ärzte Verlag, Köln

Biniek EM (1982) Psychotherapie mit gestalterischen Mitteln. Wissenschaftliche Buchgesellschaft, Darmstadt

Binswanger R (1977) Die Doppelgängertechnik im Psychodrama: Probleme ihrer Anwendung durch den Spielleiter. Integrative Therapie 1: 26-38

Binswanger R (1985) Versuch einer Konzeptualisierung psychodramatischen Prozesses. Integrative Therapie 1: 26-38

Bläsing HD (1990) Katamnesestudie mit stationär-psychosomatisch behandelten Patienten. Ruprecht-Karls-Universität, Heidelberg

Blinder BJ, Chaitin BF, Goldstein RS (1988) The Eating Disorders, Medical and Psychological Basis of Diagnosis and Treatment. PMA Publishing Corp., New York

Blouin AG, Blouin JH, Perez EL, Bushnik T, Mulder E, Zuro C (1987) Bulimia treated with desipramine and fenfluramine. American Psychiatric Association Annual Meeting, Chicago

Bockhorn M, Boonen M (1992) Schizophreniebehandlung in der Familie. Dtsch Ärzteblatt 10: A782-785

Böhler U (1988) Gestaltungstherapie. In: Schepank H, Tress W (Hrsg) Die stationäre Psychotherapie und ihr Rahmen. Springer, Berlin Heidelberg New York Tokyo, 161-168

Böhme-Bloem C, Schulte MJ (1989) Bulimie: unterschiedliche Psychogenese, Symptomwahl und Therapie. In: Speidel H, Strauss B (Hrsg) Zukunftsaufgaben der psychosomatischen Medizin. Springer, Berlin Heidelberg New York Tokyo, 184-190

Bräutigam W (1974) Pathogenetische Theorien und Wege der Behandlung in der Psychosomatik. Nervenarzt 45: 354-363

Bräutigam W (1978) Verbale und präverbale Methoden in der stationären Therapie. Z Psychosom Med Psychoanal 24: 146-155

Brinkmann W, Schachtschneider C, Schwarz D (1981) Die Behandlung der Anorexia nervosa in einer psychosomatischen Klinik. In: Meermann R (Hrsg) Anorexia Nervosa. Ursachen und Behandung. Enke, Stuttgart, 123-133

Brinch M, Isager T, Tolstrup K (1988) Anorexia nervosa and motherhood: Reproduction pattern and mothering behaviour of 50 women. Acta Psychiatr Scand 77: 611-7

Brisman J, Siegal M (1984) Bulimia and alcoholism: Two sides of the same coin? J Substance Abuse Treatment 1: 113-118

Brockhoff V (1986) Malen am Krankenbett. In: Türk KH, Thies J (Hrsg) Therapie durch künstlerisches Gestalten. Urachhaus, Stuttgart, 17-39

Brotman AW, Rigotti NA, Herzog DB (1985) Medical Complications of Eating Disorders: Outpatient Evaluation and Management. Compreh Psychiat 26: 258-72

Bruch H (1973) Eating Disorders: Obesity, Anorexia Nervosa and the Patient Within. Basic Books, New York

Bruch H (1974) Perils of behavior modification in the treatment of anorexia nervosa. JAMA 230: 1419-1432

Bruch H (1976) The treatment of eating disorders. Mayo Clinic Proceedings 51: 266-272

Bruch H (1977) Grundzüge der Psychotherapie. Fischer, Frankfurt aM

Bruch H (1980) Der Goldene Käfig. Das Rätsel der Magersucht. Fischer, Frankfurt aM

Bruch H (1985) Four Decades of Eating Disorders. Psychotherapy for Anorexia nervosa and Bulimia. Guilford, New York

Bruch H (1991) Eßstörungen. Zur Psychologie und Therapie von Übergewicht und Magersucht. Fischer, Frankfurt aM, 114-118

Bryant-Waugh R, Knibbs J, Fosson A, Kaminski Z, Lask B. (1988) Long-term follow-up of patients with early onset anorexia nervosa. Arch Dis Child 63: 5-9

Büchele R (1989) Aufgaben des Pflegeteams einer psychosomatischen Abteilung bei der stationären Behandlung von eßgestörten Patienten. Musikther Umschau 10: 251-255

Burns T, Crisp AH (1984) Outcome of anorexia nervosa in males. Brit J Psychiat 145: 319-325

Burns T, Crisp AH (1988) Outcome of anorexia nervosa in males. In: Anderson AE (eds.) Males with eating disorders. Brunner & Mazel, New York

Cantopher T, Evans C, Lacey JH, Pearce JM (1988) Menstrual and ovulatory disturbance in bulimia. Brit Med J 297: 836-837

Casper RC (1986) The Pathophysiology of Anorexia Nervosa and Bulimia Nervosa. Annual Rev Nutr 6: 299-316

Casper RC, Davis JM, Pandey CN (1977) The effect of the nutritional status and weight changes on hypothalamic function tests in anorexia nervosa. In: Vigersky RA (eds.) Anorexia Nervosa. Raven Press, New York, 137-147

Clauser G (1960) Die Gestaltungstherapie. Prax Psychother 5: 268-275

Cremerius J (1978) Zur Prognose der Anorexia nervosa (11 sechundzwanzig- bis neunund-zwanzigjährige Katamnesen psychotherapeutisch unbehandelter Fälle). Z Psychosom Med Psychoanal 24: 56-69

Crisp AH (1980) Let me be. Academic, London

Crisp AH, Toms DA (1972) Primary anorexia nervosa or weight phobia in the male. Brit Med J 1: 334-338

Dally P, Gomez J (1980) Obesity and Anorexia Nervosa. Faber & Faber, London

Denecke J (1991) Stationäre Behandlung einer Bulimiepatientin. Abschlußarbeit im Psychoanalytischen Seminar Vorarlberg des Innsbrucker Arbeitskreises für Psycho-analyse

Deter H, Herzog W (1994) Anorexia nervosa in a long-term perspective: Results of the Heidelberg-Mannheim study. Psychosom Med 56: 20-27

Deter HC, Petzold E, Hehl FJ (1989) Differenzierung der Langzeitwirkungen einer stationären psychosomatischen Therapie von Anorexia-nervosa-Patienten. Z Psychosom Med 35: 68-91

Dilling H, Mombour W, Schmidt MH (1991) (Hrsg.) Internationale Klassifikation psychischer Störungen (ICD 10, Kapitel V (F)) Klinisch diagnostische Leitlinien. Weltgesundheitsorganisation. Huber, Bern Göttingen Toronto

Dippel B, Schnabel E, Bossert S, Krieg J, Berger M (1988) Vom Lernprozeß im Umgang mit bulimischen Patienten. Prax Psychother Psychosom 33: 21-24

Dittmann RW (1988) Zur Psychophysiologie beim Autogenen Training von Kindern und Jugendlichen. Lang, Frankfurt aM

Dolan B, Gitzinger I (1991) Why Women? Gender Issues and Eating Disorders. European Council of Eating Disorders, London

Duhl F, Duhl B, Kantor D (1973) Learning, space and action in family therapy: a primer of sculptur. In: Bloch D (eds.) Technics of family therapy. Grune & Stratton, New York

D´Amato CR, Dean RS (1988) Psychodrama research - therapy and theory: A critical analysis of an arrested modality. Psychol Schools 25: 305-314

Eckert E (1990) Results of a 10-year follow-up. In: Plenarvortrag 4th International Conference on Eating Disorders, New York

Enas GG, Pope HG, Levine LR (1989) Fluoxetine in bulimia nervosa: Double blind study. Annual Meeting, Am Psychiat Assoc New Research: 386 (Abstract)

Engel K (1988) Prognostic factors in anorexia nervosa. Psychother Psychosom 49: 137-144

Engel K (1990) Ein Leitkriterium zur Abschätzung des Therapieerfolges von Anorexiebehandlungen. Psychother Psychosom Med Psychol 40: 474-479

Engel K, Hentze M, Izbirack M (1990) Langzeitstabilität von Behandlungen der Anorexia nervosa. Med Welt 41: 1127-1133

Engel K, Meyer AE (1991) Therapie schwer erkrankter Anorexie- Patienten. Z Psychosom Med Psychoanal 37: 220-248

Engel K, Meyer AE, Hentze M, Wittern M (1992) Long-term outcome in anorexia nervosa inpatients. In: Herzog W, Deter HC, Vandereycken W (eds.) The Course of Eating Disorders. Long-Term Follow-up Studies of Anorexia and Bulimia Nervosa. Springer, Berlin Heidelberg New York Tokyo, 118-132

Engel K, Wilfarth B (1988) Therapy results and flow-up of an integrated inpatient treatment for severe cases of anorexia nervosa. Psychother Psychosom 50: 5-14

Engel K, Wittern M, Hentze M, Meyer AE (1989). Long-term stability of anorexia nervosa treatment: Follow-up study of 218 patients. Psychiatric Develop 4: 395-407

Enke H, Ohlmeier D (1960) Formale Analyse psychotherapeutischer Bildserien zur Verlaufsdokumentation. Prax Psychother 5: 99-122

Erikson E (1956) Das Problem der Identität. Psyche 10: 14-176

Erpen H (1990) Die Sucht, mager zu sein. Kreuz, Zürich, 121

Fallenbacher B (1992) Autogenes Training und Progressive Muskelrelaxation: Psycho-physiologische Befunde bei 3 psychosomatischen Krankheiten: Anorexia nervosa /Bulimie, Colitis ulcerosa, Morbus Crohn. Medizinische Universität, Lübeck

Feiereis H (1992) Das biopsychosoziale Modell in der zweiten Generation. In: Uexküll Tv (Hrsg) Integrierte Psychosomatische Medizin in Praxis und Klinik. Schattauer, Stuttgart, 2. Aufl., 227-242

Feiereis H (Hrsg) (1989) Diagnostik und Therapie der Magersucht und Bulimie. Marseille, München

Feiereis H, Janshen F, Sudau V (1989). Assoziative Maltherapie. Diagnostik und Therapie der Magersucht und Bulimie. Marseille, München, 135-204

Fenichel O (1931) Perversionen, Psychosen und Charakterstörungen. Wissenschaftliche Buchgesellschaft, Darmstadt, Nachdruck 1991

Fichter MM (1984) Epidemiologie der Anorexia nervosa und Bulimie. Abt Ernähr 9: 8-13

Fichter MM (1985) Magersucht und Bulimie. Springer, Berlin Heidelberg New York Tokyo

Fichter MM (1989) Bulimia nervosa. Enke, Stuttgart

Fichter MM (1990) Bulimia nervosa: Basic Research, Diagnosis and Therapy. Wiley & Sons, New York

Fichter MM (1991) Ätiologische Faktoren, Diagnostik und Therapie bulimischer Eßstörungen. Z Klin Psychol 20: 1-21

Fichter MM (1992) Den Circulus vitiosus durchbrechen. Verhaltenstherapie bulimischer Erkrankung. Psycho 18(2): 25-31

Fichter MM, Daser C, Postpischil F (1985) Anorexic syndromes in the males. J Psychiat Res 19: 305-313

Fichter MM, Quadflieg N, Rief W (1992) The German longitudinal bulimia nervosa study I. In: Herzog W, Deter H, Vandereycken W (eds.) The Course of Eating Disorders - Long-term Follow-up Studies of Anorexia and Bulimia. Springer, Berlin Heidelberg New York Tokyo, 133-149

Frahm H (1966) Beschreibung und Ergebnisse einer somatisch orientierten Behandlung von Kranken mit Anorexia nervosa. Med Welt 39: 2001-2003, 2068-2072

Franzke E (1977) Der Mensch und sein Gestaltungserleben. Huber, Bern

Frederking W (1948) Über die Tiefenentspannung und das Bildern. Psyche 2: 211-228

Freeman CPL (1991) Fluvoxamine: clinical trails and clinical use. J Psychiatr Neurosci Suppl 1, 16: 19-25

Freeman CPL, Munro JKM (1988) Drug and group treatments for bulimia/bulimia nervosa. J Psychosom Res 32: 647-660

Freud S (1901) Zur Psychopathologie des Alltagslebens. Imago, London, GW Bd 4

Freud S (1930) Das Unbehagen in der Kultur. Imago, London, GW Bd 14, 419-506

Freud S (1990) Traumdeutung. Imago, London, GW II/III, 1955, 3

Gandras G (1989) Progressive Relaxation. In: Feiereis H (Hrsg) Diagnostik und Therapie der Magersucht und Bulimie. Marseille, München, 125-127

Garner DM, Rockert W, Omstead MP, Johnson C, Coscina DV (1985) Psychoeducational principles in the treatment of bulimia and anorexia nervosa. In: Garfinkel PE (eds.) Handbook for Anorexia nervosa and Bulimia. Guilford, New York, 513-572

Gerlinghoff M (1988) Magersucht. Beltz, Weinheim

Gerlinghoff M, Backmund H (1989) Magersucht. Anstöße für eine Krankheitsbewältigung. Trias-Thieme-Hippokrates-Enke, Stuttgart

Goldfarb LA, Fuhr R (1987) Systematic desensitization and relaxation as adjuncts in the treatment of anorexia nervosa: A preliminary study. Psychol Rep 60: 511-8

Gottdiener JS, Gross HA, Henry WL, Borer JS, Ebert MH (1978) Effects of Self-Induced Starvation on Cardiac Size and Function in Anorexia Nervosa. Circulation 58: 426-33

Grawe K (1991) Fachwissenschaftliche Grundlagen. In: Meyer AE, Richter R, Grawe K, Graf v d Schulenburg JM, Schulte B (Hrsg) Forschungsgutachten zu Fragen eines Psychotherapeutengesetzes. Universitäts-Krankenhaus Eppendorf, Hamburg

Grawe K, Donati R, Bernauer F (1994) Psychotherapie im Wandel: Von der Konfession zur Profession. Hogrefe, Göttingen

Grösch C, Hartkopf H (1977) Methoden der Gestaltungstherapie. Die Psychologie des 20. Jahrhunderts. Kindler, Zürich, 1222-1241

Gross M (1984) Hypnosis in the therapy of anorexia nervosa. Am J Clin Hypn 26: 175-81

Grossman SP (1989) Gehirnmechanismen bei der Regulierung von Nahrungsaufnahme und Körpergewicht. In: Fichter MM (Hrsg) Bulimia nervosa. Enke, Stuttgart, 116-130

Grunert U (1979) Die negative therapeutische Reaktion als Ausdruck einer Störung im Loslösungs- und Individuationsprozeß. Psyche 33: 1-28

Habermas T (1990) Heißhunger. Historische Bedingungen der Bulimia nervosa. Fischer, Frankfurt aM

Habermas T, Neureither U, Müller M, Horch U (1987) Ist die Bulimie eine Sucht? Zur Verlaufsdynamik der symptomzentrierten Bulimiebehandlung. Prax Psychother Psychosom 32: 137-146

Hahn P, Petzold E, Drinkmann A (1991) Internistische Psychosomatik. Esprint, Heidelberg

Hall A, Slim E, Hawker F, Salmond C (1984) Anorexia nervosa: Long-term outcome in 50 female patients. Br J Psychiat 145: 407-413

Halmi KA (1983) Classification of eating disorders. Int J Eating Dis 2: 21-7

Halmi KA, Eckert E, Marchi P, Sampugnaro V, Apple R, Cohen J (1991) Comorbidity of psychiatric diagnosis in anorexia nervosa. Arch Gen Psychiatry 48: 712-718

Hammon CP (1981) Therapeutisches Gestalten mit Material am Beispiel der Anorexia nervosa. Prax Psychother Psychosom 26: 165-177

Hänsel D (1985) Eßstörungen. Die Bedeutung des Problems. Übersicht zu den Erscheinungsbildern. In: Brakhoff J (Hrsg) Eßstörungen. Lambertus, Freiburg, 11-40

Hänsel D (1991a) Ein Versuch zur Untergruppenbildung beim Anorexie. Syndrom Krankenhauspsychiatrie 2: 147-153

Hänsel D (1991b) Borderline-Persönlichkeitsstörung und Sucht. In: Bühringer J, Wanke K (Hrsg) Grundstörungen der Sucht. Springer, Berlin Heidelberg New York Tokyo, 226-235

Happich C (1932) Das Bildbewußtsein als Ansatzstelle psychischer Behandlung. Zbl Psychoth 5: 633

Harrow G (1951) The effects of psychodrama group therapy on role behavior of schizophrenic patients. Group Psychother 4: 316-20

Hartmann A, Herzog T, Drinkmann A (1992) Psychotherapy of bulimia nervosa: what is effective? A meta-analysis. J Psychosom Res 36: 159-167

Hautzinger M (1978) Anorexia nervosa. Ein verhaltensanalytisches Modell. Psycho 4: 414-419

Hazelrigg MD, Cooper HM, Borduin CM (1987) Evaluating the effectiveness of family therapy: an integrative review and analysis. Psychol Bull 101: 428-42

Heekerens HP (1988) Systematische Familientherapie auf dem Prüfstand. Z Klin Psychol 2: 93-105

Heigl-Evers A, Heigl F (1984) Interaktionelle Gruppenpsychotherapie. In: Kindlers Psychologie des 20. Jahrhunderts, Band 2. Kindler, München, 850-858

Heinl P (1986) Die Interaktionsskulptur. Integrative Therapie. 1-2: 77-109

Hentze M, Engel K (1991) Prognosefaktoren für langfristiges Überleben bei Anorexia nervosa. Z Klin Psychol Psychopath Psychother 39: 173-81

Herpertz-Dahlmann B (1993) Eßstörungen und Depression in der Adoleszenz. Hogrefe, Göttingen

Herpertz-Dahlmann B, Remschmidt H (1988) Somatische Störungen bei Anorexia nervosa. Monatsschr Kinderheilkd 136: 732-737

Herpertz S (1993) Klinik der Eßstörungen. Krankenpflegejournal 31: 48-54

Herpertz S, Saß H (1994) Offene Selbstbeschädigungen. Nervenarzt 65: 269-306

Herzog DB, Bradburg IS, Newman K (1990) Sexuality in males with eating disorders. In: Anderson AE (eds.) Males with Eating Disorders. Brunner & Mazel, New York

Herzog DB, Keller MB, Lavori PW (1988) Outcome in anorexia nervosa and bulimia nervosa. A review of the literatur. J Nervous Ment Dis 3(176): 131-143

Herzog DB, Norman DK, Gordon C, Pepose M (1984) Sexual conflict and eating disorders in 27 males. Am J Psychiat 141: 989-991

Herzog T (1990) Wirkfaktoren der Bulimiebehandlung. In: Lang H (Hrsg) Wirkfaktoren der Psychotherapie. Springer, Berlin Heidelberg New York Tokyo, 251-259

Herzog T, Hartmann A, Sandholz A, Stammer H (1991) Prognostic factors in outpatient psychotherapy of bulimia. Psychother Psychosom 54: 48-55

Herzog T, Horch U, Binz-Kern L, Sandholz A (1988) Konflikt- und symptomorientierte Psychotherapie der Bulimie im ambulanten und stationären Setting einer psychosomatischen Klinik. Prax Klin Verhaltensmed Rehab 1: 175-186

Herzog W (1993) Anorexia nervosa - ihre Verlaufsgestalt in der Langzeitperspektive. Med. Habilitationsschrift, Universität Heidelberg

Herzog W, Deter HC, Schellberg D, Seilkopf F, Sarembe E, Kröger F, Minne H, Mayer H, Petzold E (1992) Somatic findings of a 12 year follow-up of 103 anorexia nervosa-patients - results of the Heidelberg-Mannheim follow-up. In: Herzog W, Deter HC, Vandereycken W (eds.) The course of eating disorders. Springer, Berlin Heidelberg New York Tokyo

Herzog W, Deter HC, Vanderdeycken W (1992) The Course of Eating Disorders. Long-term Follow-up Studies of Anorexia and Bulimia Nervosa. Springer, Berlin Heidelberg New York Tokyo

Herzog W, Kröger F, Petzold E (1990) Elterngruppen in der systemischen Therapie von Anorexia-nervosa-Patientinnen. Kassenarzt 24: 46-9

Herzog W, Minne H, Deter H, Leidig G, Schellberg D, Wüster C, Gronwald R, Sarembe E, Kröger F, Bergmann G, Petzold E, Hahn P, Schepank H, Ziegler R (1993) Outcome of bone mineral density in anorexia nervosa patients 11.7 years after first admission. J Bone Miner Res 8: 597-605

Herzog W, Petzold E, Kröger F (1988) Die Bedeutung der Elterngruppe von Anorexia-nervosa-Patienten. Gruppen mit körperlich Kranken. Springer, Berlin Heidelberg New York Tokyo, 281-286

Herzog W, Rathner G, Vandereycken W (1992) Long-term course of anorexia nervosa: a review of the literature. In: Herzog W, Deter HC, Vandereycken W (Hrsg) The course of eating disorders: Long-term follow-up studies of anorexia and bulimia nervosa. Springer, Berlin Heidelberg New York Tokyo, 15-29

Heyer, G R (1959). Künstlerische Verfahren. Bildnereien aus dem Unbewußten. In: Frankl v VE, Schultz JH (Hrsg) Handbuch der Neurosenlehre und Psychotherapie, Bd. 4. Urban & Schwarzenberg, München

Heyer GR (1991) Der Organismus der Seele. Reinhardt, München

Hoffmann SO (1986) Die sogenannte frühe Störung. Prax Psychosom Psychother 31: 179-90

Hogan W, Huerta E, Lucas R (1974) Diagnosing anorexia nervosa in males. Psychosomatics 15: 122-126

Holl H (1987) Gestalterisch-therapeutische Arbeit mit psychosomatisch-internistisch erkrankten Patienten als integrativer Aspekt in einem psychoanalytisch arbeitenden Team. In: Lamprecht F (Hrsg) Spezialisierung und Integration in Psychosomatik und Psychotherapie. Springer, Berlin Heidelberg New York Tokyo, 172-176

Howard KI, Kopta SM, Krause MS, Orlinsky DE (1986) The dose-effect relationship in psychotherapy. Am Psychol 41: 159-64

Hsu LKG (1982) Is there a body image disturbance in anorexia nervosa? J Nerv Ment Dis 5: 305-307

Hsu LKG (1984) Treatment of bulimia with lithium. Am Psychiatry 141: 1260-62

Hsu LKG (1988) Classification and diagnosis of the eating disorders. In: Blinder BJ, Chaitin BR, Goldstein RS (Hrsg) The Eating Disorders, Medical and Psychological Basis of Diagnosis and Treatment. PMA Publishing Corp, New York

Hsu LKG, Crisp AH, Harding B (1979) Outcome of anorexia nervosa. Lancet: 61-65

Hudson J, Pope H (1990) Psychopharmacological treatment of bulimia. In Fichter M (Hrsg) Bulimia Nervosa: Basic Research, Diagnosis and Therapy. Wiley & Sons, Chinchester New York

Hudson J, Pope H, Jonas J (1984) Psychosis in anorexia nervosa and bulimia. Br J Psychiat 145: 420-423

Hughes PL, Wells LA, Cunningham CJ, Ilstrup DM (1986) Treating bulimia with desipramine: a placebo-controlled double-blind study. Arch Gen Psychiatry 43: 182-6

Huon GF, Brown LB (1986) Attitude correlates of weight control among secondary school boys and girls. J Adolesc Health Care 7: 178-182

Huon GT, Brown L (1988) Lay beliefs about disordered eating. Int J Eating Dis 7: 239-248

Jacobi C, Paul T (1989) Verhaltenstherapie bei Anorexia und Bulimia nervosa. In: Jacobi C, Paul T, Brengelmann JC (Hrsg) Verhaltenstherapie bei Eßstörungen. Röttger, München, 21-38

Jacobi J (1977) Vom Bilderreich der Seele. Walter, Freiburg, 2. Aufl.

Jacobson E (1938) Progressive Relaxation. University of Chicago Press, Chicago

Jacobson E (1990) Entspannung als Therapie: Progressive Relaxation in Theorie und Praxis. Pfeiffer, München

Jacoby GE (1992) Zentralthema Hunger. Tiefenpsychologisch fundierte stationäre Behandlung bei Eßstörungen. Psycho 2: 112-120

Janssen P L (1982). Psychoanalytisch orientierte Mal- und Musiktherapie im Rahmen stationärer Psychotherapie. Psyche 36: 541-570.

Johnson C, Connors ME (1987) The etiology and treatment of bulimia nervosa. Basic Books, New York

Jones PL (1987) Psychoanalytische Therapie in der Klinik. Klett-Cotta, Stuttgart

Jung CG (1950) Gestaltungen des Unbewußten. Rascher, Zürich

Kächele H (1991) Zur psychodynamischen Therapie der Bulimia nervosa. Vortrag an der Akademie für Psychoanalyse, München; veröffentlicht: Kächele H, Hettinger R (1993) Bulimie - Ein Rückblick auf eine Behandlung und ein Ausblick auf offene Fragen. Prax Psychother Psychosom 38: 151-160

Kächele H (1992) Planungsforum »Psychodynamische Therapie von Eßstörungen«. PPmP Psychosom Psychother Med Psychol Disk Journal 3: 1

Kächele H, Kordy H (1992) Psychotherapieforschung und therapeutische Versorgung. Nervenarzt 63: 517-526

Kächele H, Kordy H (1994a) Wie soll man psychotherapeutische Behandlungen evaluieren? Psychotherapeut, im Druck

Kächele H, Kordy H (1994b) Ergebnisforschung in der psychosomatischen Medizin. In: von Uexküll T (Hrsg) Psychosomatische Medizin. Urban & Schwarzenberg, München

Kafka F (1924) Ein Hungerkünstler. Verlag »Die Schmiede«, Berlin

Kaplan AS, Garfinkel PE, Garner DM (1987) Bulimia treated with carbamezepine and imipramine. American Psychiatry Association Annual Meeting, Chicago

Karren U (1986). Die Psychologie der Magersucht. Erklärung und Behandlung von Anorexia nervosa. Huber, Bern, 12

Kellermann PF (1980) Übertragung, Gegenübertragung und Tele - eine Studie der therapeutischen Beziehung in Psychoanalyse und Psychodrama. Gruppenpsychother Gruppendyn 15: 188-205

Kernberg OF (1983) Borderlinestörungen und pathologischer Narzißmus. Suhrkamp, Frankfurt aM, 255-256

Kinzl J (1988) Ambulantes Gruppentherapieprogramm für Patientinnen mit Bulimia nervosa. In: Wesiack W (Hrsg) Entwicklungstendenzen in der psychosomatischen Medizin. Springer, Berlin Heidelberg New York Tokyo, 47-52

Klesges RC, Mizes JS, Klesges LM (1987) Self-help dieting strategies in college males and females. Int J Eating Disorders 6: 409-417

Klessmann E, Klessmann HA (1975) Ambulante psychosomatische Kombinationsbehandlung der Anorexia nervosa unter Einsatz des Katathymen Bilderlebens. Z Psychosom Med Psychoanal 21: 53-67

Klessmann E, Klessmann HA (1990) Heiliges Fasten - heilloses Fressen, die Angst der Magersüchtigen vor dem Mittelmaß. Huber, Bern Stuttgart Toronto

Kog E, Vertommen H, Vandereycken W (1987) Minuchin´s psychosomatic family model revised: a concept-validation study using a multitrait-multimethod approach. Fam Process 26: 235-53

Kohut H (1981) Die Heilung des Selbst. Suhrkamp, Frankfurt aM

Kordy H (1992) Qualitätssicherung: Erläuterungen zu einem Reiz- und Modethema. Z Psychosom Med Psychoanal 38: 310-324

Kordy H, Senf W (1985) Überlegungen zur Evaluation psychotherapeutischer Behandlungen. Psychother Med Psychol 35: 207-212

Krahn D, Mitchell J (1985) Use of L-tryptophan in treating bulimia. Am Psychiat 142: 1130

Kramer E (1975) Kunst als Therapie mit Kindern. Reinhardt, München Basel

Krebs B (1987) Frankfurter Zentrum für Eßstörungen. In: Mader P, Ness B (Hrsg) Bewältigung gestörten Eßverhaltens. Neuland, Hamburg, 15-17

Kretschmer E (1922) Medizinische Psychologie. Thieme, Stuttgart, 1971

Kröger F, Drinkmann A, Becker S, Petzold E (1988) SYMLOG in der Familiendiagnostik: Beobachter-Rating von 13 Anorexie-Familien im Familiengespräch. Z System Ther 3: 297-302

Kröger F, Drinkmann A, Becker S, Petzold E (1988a) SYMLOG, eine Möglichkeit zur Selbst- und Fremdbeschreibung von Familien. Erste Erfahrungen und Validierungen. In: Schüffel W (Hrsg) Sich gesund fühlen im Jahre 2.000. Springer, Berlin Heidelberg New York Tokyo, 526-532

Kröger F, Drinkmann A, Herzog W, Petzold E (1991) Family Diagnosis. Object representation in families with eating disorders. Small Group Res 22: 99-114

Kröger F, Drinkmann A, Schmidt-Rinke M, Schneider J, Petzold E (1989) Familiendiagnostik. Standardisierte Methoden und systematische Therapie? SYMLOG als Versuch eines Brückenschlages. Gruppenpsychother Gruppendyn 25: 110-126

Kröger F, Petzold E, Ferner H (1984) Familientherapie in der klinischen Psychosomatik: Skulpturgruppenarbeit. Gruppenpsychother Gruppendyn 19: 361-79

Kröger F, Bergmann G, Petzold E (1986) Klinische Psychosomatik: Individuelle Aufnahmesituation und systemisches Symptomverständnis. Z System Ther 4: 10-17

Krüger RT (1980) Gruppendynamik und Widerstandsbearbeitung im Psychodrama. Gruppenpsychother Gruppendyn 15: 243-70

Krystal H (1983) Drogensucht. Vandenhoeck & Ruprecht, Göttingen

Lacey JH (1985) Time-limited individual and group-treatment for bulimia. In: Garner DM, Garfinkel PE (eds.) Handbook of Psychotherapie for Anorexia Nervosa and Bulimia. Guilford Press, New York, 437-457

Lacey JH (1986) An integrated behavioral and psychodynamic approach to the treatment of bulimia. Brit Rev Bulimia Anorexia Nervosa 1: 19-25

Lacey JH, Crisp AH (1980) Hunger, food intake and weight: the impact of clomipramine on a refeeding anorexia nervosa population. Postgraduate Med J 56: 79-85

Laessle RG, Waadt S, Schweiger U, Pirke KM (1987). Zur Therapierelevanz psychobiologischer Befunde bei Bulimia nervosa. Verhaltensmodifikation Verhaltensmed 4: 297-313

LaPlanche J, Pontalis JB (1972) Das Vokabular der Psychoanalyse. Suhrkamp, Frankfurt aM

Leuner H (1954) Kontrolle der Symbolinterpretation im experimentellen Verfahren. Z Psychother Med Psychol 4: 201

Leuner H (1955) Experimentelles Katathymes Bilderleben als ein klinisches Verfahren der Psychotherapie: Grundlegungen und Methode. Z Psychother Med Psychol, 185-203

Leuner H (1964) Das assoziative Vorgehen im Symboldrama. Z Psychother Med Psychol 14: 196-221

Leuner H (1985) Lehrbuch des Katathymen Bilderlebens. Huber, Bern Stuttgart Toronto

Leutz G (1986) Psychodrama: Theorie und Praxis. Das klassische Psychodrama nach JL Moreno. Springer, Berlin Heidelberg New York Tokyo

Lichtenberg JD (1991) Psychoanalyse und Säuglingsforschung. Springer, Berlin Heidelberg New York Tokyo

Liebowitz SF, Weiss GF, Shor-Posner G (1987). Medical hypothalamic serotonin in the control of eating behavior. Int J Obes 11: 110-123

Linden M (1987) Phase IV Forschung. Springer, Berlin Heidelberg New York Tokyo

Loewald HW (1951) Ego and reality. Int J Psycho-Anal 32: 10-18. dt.: 1982, Das Ich und die Realität. Psyche 36: 769-787

Lohmann R (1967) Bilder aus dem Unbewußten als methodisches Hilfsmittel bei der Psychodiagnostik und -therapie der Anorexia nervosa. Verh Dtsch Ges Inn Med 73: 725-729

Loos GK (1986) Spiel-Räume. Fischer, Stuttgart

Loos GK (1989) Anorexie - eine Frauenkrankheit - eine Zeiterscheinung. Musiktherapie als Behandlungsform bei Eßstörungen. Musikther Umsch 10: 105-31

Ludewig K, Pflieger K, Wilken U, Jacobskötter G (1983) Entwicklung eines Verfahrens zur Darstellung von Familienbeziehungen: Das Familienbrett. Familiendyn 8: 253-261

Luthe W (Hrsg) (1969) Autogenic Therapy. Grune & Stratton, New York

Maier HW (1912) Über Katathyme Wahnbildung und Paranoia. Z Ges Neurol Psychiat

Maler T (1989) Musiktherapie. In: Feiereis H (Hrsg) Diagnostik und Therapie der Magersucht und Bulimie. Marseille, München

Mann K (1987) Autogenes Training und empirische Forschung. In: Pesendörfer F (Hrsg) JH Schultz zum 100 Geburtstag. Literas, Wien, SW. 103-111

Matussek P (1959) Süchtige Fehlhaltungen. In: Matussek P (Hrsg) Grundzüge der Neurosenlehre. Bd 1. Urban & Schwarzenberg, München Berlin Wien

Mayer JE (1961) Konzentrative Entspannungsübungen nach Elsa Gindler und ihre Grundlagen. Die Konzentrative Bewegungstherapie. Mensch und Leben, Berlin, 50

McNeilly CL, Howard KI (1991) The effects of psychotherapy: A re-evaluation based on dosage. Psychother Res 1: 174-8

Meermann R (1979) Verhaltenstherapie bei Anorexia nervosa: Eine Literaturübersicht. Psychother Med Psychol 29: 184-195

Meermann R, Vandereycken W (1987) Therapie der Magersucht und Bulimia nervosa. de Gruyter, Berlin

Melzer G (1979) Sozialtherapie als Handlungskonzept. In: Melzer G (Hrsg) Klienten-zentrierte Gesprächsführung und Familientherapie in der Sozialarbeit. München, 211-17

Mertens W (1983) Symbolischer Interaktionismus. In: Frey D, Greil S (Hrsg) Sozial-psychologie. Urban & Schwarzenberg, München, 81-87

Mester H (1981) Die Anorexia Nervosa. Springer, Berlin Heidelberg New York Tokyo

Metzger HG (1984) Wunsch und Wirklichkeit. Anmerkungen zum gegenwärtigen Verhältnis von Psychoanalyse und Verhaltenstherapie. Psyche 38: 329-3

Meyer AE (1970) Die Anorexia nervosa und ihre für die Allgemeinmedizin wichtigen Aspekte. Z Allgemeinmed 46: 1782-1786

Meyer AE, Richter R, Grawe K, Graf v d Schulenburg JM, Schulte B (1991) Forschungs-gutachten zu Fragen eines Psychotherapeutengesetzes. Universitäts-Krankenhaus Hamburg-Eppendorf

Meyer AE, von Holtzapfel B, Deffner G, Engel K, Klick M. (1986a) Amenorrhea and pre-dictors for remenorrhea in anorexia nervosa: A psychoendo-crinological study in inpati-ents. Psychother Psychosom 45: 149-160

Meyer AE, von Holtzapfel B, Deffner G, Engel K, Klick M (1986b) Psychoendocrinology of remenorrhea in the late outcome of anorexia nervosa. Psychother Psychosom 45: 174-185

Meyer JE (1961) Das Syndrom der Anorexia nervosa. Archiv für Psychiatrie und Z Gesamte Neurol 202: 31-59

Mhe M (1959) (Hrsg) Unbewußtes Malen. Urban & Schwarzenberg, München

Mickalide AD, Andersen AE (1985) Subgroups of anorexia nervosa and bulimia: Validity and utility. J Psychiat Res 19: 121-8

Middecke M, Pinter W, Jahn M, Holzgreve H (1990) Diuretika-induzierte Ödeme. Dtsch Med Wschr 115: 216-9

Minuchin S, Roosman B, Baker L (1981) Psychosomatische Krankheiten in der Familie. Klett-Cotta, Stuttgart

Mitchell JE (1986) Anorexia Nervosa. Medical and Physiological Aspects. In: Brownell KD, Foreyt JP (eds.) Handbook of Eating Disorders. Basic Books, New York, 247-65

Mitchell JE, Laine DE, Morley JE, Levine AS (1986) Naloxine but not CCK-8 may attenuate binge-eating behavior in patients with the bulimia syndrome. Biol Psychiat 21: 1399-1406

Mitchell JE, Pomeroy C (1989) Medizinische Komplikationen der Bulimia nervosa. In: Fichter MM (Hrsg) Bulimia nervosa. Enke, Stuttgart, 51-61

Mitscherlich A (1967) Krankheit als Konflikt. Suhrkamp, Frankfurt aM

Moreno JL (1923) Das Stegreiftheater. Kiepenheuer, Berlin (2. Auflage Beacon NY 1970)

Moreno JL (1934) Who Shall Survive? Foundations of Sociometry, Group Psychotherapy and Sociodrama. Beacon, New York

Moreno JL (1954) Die Grundlagen der Soziometrie. Wege zur Neuordnung der Gesellschaft. Westdeutscher Verlag, Köln

Moreno JL (1973) Gruppenpsychotherapie und Psychodrama. Thieme, Stuttgart

Morgan HG, Purgold J, Welbourne J (1983) Management and outcome in anorexia nervosa. A standardized prognostic study. Br J Psychiat 143: 282-287

Morgan HG, Russell GFM (1975) Value of family background and clinical features as predictors of long-term outcome in anorexia nervosa: 4-year follow-up study of 41 patients. Psychol Med 5: 355-371

Morton R (1689) Phthisologia seu Exercitationes de Phthisi. S. Smith, London

Moser T (1987) Der Psychoanalytiker als sprechende Attrappe. Eine Streitschrift. Suhrkamp, Frankfurt aM

Müller A, Lang H (1987) Anorexiebehandlung als Dialog auf somatischer und psychischer Ebene. In: Quint H, Janssen PL (Hrsg) Psychotherapie in der psychsomatischen Medizin. Erfahrungen, Konzepte, Ergebnisse. Springer, Berlin Heidelberg New York Tokyo, 3-5

Müller-Braunschweig H (1967) Zur Bedeutung malerischer Produktion im psychoanalytischen Prozeß. Z Psychother Med Psychol 17: 9-17

Neun H (Hrsg) (1990) Psychosomatische Einrichtungen. Vandenhoeck & Ruprecht, Göttingen

Nietzschke B (1984) Frühe Formen des Dialoges. Musikther Umsch 3: 167-187

Ohm D (1992) Progressive Relaxation. Überblick über Anwendungsbereiche, Praxiserfahrungen und neuere Forschungsergebnisse. Report Psychol 17: 27-43

Olivier C (1987) Jokastes Kinder. Die Psyche der Frau im Schatten der Mutter. Claassen, Düsseldorf

Ong YL, Checkley SA, Russell GFM (1983) Suppression of bulimic symptoms with methylamphetamine. Brit Psychiat 143: 288-93

Patton G (1988) Mortality in eating disorders. Psychol Med 18: 947-951

Paul T (1987) Zur Heterogenität des Krankheitsbildes der Bulimia nervosa: Ein taxonometrischer Ansatz. Z Klin Psychol 16: 99-114

Paul T, Jacobi C, Thiel A, Meermann R (1991) Stationäre Verhaltenstherapie bei Anorexia nervosa und Bulimia nervosa: Beschreibung des Behandlungskonzepts und Evaluation. In: Jacobi C, Thomas P (Hrsg) Bulimia und Anorexia nervosa. Ursachen und Therapie. Springer, Berlin Heidelberg New York Tokyo, 131-150

Petzold E, Kröger F, Deter HC, Herzog W (1991) 20 Jahre Familienkonfrontationstherapie bei Anorexia nervosa. System Familie 4: 158-167

Petzold H (1971) Einige psychodramatische Initial-, Handlungs- und Abschlußtechniken. Z Psychother Med Psychol 21: 6

Philipp E, Willershausen-Zönnchen B, Hamm G, Pirke KM (1991) Oral and Dental Characteristics in Bulimic and Anorectic Patients. Int J Eat Disorders 10: 423-31

Pirke KM (1989) Störungen zentraler Neurotransmitter bei Bulimia. In: Fichter MM (Hrsg) Bulimia nervosa. Enke, Stuttgart, 189-200

Pirke KM, Vandereycken W (1988) Research and treatment in the psychobiology of Bulimia Nervosa. In: Pirke KM, Vandereycken W, Ploog D (Hrsg) The Psychobiology of Bulimia Nervosa. Springer, Berlin Heidelberg New York Tokyo, 179-81

Plassmann R (1993) Grundrisse einer analytischen Körperpsychologie. Psyche 47: 261-282

Ploeger A (1983) Tiefenpsychologisch fundierte Psychodramatherapie. Kohlhammer, Stuttgart

Ploeger A (1990) Heilfaktoren im Psychodrama. In: Lang H (Hrsg) Wirkfaktoren der Psychotherapie. Springer, Berlin Heidelberg New York Tokyo, 86-97

Pope HG, Hudson JI (1986) Antidepressant drug therapy of bulimia: current status. Clin Psychiatry 47: 339-45

Pope HG, Hudson JI, Jonas JM, Yurgelun-Todd D (1983) Bulimia treated with imipramine: a placebo-controlled, double-blind study. Am Psychiat 140: 554-58

Pope HG, Hudson JI, Jonas JM, Yurgelun-Todd D (1985) Antidepressant treatment of bulimia: a two-year follow-up study. Clin Psychopharmacol 5: 320-27

Powers PS, Schocken DD, Feld J, Holloway JD, Boyd F (1991) Cardiac Function During Weight Restoration in Anorexia Nervosa. Int J Eat Disorders 10: 521-30

Prinzhorn H (1922) Bildnerei der Geisteskranken. Springer, Berlin Heidelberg New York Tokyo

Pugliese MT, Lifshitz F, Grad G, Fort P, Marks-Katz M (1983) Fear of obesity: a cause of short stature and delayed puberty. N Engl J Med 309: 513-8

Pyle RI, Mitchell JE, Eckert ED, Halvorson PA, Neumann PA, Goff GM (1983) The incidence of bulimia in freshman college students. Int J Eating Disorders 2: 75-85

Rado S (1926/1975) Die psychischen Wirkungen der Rauschgifte. Versuch einer psychoanalytischen Theorie der Süchte. Psyche 29: 316-376

Rado S (1933) The psychoanalysis of pharmacothymia (drug addiction). Psychoanal Quarterly 2: 1-23

Rauh E (1992) Katamnestische Untersuchungen von Magersuchtspatientinnen aus den Jahren 1975-1983. Medizinische Universität, Lübeck

Reinhard A, Röhrborn H, Schwabe C (1986) Regulative Musiktherapie bei depressiven Erkrankungen. Psychiatr Neurol Med Psych 38: 547-53

Remschmidt H, Müller H (1987) Stationäre Gewichts-Ausgangsdaten und Langzeitprognose der Anorexia nervosa. Z Kinder- Jugendpsychiat 15: 327-341

Remschmidt H, Wienand F, Wewetzer C (1988) Der Langzeitverlauf der Anorexia nervosa. Monatsschr Kinderheilkd 136: 726-731

Rigotti NA, Neer RM, Skater SJ, Herzog DB, Nussbaum SR (1991) The clinical course of osteoporosis in anorexia nervosa. A longitudinal study of cortical bone mass. J Am Med Ass 265: 1133-7

Robinson PH, Checkley SA , Russell GMP (1985) Suppresion of eating by fenfluramine in patients with bulimia nervosa. Brit Psychiat 146: 169-76

Rohde-Dachser C (1987) Zeitbegriff und Zeitbegrenzung in der Psychotherapie. Prax Psychother Psychosom 32: 277-286

Röhrborn H (1992) Zur Rolle der Musiktherapie in der Medizin. Musikther Umsch 13: 3

Roy-Byrne P, Lee-Benner K, Yager J (1984) Group therapy for bulimia. A Year´s Experience. Int J Eating Disorders 3(2): 97-115

Rüger U, Senf W (1994) Evaluative Psychotherapieforschung: Klinische Bedeutung von Psychotherapie-Katamnesen. Z Psychosom Med 40: 103-116

Russell GFM (1979) Bulimia nervosa: an ominous variant of anorexia nervosa. Psychol Med 9: 429-448

Russell GFM (1983) Premenarchal anorexia nervosa and delayed puberty. VII World Congress of Psychiatry, Vienna

Russell GFM (1992) The prognosis of eating disorders: A clinician´s approach. In: Herzog W, Deter H, Vandereycken W (eds.) The Course of Eating Disorders - Long-term Follow-up Studies of Anorexia and Bulimia Nervosa. Springer, Berlin Heidelberg New York Tokyo, 198-213

Russell GFM, Szmukler GI, Dare C, Eisler I (1987) An evaluation of family therapy in anorexia nervosa and bulimia nervosa. Arch Gen Psychiatry 44: 1047-56

Sacks O (1989) Der Tag, an dem mein Bein fortging. Rowohlt, Hamburg

Schallert E (1988) Animal models of eating disorders: Hypothalamic function. In: Blinder BJ, Chaitin BR, Goldstein RS (eds.) The Eating Disorders, Medical and Psychological Basis of Diagnosis and Treatment. PMA Publishing Corp, New York

Schepank H (1981) Anorexia nervosa. In: Heigl-Evers A, Schepank H (Hrsg) Ursprünge seelisch bedingter Krankheiten. Bd. 2. Vandenhoeck & Ruprecht, Göttingen

Schepank H (1987) Psychogene Erkrankungen der Stadtbevölkerung. Eine epidemiologisch-tiefenpsychologische Feldstudie in Mannheim. Springer, Berlin Heidelberg New York Tokyo

Schepank H (1991) Dem Themenheft zum Geleit; Anmerkungen zum Faszinosum »Anorexia Nervosa«. Z Psychosom Med 37: 215-219

Schepank H (1992) Genetic Determinants in Anorexia Nervosa: Results of Studies in Twins. In: Herzog W, Deter HC, Vandereycken W (eds.) The Course of Eating Disorders. Springer, Berlin Heidelberg New York Tokyo, 241-56

Schmitt G, Seifert T, Kächele H (Hrsg) (1993) Stationäre analytische Psychotherapie. Schattauer, Stuttgart

Schmitz B (1988) Die Behandlung der Bulimia nervosa im stationären Setting einer verhaltensmedizinisch orientierten Klinik. Prax Klin Verhaltensmed Rehabilitation 3: 191-201

Schneider JA, Agras WS (1985) A cognitive-behavioural group treatment of bulimia. Br J Psychiat 1946: 66-69

Schors R, Münstermann I, Rad v M (1988) Sozialarbeit und psychoanalytische Psychotherapie - divergierende Konzepte? Die Entzauberung des Zauberbergs. Therapeutische Strategien und soziale Wirklichleit. Modernes Lernen, Dortmund, 341-347

Schors R, Rein T (1991) Gewichtsentwicklung in der stationären Therapie von Eßstörungen. Vortrag bei der Jahrestagung des DKPM, Heidelberg

Schulte MJ, Böhme-Bloem C (1990) Bulimie, Entwicklungsgeschichte und Therapie aus psychoanalytischer Sicht. Thieme, Stuttgart

Schultz JH (1982) Das Autogene Training. Thieme, Stuttgart

Schwabe C (1990) Anfänge der aktiven Musiktherapie bei Neurosen. Musikther Umsch 11: 353-358

Schwartz H (1988) Bulimia: Psychoanalytic Treatment and Therapy. Int Univ Press, Madison Connecticut

Schweitzer J Weber G (1982) Die Familienskulptur. Familiendyn 2: 113-28

Schwinger RHG, Erdmann E (1991) Ödeme bei Anorexia nervosa. Dtsch Med Wschr 116: 1491-2

Scobie BA (1973) Acute gastric dilatation and duodenal ileus in anorexia nervosa. Med J Australia 2: 932-4

Seifert A, Schaefer K (1991) Korrektur der schweren Hyponatriämie: langsam oder rasch? Dtsch Med Wschr 116: 952-7

Seifert T, Loos GK (1989) Möglichkeiten stationärer Psychotherapie der Anorexie und Bulimie. Musikther Umsch 10: 209-218

Selvini Palazzoli M (1982) Magersucht. Klett-Cotta, Stuttgart

Shearon EML (1975) The effects of psychodrama treatment on professed and inferred self concepts of selected fourth graders in one elementary school. Moreno Institute, Köln

Silberer H (1912) Symbolik des Erwachsenen und Schwellensymbolik überhaupt. Jb Psychoanal Psychopathol Fo 3: 621

Skinner BF (1953) Science and Human Behavior. Macmillan, New York

Slade PA (1985) Review of body image studies in anorexia nervosa and bulimia nervosa. J Psychiatr Res 19: 255-265

Spangenberg N (1986) Widerstände in der Einführung einer familientherapeutischen Grundorientierung auf einer psychosomatisch-psychotherapeutischen Station. Materialien Psychoanal 12: 131-61

Speer E (1949) Der Arzt der Persönlichkeit. Thieme Verlag, Stuttgart

Spitz RA (1956/57) Übertragung und Gegenübertragung. Psyche 10: 63

Standke G (1988) Zur differentialdiagnostischen Erfassung der Objektbeziehungs-möglichkeiten Suchtkranker. Wissenschaftliche Beiträge der Fachtagung des Verbandes der Fachkrankenhäuser für Suchtkranke, 27-42

Stein A, Fairburn CG (1989) Children of mothers with bulimia nervosa. Brit Med J 299: 777-778

Steinhausen H, Rauss-Mason C, Seidel R (1991) Follow-up studies of anorexia nervosa: a review of four decades of outcome research. Psychol Med 21: 447-451

Sterba R (1934) Das Schicksal des Ich im therapeutischen Verfahren. Int Z Psychoanal 20: 66-73

Sterling JW, Segal JD (1985) Anorexia Nervosa in Males: A Critical Review. Int J Eating Disorders 4: 559-572

Stevens E, Salisbury J (1984) Group therapy for bulimic adults. Am J Orthops 54: 156-161

Stierlin H. (1975) Von der Psychoanalyse zur Familientherapie. Klett-Cotta, Stuttgart

Stierlin H (1978) Delegation und Familie. Suhrkamp, Frankfurt aM

Stierlin H, Weber G (1987) Anorexia nervosa: Family dynamics and family therapy. In: Beumont P, Burrows G, Casper R (eds.) Handbook of Eating Disorders. Elsevier, Amsterdam

Straub H (1975) Was ist Psychodrama? Einführungsreferat bei den Lindauer Psycho-therapietagen. Unveröff. Vortrag

Strobel W (1985) Musiktherapie mit schizophrenen Patienten. Musikther Umsch 6: 177-208

Strobel W (1990) Von der Musiktherapie zur Musikpsychotherapie. Musikther Umsch 11(4): 313-38

Strobel W, Huppmann G (1991) Musiktherapie. Grundlagen, Formen, Möglichkeiten. Hogrefe, Göttingen

Strotzka H (1975) Psychotherapie. Grundlagen, Verfahren, Indikationen. Urban & Schwarzenberg, München

Theander S (1970) Anorexia nervosa: A psychiatric investigation of 94 female patients. Acta Psychiat Scand Suppl 214: 1-194

Theander S (1985) Outcome and prognosis in anorexia nervosa and bulimia: Some results of previous investigations, compared with those of a Swedish long-term study. J Psychiat Res 19: 493-508

Theander S (1992) Chronicity in anorexia nervosa: Results from the Swedish long-term study. In: Herzog W, Deter H, Vandereycken W (eds.) The Course of Eating Disorders - Long-term Follow-up Studies of Anorexia and Bulimia Nervosa. Springer, Berlin Heidelberg New York Tokyo, 214-227

Thomä H (1961) Anorexia nervosa. Huber/Klett, Bern

Thomä H, Kächele H (1985) Lehrbuch der psychoanalytischen Therapie. Bd 1 Grundlagen. Springer, Berlin Heidelberg New York Tokyo

Timmermann T (1987) Musik als Weg. Pan, Zürich

Timmermann T (1990) Der musikalische Dialog. Dissertation, Universität Ulm

Timmermann T, Scheytt-Hölzer N, Bauer S, Kächele H (1991) Musiktherapeutische Einzelfall-Prozeßforschung - Entwicklung und Aufbau eines Forschungsfeldes. Psychoth Pychosom Med Psychol 9, 10, 41: 385-391

Tischler B (1983) Ist Musiktherapie empirisch begründbar? Musikther Umsch 4: 95-106

Tolstrup K (1992) What can we learn from long-term outcome of aorexia and bulimia nervosa? In: Herzog W, Deter H, Vandereycken W (eds.) The Course of Eating Disorders - Long-term Follow-up Studies of Anorexia and Bulimia Nervosa. Springer, Berlin Heidelberg New York Tokyo, 228-238

Tolstrup K, Brinch M, Isager T, Nystrup J, Severin B, Olesen N (1985) Long-term outcome of 151 cases of anorexia nervosa. The Copenhagen anorexia nervosa follow-up study. Acta Psychiat Scand 71: 380-387

Trygstad O (1990) Drugs in the treatment of bulimia nervosa. Acta Psychiat Scand Suppl 361: 34-37

Vandereycken W (1984) Neuroleptics in the short-term treatment of anorexia nervosa. A double-blind placebo-controlled study with sulpiride. Brit J Psychiatry 144: 288-92

Vandereycken W, Kog E, Vanderlinden J (eds.) (1989) The Family Approach to Eating Disorders. PMA Publishing Corp., New York

Vandereycken W, Meermann R (1984) Anorexia Nervosa. de Gruyter, Berlin

Vandereycken W, Meermann R (1992) The significance of follow-up investigations. In: Herzog W, Deter H, Vandereycken W (eds.) The Course of Easting Disorders - Long-term Follow-up Studies of Anorexia and Bulimia Nervosa. Springer, Berlin Heidelberg New York Tokyo, 3-14

Vandereycken W, Norre J, Meermann R (1991) Bulimia nervosa: Diagnostik und Behandlung. In: Meermann R, Vandereycken W (Hrsg) Verhaltenstherapeutische Psychosomatik in Klinik und Praxis. Schattauer, Stuttgart, 203-236

Vandereycken W, Pierloot R (1982) Pimozide combined with behavior therapy in the short -term treatment of anorexia nervosa. A double-blind placebo-controlled cross-over study. Acta Psychiat Scand 66: 445-50

Vandereycken W, Pierloot R (1983) Long-term outcome research in anorexia nervosa. The problem of patient selection and follow-up duration. Int J Eat Dis 2: 237-242

Vandereycken W, Pierloot R (1983) The significance of subclassification in anorexia nervosa: a comparative study of clinical features in 141 patients. Psychol Med 13: 543-9

Vandereycken W, Pieters G (1992) A large-scale longitudinal follow-up study of patients with eating disorders: Methodological issues and preliminary results. In: Herzog W, Deter H, Vandereycken W (eds.) The Course of Eating Disorders - Long-term Follow-up Studies of Anorexia and Bulimia Nervosa. Springer, Berlin Heidelberg New York Tokyo, 182-198

Waelder R (1930) Das Prinzip der mehrfachen Funktion. Bemerkungen zur Überdeterminierung. Z Psychoanal 16: 285-300

Walsh BT (1988) Pharmacotherapy of eating disorders. In: Blinder BJ, Chaitin BF, Goldstein RS (eds.) The Eating Disorders, Medical and Psychological Basis of Diagnosis and Treatment. PMA Publishing Corp, New York

Walsh BT (1991) Fluoxetine treatment of bulimia nervosa. J Psychosom Res 35: 33-40

Weinstein HM, Richman A (1984) The group treatment of bulimia. J Am Coll Health 32: 208-215

Weiss T (1988) Familientherapie ohne Familie. Kösel, München

Weizsäcker V v (1947) Der Gestaltkreis. Theorie der Einheit von Wahrnehmen und Bewegen. Thieme, Stuttgart

Wermuth BM, Davis KL, Hollister LE, Stunkard AJ (1977) Phenytoin treatment of the binge-eating syndrome. Am Psychiat 134: 1249-53

Whytt R (1764) Observations on the Nature, Causes and Cure of Those Disorders Which Have been Commonly Called Nervous, Hypochondriac or Hysteric to Which are Prefixed Some Remarks on the Sympathy of the Nerves. Becket, DeHondt Balfour Edinburgh

Wienen G (1978) Initiativgruppen in der stationären Psychotherapie. In: Beese F (Hrsg) Stationäre Psychotherapie. Vandenhoeck & Ruprecht, Göttingen, 101-130

Wilke E (1979) Das Katathyme Bilderleben bei der konservativen Behandlung von Colitis ulcerosa. Schriftenreihe AGKB, Göttingen

Wilke E (1989) Tiefenpsychologisch fundierte (analytisch orientierte) Therapie und Katathymes Bilderleben. In: Feiereis H (Hrsg) Diagnostik und Therapie der Magersucht und Bulimie. Marseille, München, 205-226

Wilke E, Leuner H (1990) Das Katathyme Bilderleben in der Psychosomatischen Medizin. Huber, Bern Stuttgart Toronto

Willenberg H (1987) Ein Konzept zur stationären psychotherapeutischen Behandlung magersüchtiger Patienten. Prax Psychother Psychosom 32: 147-153

Willenberg H (1989) Mit Leib und Seel´ und Mund und Händen. Der eigene Körper als Objekt. Zur Psychodynamik selbst-destruktiven Körperagierens. Springer, Berlin Heidelberg New York Tokyo

Willi J (1975) Die Zweierbeziehung. Rowohlt, Reinbek

Willian R (1790) A remarkable case of abstinence. Medical Communications 2: 113-122

Winnicott DW (1973) Vom Spiel zur Kreativität. Klett, Stuttgart

Winnicott DW (1975) Reifungsprozesse und fördernde Umwelt. Kindler, München

Wittich GH (1967) Psychosomatische Rehabilitation. Arbeitsmed Sozialmed Arbeitshyg 2

Wolff S (1986) Klinische Maltherapie. Springer, Berlin Heidelberg New York Tokyo

Wurmser L (1974) Psychoanalytic consideration of the etiology of the compulsive drug use. J Am Psychoanal Ass 22: 820-845

Wurtmann RJ, Wurtmann JJ (1984) Nutritional control of central neurotransmitters. In: Pirke KM, Ploog D (eds.) Psychobiology of anorexia nervosa. Springer, Berlin Heidelberg New York Tokyo, 4-11

Zeindlinger KE (1981) Präzisierung und Reformulierung der Psychodramatherapie nach Moreno. Unveröffentlichte Universitätsdissertation, Salzburg

Sachverzeichnis